国家出版基金项目
NATIONAL PUBLICATION FOUNDATION

国家哲学社会科学基金重大项目
『中国孙子学史』
批准号：2019—SKJJ—A—009

◎国家社科基金◎
重大项目

王　珏·主编

中国孙子学史
秦汉隋唐卷

姚振文　郭海燕·著

黑龙江人民出版社

图书在版编目（CIP）数据

中国孙子学史. 秦汉隋唐卷 / 王珏主编 ； 姚振文，
郭海燕著. -- 哈尔滨 ： 黑龙江人民出版社，2024. 11.
ISBN 978-7-207-13480-6

Ⅰ. E892.25

中国国家版本馆CIP数据核字第20242QH374号

策　　划：关立民　安晓峰　孙国志

责任编辑：龚　卿　张　薇　孙国志

封面设计：张　涛

中国孙子学史·秦汉隋唐卷

姚振文　郭海燕　著

出版发行　黑龙江人民出版社

地　　址　哈尔滨市南岗区宣庆小区 1 号楼

印　　刷　黑龙江艺德印刷有限责任公司

开　　本　787×1092　1/16

印　　张　25.25

字　　数　350 千字

版　　次　2024 年 12 月第 1 版

印　　次　2024 年 12 月第 1 次印刷

书　　号　ISBN 978 - 7 - 207 - 13480 - 6

定　　价　138.00 元

《中国孙子学史》编委会

学术顾问：宫长为　姚有志　吴如嵩

主　　编：王　珏

编　　委（以姓氏拼音为序）：

晁天义　陈　曦　陈荣弟　戴建兵

葛志毅　韩朴明　黄炯昊　晋保平

李晓方　李学功　刘　源　刘敢闯

刘家思　刘中玉　孟祥才　秦　和

沈长云　宋镇豪　苏　辉　孙承武

王　珏　王凤翔　吴九龙　徐义华

徐昭峰　薛　森　杨　华　邹芙都

总　序

近些年来,伴随着中国古代文明研究持续推进,《孙子》研究也正在走向新阶段,呈现出拓展深度和延伸广度的新特征。

作为国家社科基金重大项目"中国孙子学史"课题组,经过数年辛勤耕耘和卓有成效的理论探索,完成洋洋近三百万言六卷本《中国孙子学史》系列学术著作,全方位、多视角,贯通古今、阐微发覆,追溯《孙子》思想根源,论证《孙子》理论体系,探寻《孙子》研究演进轨迹,挖掘《孙子》研究嬗递规律,集中代表新时代《孙子》研究新成果、新收获。

我们通观六卷本《中国孙子学史》,全书立意鲜明,结构清晰,力求客观、全面地反映孙子学的阶段性特征。概而言之,自先秦至晚清,将孙子学的发展分为四个时期:先秦至东汉末年是孙子学的发轫期;东汉末年至北宋后期是孙子学的拓展期;北宋后期至清前期是孙子学的深化期;晚清以来是孙子学的嬗变期。

一

《孙子》一书诞生于人类文明取得重大突破的轴心时代,前《孙子》时代的兵学智慧沉淀也是不可缺少的。春秋末期,在古人兵法与战策不断层累的基础上,孙子和他的十三篇终于横空出世,孙子思想的理性认知及辩证思维方法对于孙子学的构建具有更深远的意义:孙子对战争问题的研究,是一种宏观而长远的思考,且已经超越了感性认知而表现为形而上的理性认知;《孙子》在古代兵学范畴的基础上,构建了较为完善的思想体系;《孙子》提出的"兵者诡道"理论,深刻揭示了战争活动的本质特点;孙子的思想理论建立在朴素的唯物论和辩证法基础之上。正因为《孙子》的深刻性和经典性,其在战国时期就已得到广泛的传播和应用,而从学术传承的角度讲,直接继承和发展了孙子思想的是战国中期的吴起和孙膑,二人与孙子思想近乎一脉的兵学成就意味着孙子学在战国时代已经发轫。

孙子学形成的第一个标志,是西汉任宏"论次兵书为四种",确立了《孙子》学术地位。孙子学形成的第二个标志,乃是东汉末年曹操注《孙子》。西汉武帝时期,司马迁在《史记》中首次为孙武作传,奠定了孙子本事研究的基础。同时,两汉时期,《孙子》的社会传播已呈现出普遍化与实效化的特点。更难能可贵的是,东汉之时出现了一个非常值得注意的《孙子》应用案例,当时的将领皇甫嵩与董卓分别对迫在眉睫的战争问题进行分析和判断,并能娴熟地运用《孙子》思想为自己的对策寻找依据,这充分说明当时人们学习《孙子》绝不是只做表面文章,而是具有很强的战争实践基础。

二

经过魏晋南北朝几百年的沉淀,至隋唐盛世,孙子学终于迎来它的兴盛时期。虽然,这一时期的孙子学著述成果不多,但在质量上却大都是上乘之作,其成就也颇具深远的影响:一是杜牧注《孙子》的突出成就。在隋唐时期的《孙子》注本中,李筌、杜佑、陈皞、贾林等人的注解,都有较高的学术价值,然以杜牧的成就最大。杜牧注释《孙子》,一方面以曹操注为基础,另一方面又畅意表达自己的见解之外,杜牧还能对《孙子》一书做出宏观而精准的评价,颇得后人的赞赏。二是杜佑《通典·兵典》的独特贡献。该书以《孙子》为纲,辅之以前代兵学理论,证之以历代兵事和战例,使孙子思想形成了一个个独特的专题。三是李筌《太白阴经》对孙子思想体系的拓展。它构筑起一个相对完整的兵学体系,既丰富了孙子学的内容,也为后世修撰兵学类编提供了一个范本。四是李靖《唐李问对》对孙子兵学理论的深化。该书实际是通过综摄孙子谋略的某些核心思想,引导人们领悟整个孙子思想体系精髓,进而能够体现广阔的学术背景。

北宋初年,统治者鉴于武人干政导致唐朝衰亡的教训,大力推行以文制武、修文偃武的统治政策。然而,北宋中叶接连不断的边疆危机深刻暴露出"崇文抑武"的弊端,也彻底击破了士大夫文治天下的美梦。朝廷先是恢复武举制度,继而设置武庙、武学,最后又校订刊行《武经七书》。《武经七书》的刊行,是对中国兵学史的一次系统总结,也是孙子学发展的一个标志性事件。随着《武经七书》的刊行,许多学者开始热心《孙子》研究,而文本注释显然是研究的前提。于是,在两宋之际,吉天保收集汇总东汉末期到北宋后期的诸家注释,编成《十一家注孙子》(或称《十家孙子会注》),这是又一部反映宋代孙子学的杰出成就的著作。所谓"十一家",依照时代先后次序,是指曹操、孟氏、李筌、贾林、杜佑、杜牧、陈皞、何延锡、王皙、梅尧臣和张预。《武经七书》用于课堂教学之后,由武学博士来讲授,因而有人开始编写适用于教学的武经讲义,其中施子美的《施氏七书讲义》是典型代表。

武学的官学化加之北宋中期的军事危机,共同引发了"文人论兵"的思潮。这无疑最终促成了宋代兵学及孙子学的空前繁荣。然而,两宋孙子学的繁荣在战争实践中并没有发挥其应有作用。因为违背了国家治理"文武相济"的基本原则,其所带来的武人卑贱及文武失衡,不仅造成了战争指挥的失误,更造成了整个国家政治军事体制的混乱。其一,武学遭轻贱,军事人才奇缺。其二,武举、武学难以发挥实际的功效。其三,孙子学理论与孙子学实践脱节。

三

明朝人领悟了兵法的内在价值和实用逻辑,这既表现为孙子学理论和孙子学实践的有机结合,亦表现为兵儒之间的深层融合。明太祖朱元璋曾两次与侍臣共同研讨《孙子》的价值。明代《孙子》的流布呈现出高端化特征。一代首辅张居正曾经刊正和增订过《孙子》,著名思想家王阳明也曾批注过《孙子》,武举、武学的一个重要内容就是孙、吴兵法。应该说,明代孙子学的繁荣可与宋代比肩。首先,明代兵书及孙子学的著述规模空前。明代有一千多部兵书,而有关《孙子》的兵书就有二百余部。其次,明代《孙子》研究成果更加丰富多样,如注、评、标题、批点、直解、备旨、参同、引类、辑录与浅说等。最后,明代《孙子》研究群体进一步壮大,知名学者就有五十多人,诸如刘寅、张居正、赵本学、李贽、王守仁、王世贞、俞大猷、戚继光、茅元仪等。

早期满族传统的八旗制度作为其独创的军事制度具有极强的战斗优势。以努尔哈赤为首所建立的后金政权,以萨尔浒之战为代表的与漠南蒙古和明政权的征战中,凭借其八旗制度机动灵活的军事特性,多次取得了以少胜多的战绩,从而为统一天下奠定了坚实的基础。有清一代,中央集权制度达到了前所未有的高度,这也必然会禁锢社会的发展活力,使得传统兵学走向衰微,鸦片战争后,随着西方列强的入侵,传统兵学开始了艰难的嬗变历程。

清初孙子学主要服务于武科应试,可以称之为"武闱孙子学"。此类著述一般围绕《孙子》的文句和原则,进行简单的讲解和疏义,很少有思想理论的发展和创新。清初孙子学著述比较有理论水平的是邓廷罗的兵学三部曲:《孙子集注》《兵镜或问》和《兵镜备考》。在当时,像孙星衍、毕以珣、章学诚等考据学者都以大量古代典籍为基础,搜寻、整理关于孙子其人其书的证据,进而反对或纠正两宋以来盲目质疑或篡改《孙子》的不良风气。其中,最著名的是毕以珣的《孙子叙录》一文,是对历代孙子学零星文献的汇总论述,具有很高的文献价值。

晚清孙子学,既无新的著作,也无有价值的论文,可以称其为"孙子学的休眠时期"。然在甲午战争之后,伴随着士人的警醒,休眠的孙子学也开始复苏。第一部开始用新思想研究《孙子》的著作,是顾福棠的《孙子集解》。值得注意的是,晚清之际的传统兵学还有最后一抹余晖,那就是曾国藩和胡林翼对兵儒融合的贡献,可谓中国传统兵学终结的苍凉悲歌。

四

我们通观六卷本《中国孙子学史》，主要建树有两方面：

一方面，追求整体结构和理论概括的创新与突破，着力恢复《孙子》自有的思想体系和话语体系。有史以来，中国古代的兵书和战策厚厚地积累下来，蔚为壮观。然最早集其大成、建构体系者，都始自姜太公。《唐太宗李卫公问对》云："周《司马法》，本太公者也。太公既没，齐人得其遗法。至桓公霸天下，任管仲，复修太公法，谓之节制之师，诸侯毕服。"齐地兵学乃至中国古典军事思想均从太公兵法中脱胎而出。今本《六韬》中保存着姜太公的军事思想，从至高的层面回答了为谁而战、如何建军和如何用兵的终极追问。而到了孙子所处的时代，如果大力主张"为民而战"，无疑要对那些无道霸主的存在合理性发出质疑。如果自齐奔吴的孙子大谈"如何建军"，便自带觊觎军事权柄的嫌疑。这样一来，只剩下献上"用兵制胜之法"，能够迎合吴王的争霸心态，孙武便从古典军事思想体系中，专取用兵之法十三篇进行"兜售"。不得不承认，《孙子》多论用兵之事，而较少言及"为谁而战"和"如何建军"的内容。《孙子》十三篇，直接以"用兵之法"为起首句的有五篇，计有《作战》《谋攻》《军争》《九变》《九地》等，其他各篇也无一不关涉"用兵"的主题。《唐太宗李卫公问对》将《孙子》的主题归结为"用兵"，应该是允当的："朕观诸兵书，无出孙武；孙武十三篇，无出虚实。夫用兵识虚实之势，则无不胜焉。"

另一方面，将挖掘《孙子》的军事实践价值作为开展研究的不二法门，力图为全面理解《孙子》对历代战争的指导作用提供一个较为完备的知识框架，努力弥补《孙子》理论概括与实践运用隔为两境的缺憾。出于这样的学术追求，《中国孙子学史》不是孤立地研究《孙子》理论和相关文献，而是注意从宏观的角度，把《孙子》与战争实践联系起来，识察兵学理论和战争实践的真实关系。在大量的实证研究基础之上，努力在理论上做出符合历史实相的概括。当进入研究过程之后，历史的丰富性和内在逻辑便引导人前进，最好的方法就是以最宽阔的视野,给出相互关联又可以资鉴当今的历史解释。如果更深一步地思考下去,可以发现人类在漫长的发展过程中积淀的战争智慧无一不是指向天道人心的大建构。

五

我们阅读六卷本《中国孙子学史》,能够收获当代学人对《孙子》兵学思想的真切体悟和对军人职责的深刻理解。生活阅历、学术旨趣和个人品格往往影响治学者的思想,《中国孙子学史》的作者群体对这一选题如此偏爱,也许源自一个更为实际的理由:他们中有久历戎行的学者,在军事科学院、国防大学长期从事《孙子》研究工作;有山东航空学院中国孙子研究院的资深教授;还有军委机关、科研单位和地方院校的青年才俊。自 2019 年课题立项至今,他们聚合为"中国孙子学史"科研攻关团队。不同的学术背景使作者群体在知识结构方面达成军事学与历史学的互补,共同的学术目标使他们又能明确而自信地描述出孙子学发生、发展以及与战争实践契合的历史细节。

我们总览六卷本《中国孙子学史》,体系新颖,观点鲜明,论证严谨,内容充实,资料丰富,文笔流畅,是一部既贴近史料,又富有学术精神的力作。尽管其中一些论述不尽如人意,或可商榷,但瑕不掩瑜。行文所限,仅概其要旨,更多精彩处留给识者。

是为序。

宫书月

甲辰年冬月

自　序

秦汉至隋唐时期是孙子学发展的重要时期。一般认为,春秋战国为中国传统兵学发展的第一个高峰,两宋为传统兵学发展的第二个高峰,而秦汉至隋唐乃是两个高峰之间承上启下的过渡时期,也可以说是各类兵学成果沉淀积累的时期。

这一时期,孙子学发展已经失去了战国时期那种备受推崇的有利环境,在政治层面还处于受压制的状态。秦朝禁书令之下,《孙子》传播与研究的恶劣环境自不待言。两汉时期,政府在社会层面对《孙子》持贬抑态度,同时又有班固为代表的儒者对孙子"诈力"思想的激烈批判。三国两晋南北朝时期,由于受到玄学清谈及道教、佛教的影响,《孙子》学术研究更是受到智识阶层的冷落。即便是思想文化比较开放的唐代,孙子的官方地位也因受儒家思想的排挤而屈居姜尚和张良之下。

孙子学遇到阻力的根本原因在于:封建大一统的政治格局形成之后,统治者所关注的社会问题已经从"取天下"转变为"安天下",在这样的大环境之下,主要为战争服务的孙子谋略和兵学理论必然受到压制和打击。从更深层的原因来讲,这一时期的军事技术与作战方式较春秋战国时期并无多大变化,因而孙子学也缺乏迅速发展的内在动力。

然而,这并不意味着该时期孙子学的发展停滞不前。战国时代崇尚兵法谋略的历史惯性、各类战争实践的客观需求、思想文化界多元的文化政策(儒学尚未占绝对统治地位)以及官方对兵法与兵书的整理与重视,仍然推动孙子学在历史长河的波涛汹涌中不断前行,概括起来,这一时期孙子学发展的深层原因有如下几个方面：

其一，中国社会处于上升期，政治军事斗争起伏不断，孙子学有其发展的实践基础。其二，汉唐时期的兵儒关系比较和谐，在一定程度上讲可谓是相辅相成，不像宋明时期那样兵学为儒学所控制，这为孙子学发展提供了相对宽松的思想文化环境。其三，统治者对兵书虽然严格控制，但朝廷对于《孙子》基本持"外贬内尊"的态度，这使得孙子学发展具有了一定的社会基础。尤其在上层社会或统治阶层中，《孙子》的传播还是比较活跃和广泛的。其中，许多封建帝王主动学习《孙子》，不仅表明了政府对《孙子》的支持与肯定态度，而且带动起朝廷和军队内部学习《孙子》的高涨热情和活跃氛围。同时，军事统帅或一般将领学习和应用《孙子》的主动性也比较强，他们都拥有对军队的指挥权和决策权，更能从宏观和长远的视角认识《孙子》思想的精髓，在战争过程中也能真正体会到孙子思想应用的制胜效果，且往往能结合个人智慧对孙子思想做出创新性的贡献。

总体而言，在秦汉至隋唐时期，以孙子为代表的传统兵学本身具有相对独立的发展空间，其理论研究及实践应用的实效性和创新程度自然也比较高。然而，由于时代条件的限制，其与后来的宋明时期相比，兵书数量相对较少，孙子学作为一门学问研究的范围还是比较窄。故而这一时期孙子学发展的总体定位，应该属于一个承上启下的过渡时期。本书的写作正是按照这一基本定位和历史逻辑来安排的，其整体内容分为六章，分述如下：

第一章：秦汉至隋唐时期孙子学发展的基本背景

从秦朝建立（公元前 221 年）到朱温篡唐（907 年）的一千一百余年，是中国封建社会空前发展、最终形成汉唐盛世的时期。这一时期，大一统政治格局形成，专制主义中央集权制度逐步确立并不断完善，致使兵学的重心发生转移，其研究内容也发生很大的变化。

秦灭六国，专制主义中央集权制度建立，大一统政治格局形成，理政目标由"得天下"向"安天下"转变。这种价值取向的转变反映到兵学理论的建设中，表现为兵学重心由"战胜"更多转向"政胜"，即更强调政治对军事的决定性影响,如《黄石公三略》《淮南子·兵略训》在论述兵学问题的同时,更加偏重阐述治国之道。它们从政治谋略的高度提出,人心向背关系着国家的治乱兴衰,因此统治者必须注重争取民心,任用贤能。书中相关的论述比比皆是,如"夫为国之道,恃贤与民""军国之要,察众心,施百务""兴师之国,务先隆恩;攻取之国,务先养民"①等,主张为政者要任贤使能,关心民众疾苦,节制剥削。

在思想文化领域,各类学说的综合倾向进一步加强,并深深地影响着兵学理论的构建,出现了兵、儒、道、法合流的趋势。比如,汉初黄老之学占统治地位,《淮南子·兵略训》《黄石公三略》等就以道家思想为旨归,将老子的思想"道""德"置于最高层次,同时又汲取了儒家的"仁义""礼乐"思想,再糅合以《孙子》《吴子》等兵家的谋略,从而形成了自己独具特色的兵学体系。再如,自西汉中叶起,儒道互补成为思想界的主流,于是,儒家仁义治国之道与兵家克敌制胜之道有机结合,形成历史上的"兵儒合流"现象。如光武帝刘秀,深悟兵儒相通之道,既善于用兵家的诡道克敌制胜,又善于用儒家的理论治国安邦,最终推动兵家思想与儒家思想实现了圆满统一。隋唐时期,儒、释、道并重,兵家与诸子思想的融合更为深入。如李筌的《太白阴经》既接受了道家的战争观,又推崇儒家的"仁义"论和兵家的"诡谲"论,进而主张将三者统一起来,融为一体,他说:"善用兵者,非仁义不立,非阴阳不胜,非奇正不列,非诡谲不战。"②王真的《道德经论兵要义述》也是如此,它依据《道德经》各章的首句立论,从兵学角度诠释老子思想,同时兼采儒家思想,"是一部以兵言道,以儒解道,将兵家、道家、儒家糅为一体的兵书"③。

在军事领域,武器装备有了较大改进,后勤保障能力不断提高,骑兵成为作战的重要兵种,作战方式出现了新的变化,随之产生了新的作战指导思想,这些都创新和发展了孙子的作战理论。比如,汉武帝时期乃是中国军事

---

① 《黄石公三略·上略》。
② [唐]李筌:《太白阴经》卷二《人谋下》。
③ 姜国柱:《道家与兵家》,西苑出版社,1998 年,第 284 页。

史上由车骑并用向骑兵作战为主转变的重要阶段,大规模使用骑兵集团,加强了军队的快速机动性,有利于兵力的实时调度和集结,这无疑为孙子长途奔袭、攻其虚弱、出奇制胜等思想的创新应用奠定了基础。魏晋南北朝时期,孙子思想的应用也具有典型的时代特征。在南北对峙中,南方的战争指导者认识到自己水战之优势,而北方的战争指导者则认识到自己骑战之优势,在此基础上双方都灵活运用了《孙子》的"避实击虚"理论。隋唐时期,轻骑兵逐渐代替了重甲骑兵,同时作战兵器向多样、锋利、重型、杀伤力强等方向发展,这对唐代孙子兵法思想的应用也有重要影响。如李世民在唐初一些重大战役中通常惯用的战法是:先利用坚固城防"持久弊之""待衰而击",继而利用重型和杀伤力强的武器"冲其阵后""表里奋击",最后利用轻骑兵乘胜追歼、穷追猛打。这无疑是将孙子"先为不可胜""避其锐气,击其惰归"等思想与当时作战条件有机结合起来,形成了一种新的作战模式。

第二章:秦汉至隋唐时期孙子学发展轨迹

秦汉、三国两晋南北朝、隋唐是中国历史三个大的发展阶段,而孙子学的发展也因时代环境的变化而表现出不同的阶段特征。

秦汉是孙子学形成和初步发展时期。一方面,司马迁之《史记》首次为孙武列传(《孙子吴起列传》),奠定了孙子生平研究的基础。这篇传记详细记载了孙武的本事问题,对人们了解和研究孙子的家世、生平、功业以及十三篇的构成,乃是最基本的史料。另一方面,西汉大规模整理兵书过程中,任宏将兵书划分为四种,确立了《孙子》的学术地位;东汉末年曹操注《孙子》,开启了《孙子》早期注解时代,这两个重大事件标志着孙子学的正式形成。

三国两晋南北朝是孙子学曲折发展时期。这一时期,孙子学的发展实际分为两个阶段。三国时期,基本延续了秦汉孙子学发展的良好势头,并使得《孙子》的兵经地位得以确立。而两晋南北朝时期,由于国家的长期战乱及玄学和宗教迷信思想的影响,孙子学应用比较活跃,但孙子学理论研究十分薄弱。有学者指出:"在长达三百年间,兵学研究陷于衰落,几乎没有任何进展。"①这一时期,尽管有许多军事家学习和研究《孙子》,但他们的言论和观点只是散见于奏议、政论、类书、史书等文献之中,并没有兵书流传后世,其间仅有曹操的《孙子略解》一书以《孙子》注文的形式得以流传至今。至于诸葛亮名下的《将苑》《便宜十六策》等兵书,是否为其本人的作品,学术界仍存在分歧。

隋唐五代则是孙子学发展兴盛的时期。大唐盛世的恢宏气度及政治、军事、经济、文化的辉煌成就,不仅推动形成了《孙子》注解的繁荣局面,更使得孙子学的基本理论得到深化发展,孙子的某些基本思想和概念在注解和阐发上愈加成熟,这突出表现在《唐李问对》和《卫公兵法》的相关内容中。这两本书不仅创新发展了孙子的兵学范畴和基本思想,使孙子的兵学理论更趋近于科学化,而且能够在认真总结战争经验的基础上,结合具体战例以丰富和深化孙子的战略战术原则,从而把古典军事学术的研究方法,从单纯的哲学推理推进至理论与实际有机结合的新境界。

第三章:秦汉至隋唐时期孙子学的文献学考察

秦汉至隋唐时期,孙子学的发展主要是以整理、校勘、注释为主,赵海军在其《孙子学通论》中论述孙子学的发展阶段时认为,第一阶段是以整理校勘为主要内容的战国至两汉时期;第二阶段是在注释中初步成型的三国至隋唐时期。②

西汉时期,孙子学文献方面的突出成就是三次大规模兵书整理。西汉中期,兵书的实用价值开始受到统治者的重视,官方先后三次组织人力整理兵书,其中也包括《孙子》在内,尤其是第三次整理,对传统兵学及《孙子》地位的影响甚大。一方面,兵学著作被归入《兵书略》,与六艺、诸子并列,取得了相对独立的地位,从而成为一门独立的学问。另一方面,兵书的基本内容被大致分为"权谋""形势""阴阳""技巧"四个类别,这对《孙子》学术地位的确立也具有深远的影响。今人赵国华认为,"传统军事学的内容,主要包括

---

①　赵国华:《中国兵学史》,福建人民出版社,2004 年,第 292 页。

②　赵海军:《孙子学通论》,国防大学出版社,2000 年,第 49—51 页。

四个部分:'权谋'是战争指导的原则,'形势'是指挥作战的方法,'阴阳'是军事活动的辅助,'技巧'是军事技能的训练。这四部分内容'权谋'为核心,有机地构成一个学术体系。在这个学术体系里面,《孙子兵法》被列在首位,成为传统军事学的代表作,这标志着孙子学的形成。"①

东汉末年至三国时期,曹操开启了《孙子》注解时代。这是因为,曹注《孙子》体例完整,对后世注家具有发凡起例的意义。曹操注释《孙子》,首先能以"提要"的形式,概括每篇的中心思想,同时也能对每篇的篇名做出解释,这无疑是为《孙子》作注的必要的前提。而从注释的具体形式看,曹注大体包括了四种基本形式,即"字句注释""文献征引""版本校对"和"实例佐证"②。"字句注释"即解释《孙子》中某个字、某句话的含义;"文献征引"是援引别的文献为《孙子》中的某句话作注释;"版本校对"是用对照的方法来区分和判断不同的版本之间字句的差异;"实例佐证"是列举战例来证明《孙子》的某句话或某个论点。这四种形式和方法最终形成了《孙子》作注的最基本的模式,从而为后世起到了示范和引导作用,所以说,曹操的《魏武帝注孙子》是现存最早的《孙子》注释本,"奠定了两千年《孙子》学的文献基础"③,对后世影响很大。

至隋唐时期,在前代成果的基础上,出现了多种《孙子》的单注本、集注本,流传下来的孟氏、李筌、贾林、杜佑、杜牧、陈皞等人对《孙子》的注释,使得孙子学注解进入辉煌时期。比如,杜牧堪称曹操之后《孙子》的第二大注家,《杜牧注孙子》能够从历史及唐代社会现实出发,总结新的军事经验,进而对《孙子》的军事思想进行注说和解读,且注文纵横恣意、广征博引、新意迭出,欧阳修称其"其学能道春秋战国时事,甚博而详"④。

总之,这一时期的孙子学文献成就,不仅有政府层面的大规模文献整

---

① 赵国华:《中国孙子学的历史考察》,《南都学刊》2008 年第 1 期。
② 赵国华:《中国孙子学的历史考察》,《南都学刊》2008 年第 1 期。
③ 龚留柱、谭慧存:《曹操〈孙子略解〉的兵学成就》,《河南大学学报(社会科学版)》2012 年第 2 期。
④ [宋]欧阳修:《欧阳文忠公集》卷四二《孙子后序》。

理,而且注家云起,各有特色,内容丰富,视域宽广,尤其在体例和形式上,更是异彩纷呈、多有创新,这就将《孙子》注解提高到了一个新的水平,从而为宋明《孙子》疏解时代的到来打下了深厚的基础。

第四章:秦汉至隋唐时期孙子学理论的发展

自古以来,中国古典的军事思想发展大致有两个方向,一个方向是以《六韬》《尉缭子》为代表的"政兵法",他们注重政治优先,强调将军事置于国家政治的引导和控制之下,并将仁本与民本作为中国军事思想发展的核心内容。一个方向是以《孙子兵法》为代表的"正兵法",他们立足实用实效,强调功利理性,进而深刻把握了战争指导的基本规律,对中国军事学作出了重大贡献。

汉初至武帝之前这一阶段,"政兵法"发展兴盛。其原因在于,专制主义中央集权制度刚刚建立,以各诸侯国为代表的割据势力仍然存在,由于他们在与中央的对抗中军事实力较弱,故而特别强调政治和人心在战争中的分量。比如,《三略》从其"政治方略"的基本理念出发,更加注重民众在治国、战争中的重要地位和作用,并将民众的作用与英雄、贤士的作用等同视之,进而构成其军事思想的核心内容,这较孙子的道胜思想而言,是一个明显的进步。更值得注意的是,在《淮南子·兵略训》中,"以政统兵"是其讨论战争问题的基本思路,"政治—战争"始终是其核心命题。在作者看来,兵精粮足、天时地利、良将贤能虽然都是影响战争的重要因素,"然皆佐胜之具也,非所以必胜也"。必胜的条件是什么呢? 在于政治。

> 兵之胜败,本在于政。政胜其民,下附其上,则兵强矣。民胜其政,下畔其上,则兵弱矣。故德义足以怀天下之民,事业足以当天下之急,选举足以得贤士之心,谋虑足以知强弱之势,此必胜之本也。

汉武之后,直至隋唐时期,专制主义中央集权不断强化,以《孙子兵法》

为代表的"正兵法"更多适应了帝国安定与扩张的需求,战争的谋略价值和制胜理论受到统治者重视,于是孙子学理论的研究进入深化发展阶段,也可以说是到了一个突破性发展的阶段。该时期的代表性作品是《卫公兵法》和《唐李问对》,二者在孙子兵法范畴的阐释、孙子兵学理论的创新及其理论与实践的结合方面,都作出了突出的贡献,堪称孙子学研究在中国封建社会前半期的最高成果。这两本书又各有特色,其中,《卫公兵法》虽然借鉴《孙子》,又不囿于《孙子》,它的很多主张虽然不像《孙子》理论那样具有很强的哲理性,但是紧密贴近了战争的现实问题。其中的深层原因在于,一方面唐朝时期的战争形式和作战方式较之孙子所处的春秋时代更为激烈和复杂,另一方面李靖作为中国历史上杰出的战争统帅,拥有丰富的战争经历和经验,同时也继承了前代先进的兵学理论成果。《唐李问对》最大的贡献是对《孙子》奇正、虚实、主客、攻守等兵学范畴进行了全面、准确的阐释,并在许多重大兵学理论观点方面具有创新性的阐释和总结,这些都大大丰富和完善了孙子的思想理论体系。

第五章:秦汉至隋唐时期孙子学与军事实践

秦汉至隋唐时期,孙子思想的实践应用充分表现出实效性和创新性的特点。

司马迁在《史记·孙子吴起列传》中明确提出用兵要注重理论和实践结合的问题:"太史公曰:世俗所称师旅,皆道《孙子》十三篇、《吴起兵法》,世多有,故弗论,论其行事所施舍者。语曰:'能行之者未必能言,能言之者未必能行。'"任何兵家均有自己的天赋和才能优势,能行者是军事实践家,能言者是军事理论家,司马迁此论,极为中肯。

西汉时期的霍去病可谓是"能行之者未必能言"的典型代表。《史记·卫将军骠骑列传》有载:"骠骑将军为人少言不泄,有气敢任。天子尝欲教之孙吴兵法,对曰:'顾方略何如耳,不至学古兵法。'"然而,霍去病用兵却能不拘泥于习俗常规,每战"敢深入",直插匈奴腹地,且"取食于敌,卓行殊远而粮不绝"①,最终创造了六战匈奴皆胜,长途奔袭万里的战争奇迹。

韩信是能在战争中活用孙子兵法理论的典型代表。据《史记·淮阴侯列传》载,韩信大破赵军之后,与属下有一段对话:

> 诸将效首虏,毕贺,因问信曰:"兵法右倍山陵,前左水泽,今者将军令臣等反背水阵,曰破赵会食,臣等不服。然竟以胜,此何术也?"信曰:"此在兵法,顾诸君不察耳。兵法不曰:'陷之死地而后生,置之亡地而后存'?且信非得素拊循士大夫也,此所谓'驱市人而战之',其势非置之死地,使人人自为战;今予之生地,皆走,宁尚可得而用之乎?"

从这段对话来看,韩信既能在战争实践中自觉地践行孙子思想,同时也能理性地进行创新发挥运用。

从本质上讲,言兵与用兵统一是一个理论智慧与实践智慧相统一的问题。"理论智慧"以理性的问题和思考为基础,最终指向一种正确的知识,而"实践智慧"是人类掌握真理的一种形式,是对于人做事正确与否的行为推理,二者共同组成了人类的和谐行为。然而,一个人的理论智慧和实践智慧并不是同生共长的,换言之,即便一个人拥有了丰富的理论智慧,并不意味着他一定具有相当的实践智慧。说到底,兵法理论来源于实践,其真正的生命力也出自实践,只有当它回到血雨腥风的战场上,才能通过人们的感悟和创造而成为真正的用兵智慧,正如岳飞所言:"阵而后战,兵法之常,运用之妙,存乎一心。"②对于这一点,中外伟大的军事家均有深刻的体会。

毛泽东说:"做一个真正能干的高级指挥员,不是初出茅庐或仅仅善于在纸上谈兵的角色所能办到的,必须在战争中学习才能办到。"③约米尼说:"最戕贼天才和最容易误事的,都莫过于那些书卷气过重的理论。其基础为

---

① 《汉书·卫青霍去病传》。
② 《宋史·岳飞传》。
③ 毛泽东:《毛泽东选集》第1卷,人民出版社,1951年,第174页。

一种错误观念,即认为战争是一种真正的科学,其中一切都可以用计算的方式来决定。"①克劳塞维斯亦言:"凡天才所为即为最佳规律,而理论所能做到的最多只是解释应该如此的如何(how)和为何(why)而已。"②

很明显,过分强调或倚重兵法的理论是绝对错误的,其中的深刻原理在于:战争是一个实践性很强的领域,到处充满着变数和不确定性,故而兵法与实战之间永远存在着不可克服的矛盾。具体而言,任何理论都有明确的指向和应用范围,都有精确量化的东西,而实战则是没有固定的范围,一切是随机和灵活的。所以,任何兵法理论中都不会有现成的作战方案,任何兵学原则的运用也都有其固有的局限。然从另一方面讲,我们也不能由此否定兵学理论的价值,因为无论古代兵学理论还是现代军事理论,都是对战争事物本质性的认识,是对战争活动规律的科学总结,所以,它的指导作用不可否定,也不可轻易废弃。

第六章:秦汉至隋唐时期孙子学的地位和影响

如前所述,秦汉至隋唐时期孙子学的发展,具有承上启下的历史地位。在经历这几百年的历史积累和成果沉淀之后,最终为孙子学的发展创造了良好的条件,同时也为宋明孙子学的繁荣发展奠定了坚实的基础。

在这里,笔者还想从诸子思想互补的视角进一步谈谈这一时期孙子学发展的历史地位。

秦汉以降,承续战国时期的学术融合趋势,而后形成儒道互补为主的思想格局。这一时期,先后出现了《吕氏春秋》《淮南子》《三略》等几部综合性典籍,其军事思想也都体现出兵家与诸子思想互补的发展趋向。

比如,《吕氏春秋》在继承和发展孙子思想方面,明显有自己的特色和重点。它在总体评价战争起源和性质的基础上,将先秦时期儒家的民本和仁本思想作为评价战争是否具有正义性的主要依据,并提出了义兵应该具有的道德责任和基本义务,彰显了古代军事人道主义的价值和意义,这对《孙

---

① [瑞士]约米尼著,钮先钟译:《战争艺术》,广西师范大学出版社,2003 年,第 16 页。
② 钮先钟:《战略研究》,广西师范大学出版社,2003 年,第 115 页。

子》蕴含的人本思想而言,是一次很好的丰富和发展。

再如,《淮南子·兵略训》对孙子思想的学习和继承,则是在儒道并浸的底色上完成的。一方面,《淮南子》的道家思想立场使作者能够在《兵略训》中以"道"为本体,理性审视战争的复杂变化,并能从道家之虚、静、柔、一等特色思想中,为孙子的一些实战谋略和玄妙战法提供理论依据。另一方面,《淮南子·兵略训》之兵论游移至儒家的思想立场时,又能继承孔、孟、荀的军事思想,注重对战争进行高度的政治化反思,特别突出"政""兵"相融的特点,最终丰富和发展了孙子"道者,令民与上同意"的思想论述。

唐代社会,是一个开放、包容的时代,儒、佛、道三教并立,呈现出一个多元的文化格局。这种特点,也充分体现于兵学研究领域,使得孙子思想能够与其他学派思想交流渗透,融合互补。如《太白阴经》就是在融合诸家的基础上弥补了孙子的思想缺陷,完善了孙子的思想内容。有学者曾指出:"李筌作为兵学家,不像孙武、吴起等人,通过参与军事活动,把理论付诸实践,但在兵学理论方面,把兵与法混一而论,并与儒、道糅为一体,也颇能独具匠心。"①

从以上的论述中,我们需要思考三个深层次的问题,第一,《孙子兵法》何以能够比较早熟? 何以能在古代就能达到较高的理论层次,并以系统完整的概念范畴和唯物辩证法为基础,构建了较为科学的兵学思想体系? 第二,孙子思想为什么能够达到很高的人文思想境界,最终形成中国特色的战争伦理观,进而指导世界兵学发展的基本方向? 第三,在 2500 多年后的今天,孙子学为什么还能不断扩容、不断发展,进而成为一种具有永恒生命力和灵动性的智慧力量?

其中一个很重要的原因是,以孙子为代表的传统兵学一直是在与诸子思想的互动交融中不断成长的,这使它具有丰厚的精神食粮和深厚的文化根基。比如,儒家对兵家的影响是大家都承认的,儒家关照兵学就像是在教

---

① 赵国华:《中国兵学史》,福建人民出版社,2004 年,第 341 页。

育、规范一个成长中的少年,所以,历史上的兵儒互补或兵儒合流一直是贯穿中国古代历史的文化现象。道家所坚持的基本文化精神是自然和无为,其秉承的根本原则是"去甚,去奢,去泰"①,这无疑为限制兵家过分的贪求和无限暴力提供了理论依据;墨家学派虽然在秦代以后逐渐销声匿迹,然其军事思想却不断内化为中国战争实践指导的一个重要因素或重要内容,它与兵家和兵学之间一直存在一种隐性的互动关系;法家与兵家本就是同源异流的关系,二者既在文化精神层面实现了深层次的精神契合,又在长远发展机制层面达到了高度的一致,而其背后的根本原因则在于理性的现实主义;纵横家虽然不像儒家那样有神圣的道德理想,也不像道家那样有深奥的哲学概念,然而他们的历史活动和内在价值,与兵家思想是最为接近的,也是最能与兵家互补共融的。

总之,中国的兵学可谓是在与诸子思想的交流渗透、互补融合、相摩激荡中成长和发展的。所以,通过"诸子互补"的研究途径,来研究中国兵学的发展以及兵学之魂的塑造,当是一个有意义、有价值的学术课题,这方面的研究还需要学界同人做出进一步的努力!

---

① 《老子》第二十九章。

目　　录

第一章　秦汉至隋唐时期孙子学
发展的基本背景

　　从秦朝建立(公元前221年)到朱温篡唐(907年)的一千一百余年,是中国封建社会空前发展、最终形成汉唐盛世的时期。这一时期,大一统政治格局形成,专制主义中央集权制度逐步确立并不断完善和强化,致使兵学的重心发生转移,其内容发展也受到一定的束缚和制约。在思想领域,思想学说的综合倾向进一步加强,儒家学说和道家学说深深地影响着兵学理论的构建,制约和规范着兵学的发展,出现了兵家、儒家、道家合流的趋势。在军事领域,武器装备有了较大改进,后勤保障能力不断提高,骑兵成为作战的重要兵种,作战方式出现了新的变化,随之产生了新的作战指导思想,这些都创新和发展了孙子的作战理论。

第一节　大一统局面的形成对孙子学的影响

　　任何一种思想都有其产生和赖以生存的社会土壤。春秋战国时期,诸侯国之间征战频繁,使得从事战争研究的兵家应运而生并受到重视,兵学思想得以迅猛发展。《孙子兵法》正是在这样的背景下产生的,并在战国时期出现"境内皆言兵,藏孙、吴之书者家有之"[①]的景象。但是这一发展局面随着秦灭六国以后大一统局面的出现而发生了改变。秦灭六国,结束了从春

———————————————
　　① 《韩非子·五蠹》。

秋至战国五个半世纪诸侯列国并立、战争频仍的局面,建立起中国历史上第一个统一的专制主义中央集权制国家。在秦汉至隋唐一千一百余年的时间里,虽然不同时期存在不同类型的战争,中间也有过魏晋南北朝时期三百多年的分裂,但统一是历史的主流,整个社会也由崇尚武功转向文治为主。这种大一统政治格局的形成对孙子兵学的发展产生了重要的影响。

一、文武并重治国方略所提供的良好环境

汉代以来,重文轻武成为一种发展的趋势,这是国家进入和平建设时期必然会出现的现象。但是汉初至唐代中期以前,各王朝在治国理念上虽然出现过重视文治的现象,但基本上维持了文武并重的局面。这使得以孙子为代表的兵家和兵学受到人们的普遍重视。

汉初,承秦之敝,百废待兴,面对新建立的统一的中央集权的大帝国,刘邦君臣围绕如何治天下的治国方略进行了探索。刘邦起自布衣,文化素养不高,且凭借武力夺取政权,因此不重文治,鄙薄儒学,自以为靠过去攻城略地的经验即可治国。但是在陆贾等人的劝说下,刘邦逐渐认识到文治的重要性。鉴于秦朝灭亡的教训以及汉初经济凋敝、国力有限的社会现实,汉朝统治者最终采用了主张"清静无为"的黄老思想,与民休息,轻徭薄赋,宽刑简政,"成功地实现了由秦尚'武功'重进取的'革命'理论向尚'文治'重'守成'的'建设'理论的转变"[①]。这种"文治"思想有效地促使了经济的恢复发展,民众负担也大大减轻,进而出现了"文景之治"的局面。但是在黄老思想的统治之下,也引发了许多弊端:诸侯王坐大,形成尾大不掉之势;豪强崛起,武断乡曲;匈奴日盛,对汉朝廷构成严重威胁等等。至汉武帝时期,随着国力的增强,统治者又接续了秦朝崇尚"武功"的思想,一方面确立儒学正统地位,另一方面开疆拓土,积极反击匈奴,重创匈奴势力,加强对南越、西南夷等地的控制,最终确立了"文武并用"的治国思想。自汉代至唐朝中期,各

---

① 刘太祥:《"文武并用":汉代治国方略的改革与创新》,《南都学坛》2007 年第 4 期。

王朝基本采用了"文武并用"的治国方略,既重文德,也重武备。

汉唐时期的儒生群体或著名将领大多都是习文研武,集儒学和兵学于一身。研究者指出,"两汉固然重文,但非轻武。文武兼修才是官员的典型,才受到肯定和颂赞"①。西汉东方朔在上书汉武帝时自称"年十六学诗书,诵二十二万言;年十九学孙吴兵法,战阵之具,钲鼓之教,亦诵二十二万言"②。两汉之际的冯异"好读书,通左氏春秋、孙子兵法"③,桓谭"博学多通,遍习五经",却在文章中熟练引用《孙子兵法》;大儒郑玄也引用《孙子兵法》佚文注《周礼》。南朝羊侃"雅爱文史,博涉书记,尤好《左氏春秋》及《孙吴兵法》"④。唐朝注释《孙子兵法》者也多为文人。明末清初学者屈大均称:"汉唐以来善兵者率多书生,若张良、赵充国、邓禹、马援、诸葛孔明、周瑜、鲁肃、杜预、李靖、虞允文之流,莫不沉酣六经,翩翩文雅,其出奇制胜如风雨之飘忽,如鬼神之变怪。"⑤

唐太宗李世民深谙文武之道。他多次强调治国要文武并用。如《帝范》中说:"斯二者(崇文、阅武)递为国用。至若长气亘地,成败定乎锋端;巨浪滔天,兴亡决乎一阵。当此之际,则贵干戈,而贱庠序。及乎海岳既晏,波尘已清,偃七德之余威,敷九功之大化。当此之际,则轻甲胄,而重诗书。是知文武二途,舍一不可;与时优劣,各有其宜。武士儒人,焉可废也。"⑥《资治通鉴》中也记载李世民曰:"戡乱以武,守成以文,文武之用,各随其时。"⑦强调"文德"和"武备"不可偏废。

唐朝时期为了宣扬崇尚武功、文武并重之理念,还设置了武庙和武举制

---

① 邢义田:《允文允武:汉代官员的一种典型》,见邢义田《天下一家——皇帝、官僚与社会》,中华书局,2011年,第234页。

② 《汉书·东方朔传》。

③ 《后汉书·冯异传》。

④ 《梁书·羊侃传》。

⑤ 屈大均:《训练辑要序》,见欧初、王贵忱主编《屈大均全集》(三),人民文学出版社,1996年,第75页。

⑥ 王双怀、梁克敏、田乙编撰:《帝范臣轨校释》,陕西人民出版社,2016年,第115页。

⑦ [宋]司马光:《资治通鉴》卷一九二《唐纪八》,武德九年丙戌。

度。唐太宗时，出于对兵学的关注以及为了表彰姜太公的功德，下令在磻溪立庙祭祀太公。唐开元十九年(731年)，玄宗下诏于两京和各州建立太公庙一所，春秋二仲祭祀，以张良配享，择取历代名将以确定武庙十哲；招待武举人的乡饮酒礼、将领出师前的引辞仪式也在太公庙举行。玄宗在诏书中指出：

> 乾坤冲用，阴阳所以运行；帝王大业，文武所以垂范。故四序在乎平分，五材资于并用，式稽乾坤之意，载明文武之道，永言旧章，斯典未洽，自我而始，爰备阙文。①

可见，玄宗此举意图是文武学术并举，以此来展现武学传统。唐肃宗时又追封太公望为武成王，"依文宣王置庙，仍委中书门下择古今名将配享，并置亚圣及十哲等享祭之典，一同文宣"②。至此，唐正式形成文庙、武庙并峙的格局。孙子明确位列"十哲"之一。不过，中唐以后，武庙地位备受争议。唐德宗贞元二年(786年)，在群臣的反对之下，下令去掉"亚圣十哲"之名，唯独祭祀武成王和张良。唐末天祐二年迁都洛阳后，又重新设置了武成王的"配享制度"，重新供奉孙子等十哲。不过，唐朝不久就灭亡了。

武则天时期，"恐人之忘战"，还开设了武举。《唐会要》卷五九《兵部侍郎》记载："长安二年正月十七日敕：天下诸州，宜教武艺，每年准明经、进士贡举例送。"唐代武举创立后，被列为常举科目，由兵部主持，每年考试一次，应武举的考生由地方州府向京师举送。考试内容主要为弓马技艺，考试合格后授予武职。不过，唐代武举并不是很兴盛，及第人数亦十分有限，而且由于唐代武举考试注重体力的较量和使用兵器的娴熟程度，而不重视兵法韬略。元和以后，蒋防在所上《兵部议》中对武举的选拔标准提出新的建议，他认为，武举选人的标准不仅在于弓马射箭、相貌如何，关键在于"习兵书一

---

① ［宋］王钦若、杨亿等纂修：《册府元龟》卷三三《帝王部·崇祭祀二》。
② ［宋］王钦若、杨亿等纂修：《册府元龟》卷八七《帝王部·赦宥六》。

艺",选取"智勇兼资,材略并运"①的人才。不过,他的提议并没有受到重视。另外,在唐代制举科目中,也有不少与军事有关的科目,如"军谋宏远,堪任将帅""知合孙吴,可以运筹决胜""孙吴倜傥善用兵法"等等。但是,就目前史料来看,通过制举科目选拔出来的军事人才并不多。

总之,在秦汉至隋唐一千一百余年的时间里,各王朝在治国方面基本上采取文武并重的理念。受这一治国理念的影响,统治者对勇猛杀敌、立功边塞的武将极为推崇,尚武之风浓厚,孙子及其兵书也受到人们的普遍重视。

不过,唐代中期以后,情况发生明显变化。随着科举制度的逐渐完善,崇尚文教之风日渐兴盛,科举入仕成为社会风尚所归。世人多关注文化知识的学习,而不是以武入仕。在武则天时期已经出现"比为久属太平,多历年载,人皆废战,并悉学文"②的局面。晚唐杜牧在《注孙子序》一文中也提到当时的状况是:"缙绅之士不敢言兵,或耻言之;苟有言者,世以为粗暴异人,人不比数。"安史之乱后,藩镇林立,军将跋扈,统治者对武将多存猜忌和防范心理,任用将帅时也多着眼于"易制",尤其是在宪宗时,为削弱藩镇跋扈势力的影响,亦采取擢用儒臣以任方镇的政策。"故命节度使,皆以道德儒学。来罢宰相,去登宰相……自贞元、元和以来,大抵如此。"③这种重文轻武的风尚自然影响到人们的从军热情,对孙子兵学的学习和传播也会产生消极影响。

二、统治者公开层面对兵学的压制和贬抑

由于兵学的产生本身是为战争服务的,专注于对战争规律的探讨,在开疆拓土、消除边患等方面有着重要的实用价值,因此常常被统治者当成维护统治的有力武器。统治者在遭遇战争时,多注重选拔知兵法之人。如在西汉后期"灾变不息,盗贼众多"之时,统治者多次下令察举"勇猛知兵法者"。

---

①　[宋]李昉等:《文苑英华》卷七六五《兵部议》。
②　[清]董诰等:《全唐文》卷九五,武则天《答王方庆谏孟春讲武手制》。
③　[唐]杜牧:《樊川文集·淮南监军使院厅壁记》。

然而兵学的实用性特点,既可以为统治者服务,也常常会被野心家利用。如西汉高祖刘邦死后,"诸吕用事",就曾盗取兵书,威胁到刘氏的统治。《史记·淮南衡山列传》载,西汉前期,衡山王"与奚慈、张广昌谋,求能为兵法候星气者,日夜从容王密谋反事"。因此,统治者在利用兵学维护其统治的同时,也严厉控制其传播。

秦始皇统一六国后,为了巩固统治,不仅下令收缴并销毁民间兵器,还接受了丞相李斯的建议,下令收天下图书,将除博士所藏以及医药、卜筮、种树等实用之书以外的书籍,以火焚之,兵书当在焚烧之列。

汉代统治者虽然没有明确禁锢兵书,但对于兵书亦是心存忌惮。《汉书·东平思王刘宇传》有这样一段记载:东平王刘宇"上疏求诸子及《太史公书》",大将军王凤以"《太史公书》有战国纵横权谲之谋,汉兴之初谋臣奇策,天官灾异,地形厄塞,皆不宜在诸侯王"为理由,劝说成帝不要赐书给刘宇。由此可知,汉代统治者为维护自己的统治,对于那些包含"纵横权谲之谋"的著作的流通是限制的,对于能够克敌制胜的兵学著作应该也不会允许其在社会上随便流通。

东汉末年汉献帝时,曹操"挟天子以令诸侯",操控政权。《三国志·魏书·常林传》裴松之注引《魏略·吉茂传》中记载了这样一则事例,曹操下令"科禁内学及兵书",即规定家中不能存有谶纬之学和兵书,而吉茂却都有,他把它们藏匿起来没有交送官府。后来,其族人吉本等倡议起兵,吉茂受到牵连被逮捕。被逮捕的时候,他不知道自己是因为吉本之事连坐而被判罪,所以对身边伺候的人说:"我是因私藏书籍而犯罪的。"由这一事例可以看出,曹操当政时期,是禁止兵书在民间流传的。

唐太宗时亦有此规定,《贞观律》卷三《职制律》第二十条规定:"诸玄象器物、天文、图书、谶书、兵书、《七曜历》《太一雷公式》,私家不得有,违者徒二年(私习天文者亦同)。其纬候及《论语谶》不在禁限。"把兵书的禁限与私藏天文图谶之书提到同等高度对待。在《唐太宗李卫公问对》中,唐太宗也告诫李靖,对于兵家之学不要随意传授,一定要慎重对待,"道家忌三世为将者,不可妄传也,亦不可不传也,卿其慎之"①。

三、大一统政治格局使得兵学重心发生转移

春秋战国时期的兵书是在诸侯分裂割据混战的环境中形成的,是为争霸兼并战争服务的,在内容上着重研究的是战争的一般规律和用兵的艺术,其关注点在于如何取得战争的胜利,由自己掌握霸权或者统一天下。如《孙子兵法》重点谈论的是"战胜攻取",强调要"致人而不致于人",实现"自保而全胜"。战国时期的《孙膑兵法》强调"战胜而强立"②,《六韬》提出"大明发而万物皆照,大义发而万物皆利,大兵发而万物皆服"③,都是以"取天下"为目的。

秦灭六国,统一的专制主义中央集权制国家建立,大一统政治格局形成,理政目标由"得天下"向"安天下"转变。这种价值取向的转变反映到兵学理论的建设中,表现在兵学的旨趣也"由'取天下'转变为'治天下''安天下'"④。

秦汉以后的兵学论著在讨论军事问题时,更多地将政略与兵略相结合。《黄石公三略》就很明显体现了这一特点。与《孙子兵法》等先秦兵书偏重阐述战争谋略不同,《黄石公三略》在论述兵学问题的同时,更加偏重阐述治国之道。它从政治谋略的高度提出,人心向背关系着国家的治乱兴衰,因此统治者必须注重争取民心,任用贤能。书中相关的论述比比皆是,如"夫为国之道,恃贤与民""军国之要,察众心,施百务""兴师之国,务先隆恩;攻取之国,务先养民"⑤等,主张为政者要任贤使能,关心民众疾苦,节制剥削。

《兵略训》是《淮南子》中专门论兵的篇章。《淮南子》成书于刚刚经过

---

① 《唐李问对》卷下。
② 《孙膑兵法·见威王》。
③ 《六韬·武韬·发启》。
④ 黄朴民:《兵学思想史研究中的"瓶颈"及其突破》,见罗家祥主编《华中国学》(2015年·秋之卷),华中科技大学出版社,2016年,第89页。
⑤ 《黄石公三略·上略》。

流血战争而建立起来的大一统王朝西汉前期,其兵学思想虽然深受先秦诸子兵论的影响,但更多的是从大一统王朝建设的角度谈论兵学。《兵略训》中明确提出"兵之胜败,本在于政",将政治的得失看作决定战争胜负的根本因素,强调统治者要为"存政",要"因民之欲""恤其贫穷,出其囹圄""因民而虑"。

综上所述,在从秦朝到唐朝一千多年的时间里,统治者对兵学的态度是既利用又打击压制,这使得兵家文化在传统文化中,"处在一种用而被束的艰难处境中"①,其发展受到严重的束缚和制约。

第二节 学术的综合化倾向与儒、道、兵思想的融合

儒家思想、道家思想与兵家思想的融合是秦至唐代军事思想发展的一个重要趋势。这一趋势最早萌发于先秦。战国以来,随着兼并统一战争的进行,各诸侯国在政治和经济上的联系与交流日益加强,"这种政治、经济上的大一统社会发展大势,作用于当时兵学的发展,使之呈现出综合融汇的倾向"②。以儒墨道法为代表的先秦诸子的思想不断向兵学渗透,影响着兵家理论体系的建构和价值取向。兵家也兼容并蓄吸收融合其他诸子学派中的思想观点来完善自己的理论体系。进入两汉以后,这种趋势没有中断,而是在新的历史条件下进一步深化。其中以儒、道两家与兵家思想的关系最为密切。

一、儒家思想对兵学的引导和规范

儒家是春秋末期孔子创立的学派。面对当时的乱世,孔子提出了以"仁"和"礼"为核心的治国主张。战国时期的孟子和荀子进一步继承和发展

---

① 张颂之:《兵家文化与儒家兵文化》,《孙子学刊》1992 年第 1 期。
② 黄朴民:《学术兼容与兵儒合流》,《儒学的当代使命——纪念孔子诞辰 2560 周年国际学术研讨会论文集》,2009 年。

了孔子的学说。但是在"争于气力"的春秋战国时代,儒家的思想被认为"迂远而阔于事情"①,不被各诸侯国采用。秦代崇尚法家,焚书坑儒,一度使儒学受到沉重打击。西汉时期,儒学经董仲舒改造后,适应了专制主义中央集权的需要,因而受到汉武帝的推重。在董仲舒的建议下,汉武帝"罢黜百家,表章六经"②,儒学成为中国封建社会的正统思想。由于汉代儒学是董仲舒在吸收道家、法家和阴阳家等思想的基础上对先秦儒学进行改造的成果,本身具有浓厚的神秘主义色彩,所以到西汉末东汉初,便与谶纬迷信相结合,演变成谶纬神学。东汉末年,儒学因其日益神学化和烦琐化而趋于衰落。魏晋时期,何晏、王弼等以道家思想为主,糅合儒家经义,形成一种新的哲学思潮,即玄学。隋唐时期,中国大一统的局面再次形成,在文化政策上实行儒、释、道兼容政策。不过,虽然儒学的发展深受佛、道冲击,但从整体看,儒学作为统治意识形态的主体地位并未动摇,统治者均把尊崇儒经、推行仁政作为治国的根本。

儒学成为中国封建社会的正统思想,对中国社会的各个领域各个层面都有着广泛而深远的影响,也深深影响着孙子学的发展。儒学和兵学从根本上说是两种不同价值取向的学术体系,儒学以仁义为本,兵家以诡诈立道;儒家倡导义战,兵家则更加崇尚功利,思想上的差异导致双方在历史发展过程中冲突不断。这种冲突在先秦时期已经明显地表现出来。在儒学成为国家的统治思想之后,许多儒家士人更是站在儒家"仁义""德治"的立场上,对兵学的"诡诈""利动"思想展开批评,甚至对兵家人物进行诋毁和人身攻击。

西汉初年,贾谊在反思秦朝灭亡的教训时就提出,秦之所以速亡,就在于取得政权以后继续推行"先诈力而后仁义"的政策,而没有改弦更张。同样,董仲舒也将"仁义"和"诈力"置于对立的地位,他说:"夫仁人者,正其谊不谋其利,明其道不计其功,是以仲尼之门,五尺之童羞称五伯,为其先诈力

① 《史记·孟子荀卿列传》。
② 《汉书·武帝纪》。

而后仁谊也。苟为诈而已,故不足称于大君子之门也。"①在汉昭帝时期的盐铁会议上,御史大夫桑弘羊等与来自全国各地的60余名贤良文学进行了激烈的争论,争论的一个重大问题就是对匈奴的和战问题。贤良文学以儒家思想作为立论根据,极力称颂仁义道德的作用,认为只要实行仁义德治,就可以使匈奴归附,不必采用战争。而御史大夫桑弘羊等则本着兵家"有备无患"的思想,提出"事不豫辨,不可以应卒。内无备,不可以御敌""兵革者国之用,城垒者国之固",认为"有备则制人,无备则制于人"。② 这场争论实际上反映了儒家和兵家在价值观上的对立与冲突。

汉哀帝时,刘歆在《移让太常博士书》中则将"孔氏之道"与"孙吴之术"置于对立的位置,他说:"重遭战国,弃笾豆之礼,理军旅之阵,孔氏之道抑,而孙吴之术兴。"③东汉初年,班固则极力诋毁兵家人物。《汉书·刑法志》称:"世方争于功利,而驰说者以孙吴为宗。""……至于末世,苟任诈力,以快贪残,争城杀人盈城,争地杀人满野。孙、吴、商、白之徒,皆身诛戮于前,而国灭亡于后。报应之势,各以类至,其道然矣。"班固将孙子、吴起看成是变诈之兵兴起、追求功利的开端,认为孙、吴"诛戮于前,而国灭亡于后"的结局乃是一种应有的报应。

尽管有些儒家士人对兵家横加批判,但在实际的治国和战争中,儒家的仁政德治不能解决所有的社会问题,尤其是在战乱频仍的时期更有迂阔之嫌,远不如兵学实用有效,因此多数统治者和儒者能以务实的态度对待孙子兵学,将儒家的仁义治国之道与兵家的克敌制胜之道结合运用,从而使兵学与儒学趋于合流。东汉光武帝刘秀就是典型的代表之一。

刘秀自幼尊崇儒学,早年曾游学太学。在军事实践活动中,他一方面打出"吊民伐罪""救万民之命"的旗帜,号称自己所从事的战争是"义战",同时"延揽英雄,务悦民心",争取民众归附。在战争中则充分利用孙子的"诡

---

① 《汉书·董仲舒传》。
② 《盐铁论·险固》。
③ 《汉书·楚元王传》。

道"思想,灵活运用刚柔相济、出奇制胜、致人而不致于人的指导原则,争取作战的胜利。在国防建设方面,刘秀在立国以后,"偃武兴文",以"柔道"治天下,修文德以来远人,同时也注重边防建设,多次命人修缮"障塞、亭侯",对于反叛的西南少数民族坚决予以镇压。"从某种意义上说,刘秀的成功,标志着兵儒合流的完成,这在中国古代军事思想发展历程中具有里程碑式的意义。"①

汉至唐代,兵学与儒学的融合主要呈现出这样一个趋势,即用儒家的思想对兵学进行阐发和改造,力图将兵学纳入儒学思想体系。儒学虽然在历史传承中不断地被改造、发挥,但其基本思想是讲究"仁义",强调以民为本,注重争取民心的归附,实施"仁政""德治"等等。从民本思想出发,儒家支持以吊民伐罪、拯民于水火为目的的正义战争,反对为满足统治者私欲而进行的非正义战争。这些思想都被兵学所吸收。如《黄石公三略》提出"军国之要,察众心,施百务""兴师之国,务先隆恩;攻取之国,务先养民"②,强调统率军队、治理国家的关键就在于体察民众的心理,关心民事。《淮南子·兵略训》也明确指出,"兵之胜败,本在于政。政胜其民,下附其上,则兵强矣。民胜其政,下畔其上,则兵弱矣",认为战争的胜负,从根本上说取决于为政是否清明。兵家也将儒家的义战观纳入自己的理论体系。如《黄石公三略》认为"圣王之用兵,非乐之也,将以诛暴讨乱也。夫以义诛不义,若决江河而溉爝火,临不测而挤欲堕,其克必矣"③。在《黄石公三略》看来,"以义诛不义"的正义战争,一定会所向披靡,战无不胜。"义兵"思想已经成为中国传统兵家在战争观上的主体思想。《淮南子·兵略训》也提出反对"杀无罪之民,而养无义之君""殚天下之财,而澹一人之欲"的非正义战争,主张推行"存亡继绝,平天下之乱而除万民之害"的"义战",认为以"义兵"去讨伐"不义之

---

① 黄朴民:《学术兼容与兵儒合流》,《儒学的当代使命——纪念孔子诞辰 2560 周年国际学术研讨会论文集》,2009 年。
② 《黄石公三略·上略》。
③ 《黄石公三略·下略》。

兵",就能得到人民的拥护,可以"不战而止"。李筌的《太白阴经》也指出:"兵非仁义道德者,虽伯有天下,君子不取。"①

随着儒学统治地位的确立和不断发展,对《孙子兵法》的解读也出现了儒学化现象。秦汉时期,《孙子兵法》的研究者多为军事家。如西汉三次大规模地整理兵书,汉高祖时"序次兵法"的张良、韩信,汉武帝时"纪奏兵录"的军政杨仆,汉成帝时"论次兵书"的步兵校尉任宏,均为有实际作战经验的军人。三国两晋南北朝以后,情况则发生变化,为《孙子兵法》作注者大都是文人或是有军事经验的文人,如曹操是一位"昼则讲武策,夜则思经传"②的政治家、军事家;沈友博学善著文,兼好武事,时称他为笔、舌、刀"三绝"的奇才;贾诩是位通权达变的谋士;萧吉,史书记载"博学多通,尤精阴阳算术"③。隋唐时期,兵学的研究者中固然有唐太宗、李靖这样的军事家,但孙子研究者中文士的比重大大增加,如杜佑、杜牧都是著名文人,贾林、陈皞等也并无煊赫战功的记载。儒家士人在注释《孙子》时,也开始用儒家观念来解读孙子思想。如孟氏在注释《计篇》的"道"时,首先将"道"解释为"道之以政令,齐之以礼教"的"大道",即儒家思想的仁政德治、礼乐教化,认为大道废弃了,然后才实行兵法的权谋之道。孟氏的注释受儒家思想的影响是很明显的。到了唐代杜牧,则径直以儒家的"仁义"来注释《计篇》的"道"。

二、道家言兵对兵学的吸收和借鉴

道家学派的创始人是春秋末年的老子。与儒家一样,道家在中国历史上的发展也颇为曲折。西汉初年,道家思想中的黄老道家一度成为统治思想,占据了主导地位。后来随着社会的发展,黄老思想因不能适应建立大一统专制制度的需要而退出政治舞台,此后主要在民间流传。东汉中后期,产生了中国本土的宗教——道教,道教是在黄老道家理论的基础上,吸收儒

---

① 《太白阴经·人谋下·善师篇》。
② 《三国志·魏书·武帝纪》注引《魏书》。
③ [唐]李大师、李延寿:《北史》卷八九《艺术上》。

家、墨家、阴阳五行家等思想学说,又杂糅古代神仙方术、民间巫术、鬼神信仰而形成的一个宗教派别。东汉末年出现大量道教组织,著名的有太平道、五斗米道。道教形成后,不断吸收新的内容,经典教义、修持方术、科戒仪范渐趋完备。唐朝时,统治者为了提高李姓皇族的地位,将道教作为国教。唐武德七年(624年),唐高祖李渊亲临终南山拜谒老子庙。第二年,又下旨定三教排名,以道教为首,儒教次之,佛教最后。贞观十一年(637年),唐太宗又颁布了《道士女冠在僧尼之上诏》,规定先道后释,推行"扶道抑佛"政策。唐高宗时,追封老子为"太上玄元黄帝"。唐玄宗时,为进一步抬高道教地位,设置崇玄馆,置"玄学博士",诸州置玄学士,令习《老子》《列子》等典籍,每年准明经例考试,称为道举。他还亲自注解《道德真经》,颁示天下。社会上形成了崇尚道教的风气。

道家与兵家虽属于两个不同的学术流派,但在思想上却有着较多的关联。道家思想中有不少论兵的内容,对兵学影响很大。道家对战争问题的认识以及用兵原则主要来自道家元典《老子》。《老子》将战争视为"不祥之器",反对"以兵强天下",主张在"不得已"的情况下才可以用兵,即便用兵也要"恬淡为上,胜而不美"。在具体的战略战术方面,老子提出了无为不争、以柔克刚、以弱胜强、以静制动、以退为进、后发制人、以奇用兵、欲擒故纵、以迂为直等重要思想。这些思想大都为后世兵家所汲取。

秦汉之际,道家的一支黄老道家思想极为流行,许多兵学的研究者往往依托道家著书立说,老子对战争问题的看法及其许多用兵原则如"清静无为""贵柔守雌"等,也为这一时期的许多兵书所汲取。东汉后期,道教兴起,道教也接受了道家对兵学问题的看法,并做了进一步的发挥。魏晋南北朝至隋唐时期,具有浓厚道家(道教)色彩的兵书大量问世。如南朝时期著名道士陶弘景对兵学有较深入的研究,不仅注解前人兵书,撰成《太公孙吴书略注》二卷,而且积极探讨用兵原则,著有《古今刀剑录》《真人水镜》《握镜》等兵书,不过,今皆未传。唐代中期号"达观子"的道士李筌,注释过《阴符经》《孙子兵法》,并著有兵书《太白阴经》《阃外春秋》。《阴符经》是道教的重要经典著作,其作者无法考证,李筌在河南洛阳嵩山少室虎口岩石壁中发现并注释该书,从修炼保身角度阐述用兵之道,反映了道教将兵学与养生学相结合的思想。在《太白阴经》中,李筌发挥老子的战争观,将兵视为"凶器"、把战争视为"危事",提倡战争是"不得已而用之",坚决反对那种"阴谋道德,好用凶器"的做法,赞成"以兵定天下之灾,除万民之害"的战争。他还将老子的"以正治国,以奇用兵,以无事理天下"的思想作为封建国家最高统治者行动的最高准则。《太白阴经·人谋下·作战》中,李筌还将道家"时"的思想引申到战争领域,提出"故曰:'时之至,间不容息',先之则太过,后之则不及",强调用兵要善于捕捉战机,一旦抓住战机,则要"赴之若惊,用之若狂"。唐玄宗时期隐士赵蕤的《长短经》,也继承了老子的"兵者,不祥之器"的思想,认为不能随意动用这种凶器,只有到了万不得已才能用兵举事。用兵的目的不是侵略他国、掠财占物,而是救乱诛暴,举义用兵,故不能以用兵杀人为乐事、美事。

三、诸子融合成为兵学著述的一个突出特点

随着汉代以来儒、道思想的融合,兵兼儒道也成为兵学著述的一个突出特点。汉代兵书《三略》就是在道家思想指导下,兼容博采诸子百家思想而形成的一部兵书。它以道家思想为旨归,将老子的思想"道""德"置于最高层次,充分吸收了道家"兵者,不祥之器,天道恶之""柔弱胜刚强""贵柔守雌"的思想,同时又汲取了儒家的"仁义""礼乐"思想,主张实行仁政德治,体恤民生,再糅合以《孙子兵法》《吴子》等兵家的谋略,从而形成了自己独具特色的兵学特点。

《淮南子》是汉武帝时淮南王刘安召集门客编纂的一部哲学著作,《兵略训》作为其中论述兵学问题的篇章,受儒家、道家思想的影响也很大。它借鉴老子的持虚守静、后发制人、柔弱胜刚强等思想,提出了"以静制动""示之以柔而迎之以刚,示之以弱而乘之以强,为之以歙而应之以张""以无形制有形,无为而应变"等战略战术;同时,他又站在儒家思想立场上,要求统治者

"行仁义,布德惠",在兵学思想方面则吸收了《孙子》的诡道思想。

《太白阴经》也是一部融道、儒、兵家之说为一体的兵学论著。李筌虽然接受了道家的战争观,但并不排斥儒家的"仁义"论和兵家的"诡谲"论,而是主张将三者统一起来,融为一体,他说:"善用兵者,非仁义不立,非阴阳不胜,非奇正不列,非诡谲不战。"①这种融道、儒、兵之说为一体的思想,"对以《孙子兵法》为代表的我国古代传统的军事思想,是带有突破性和创新性的一个重要发展,具有极其深远的意义和影响"②。

《道德经论兵要义述》是唐宪宗时期的学者王真的著作。王真认为老子的《道德经》五千言"未尝有一章不属意于兵也",他的《道德经论兵要义述》依据《道德经》各章的首句立论,从兵学角度诠释老子思想,同时兼采儒家思想,"是一部以兵言道,以儒解道,将兵家、道家、儒家糅为一体的兵书"③。该书基本上继承和发展了老子的军事思想,提倡无为不争、以柔克刚、以损求益、以无事取天下,书中说:"夫争者,兵战之源,祸乱之本也。圣人先欲堙其源,绝其本,故经中首尾重叠,唯以不争为要也。夫唯不争,则兵革何由而兴,战阵何因而列,故道君叮咛深诫,其有旨哉,其有旨哉。"④它还以儒家思想解释老子的观点,如将"绝圣弃智""绝仁弃义"等句释为"绝有迹之圣,弃矜诈之智""绝矫妄之仁,弃诡谲之义",将"抗兵相若,哀者胜矣"解释为"凡言哀者,慈爱发于衷诚之谓也。若上存慈爱之心,不失使臣之礼,下输忠勇之节,尽得事君之义,即何向而不胜哉!"⑤很显然这些都是儒家的观点。

道家在促使人们对影响战争胜负的因素、交战时机选择、刚柔强弱的转化等一系列重要问题进行思考的同时,也给兵学带来了神秘玄怪、杂占奇门等不科学的内容。如前所述,道教的思想来源十分复杂,除了吸收道家、儒家、墨家思想之外,又糅合了神仙方术、民间巫术、鬼神信仰、阴阳五行等思

① ［唐］李筌:《太白阴经》卷二《人谋下》。
② 张文才:《太白阴经新说》,解放军出版社,2008 年,第 16 页。
③ 姜国柱:《道家与兵家》,西苑出版社,1998 年,第 284 页。
④ ［唐］王真:《道德经论兵要义述·叙表》。
⑤ ［唐］王真:《道德经论兵要义述·第六十九章》。

想。魏晋以来道教思想盛行,在一定程度上也促使了占卜、阴阳术数等大行其道,许多道士将道教法术运用于战争中,如十六国时期,冉闵指挥襄国之战时便相信道士法饶的各种法术;东晋末年,桓玄也经常召诸道术人,"推算数为厌胜之法"①。这一时期的兵学著述也多受其影响,魏晋南北朝时期的兵书《孙子兵法杂占》《吴孙子牝牡八变阵图》等,都是把迷信引入孙子兵学领域,从而使兵学趋于庸俗化,偏离了正常的发展轨道。唐代李筌在注释《孙子》时也时常以阴阳遁甲作注,如注释《计篇》篇题时说:"计者,兵之上也,《太一遁甲》先以计,神加德宫,以断主客成败,故孙子论兵,亦以计为篇首。"②注《谋攻篇》"知可以战与不可以战者胜"一句时说:"料人事逆顺,然后以《太一遁甲》算三门遇奇五将无关格,迫胁主客之计者,必胜也。"③诸如此类注释,给《孙子兵法》蒙上一层迷信的色彩,反而使所要解释的问题更加模糊不清。《太白阴经》一书,也用了较大篇幅记载占星望气、遁甲六壬等内容,十分荒诞不经,严重影响到兵书的价值。

第三节　军事领域的新变化与孙子学的发展

秦朝以后,虽然统治者为巩固统治,限制人们谈论兵法,儒家思想主导地位的确立也使得兵学思想的发展受到束缚,但是这一阶段不同时期不同样式的战争实践,军事技术特别是武器装备的进步、兵种的发展变革,都需要相应的作战理论指导。这些都在客观上推动了孙子兵学的发展。

一、频繁的各类战争推动孙子学研究

在由秦至唐一千一百余年的时间里,虽然和平是主流,但各种类型的战争也是此起彼伏,激烈频繁。这一时期的战争,既有中央政权与地方割据势

---

① ［唐］房玄龄等:《晋书·桓玄传》。
② 《十一家注孙子·计篇·李筌注》。
③ 《十一家注孙子·谋攻篇·李筌注》。

力之间的战争,以及各割据政权之间的战争,也有中原民族与边疆少数民族的战争,以及农民战争、对外战争。战争实践需要军事理论的指导,这在一定程度上推动了人们对兵学的研究。《孙子兵法》的地位也随着战争类型的变化而不断发生变化。

秦汉时期,战争频繁,先是发生了秦末农民战争、刘邦和项羽争夺天下的楚汉战争,接着发生了西汉统治者翦灭异姓王、镇压诸侯王叛乱、反击匈奴等战争,兵书的实用价值受到统治者的重视。汉代兵书的著述和整理大都集中在这一时期,兵学著作《项王》《韩信》《广武君》《三略》《淮南子·兵略训》等都是在这一时期完成的。汉代进行过三次大规模的兵书整理,第一次是在西汉开国之初,马上得天下的汉高祖刘邦对于军事方面比较重视,而且,当时他正在进行翦灭异姓王的战争,因此命令张良、韩信"序次兵法";第二次是汉武帝时杨仆整理兵书,主要是出于大规模反击匈奴战争的军事需要而进行的。

在三国两晋南北朝时期长达 369 年的分裂割据中,各政权之间频繁征战,更是刺激着人们对兵法进行深入研究,《孙子兵法》也进入早期注解时期。曹操是为《孙子兵法》作注的第一人,他不仅在作战中多用兵法谋略来指导战争,而且"自作兵书十余万言,诸将征伐,皆以新书从事"①。《曹公新书》虽已失传,但后世典籍中所征引《曹公新书》之文句,多见于曹操的《孙子注》,这里所说的"兵书十余万言"很可能既包括曹操自己撰写的兵书著作,也包括他对《孙子兵法》的注释,其作兵书的目的是立足于传授给将领,用于指导战争。

唐代初期,统一战争、民族战争先后进行,唐太宗十分重视对军事问题的研究,经常和大将李靖谈论军事问题,后人辑录二人有关军事的言论,撰成兵书《唐太宗李卫公问对》。书中记载两人在对话中多次引用《孙子兵法》的论述,唐太宗对孙子的军事理论给予了高度评价,他说:"朕观诸兵书,无

---

① 《三国志·武帝纪》裴注引《魏书》。

出孙武。"①太宗以后至安史之乱之前，史籍所著录兵书甚少，主要原因在于，随着科举制度的逐渐完善，崇尚文教之风日渐兴盛，科举入仕成为社会风尚所归。世人多关注文化知识的学习，而不是对兵学的研究。安史之乱以后，唐中央政府与藩镇的战事增多，战争问题再次引起人们的重视，对兵学的研究也随之开展，各种兵书如《太白阴经》《长短经》《道德经论兵要义述》等陆续出现，对《孙子》的注释也日渐增多。唐代《孙子》注家李筌、杜佑、杜牧、贾林、陈皞均是在安史之乱之后为《孙子》作注的。

二、武器装备的改进对孙子学的影响

《孙子兵法》成书于春秋晚期，它对于武器装备的重要性虽然有所认识，认为"军无辎重则亡"，对攻城器械也偶有提及，但由于它是从战略层面来论述战争的，因此对于武器装备没有叙述。随着生产力的发展，科技水平的提高，武器装备的质量不断得到提高，人们也开始关注武器的革新对于战争的意义。

在秦至唐代长达一千一百多年的时间里，多数时间处于统一的状态，长期的统一和和平安定的环境，促使生产力有了较大的提高和发展，为军事技术的进步提供了物质基础和前提条件。秦至唐代，虽然仍处于冷兵器时代，但是随着经济的发展和钢铁冶炼技术的提高，兵器的制造更加精良，种类更多，攻击性能和防护力度大大提高。夏商周三代及春秋战国时期，兵器主要以青铜材质为主。汉以后，随着冶铁技术的提高，铁取代青铜成为兵器制造的主要材料。汉代的格斗兵器以戟、矛、刀、剑为主，戟是最常用的兵器，在战争中使用十分普遍，步骑兵均有装备。西汉时为适应骑兵作战的需要，制造出了专用于劈砍的短兵武器环首刀。远射兵器方面，汉代除了用手臂开弓的臂张弩以外，战国时期尚未普及的以足踏装弦的蹶张弩在军队中已广泛使用。三国时期的诸葛亮改进连弩，"一弩十矢俱发"，提高了发射速度。

---

① 《唐太宗李卫公问对》卷中。

到南北朝隋唐时期,射远的强弩已经发展成为重型的床弩,杀伤力大大增强。

自西汉中期以来,骑兵成为军队的重要兵种,骑兵的防护装具也不断改进。大约在两晋时期,发明了马镫。① 马镫对骑兵的发展有着重要的意义,有了马镫,骑手的双脚有了支撑点,可以更好地协调身体控制平衡,而且人在马背上长时间骑乘不会很劳累,能更好地发挥骑兵冲刺的威力。

汉至隋唐时期,攻守城器械有了很大发展。《孙子兵法》中最不提倡的战争就是攻城战。但是到了战国时期以后,随着城池重要性的提高,城池的攻守战成为战争中的一种重要作战方式。《墨子》"城守"诸篇中就有关于守城和攻城器械的记载。汉唐时期,攻守城器械日益完备。攻城的器械主要有轒辒车、飞云梯、抛车、车弩、尖头𬬻、板屋、木幔、垒道等;守城的器械主要有楼橹、游火铁筐、笓篱战格、木弩、叉竿、积石、积炮石、地听、铁菱、陷马坑等。

唐朝时,出现了武器装备的一次重大革新,就是火药发明并初步运用于军事。火药是中国古代四大发明之一,也是中国人民对世界文明的一个伟大贡献。至迟到唐代,有确切文字记载的含硝、硫、炭三种主要成分的火药已经在中国诞生。在火药发明之前,军事家常以火攻敌,其做法是在箭头上绑一些像油脂之类的易燃物质,点燃后用弓射出去,用以烧伤敌人。《孙子兵法·火攻篇》就有关于火攻战术的精辟论述,但是这些火攻战术的使用受气候和环境的影响,局限性很大,而且油脂之类的材料燃烧既不快,燃烧力也不大,远远不如火药的威力。因此,火药发明以后,很快被军事家运用到战争中。大约在唐代末年,火药开始用于兵器制造并投入实践。唐天祐四年(907 年),郑王番率军攻打豫章(今江西南昌),"发机飞火",烧毁该城的

---

① 杨泓在《关于铁甲、马铠、马镫问题》(《考古》1961 年第 12 期)中认为,长沙西晋永宁二年墓陶骑俑马镫,应该是中国乃至全世界最早的马镫实例;罗宗真在《中国马镫在世界历史发展上所起的作用》一文中认为,公元 4 世纪左右,中国确实发明了马镫,但是原始形态的单马镫,公元 5 世纪初才出现了双马镫,双马镫是真正的马镫。见南京博物院编《罗宗真文集·历史文化卷》,文物出版社,2013 年。

龙沙门。所谓"发机飞火",就是将火药包装在抛石机上,用火点着,抛掷出去打击敌人。这一战例一般被认为是用火药攻城的最早记载。尽管在唐代的战争中火药的使用只是初步尝试,却开宋代在战争中大量使用火器的先声,其意义十分重大。

随着武器装备的改进,大量的兵书或者非兵书也开始重视并记载武器装备的相关情况。东汉时期,班固在《汉书·艺文志·兵书略》中对兵书进行分类时专门列出了兵技巧这一类,"技巧者,习手足,便器械,积机关,以立攻守之胜者也",即研究武器装备和作战技术、军事训练等问题。唐朝初年军事家李靖十分重视武器的配置和使用,在清代学者汪宗沂辑佚的《卫公兵法辑本》中,下卷专门谈论武器装备问题,其中列出了攻城战具、守拒法、筑城法、守城战具、水攻具、水战具等专题,其中还强调武器配置要合理,以便互相取长补短。唐代中期军事家李筌在其兵书《太白阴经》中,也详细记载了唐代的装备、器材、筑城等内容。在唐代的一些非兵书著作,如《通典》、《北堂书钞》的"武功部"、《艺文类聚》的"军器部"等对于武器装备尤其是攻城战具都有详细记载。这些内容大大补充和丰富了孙子学的内容。

三、作战方式的变化对孙子学的影响

西周、春秋时期盛行车战,车兵是军队主力兵种,步兵通常伴随战车作战。随着战争规模和战场地域的不断扩大,至春秋晚期,步兵开始崛起,受地形条件限制较多的车兵地位下降,不过车兵仍是军队主力兵种之一。据蓝永蔚《〈孙子兵法〉时代特征考辨》[①]一文考证,《孙子兵法》所反映的也是属于车战时代的作战方式。

秦至唐代,兵种建设方面有了很大发展,作战方式也相应有所改变,随之产生了许多新的作战指导思想,大大创新和发展了孙子的作战理论。

骑兵是汉唐时期的一个重要兵种。中原王朝的骑兵是在和北方游牧民

---

① 蓝永蔚:《〈孙子兵法〉时代特征考辨》,《中国社会科学》1987 年第 3 期。

族作战的过程中发展起来的。战国时期,赵武灵王胡服骑射,骑兵作为一种独立的兵种正式登上战争舞台,不过,当时骑兵的数量不多,也没有成为主力兵种。汉唐时期,骑兵在战争中发挥着重要的作用。孙子在《九地篇》中曾经提出"并敌一向,千里杀将"的纵深奔袭的突袭论,并且为了实现军队的快速机动,以达到一战而胜的目的,他多次强调"兵之情主速"。但是在孙子所处的时代,这一战略构想难以实现。

如上所述,孙子所处的时代以车战为主,步兵为辅。车兵机动能力差,受道路条件限制,步兵靠双脚步行,行军速度都很慢,所以《孙子兵法·军争篇》说:"百里而争利,则擒三将军,劲者先,疲者后,其法十一而至;五十里而争利,则蹶上将军,其法半至;三十里而争利,则三分之二至。"古代称三十里为一舍,就是军队一天的行程,日行三十里,士兵可以保持充沛的战斗力,超过这个速度是很危险的,会出现"擒三将军""蹶上将军"的严重后果。因此,远程奔袭的战略指导难以真正实现。到了骑兵作战的时代,情况则有了很大变化。骑兵的突出特点是迅速机动和远程奔袭,交战时,双方依靠骑兵的机动性和冲击力,在广阔的战场上进行大纵深的前进和后退,以伏击、迂回、诱击、包抄、大纵深追击和退却等手段,实施机动作战。在汉匈历时数十年的激烈战争中,卫青、霍去病等将领多次率骑兵大败匈奴,创造性地发展了大规模使用骑兵的战略战术。

在西汉武帝元狩二年(前121年)夏天的河西之战中,霍去病率军先由今宁夏灵武渡过黄河,向北越过贺兰山,飞跨腾格里沙漠和巴丹吉林沙漠,绕道居延海,转而由北向南,沿弱水而进,穿过小月氏,再由西北转向东南,进行长达几千里的深远迂回,以飘忽不定的行动,令匈奴军无法判断其进攻目标,最后兵出弱水上游,从匈奴军的侧背发起迅雷不及掩耳的进攻,一举荡平河西地区的匈奴各部,真正实现了孙子"并敌一向,千里杀将"的战略构想。唐太宗李世民也是一位善于使用骑兵的杰出统帅,他主张连续作战、后发制人、先疲后击、穷追猛打。在浅水原之战中,他在击败敌将宗罗睺以后,亲率轻骑两千余人进行追击,包围了折墌城,迫使薛仁杲投降。在鼠雀谷之战中,他也是亲率轻骑一夜追击二百余里,在鼠雀谷追击宋金刚,接着一日八战,彻底歼灭宋金刚军。李世民的这些用兵思想在兵书《唐李问对》中都有体现。

这一时期水师也有了很大发展。水师是利用舟船在水上作战的一个兵种。水军大约出现于春秋后期,不过,当时的船只大多数时候还不是一种武器,只是一件运输工具,作战时军队借助船只到达作战地点,舍舟登陆,在陆地上进行战斗,水师在海上作战的情况并不多。《孙子兵法》中虽然提到了"处水上之军"的方法,其实也是强调渡河之后在陆上交战。水军的较大规模建设和水战的进一步发展是在秦汉以后。汉代水师已颇具规模,人数以万计,船只以千数计,水军武器装备十分齐全,除了水战特用的钩拒等武器之外,凡陆地作战用的弓弩、长短兵器、火攻用具等无不皆备。当展开水战时,远则以弓弩交射,近则以钩拒、矛戟进行格斗,实施猛烈的冲角战和接舷战,在一定情况下,还实施火攻。东汉末年的赤壁之战就是孙刘联军利用己方擅长水战的优势,对远来疲惫、不善水战而又麻痹轻敌的曹军,出其不意地采用火攻,最终大败曹军。

最晚在南北朝时期,战船上普遍装备了拍击敌船的进攻性装置"拍竿"。拍竿战是水军作战的一种新型方式,《武经总要》是这样描述的:"拍竿者,施于大舰之上。每舰作五层,楼高百尺,置六拍竿,并高五十尺,战士八百人,旗帜加于上。每迎战,敌船若逼,则发拍竿,当者船舫皆碎。"[1]开皇八年(588年)隋灭陈时,杨素率军浮江而下。次年初,杨素于荆门之延州与陈荆州刺史陈慧纪部将吕忠肃所率领的水军接战,隋军出动四艘五牙舰,用舰上拍竿击碎陈战船十余艘,俘二千余人,大获全胜。

步兵脱离战车成为军队的主力以后,伴随着筑城技术、攻守城器械的发展,城邑的攻防战成为一种重要的作战方式。对于攻城战,春秋晚期的孙子是极力反对的,认为"攻城之法为不得已"。原因在于,一方面,春秋时期后

---

① [宋]曾公亮、丁度:《武经总要前集》卷一一《水战》。

勤供应落后,难以维持长久的攻坚作战,军队也缺乏有效的攻坚手段。当时虽然出现了一些攻城的器械,如《孙子兵法·谋攻篇》中提到的"轒辒""距闉"等,但是比较简陋,攻城军队往往会顿兵挫锐于深沟高垒的坚城之下,伤亡惨重,孙子对此有深刻的认知,认为"攻城则力屈"。另一方面,春秋时期,诸侯国除了国都以外,所拥有的城邑还比较少,城邑在国家中不占重要地位,因此也没有成为战争争夺的重点。清代学者顾栋高指出:"春秋列国用兵相斗争,天下骚然,然是时禁防疏漏,凡一切关隘扼要之处多不遣兵戍守,敌国之兵平行往来如入空虚之境。"①

战国时期以来,随着军事技术装备的发展、城邑地位的突出、车兵地位的下降和步兵的大量组建,城邑的攻防战成为作战的重要形式,攻城器械也逐渐为人们所重视。从总体上看,汉唐时期的城邑攻防战没有超出战国时期《墨子》所记载的攻防战术的范围,但在具体的战法上也有了一定的发展,突出表现在地道战的使用更广泛、更频繁。如在公元200年的官渡之战中,袁绍军制造高楼,堆起土山,居高临下地向曹营射箭。曹军用盾牌遮挡飞箭。曹操制成霹雳车,发射石块,将袁绍的高楼全都击毁。袁绍军又"为地道",企图通过地道袭击曹军营垒,曹操采用反地道战的战术,于营垒"内为长堑以拒之",结果击败袁绍军的地道攻击。

这一时期,随着兵种的增多和战争规模的扩大,还出现了步、骑、水军多路并进的大集团多兵种协同作战。在公元前119年西汉反击匈奴的漠北之战中,卫青创造性地运用车骑协同的战术大败匈奴。当卫青率领的汉军与匈奴主力遭遇后,他当机立断,命部队以武刚车"自环为营",防止匈奴骑兵的突袭,而派五千骑兵出击匈奴。两军激战一天,不分胜负。时至黄昏,风沙突起,两军难辨彼此,卫青乘势分轻骑从左右两翼迂回包围单于大营,迫使单于率数百骑突围逃窜。车骑协同、车守骑攻的战术,既利用了战车的防御能力,又发挥了骑兵迅速机动的攻击能力,是兵种间协同作战的一个进

---

① [清]顾栋高:《春秋大事表·春秋列国不守关塞论》。

步。魏晋南北朝时期发生的许多战争,如赤壁之战、晋灭吴之战、淝水之战、隋灭陈之战,都是著名的多兵种协同作战的战例。例如,晋灭吴时就曾六路出兵,顺流而下,水陆并进,直捣东吴京师建业,一举灭亡了东吴政权。唐代大将李靖也提倡在布阵时要采用多兵种协同方式,"步为腹心,车为羽翼,骑为耳目,三者相待,参合乃行"①。战争时,通常是弩手居前,其次弓手,再次为战锋队步兵,其后为马军、跳荡(突击队)、骑兵,最后为驻队。

四、后勤保障能力的提高拓展了孙子的后勤思想

后勤保障历来是军队克敌制胜的一个重要条件。两千多年前的孙子就认识到了这一点,他在《孙子兵法·军争篇》中指出:"军无辎重则亡,无粮食则亡,无委积则亡。"缺乏后勤供应的军队会因为失去作战能力而失败。在冷兵器作战的时代,后勤保障主要是指粮草的供应。因为古代交通条件落后,粮草运输主要靠"丘牛大车",效率十分低下,尤其是在深入敌国纵深作战的时候,粮草运输就更为困难。为解决这一问题,孙子提出了"取用于国,因粮于敌""掠于饶野""掠乡分众"等重要的原则和手段。汉唐时期,人们对于后勤保障也给予了高度重视。西汉时期,晁错说:"粟者,王者大用,政之本务。"②诸葛亮说:"军以粮食为本""粮谷,军之要最"③。唐代陆贽说:"兵之所屯,食最为急。"④不过,孙子"因粮于敌"的思想主要是针对深入敌境纵深作战情况下的粮草供应。随着后世战争形势的复杂多样,后勤保障面临着许多新的问题,于是,人们又创造出了许多解决后勤保障问题的方法,从而大大地丰富和拓展了孙子学的后勤保障思想。

秦汉时期的战争多为民族战争,规模大,运输线长,粮草的补给是一个影响战争的重大问题。秦朝时,为了解决对边疆民族作战中的粮草供应问

---

① [唐]杜佑:《通典》卷一四八《兵一》。
② 《汉书·食货志上》。
③ 《诸葛亮集·与陆逊书》。
④ [唐]陆贽:《陆宣公集》卷二〇《论边城贮备米粟等状》。

题,进行了许多基础设施建设。比如公元前220年,秦始皇在统一六国后,派屠睢率五十万大军向岭南南越发动大规模军事进攻,不过,素来骁勇的秦军这次却惨遭失败,伤亡严重。由于战线过长,岭南地形条件复杂,粮草供应根本无法保障。在越人的一次偷袭中,主帅屠睢也被杀死,秦军面临失败的危机。为解决粮草供应困难,秦始皇派监御史史禄开凿灵渠,沟通湘江和漓江。秦人用了两年的时间完成了这一伟大的工程。通过灵渠,秦军的粮草源源不断地运到岭南,为秦始皇完成岭南的统一大业提供了坚实的物质保障。公元前214年,秦军再次发动攻势,最终统一岭南。

西汉时期,汉武帝在与匈奴频繁作战的过程中,也创新了后勤保障的方法。汉武帝时,经过西汉前期的发展,国家经济已经得到恢复和发展,国力空前强盛,汉武帝为了改变与匈奴关系中的被动局面,决心反击匈奴。公元前133年,汉武帝设谋马邑,拉开了汉匈大战的序幕。在长达几十年的汉匈大战中,骑兵是作战的主力。当时战争规模极大,每次交战,双方都是用数十万计的骑兵集团交战。汉军骑兵集团在沙漠和草原地带进行数千里的机动,既不能因粮于敌,也无法就地补给,面临严重的后勤问题。为解决骑兵的补给问题,汉武帝采取了各种方式,一方面是调集大量的"私负从马"以及使用数十万步兵组成辎重纵列,担任粮秣补给,比如在公元前119年的漠北之战中,汉武帝出动骑兵10万人,并且命令步兵数十万、马匹14万随队予以辎重保障。另一方面,汉武帝还在边疆地区大兴屯田,就近筹措军粮,以减省转输之费,并借屯军增强边地的防御力量。东汉末年的曹操,为了补充军需,也大力推行屯田制度,他在发布的《置屯田令》中说:"夫定国之术,在于强兵足食。秦人以急农兼天下,孝武以屯田定西域,此先代之良式也。"[①]基于这种思想,他一方面命军队实行军屯,且耕且守,另一方面招收流民,实行民屯。通过这一方式,曹操既解决了流民的生活问题,也为战争做好了后勤保障。

---

① 《三国志·魏书·武帝纪》注引《魏书》。

　　三国时期，诸葛亮多次伐魏，因蜀国的后方与前方距离较远，且地形多是山区小道，粮草运输成为重大难题，仅仅依靠人挑马驮根本解决不了军需问题。为解决粮草供应问题，诸葛亮一方面提倡节约粮草，"量力而用"，另一方面改进了运输工具，研制出木牛流马。木牛流马在加强运输、保证粮草补给方面，发挥了重要作用。

　　综上所述，在秦至唐代一千余年的时间里，生产力有了进一步发展，军队的武器装备、兵种建设和作战方式也有发展变化，兵书数量增多，军事思想也有所发展，这些都在一定程度上丰富了孙子学的内容。但是自汉代中期以来，在思想文化领域独尊儒术，社会思想受到禁锢，孙子学的发展深受儒学的影响和制约。为了维护王朝统治，统治者在利用兵学的同时，也极力限制兵学发展，甚至有的朝代将兵书列为禁书，从而使得《孙子》的流传受到影响。再加上这一时期武器装备虽有改进，但仍然处于冷兵器时代，兵器方面没有发生革命性的变化，也没有改变集团密集战斗的性质，这些因素都在一定程度上制约了孙子学的发展。

第二章　秦汉至隋唐时期孙子学发展轨迹

秦汉、三国两晋南北朝、隋唐是中国历史三个大的发展阶段,而孙子学的发展也因时代环境的变化而表现出不同的阶段特征。其中,秦汉是孙子学的形成和初步发展时期。西汉大规模整理兵书过程中,任宏将兵书划分为四种,确立了《孙子》的学术地位;东汉末年曹操注《孙子》,开启了《孙子》早期注解时代,这两个重大事件标志着孙子学的正式形成。三国两晋南北朝是孙子学曲折发展时期。自东汉末年至三国鼎立时期,孙子思想继续得到推崇和应用,《孙子》兵经地位得以确立。之后的两晋南北朝时期,由于分裂动荡的社会环境及玄学、道教、佛教思想的影响,使得孙子学发展呈现低迷状态(尤其是理论研究层面)。隋唐五代则是孙子学发展兴盛的时期,大唐盛世的恢宏气度及政治、军事、经济、文化的辉煌成就,不仅推动形成了《孙子》注解的繁荣局面,更使得孙子学的基本理论得到深度发展,《孙子》的某些基本思想和概念在注解和阐发上愈加成熟。

总体而言,秦汉至隋唐时期,从《孙子》的整理、注解和传播,到理论与实践上的探索与创新,取得了诸多成就。然而,由于时代条件的局限(仍然属于以冷兵器为主的军事技术和作战方式),其与后来的宋明时期相比,兵书数量相对较少,孙子兵学理论研究的范围较窄。故而总体来说,这一时期孙子学发展应该属于一个承上启下的过渡时期。

第一节　秦汉:孙子学形成和初步发展时期

秦朝一代,由于统治时间短暂,加之文化政策严苛,没有留下专门的兵学理论著作,但秦朝丰富的军事实践也为孙子思想的传播和发展奠定了基础。从当时的历史条件看,虽然秦始皇为巩固统治,收缴天下之书,但秦朝《挟书律》当不包括《孙子》之类的兵书,因为它与"医药、卜筮、种树"之类的书一样,都属于"所不去者"的实用之学。有学者指出:"西汉初年,政权建立伊始,张良、韩信整理兵法总共有一百八十二家,经过选择删定,确定为三十五家,如此众多的兵书存在,说明兵书未遭秦火。"①退一步讲,即使《孙子》在当时属于被收缴或被禁锢之列,也没有完全禁绝《孙子》一书在社会上的流传。如《汉书·项籍传》中就有关于项羽学"兵法"的记载:"籍少时,学书不成,去;学剑又不成,去。梁怒之。籍曰:'书足记姓名而已。剑一人敌,不足学,学万人敌耳。'于是梁奇其意,乃教以兵法。"这里的"兵法"可能有两层含义,一是泛指各类兵书,二是专指《孙子》一书。另外,在《孔丛子·答问》中,曾记载了当时的一位博士太师劝诫秦末农民起义领袖陈涉不要轻敌的话语,其谏曰:"臣闻兵法:无恃敌之不我攻,恃吾之不可攻也。今恃敌而不自恃,非良计也。"②这明显是借用了《孙子》之《九变篇》有关备战思想的原文。该书《论势篇》中还谈道:"吴越之人,同舟济江,中流遇风波,其相救,如左右手者,所患同也。"这明显又是借用了《孙子》之《九地篇》的原文,上述内容足以成为《孙子》一书在秦朝流传的重要参考证据。

西汉时期,统治阶级内部总体上对《孙子》持"内尊外贬"③的态度。所谓"外贬",即统治阶级在对外宣传上大力贬斥和压制《孙子》。这既与兵法书籍秘不外泄的传统有关,也与西汉初期统治者改"逆取"为"顺守"的政策转向有关。何谓"逆取"呢? 就是指统治者打天下时要采用诡诈之法(因违背仁义而称逆取);何谓"顺守"呢? 即指守天下之时要行仁义之法(顺从道义,故称顺守)。正所谓"兼并者高诈力,安危者贵顺权"④。这样一来,社会

---

① 田旭东:《秦汉兵学文化》,三秦出版社,2012 年,第 50 页。
② 白冶钢译注:《中国古典文化大系(第 5 辑)·孔丛子译注》,上海三联书店,2014 年,311 页。
③ 于汝波:《试论〈孙子兵法〉在秦汉时期的流传》,《军事历史研究》1994 年第 1 期。
④ [汉]贾谊著,王洲明注评:《新书》,凤凰出版社,2011 年,第 6 页。

上就形成了一种"谋略不祥""清算诈力"的社会思潮,由此兵法和兵书受到贬抑也就是自然之事。

到汉武帝时期,董仲舒上书建议"罢黜百家,独尊儒术",极力主张禁止"师异道,人异论,百家殊方,指意不同"①,由此,战国时期盛行的兵家谋略及崇尚"诈力"的社会思潮被进一步讨伐。董仲舒曾言:"夫仁人者,正其谊不谋其利,明其道不计其功,是以仲尼之门,五尺之童羞称五伯,为其先诈力而后仁谊也。苟为诈而已,故不足称于大君子之门也。五伯比于他诸侯为贤,其比三王,犹武夫之与美玉也。"②这就将儒家之"仁义"和兵家之"诈力"置于了完全对立的位置,其目的在于彻底扭转"孔氏之道抑,而孙吴之术兴"③的局面。

然而,西汉统治者在表面上贬斥《孙子》的同时,骨子里却是对《孙子》之类的兵书十分重视(内尊)。西汉建立之后,统治者曾先后三次进行大规模的兵书整理,这本身就说明了其支持和推崇的态度。而且这种推崇不仅限于皇室,也包括一般的将领和臣子,银雀山汉墓出土的竹简《孙子》及青海大通县上孙家寨汉墓出土的《孙子》佚文,足以说明《孙子》已经普及于一般将领中。而从其他一些史料记载看,上层统治者也都提倡和注重研习兵法。如《汉书·卫青霍去病传》有载,汉武帝曾想教霍去病学习《孙子》,"上尝欲教之吴、孙兵法"。

从《汉书》记载的诸多内容来看,西汉政府在选拔军事人才时,明确将熟悉兵法作为选拔的一个基本条件。《汉书·成帝纪》有载:"今孛星见于东井,朕甚惧焉。公卿大夫、博士、议郎其各悉心,惟思变意,明以经对,无有所讳。与内郡国举方正能直言极谏者各一人,北边二十二郡举勇猛知兵法者各一人。"《汉书·哀帝纪》载曰:"冬,诏将军、中二千石举明兵法有大虑者。"《汉书·平帝纪》亦载:"秋,举勇武有节明兵法,郡一人,诣公车。"《汉

----

① 《汉书·董仲舒传》。
② 《汉书·董仲舒传》。
③ 《汉书·楚元王传》。

书·王莽传》所载更为翔实:"是岁,莽奏起明堂、辟雍、灵台,为学者筑舍万区,作市、常满仓,制度甚盛。立《乐经》,益博士员,经各五人。征天下通一艺教授十一人以上,及有逸礼、古《书》《毛诗》《周官》《尔雅》、天文、图谶、钟律、月令、兵法、史篇文字,通知其意者,皆诣公车。"按汉代的行文习惯,上述内容中所讲的"兵法"实际上是专指《孙子》,即使不是专指《孙子》,也应该包括了《孙子》,这些足以成为西汉政府重视推广《孙子》的有力证据。

西汉时期,统治者之所以对《孙子》持"内尊"的态度,既是当时现实军事斗争的需要,也是"兵儒融合"趋势演化的结果。汉武帝之后,以儒家仁德思想作为治国理政的政治原则,以兵家的权谋诡诈思想作为克敌制胜的有效手段,此种基本思路(或模式)已得到统治者大多数人的认同与支持。因而,他们对《孙子》贬斥的态度是表面的,而对《孙子》"内尊"的态度却是实在的、根本的。从另一个角度看,儒家思想在西汉虽已开始取得独尊地位,却并不能妨碍统治者对其他诸家思想的重视,尤其是对兵家和法家思想的重视。汉宣帝曾训其太子(即后来的汉元帝)曰:"汉家自有制度,本以霸王道杂之,奈何纯任德教,用周政乎!且俗儒不达时宜,好是古非今,使人眩于名实,不知所守,何足委任?"①

东汉始立,力行柔武思想的刘秀偃武修文,东汉有名的功臣也多儒化,再加上后期谶纬神学思想的蔓延,整个社会都笼罩在儒学神学化的阴霾之下。这就使得统治阶层对兵学的重视与学习程度远不如西汉。而当时的一些儒家学者也对《孙子》进行了猛烈的抨击,其中最典型的代表是班固。班固之《汉书·刑法志》有云:"至于末世,苟任诈力,以快贪残,争城杀人盈城,争地杀人满野。孙、吴、商、白之徒,皆身诛戮于前,而国灭亡于后。报应之势,各以类至,其道然矣。"《汉书·叙传下》又言:"季世不详,背本争末,吴、孙狙诈,申、商酷烈。"班固将孙子、吴起看成是变诈之兵兴起的始作俑者,并认为二人遭受"诛戮"的结局乃是一种自然的因果报应。更值得强调的是,

---

① 《汉书·元帝纪》。

他还在《汉书》中将提倡"以仁为本,以义治之"的《司马法》与《孙子》《吴子》相区分,列入了《六艺略·礼部》。班固的这一做法及态度对后世贬抑《孙子》有深远的影响。

然而,东汉时期也有一些学者对《孙子》进行主动学习和深入研究,并给予了高度的评价。东汉高诱在为《吕氏春秋》作注时讲道:"孙吴,吴起、孙武也。吴王阖闾之将也,兵法五千言是也。"[①]这是明确肯定了孙子及《孙子》十三篇的客观存在。东汉著名思想家王充在《论衡·量知篇》则云:"孙武、阖庐,世之善用兵者也。知或学其法者,战必胜;不晓什伯之陈,不知击刺之术者,强使之军,军覆师败,无其法也。"这无疑是肯定与赞赏《孙子》的态度了。值得注意的是,东汉时还出现了将孔子与孙子并称的言论,如《后汉书·光武帝纪》曾记载马武先劝说刘秀称帝的言论:"如有圣人承敝而起,虽仲尼为相,孙子为将,犹恐无能有益。反水不收,后悔无及。"这句话的内涵和分量颇值得思考和研究,它意味着,孔子之文圣地位和孙子之武将地位基本是一样的。与此同时,也出现了将儒家经典和兵家著作并尊的言论,如《后汉书·冯衍传》有云:"监六经之论,观孙吴之策。"另外,东汉之时,《孙子》也已成为军事武官固定的学习内容,《后汉书·礼仪志》载曰:"武官肄兵,习战阵之仪、斩牲之礼,名曰貙刘。兵、官皆肄孙、吴兵法六十四阵,名曰乘之。"

综上所述,两汉时期《孙子》思想传播和发展的基本条件还算是良好的,如此既推动了《孙子》本身的传承和普及,也促进了孙子思想的理论研究和实践应用。概括而言,这一时期孙子学发展的成就主要表现为以下几个方面:

一、司马迁为孙武立传与孙子社会地位的提升

孙子的生平事迹是孙子学的基本内容之一,也是我们深入了解《孙子》思想的重要前提。然而,要研究孙子生平,可依据的史料并不多,其中司马

---

① 《吕氏春秋·离俗览·上德》。

迁为孙武所作的传记作出了很大的贡献。

历史上有关孙武生平的基本史料主要集中在《春秋》《左传》《国语》《史记》《吴越春秋》等历史典籍中,其中,《春秋》《左传》和《国语》在时间上早于《史记》,其可信度也强于《史记》,然而可惜的是,这三本书都只字未提孙武其人的成长经历,只是详细记载了孙武参加的柏举之战的具体进程,而且对孙武参加此次战争的身份和地位也没有交代。

在《吴越春秋》一书中,虽然明确了孙武为柏举之战的主将身份,但其内容带有很大的历史演义成分,可信度较差,《隋书·经籍志》有云:"后汉赵晔又为《吴越春秋》。其属辞比事……盖率尔而作,非史策之正也。……又有委巷之说,迂怪妄诞,真虚莫测。"

至于其他一些书籍言及孙武生平的内容,也都是笼统言之。如《尉缭子·制谈》曰:"有提三万之众,而天下莫敢当者,谁? 曰:'武子也。'";《荀子·议兵篇》有云:"善兵者,感忽悠暗,莫知其所从出。孙吴用之无敌于天下。"《吕氏春秋·离俗览·上德》也简单提及:"阖庐之教,孙、吴之兵,不能当矣。"这些无非就是一些赞赏之语,并未涉及孙子生平的具体内容。

直至西汉武帝时期,司马迁的《史记》首次为孙武列传(《孙子吴起列传》)。这篇传记详细记载了孙武的本事问题,是人们了解和研究孙子的家世、生平、功业以及十三篇的内容构成最基本也是最全面的史料。

当然,《史记》中有关孙子生平的记载,并不仅限于《孙子吴起列传》,在《吴太伯世家》和《伍子胥列传》中也有丰富的记载,而且其相关内容反映的是孙武的主要事迹。有学者曾指出:"孙武的主要事迹在《吴太伯世家》和《伍子胥列传》中,为了节约文字,避免重复,《孙子吴起列传》便不再叙述孙武的主要事迹,而是选择一些能表现孙武性格和为人特点的细节来介绍。"①这似乎可以回答人们对《孙子吴起列传》的一个长期疑问,即缘何传记的大部分内容都是在描述一个吴宫教战的故事。

---

① 吴名岗:《孙武生平考论》,军事科学出版社,2010年,第10页。

另外,司马迁的《史记》不仅记录了孙子的生平,而且还借用《孙子》中的思想评论历史人物。如《史记·白起王翦列传》中评论白起说:"白起料敌合变,出奇无穷,声震天下。"《史记·田单列传》中评论田单说:"兵以正合,以奇胜。善之者,出奇无穷。奇正还相生,如环之无端。夫始如处女,适人开户;后如脱兔,适不及距:其田单之谓邪!"《太史公自序》中评论张良有云:"运筹帷幄之中,制胜于无形,子房计谋其事,无知名,无勇功,图难于易,为大于细。作留侯世家第二十五。"在《史记·货殖列传》中,司马迁还记载了商人白圭兵法经营的言论:"吾治生产,犹伊尹、吕尚之谋,孙吴用兵,商鞅行法是也。是故其智不足与权变,勇不足以决断,仁不能以取予,疆不能有所守,虽欲学吾术,终不告之矣。"

这些内容事实上也透露了一个非常重要的信息,即司马迁对《孙子》的基本内容和思想有着深入的了解和把握,他可谓是历史上较早的《孙子》思想理论的深入研究者。

二、汉代兵书整理与《孙子》学术地位的确立

据《汉书·艺文志》记载,汉代有三次较大规模的兵书整理活动。

第一次是在汉高祖之时,"张良、韩信序次兵法,凡百八十二家,删取要用,定著三十五家"①。这一次的整理活动重在搜集和遴选,一方面是对182部兵学著作加以序录和编次,另一方面是对这些兵书进行删削和订正,最后确定为35部著作。

第二次是在汉武帝之时,为了夺取反击匈奴战争的胜利,对兵学和兵书非常关注,"军正杨仆捃摭遗逸,纪奏兵录"②。这一次整理活动的重点也主要是搜集兵书,并编辑出中国第一部兵学文献目录——《兵录》,杨仆把它上奏给朝廷之后,为官府所藏,很可能为任宏整理兵书时所利用。

第三次是在汉成帝之时,"光禄大夫刘向校经传诸子诗赋,步兵校尉任

---

① 《汉书·艺文志·兵书略》。
② 《汉书·艺文志·兵书略》。

宏校兵书,太史令尹咸校数术,侍医李柱国校方技。每一书已,向辄条其篇目,撮其指意,录而奏之"①。这一次兵学文献整理所取得的成就,远远超出了前两次。刘向、任宏将搜集到的所有兵书文献分类编辑,校勘文字,确定书名,排定其篇章次序,最后厘定为53部著作,从而使得先秦至西汉中期的兵书基本上以较完善的面貌存之于世。

在这三次兵书整理过程中,肯定都包括了《孙子》一书,尤其是第三次,而且第三次整理对《孙子》在中国学术史上的地位产生了非常重要的影响。当时,任宏每整理出一部著作,都交由刘向"条其篇目,撮其指意",最后汇为《别录》一书。叙录的重要内容之一就是著录书名和篇题。因此,我们可以推断《叙录》是古代目录书中著录《孙了》的第一部。汉哀帝时,刘歆又在《别录》的基础上,编撰出《七略》之一的《兵书略》。兵学著作被归入《兵书略》,与六艺、诸子并列,取得了相对独立的地位,从而成为一门独立的学问。就此而言,任宏及刘向对兵书整理分类的一个重要成就,是最终确立了《孙子》的学术地位。

按照上述二人的划分,中国兵书及基本内容大致分为"权谋""形势""阴阳""技巧"四个类别。《汉书·艺文志》对此又做出进一步的阐释:其一,"兵权谋"是指战略层面(亦包括战术)的战争谋划,其主要目的在于对战争形势进行准确的预测和判断,进而做出正确的战争决策,所谓"权谋者,以正守国,以奇用兵,先计而后战,兼形势,包阴阳,用技巧者也"。其二,"兵形势"主要指部队迅疾自如的军事行动及巧妙的战术变化,其最终目的在于创造有利的战争态势,所谓"形势者,雷动风举,后发而先至,离合北向,变化无常,以轻疾制敌者也"。其三,"兵阴阳"是指在战争中借助古代阴阳家思想,推算、确定用兵的时机和对象,所谓"阴阳者,顺时而发,推刑德,随斗击,因五胜,假鬼神而为助者也"。其四,"兵技巧"是指对士兵格斗、击剑、射箭等攻守技能的常规训练,所谓"技巧者,习手足,便器械,积机关,以立攻守之胜

---

① 《汉书·艺文志·序》。

者也"。

在学者们看来,这种对兵书及兵家流派的划分和总结,不仅是一种图书分类,更是一种学术分类,其在中国兵学发展史上具有里程碑式的意义,同时对《孙子》学术地位的确立也具有深远的影响。章学诚在《校雠通义·补校汉艺文志》中分析说:"夫兵书略中孙吴诸书,与方技略中内外诸经,即诸子略中一家之言,所谓形而上之道也。兵书略中形势、阴阳、技巧三条,与方技略中经方、房中、神仙三条,皆著法术名数,所谓形而下之器也。"今人赵国华也认为:"传统军事学的内容,主要包括四个部分:'权谋'是战争指导的原则,'形势'是指挥作战的方法,'阴阳'是军事活动的辅助,'技巧'是军事技能的训练。这四部分内容以'权谋'为核心,有机地构成一个学术体系。在这个学术体系里面,《孙子兵法》被列在首位,成为传统军事学的代表作,这标志着孙子学的形成。"①

三、秦汉兵书综合化对孙子学的影响

为适应大一统政治格局的需要,秦汉兵学一方面延续了自战国末年开始的学术兼容趋势,另一方面在兵学研究取向上主动从"取天下"向"安天下"转变。由此造成的影响是,"儒、墨、道、法为代表的自然观念和政治伦理哲学渗透和规范兵学的理论构建与价值取向,使当时的兵学不再单纯以军事而言军事,而往往是将军事、政治、文化、经济融会在一起,加以通盘阐述"②。秦汉兵学文化发展的这种综合化特色大大推动了孙子思想体系的丰富、发展与完善。

秦朝时期,在思想理论方面与《孙子》发生密切关系的是吕不韦主编的《吕氏春秋》一书。吕不韦,阳翟人(今河南禹州人),早年经商致富,后凭借拥立秦庄襄王之功,步入政坛。秦王嬴政之时,被尊为"相国",主持秦朝政务。为了提高个人声望,也为了秦国统一天下制造声势,他组织手下门客,

---

① 赵国华:《中国孙子学的历史考察》,《南都学坛》2008 年第 1 期。
② 黄朴民:《秦汉兵学的建树及其文化特征》,《济南大学学报(社会科学版)》2001 年第 5 期。

于秦王政八年(前239年)编撰出《吕氏春秋》。《史记·吕不韦列传》有云:

> 是时诸侯多辩士,如荀卿之徒,著书布天下。吕不韦乃使其客人人著所闻,集论以为《八览》《六论》《十二纪》,二十余万言,以为备天地万物古今之事,号曰《吕氏春秋》。

此书"采儒墨之善,撮名法之要",同时吸收兵家、阴阳家的观点,形成完整的思想体系。其中,兵学方面的内容共计20篇,占全书的10%左右。该书的兵学思想有其明显的综合化特点。有学者指出:

> 它既着眼于秦国和战国末年所面临的封建大统一的现实,又对包括《孙子兵法》在内的先秦兵学思想予以初步概括和总结,体现了理论与实践、传统与现实、认同与超越的辩证统一,并从特定层面显露出战国以来兵学与诸子学互渗的文化现象。①

从孙子学的角度讲,《吕氏春秋》立足儒、道两家思想,从多个层面补充完善了孙子的战争观理论(主要是丰富了义战理论),同时,在作战指导层面又充分继承了孙子的战争指导理论。如在《吕氏春秋·先识览·察微》中,主张"凡战必悉熟偏备,知彼知己,然后可也",同时又强调"夫兵之大要,知谋物之不谋之不禁也",这实际是将孙子的知胜思想与"出其不意"的诡道思想结合起来了,即言唯有更好的"知"方能有更好的"诈",这是对孙子思想的新理解和新认识。在《仲秋纪·决胜》中,进一步阐发了《孙子》的先胜思想:"夫兵,贵不可胜。不可胜在己,可胜在彼。圣人必在己者,不必在彼者,故执不可胜之术以遇不胜之敌,若此,则兵无失矣。"这无疑使孙子的先胜思想有了道家哲学的意味。另外,还能将孙子的先知思想进行深化论述,让人感

---

① 丁原明:《吕氏春秋的兵学思想》,见薛宁东主编《超越哈佛:海峡两岸学者论兵》,军事科学出版社,2011年,第251页。

觉其对兵法的应用已经达到融会贯通的层次,如《季春纪·先己》曰:"欲胜人者,必先自胜;欲论人者,必先自论;欲知人者,必先自知。"

秦汉之际成书的《三略》与《孙子》之间也有密切的关系。《三略》又称《黄石公三略》或《黄石公记》,旧题黄石公著或"下邳神人"著。对于该书的成书,有人认为,"《三略》本太公遗书,而中间亦有黄石公之说"[1]。也有人认为,"自汉以来,言兵法者往往以黄石公为名……然大抵出于附会。是书文义不古,当亦后人所依托"[2]。对于这两种说法,虽然很难做出评判,但该书成书时间,当依邳上老人赠书的故事,暂定于秦汉之际。

《三略》是适应秦汉大一统帝国的需要而产生的兵学,兼容博采是它的主要特点,有学者明确指出:《三略》是博采兼容各家之长的产物,在继承前代兵学的基础上,以道家谋略取天下,以儒家思想安天下,以法家原则御将卒,以阴阳家观点识形势。[3]

《三略》的主要内容在于论述政治方略,兼及军事问题,通篇没有征引过《孙子》的言论和语句,故论证二者的关系,只能从其思想主张的相通性入手。比如,二者都在强调将帅地位的基础上,反对"将从中御"。《孙子·九变篇》中云"将能而君不御",而《三略·上略》中则言:"出军行师,将在自专,进退内御,则功难成。"这句话应该说比孙子讲得更深刻,也更具体。再如,二者都注重将帅的全面素质。《孙子·计篇》有"五德兼备"的思想,而《三略·上略》中概括的将帅"十二能""八过"等标准,明显可与《孙子》的将帅五德思想相沟通和联系。当然,二者也因时代背景的不同存在很大的差异,这种差异主要表现为:《孙子》是比较纯正的军事学著作,主要论述的是战争或军事问题,可称为"正兵书";而《三略》是一部政论性著作,它主要探讨的是政治战略问题(如何安治天下),当属于"政兵书"。如此,二者培养的目标就大不相同,《孙子》主要培养的是军事统帅,而《三略》培养的则是兼顾

---

①　[明]刘寅:《武经七书直解·凡例》。
②　《钦定四库全书总目·子部九》。
③　黄朴民:《两汉兵学的发展及其特色》,《光明日报》2002 年 12 月 19 日第 3 版。

政治与军事的"帝王师"。也正因如此,《唐李问对》卷上有云:"张良所学,太公《六韬》《三略》是也,韩信所学,穰苴、孙武是也。"

《淮南子》,又名《淮南鸿烈》,是西汉前期淮南王刘安召集门客集体撰写的一部杂家著作。该书以道家思想为主体,博采儒、法、墨、阴阳等诸家学说。东汉高诱称:"其旨近《老子》,淡泊无为,蹈虚守静,出入经道。"①近代学者梁启超在《汉书艺文志诸子略考释》一文中也认为,其"实可谓集道家学说之大成"。② 然而,此时的道家宗旨已大不同于先秦道家,它不仅融合其他诸家思想,而且能够积极地回应社会现实问题,故而其论述战争问题也有明显的综合化特点。

具体而言,《淮南子》的论兵专篇《兵略训》,实际就是立足儒、道两家思想进行论兵,同时在兵学理论的建构上又广泛吸收孙子思想理论。

首先,在作战指导层面,它对孙子的战略战术思想也多有继承和发展。如《兵略训》列举用兵的上、中、下三策,颇相通于孙子提出的"上兵伐谋,其次伐交,其次伐兵"思想;所谓"用兵八埶"(主埶贤,将埶能,民埶附,国埶治,蓄积埶多,士卒埶精,甲兵埶利,器备埶便),是对孙子"五事七计"思想的修补;"五指之更弹,不若卷手之一挃;万人之更进,不如百人之俱至",是对孙子专分思想的形象化阐释;"二心不可以事君,疑志不可以应敌",则是对孙子"将能而君不御"思想的具体化阐释,等等。

其次,《兵略训》文中多处可见对《孙子》言论的征引和阐发,这说明作者对《孙子》的内容非常熟悉,而且其阐释和发挥起来非常灵活自如。如《兵略训》中讲道:"先为不可胜,而后求胜";"全兵先胜而后战,败兵先战而后求胜"(活用孙子先胜思想);"静以合躁,治以持乱";"不袭堂堂之寇,不击填填之旗"(活用孙子"避其锐气"思想);"是故无天于上,无地于下,无敌于前,无主于后,进不求名,退不避罪,唯民是保,利合于主,国之实也,上将之道也"(直接引用孙子的将帅素养理论);"是故令之以文,齐之以武,是谓必

---

① 马庆洲注释:《淮南子今注》,凤凰出版社,2013 年,第 460 页。
② 夏文利:《现代生态哲学视阈中的淮南子研究》,民族出版社,2016 年,第 41 页。

取;威仪并行,是谓至强"(化用孙子治军思想)。

更为重要的是,《淮南子·兵略训》研究战争问题,注重对战争进行高度的政治化反思,强调"政""兵"相融、以政统兵,这对作为"正兵书"的《孙子》而言,无疑是一种极好的补充。因而,它可谓是西汉初期对《孙子》兵学发展做出最大贡献的一部兵书。

四、《孙子》学习的普遍化与实效化

两汉时期,《孙子》学习与应用呈现出普遍化的特点(主要指上层统治者及军队将领中),这有不少的出土文物足以证明。如 1972 年山东临沂银雀山汉墓出土了竹简《孙子》以及《孙膑兵法》《尉缭子》《六韬》等兵书,学者们通过考证,认为墓主人的身份可能是军中的谋士或幕僚。① 1978 年青海省大通县上孙家寨汉墓中亦出土了一批《孙子》木简,学者认为墓主人身份是一位将领,其事迹可能与赵充国用兵西羌有关。② 从历史文献记载看,当时的文人亦将"兵法"作为自己研读学习的一个重要内容。东方朔在给汉武帝的上书中,曾这样讲述自己的学习经历:"十六学诗书,诵二十二万言,十九学孙吴兵法,战阵之具,钲鼓之教,亦诵二十二万言。"③两汉时期的许多名将更是热衷于《孙子》思想的学习。如西汉名将赵充国"为人沉勇有大略,少好将帅之节,而学兵法,通知四夷事"④。西汉名将冯奉世"年三十余矣,乃学《春秋》涉大义,读兵法明习"⑤。东汉初年大将冯异"好读书,通《左氏春秋》《孙子兵法》"⑥。至东汉后期,孙子思想在军事将领中已经达到近乎普及的程度,王符在《潜夫论·劝将》中就提到:"今兵巧之械,盈乎府库,孙、武之言,�乎将耳。"

---

① 罗福颐:《临沂汉简分类考释序》,载《古文字研究》第十一辑,中华书局,1985 年,第 7 页。
② 朱国炤:《上孙家寨木简初探》,《文物》1981 年第 2 期。
③ 《汉书·东方朔传》。
④ 《汉书·赵充国传》。
⑤ 《汉书·冯奉世传》。
⑥ 《后汉书·冯异传》。

故有学者总结说:"相比战国,汉代是《孙子兵法》流传和应用范围更加广泛的时代。《孙子兵法》对将帅能臣、文人史家都有着普遍而深刻的影响。汉代杰出将领无不熟悉《孙子兵法》。"①

正因为《孙子》学习的普遍化,汉人在朝议或重大问题决策时,常常引用《孙子》的言论作为论证的依据,这又充分体现了孙子思想应用的实效性。《后汉书·皇甫嵩朱儁列传》记载了一个非常引人注意的现象和案例,即在汉中平五年(188年)的陈仓之战中,东汉两名将领皇甫嵩与董卓,能够在实战中围绕用兵问题,以《孙子》思想为依据进行激烈辩论。

> 卓欲速进赴陈仓,嵩不听。卓曰:"智者不后时,勇者不留决。速救则城全,不救则城灭,全、灭之势,在于此也。"嵩曰:"不然。百战百胜,不如不战而屈人之兵。是以先为不可胜,以待敌之可胜。不可胜在我,可胜在彼。彼守不足,我攻有余。有余者动于九天之上,不足者陷于九地之下。今陈仓虽小,城守固备,非九地之陷也。王国虽强,而攻我之所不救,非九天之势也。夫势非九天,攻者受害;陷非九地,守者不拔。国今已陷受害之地,而陈仓保不拔之城,我可不烦兵动众,而取全胜之功,将何救焉!"遂不听。王国围陈仓,自冬迄春,八十余日,城坚守固,竟不能拔。贼众疲敝,果自解去。嵩进兵击之,卓曰:"不可!兵法:'穷寇勿追,归众勿迫。'今我追国,是迫归众,追穷寇也。困兽犹斗,蜂虿有毒,况大众乎!"嵩曰:"不然。前吾不击,避其锐也。今而击之,待其衰也。所击疲师,非归众也。国众且走,莫有斗志。以整击乱,非穷寇也。"遂独进击之,使卓为后拒。连战大破之,斩首万余级,国走而死。卓大惭恨,由是忌嵩。②

从这段对话来看,二人分别就迫在眉睫的战争问题做出认知和判断,并

---

① 李桂生:《孙子学流变研究》,齐鲁书社,2020年,第13页。
② [清]纪昀:《文渊阁四库全书》(253册),台北商务印书馆,1986年,第411—412页。

能在提出自己的对策时能够自觉地运用《孙子》思想作为依据,其中,皇甫嵩的分析科学、客观而又能抓住问题的实质和要害,而董卓的分析虽然生硬、呆板有偏差,但其对孙子思想的熟练摘引,也充分说明了当时将领对《孙子》学习的普遍程度。

值得注意的是,两汉时期还有许多针对当时边防问题而作的兵学文论或著述,像晁错的《言兵事疏》、侯应的《备塞论》、桓宽的《盐铁论》、赵充国的《屯田制羌疏》、王符的《潜夫论》等。这些文论和著述,较少作抽象的兵学理论论证,但具有很强的时代感和操作性。在具体论述过程中,其中有不少内容涉及《孙子》思想的实际应用,其中最为典型的当数王符的《潜夫论》。

王符(约85—163年),字节信,安定临泾(今甘肃镇原)人,自幼志向远大,性情耿直,不趋炎附势,其所注《潜夫论》就因其"以讥当时失得,不欲彰显其名"而得名。该书共10卷36篇,而卷五之《劝将》《救边》《边议》《实边》是阐述边防问题的专论,不少地方论及《孙子》的思想和言论,其中又以《劝将》篇涉及内容最多。如《劝将》篇有云:"今兵巧之械,盈乎府库,孙、吴之言,耵乎将耳;然诸将用之,进战则兵败,退守则城亡。是何也哉? 曰:彼此之情,不闻乎主上,胜负之数,不明乎将心,士卒进无利而自退无畏,此所以然也。"这明显是强调了孙子知胜和庙算思想在战争中的重要性。该篇还谈道:"孙子曰:'将者,智也,仁也,敬也,信也,勇也,严也'。是故智以折敌,仁以附众,敬以招贤,信以必赏,勇以益气,严以一令。"此句征引孙子"将帅五德"言论,对"五德"排列顺序有所调整,并且增加了一个"敬"字,这可能是其所据的《孙子》文本与今本不同,也有可能是他受儒家思想影响而对"仁""敬"更加重视的缘故。

另外,在《救边》篇中,王符认为,对于东汉边防来讲,是"攻常不足,而守恒有余也"。在《边议》篇中,他又提出:"是以明君先尽人情,不独委夫良将,修己之备,无恃于人,故能攻必胜敌,而守必自全也。"这些内容,明显是将孙子的攻守思想、先胜思想、先备思想等适时运用到了边防实践中,并且具有很好的针对性和实效性。

总之,《潜夫论》的一个重要特色,就在于立足当时的边防现实,批评当时的君臣只会空谈孙吴兵法,并不能在实践中领悟其要旨。而王符作为一介文人,在整个偃兵修文的社会大环境下,能够吸取孙子军事理论,提出较为系统的守边思想,也是非常难能可贵的。

第二节 三国两晋南北朝:孙子学曲折发展时期

这一时期孙子学的发展实际分为两个阶段。三国时期,基本延续了秦汉孙子学发展的良好势头,并使得《孙子》的兵经地位得以确立。而两晋南北朝时期,由于国家的长期战乱,以及玄学和宗教迷信思想的影响,孙子学应用比较活跃,但孙子学理论发展十分薄弱。

三国时代是中国历史由分裂走向统一的过渡时期。曹魏、蜀汉、东吴三个政权之间为求得生存,相互征伐,逐鹿中原,演绎出一幕幕的战争活剧。而在这一过程中,一方面,以《孙子》为代表的兵法与兵书备受人们重视,充分发挥了指导战争实践的社会功用。另一方面,《孙子》十三篇在融汇战场经验和智慧的基础上被整理、注解和传播,最终促成社会上"兵经"意识的萌发,进而成就了《孙子》在中国兵学史上的经典地位。

"经"是中国古代对中华文明伊始之元典著作的尊称。儒家有儒经,道家有道经,法家有法经,佛家有佛经。以此类推,兵家也有"兵经",它就是《孙子》。

《孙子》兵经地位的确立,有一个长期的历史过程。首先,它要作为兵书的杰出代表,受到人们的公认或推崇。如战国时期孙膑就言:"明之吴越,言之于齐,曰智(知)孙氏之道者,必合于天地。"①西汉司马迁赞曰:"世俗所称师旅,皆道孙子十三篇。"②东汉班固曰:"世方争于功利,而驰说者以孙、吴

---

① 《孙膑兵法·陈忌问垒》。
② 《史记·太史公自序》。

为宗。"①

到三国时期,人们对《孙子》的认可度与赞誉度愈加提升。诸葛亮非常推崇《孙子》,他曾说:"孙武所以能制胜于天下也,用法明也。"②其在《后出师表》中评价曹操用兵时又讲道:"智计殊绝于人,其用兵也,仿佛孙吴。"③另外,托名诸葛亮的《便宜十六策·治军》也谈道:"工非鲁般之目,无以见其工巧,战非孙武之谋,无以出其计运。"这种众口赞誉的现象,还可以从《三国志》的记载中得到更多佐证。如曹操嘉奖徐晃襄阳之战的功绩时说:"将军之功逾孙武、穰苴。"④杜恕在上疏中有言:"然搢绅之儒横加荣慕,扼腕抗论以孙、吴为首。"⑤曹植曾上疏言:"伏见行师用兵之要,不必取孙、吴而暗与之合";"愿得策马执鞭,首当尘露,撮风后之奇,接孙、吴之要……效命先驱,毕命轮毂"⑥。

《孙子》是何时正式被称为"兵经"的呢?据龚留柱先生考证,应始自三国时的韦昭。其依据是:《国语·吴语》有云:"十行一嬖大夫,建旌提鼓,挟经秉枹。"三国吴人韦昭对此注曰:"经,兵书也。"⑦(作者认为,三国时期单说"兵书"或"兵法",常常即指《孙子》)而在已故孙子学专家于汝波看来,"以'兵经'名孙子书者,子尚为第一人"⑧。这里的"子尚"指三国时魏人张子尚,在《隋志》著录的兵书中,其所注《孙子》,即直名为《孙武兵经》。二者虽然依据不同,但结论大体一致。

三国之后,《孙子》作为"兵经"的说法日益得到认同和效法。如南朝宋沈约有云:"授以兵经战略、军部舟骑之容、挽强击刺之法。"⑨南朝梁刘勰亦

---

① 《汉书·刑法志》。

② 《三国志·蜀书·诸葛亮传》。

③ [宋]王钦若、杨亿等纂修:《册府元龟》卷三一二《宰辅部·谋猷第二》。

④ 《三国志·魏书·徐晃传》。

⑤ 《三国志·魏书·杜恕传》。

⑥ 《三国志·魏书·陈王曹植传》。

⑦ 龚留柱:《〈孙子兵法〉与三国英雄——兼论〈孙子兵法〉兵经地位的确立》,《滨州学院学报》2012年第5期。

⑧ 于汝波:《魏晋南北朝时期〈孙子兵法〉流传述论》,《军事历史研究》1995年第1期。

⑨ 《后汉书·周朗传》。

云:"孙武兵经,辞如珠玉,岂以习武而不晓文也。"①在之后的历史发展中,魏晋的"兵经"又发展为唐宋的"武经",《孙子》作为兵学经典的社会地位已无可撼动。

至两晋南北朝时期,《孙子》的实践应用成果比较多,但孙子理论研究的成果却比较少,这与该时期整个兵学研究的薄弱状况有关。"在长达三百年间,兵学研究陷于衰落,几乎没有任何进展"②。尽管这一时期曾涌现了许多杰出的军事家,如曹操、诸葛亮、司马懿、羊祜、杜预、王猛、崔浩、谢玄、檀道济、拓跋焘、宇文泰等,但他们的军事思想只是散见于奏议、政论、类书、史书等文献之中,大部分人没有兵书流传后世,其间仅有曹操的《孙子略解》一书以《孙子》注文的形式得以流传至今。至于诸葛亮名下的《将苑》《便宜十六策》等兵书,是否为其本人的作品,学术界仍存在分歧。

依常理而言,割据分裂时期多战争,战争愈多对兵法谋略的需求应该愈盛,然而这一时期孙子兵学理论发展缘何迟滞呢? 赵国华先生在《中国兵学史》中曾做过具体分析③,现据其主要观点补充整理如下:

其一,士族门阀制度对兵学研究的影响。两晋南北朝时期,士族门阀制度发展至顶峰,同时业已成为阻碍社会发展的一大顽症。士族阶层子弟把持国家政权和社会财富,世袭高官爵位,却不学无术,成为社会的寄生虫。而庶族中的精英人士难以进入社会管理层,在政治上毫无地位,他们中的杰出人才难以在政治军事活动中发挥作用,相关的兵学思想研究自然也难以受到重视。

其二,玄学清谈对兵学研究的影响。两晋南北朝时期,玄学清谈成为社会思想界的主流,由此造成的影响是,许多玄学、清谈之士高居显位,身居要职,但却不屑于料理国家军政大事,而是一味地崇尚虚无、高谈名理,以至于在国家危难之时,毫无对策,最终导致国家灭亡。这方面最典型的例子当数

---

① [南朝]刘勰:《文心雕龙·程器》。
② 赵国华:《中国兵学史》,福建人民出版社,2004年,第292页。
③ 赵国华:《中国兵学史》,福建人民出版社,2004年,第292—297页。

西晋太尉王衍,人言其是:"夷甫虽居台司,不以事物自婴,当世化之,羞言名教,自台郎以下,皆雅崇拱默,以遗事为高。四海尚宁,而识者知其将乱。"①

其三,佛教、道家盛行对兵学研究的影响。整个两晋南北朝时期,由于国家分裂,战乱频仍,人们缺少生活希望和精神寄托,于是佛教、道教得以广泛流传。而宗教思想的兴起与传播,使人们过多寄希望于虚无缥缈的彼岸世界,而对社会现实问题漠不关心,这必然对兵学的研究和发展产生消极影响和负面作用。尤其对统治者而言,过分迷信宗教,对战争问题不做积极的谋划与应对,必然造成国家实力的削弱,甚至导致国家的衰落与灭亡。如南梁武帝迷信佛教,舍身寺院,荒废军政,致使朝廷几无将才可用。侯景之乱期间,"每募人出战,素无号令,初或暂胜,后必奔背。(侯)景宣言曰:'城中非无菜,但无酱耳。'以戏侮之"②。

其四,阴阳占卜术对兵学研究的影响。佛、道二教的传播及宗教迷信思想的盛行,促使阴阳、占卜、术数等泛滥于战争领域,并在很大程度上影响到兵学思想的研究和进步。这主要表现为两个方面,一是以星占、卜筮来预测战争,如符健在战前卜筮遇到泰卦之"临",乃解释曰:"小往大来,吉亨。昔往东而小,今还西而大,吉孰大焉?诸君知否?此则汉祖屠秦之机也。"③二是以阴阳、占候来撰写兵法。如曾经流传的《兵法孤虚立成图》《孙子兵法杂占》《吴孙子牝变八阵图》等兵学著作,都是充斥着占卜迷信思想的兵书,其后果必然使得兵学思想庸俗化,进而给兵学发展造成较大的负面影响。

魏晋南北朝时期虽然也有一些孙子学著述,但大都是以阴阳、遁甲、星历、占候、术数、阵法等来演绎《孙子》,其作者当为既懂兵法也擅长神秘文化的谋士和术士。有学者将其概括为"孙子兵法丛林"现象:

魏晋南北朝《孙子兵法》被广泛传播和接受,出现了不少对《孙子兵

---

① 《世说新语》刘孝标注引《八王故事》。
② 《梁书·萧衍传》。
③ 《魏书·符健传》。

法》推衍、增益、传释和发挥的兵书,如丛林般生长,这种现象姑且名之曰"孙子兵法丛林"。这类著作大多在阴阳五行、云气杂占、孤虚六甲、阵法阵型等方面对《孙子兵法》进行附会和改造,虽题名孙子,然多属伪托。①

不过就总体而言,自东汉末至三国两晋南北朝时期孙子学的发展还是有以下三个方面的突出成就:

一、《孙子》早期注解时代的开启

魏晋之前,已经有人为《孙子》作注。李零曾撰文认为:"银雀山汉墓出土的《孙子》佚文《四变》《黄帝伐赤帝》《地形二》等都属于解释发挥十三篇的文字,应作《孙子》后学的注解看待。"②曹操在注《孙子》序言中谈到的"训说况文烦富",也应该是指此前的《孙子》注解类文字繁多。只不过在当今学者看来,此类注文学术价值不高,历史上也少见其记载和流传,故难以作为《孙子》注解时代开启的标志性成果。

《孙子》注解时代开启的真正标志,乃是东汉末至三国时期的曹操注《孙子》(亦称《魏武帝注孙子》或《孙子略解》)。其深刻原因在于,曹注《孙子》体例完整,对后世注家具有发凡起例的意义。曹操注释《孙子》,首先能以"提要"的形式,概括每篇的中心思想,同时也能对每篇的篇名做出解释,这无疑是为《孙子》作注的必要的前提。而从注释的具体形式看,曹注大体包括了四种方式,即"字句注释""文献征引""版本校对"和"实例佐证"。"字句注释"即解释《孙子》中某个字、某句话的含义;"文献征引"是援引别的文献为《孙子》中的某句话作注释;"版本校对"是用对照的方法,来区分和判断不同的版本之间字句的差异;"实例佐证"是列举战例来证明《孙子》的某句话或某个论点。这四种形式和方法最终形成了《孙子》作注的最基本的模

---

① 李桂生:《孙子学流变研究》,齐鲁书社,2020年,第58页。
② 李零:《关于银雀山汉墓竹简〈孙子〉研究的商榷》,载《文史》第27辑,中华书局,1986年。

式,从而为后世起到了示范和引导作用,所以说,以后的《孙子》注家有不少实际是在为曹注作疏证。

除曹操的《孙子略解》以外,这一时期还有其他一些《孙子》的注释成果。

其一是沈友撰《孙子》二卷。此书见载于《三国志·吴书·吴主传》注引《吴录》。《隋志》《旧唐志》《新通志》也都有著录,但其内容已散佚,其他史料中也未见有征引者。此书的成书时间大约与《孙子略解》一致。

其二是贾诩《钞孙子兵法》一卷。此书《隋志》《通志》皆有著录。《日本国见在书目》著录为“孙子兵法一卷,巨诩撰”(“巨”当为“贾”之误)。众所周知,贾诩,字文和,武威姑臧(今甘肃武威)人,此人谋略高超,经权达变,是曹操的重要谋士之一,其对《孙子》思想内容应该比较熟悉。

其三是曹操、王凌集注《孙子》一卷。此书是所见著录中最早的《孙子》集注本。王凌,字彦云,魏太原祁县人,汉司徒王允之侄,曾任散骑常侍之职。此人统兵征战,多有战功,布政施教,亦甚有纲纪。孙星衍在《孙子十家注·序》中,疑《通典》“用曹公、王凌、孟氏诸古人注,故有‘王子曰’,即凌也”。从《通典》所引“王子”注的内容看,其注侧重阐发义理,解说较为通俗,且善用比喻,语言也较洗练。

其四是《六朝钞本旧注孙子断片》。该书现存内容仅有相连两页的下半部分。此残页原由日本大谷光瑞(一说香川默识)《西域考古图谱》收录,后罗振玉将其编入《汉晋书影》中,称之为“晋代孙子注残纸”。此书不同于今存所有版本,当为已经佚失的又一《孙子》注本。注者已不可考。

其五是《孟氏解诂》二卷。此书或题《孟注孙子》《孟氏解孙子》,南朝梁孟氏注。《隋志》《通志》《旧唐志》《新唐志》均有著录。《宋志》著录《五家注孙子》三卷中亦有其注。如今,孟注单行本已佚,其注现存《孙子十家注》系统各本中,但所收录注释仅68条,是数量最少的一家。其注的特点是,偏重文字训诂,较少思想阐发,是诸家注中训诂派的代表者。

总体而言,自三国至两晋南北朝的几百年间,乃是《孙子》的早期注解时期,这一时期的注家虽然不多,但在注释内容和方式上均具有开拓性意义。

尤其是曹操注《孙子》,其作为《孙子》注解的先端,对孙子思想的后世传播和正确解读具有深远的历史意义。当然,该时期的《孙子》注解,偏重文字训诂,较少义理阐发,这对孙子思想的研究和弘扬而言,也是明显的不足与缺陷。

二、曹操与诸葛亮对孙子兵学理论的贡献

三国两晋南北朝时期,虽然《孙子》兵经地位得以确立,且在战争实践中有辉煌的应用成就,但在孙子理论研究和思想创新方面的学术性成果并不多,较有代表性的是曹操和诸葛亮的相关著述和言论。

曹操应该是这一时期对孙子兵学理论发展贡献最大之人。孙盛《异同杂语》曾言其"博览群书,特好兵法,抄集诸家兵法,名曰《接要》,又注孙武十三篇,皆传于世"[1]。今人也评价说:"从运用兵法的角度,三国时代非仅曹氏一人,但在理论锻造方面,无人能出曹氏之右。"[2]

曹操的兵学著述按性质可以分为三类。其一是他自己创作的兵书,包括《隋志》著录的《魏武帝兵法》一卷、《唐李问对》多次提到的《曹公新书》,另外还有《魏武帝兵书》十三卷(见唐昭宗时藤原佐世所撰《日本国见在书目》)。其二是他对其他兵书的摘抄,代表作如《兵书接要》。该书《隋志》著录为十卷,《新唐志》作七卷。所谓"接要",即续接兵法之精要,其中当包括对《孙子》思想内容的续接。其三是他对兵书的注解,这当包括《魏武帝注孙子》三卷(即《孙子略解》),也应包括《隋志》著录的《魏武、王凌集解孙子兵法》一卷。另外,还当包括《魏武帝续孙子兵法》二卷(《隋志》对该书始著录,明确为魏武帝撰,《新唐志》和《日本国见在书目》也有著录)。值得注意的是,《魏武帝续孙子兵法》应是对"十三篇"之外的《孙子》佚文的注解,亦即曹操将其从《吴孙子兵法》八十二篇中剔除后,另编成二卷,作为对《孙子》

---

① 《三国志·魏书·武帝纪》裴松之注引。
② 龚留柱:《〈孙子兵法〉与三国英雄——兼论〈孙子兵法〉兵经地位的确立》,《滨州学院学报》2012 年第 5 期。

的"续注"，故可视为是《孙子略解》的姊妹篇。①

令人遗憾的是，曹操的兵学著述除《孙子略解》外，其他已基本不存于世，但我们从《孙子略解》的注释内容及曹操的其他言论，亦可透视其在孙子兵学理论方面的杰出贡献。如曹操针对《孙子》的庙算、全破、奇正、主客、虚实、攻守等范畴都能发表自己的独特见解，并能结合具体的战例充实其思想内涵，有时候往往一个简单的点题即是对孙子思想理论的创新性阐发。比如，曹操对《孙子》"十则围之"的注解便是一个典型例证，曹注曰："以十敌一则围之，是将智勇等而兵利钝均也。若主弱客强，不用十也，操所以倍兵围下邳生擒吕布也。"②诸如此类的见解和分析，无疑是大大丰富了孙子的兵学思想理论，尤其是在作战指导原则和战法理论方面。有学者曾认为，曹操注《孙子》"对孙子思想从战略上注解不足，而只从战法、战术上着眼"③，这也有一定的道理。

诸葛亮的兵书主要有两种，一是《将苑》（或称《心书》《新书》），二是《便宜十六策》（简称《十六策》）。晋人陈寿曾编辑《诸葛氏集》。④ 陈寿在《进诸葛亮集表》中提到该书的大致情况："删除复重，随类相从，凡为二十四篇。"⑤然而，此书在后世流传中，绝大部分内容已流失。从历代著录来看，《隋志》著录此书为二十五卷，《新唐志》著录此书为二十四卷，《宋志》著录此书为十四卷，至清编纂《四库全书》时，就只有《诸葛丞相集》四卷。据《四库提要》讲，此文集非陈寿著述而系清人朱璘重编，"是编首卷所录诸葛亮遗文一卷，陈寿所上目录皆不载，盖辑拾《三国志》注及诸类书而成"。龚留柱认为，该书"首卷取自《三国志》和类书，内容尚可靠，而其后几卷即署名诸葛亮的《十

①　龚留柱、谭慧存：《曹操〈孙子略解〉的兵学成就》，《河南大学学报（社会科学版）》2012 年第2 期。

②　《十一家注孙子·谋攻篇·曹操注》。

③　于汝波主编：《孙子兵法研究史》，军事科学出版社，2001 年，第78 页。

④　陈寿编纂《诸葛氏集》现已亡佚；清人张澍曾将《将苑》和《十六策》编入其纂集的《诸葛亮集》，并确信它们为诸葛亮所著；今人所编的《诸葛亮兵法》则仅为《将苑》和《十六策》的合集。

⑤　《三国志·蜀书·诸葛亮传》。

六策》一卷、《心书》一卷则必须慎用"①。其具体依据是四库馆臣的言论："《心书》五十条显然伪托……且《武侯十六策》其伪与《心书》同。"但清人张澍认为："今考陈寿《进诸葛亮集表》有曰：'辄删除复重，随类相从。'是寿曾经删芟繁复，《十六策》应在二十四篇之外也。"②许保林也认为："《将苑》一书，虽然其作者问题始终没有定论，但是其中所体现的思想与诸葛亮的军事思想大体是一致的。"③

笔者的观点是，虽然《十六策》与《将苑》疑伪的可能性很大，但其毕竟是自成体系的兵书，而且其很多内容与诸葛亮军事思想相吻合，故不应该轻易地将其舍弃不用，这两部书中有关《孙子》的一些内容，尤其在治军思想方面的一些主张，还是有一定参考价值的。

比如，《便宜十六策》的《治军第九》曾称赞孙子说："战非孙武之谋，无以出其计运。"更值得注意的是，该篇有一段综述文字颇类似于《孙子》的思想或意旨，有专家称二者"不仅语言相近，而且战略战术极具神似"④。

> 夫用兵之道，先定其谋，然后乃施其事。审天地之道，察众人之心，习兵革之器，明赏罚之理，观敌众之谋，视道路之险，别安危之处，占主客之情，知进退之宜，顺机会之时，设守御之备，强征伐之势，扬士卒之能，图成败之计，虑生死之事，然后乃可出军任将，张擒敌之势，此为军之大略也。夫将者，人之司命，国之利器，先定其计，然后乃行。其令若漂水暴流，其获若鹰隼之击物；静若弓弩之张，动如机关之发，所向者破，而勍敌自灭。将无思虑，士无气势，不齐其心，而专其谋，虽有百万之众，而敌不惧矣。非仇不怨，非敌不战。⑤

---

① 龚留柱：《〈孙子兵法〉与三国英雄——兼论〈孙子兵法〉兵经地位的确立》，《滨州学院学报》2012 年第 5 期。

② 高恩源：《恭请诸葛亮下神坛：评说〈诸葛亮集〉》，中国文联出版社，2006 年，第 46 页。

③ 许保林：《中国兵书通览》，解放军出版社，2002 年，第 127—130 页。

④ 李桂生：《孙子学流变研究》，齐鲁书社，2020 年，第 74 页。

⑤ 《便宜十六策·治军》。

《将苑》一书,曾明确称颂孙子的赏罚严明:"若乃上无刑罚,下无礼义,虽贵有天下,富有四海,而不能自免者,桀纣之类也。夫以匹夫之刑,令之以赏罚,而人不能逆其命者,孙武、穰苴之类也。故令不可轻,势不可通。"①同时,《将苑》围绕着将道主题,从不同角度对将帅提出全面要求,算是对孙子将帅理论的一种有益补充,这也是诸葛亮发展孙子理论的一个较大贡献。如在将帅的道德品质方面,它确立了"先仁义而后智勇"的观念,强调将领"不恃强,不怙势,宠之而不喜,辱之而不惧,见利不贪"②。关于将帅的基本素质,该书提出"五善四欲"论,将领应擅长察知敌兵部署,判断进退时机,了解双方虚实,利用天时地利,熟悉山川地形,进而"战欲奇,谋欲密,众欲静,心欲一"③。另外,《将苑》还强调将帅刚柔并济的理想性格,"善将者,其刚不可折,其柔不可卷,故以弱制强,以柔制刚。纯柔纯弱,其势必削;纯刚纯强,其势必亡;不柔不刚,合道之常"④。

上述内容,充分体现出诸葛亮军事思想具有多元综合、兼容并蓄的特点,尤其是它在孙子兵学思想和原则的基础上,汲取了申、韩学说的精髓,并杂取儒、道诸家之长,形成了自己的将帅思想体系。当然,其内容与《孙子》相关理论的哲理性和深邃性相比不可同日而语,它更多的是对孙子思想的一种细化和补充,又让人感觉过于笼统和概括,难以把握精髓和要害。

三、《孙子》战略思想应用的突出成就

三国两晋南北朝时期,有关《孙子》的学习和研究多偏重解决战争实际问题的对策性研究,故其突出的成就往往不在于兵法原理的创新,而在于兵法理论与军事实践的有机结合。这一特点尤其表现在战略理论层面,如诸

---

① 《将苑·威令》。
② 《将苑·将志》。
③ 《将苑·将善》。
④ 《将苑·将刚》。

葛亮的《隆中对》、羊祜的《平吴疏》、杜预的《平吴表》、王猛的《临终谏伐晋言》等，它们都不是对抽象的兵学理论的阐发，也不是对战场经验的理论总结与提升，而是一种饱含军事学原理的具体战略方案，具有很强的实践性和可操作性，黄朴民先生称其是对兵法的"二度创造"①。把握好上述特点，是我们梳理和总结这一时期孙子战略思想应用成就的重要前提，而其具体内容可包括孙子的"伐交"战略、"攻心"战略、"庙算"战略等三个方面。

"伐交"是孙子实现全胜思想的重要手段，也是其战略思想内容之一。如《谋攻篇》提出"上兵伐谋，其次伐交"；《军争篇》提出"是故不知诸侯之谋者，不能预交"；《九地篇》亦强调"衢地合交""威加于敌，使其交不得合"等等。孙子的这些论述，显然是为多极格局下的外交斗争提供了重要思路和理论支撑。三国时代与春秋战国时期一样，也是一种多国相持、抗衡下的并列对峙格局，故魏、蜀、吴三国的战略家们，充分运用了孙子的伐交战略思想，或蜀吴同盟以抗魏，或魏吴联合以破蜀，几乎将孙子的伐交思想理论演绎到了极致。两晋南北朝时伐交战略的运用也十分活跃，如石勒以伐交手段分化晋军，攻灭王浚；刘裕挫败后秦外交干扰，攻打南燕；崔浩为实施先北后南战略采取联盟分敌手段；宇文泰制定西辑北抚方针等，这些都体现了孙子伐交与伐兵谋略相结合的战略方针。总之，这一时期军事斗争的一个重要特点就是外交策略与军事战略的有机结合，由此取得的各项战略成就对丰富孙子战略理论有很大的贡献。

攻心战略的实施也是孙子战略思想在这一时期运用的突出表现。如诸葛亮采纳马谡"攻心为上，攻城为下，心战为上，兵战为下"②的建议，在平定南中之时，七擒七纵孟获，使得南方少数民族部落诚心归附。另外，司马氏统一三国，也是采用了"慰巴蜀之心""倾吴人之望"的全胜战略手段。钟会在蜀将姜维投降后的上言书中讲道："有征无战，帝王之盛业。全国为上，破

---

① 黄朴民：《魏晋南北朝军事学术杂识》，《北方论丛》2009 年第 3 期。
② 《三国志·魏书·马谡传》。

国次之;全军为上,破军次之:用兵之令典。"①这明显是深刻领悟和实践了孙子的全胜思想。而据《晋书·羊祜传》记载,晋将羊祜为边将时,对吴大力实施攻心战略,"与吴人开布大信","绥怀远近,大得江汉之心"。而吴将陆抗识破其目的,告诫诸将曰:"彼专为德,我专为暴,是不战而自服也。各保分界而已,无求细利。"由此,双方展开了以"信义"和"德量"为武器的政治攻心战。

关于孙子庙算战略思想的实际应用,除诸葛亮的《隆中对》以外,咸宁二年(276年)羊祜向晋武帝进献的《平吴疏》,也是典型代表。据《晋书·羊祜传》记载,《平吴疏》首先从地利、人和、时机等各方面分析双方的情况,"孙皓恣情任意,与下多忌,名臣重将,不复自信,是以孙秀之徒皆畏逼而至。将疑于朝,士困于野,无有保世之计,一定之心"。相反,西晋则在政治、经济、军事上占有明显的优势,"大晋兵众,多于前世;资储器械,盛于往时"。为了确保灭吴之役达到预期效果,羊祜根据双方的战略态势,适时提出了多路进兵,水陆俱下的战略预案,"引梁、益之兵水陆俱下,荆楚之众进临江陵,平南、豫州直指夏口,徐、扬、青、兖并向秣陵,鼓旆以疑之,多方以误之"。最后,羊祜认为这一战略预案的实施结果必然是:"以一隅之吴,当天下之众,势分形散,所备皆急。巴、蜀奇兵出其空虚,一处倾坏,则上下震荡。"很显然,《平吴疏》是一份源于《孙子》而又非拘泥于《孙子》思想的"庙算"分析案例,它的显著特征是立足全局、分析透彻,且注重现实、可操作性强,充分体现了羊祜对孙子庙算思想的灵活应用和创新发展。

在上述战略思想广泛应用的基础上,西晋时期出现了我国第一部专门的战略学著作——《战略》。其作者司马彪(?—306年),字绍统,河南温县(今河南省温县西)人,西晋宗室,著名史学家。他原是高阳王司马睦之子,因年轻时好色薄行,被父亲过继给晋宣帝司马懿之弟司马敏,实际上是变相剥夺了其高阳王爵位的继承权。然司马彪自少年时就好学不倦,被剥夺继

---

① 《三国志·魏书·钟会传》。

承权后,更是闭门研学,著书立说,先后写下《九州春秋》《续汉书》《庄子注》等历史文学名著,同时撰有《兵记》《战略》两部军事学著作。司马彪亦有从仕经历,先后任骑都卫、秘书丞、散骑侍郎等职。秘书丞的职责是掌管国家图书典籍,这为其撰写历史文学方面的著述提供了便利,而骑都卫及散骑侍郎都是武职,需要熟悉带兵之事,这又使他产生了阅读兵书、写作兵书的内在动机。

司马彪所著《战略》今已散佚,然裴松之《三国志注》、唐代官修类书《初学记》、宋代官修类书《太平御览》均引用过其书内容,故清代辑佚大家黄奭将上述书籍中的《战略》佚文汇集成编,收入《汉学堂知足斋·子史钩沉·史部杂史类》(又名《黄氏逸书考》)。其中,从裴松之《三国志注》辑录佚文五条,分别为"刘表""傅干""蒋济""傅嘏""王基";从《初学记》辑录一条,即"楚庄王绝缨";从《太平御览》辑录两条,分别为"孟达""司马懿"。

《战略》一书成书的年代已不可详考。许保林认为,此书"当成书于陈寿《三国志》之后,晋惠帝光熙元年(306 年)以前"[1]。其依据是,陈寿卒于晋惠帝元康七年(297 年),比司马彪早逝 9 年。他著《三国志》时,《战略》尚未问世,故《三国志》中未言及此书。而裴松之为《三国志》作注时,引用了《战略》一书的五段内容,可见裴松之看到了原书内容,这说明南北朝初年,《战略》仍在流行。但公元 636 年成书的《隋书·经籍志》、公元 940—945 年成书的《旧唐书·经籍志》以及公元 1044—1060 年成书的《新唐书·艺文志》都未著录此书,说明南北朝以后《战略》一书在战乱中散佚。

《战略》一书的大部分内容虽然已经散失,但从其佚文来看,它都是以具体的案例来讲实际战略问题的,故许保林认为,"它是一部名副其实的战略问题专著"[2]。它或举成功的实例,以证正确战略决策必胜的道理,如"刘表"一条;或举反面的实例,以证错误战略决策失败的必然性,如"蒋济"一条。它还特别强调政治因素在战争中的作用。这些内容都集中反映了《孙子》的

---

① 许保林:《中国兵书通览》,解放军出版社,1990 年,第 216 页。
② 许保林:《中国兵书通览》,解放军出版社,1990 年,第 217 页。

"慎战""先胜"和全胜等战略思想,在某种程度上可视为是对《孙子》战略理论的经典例释。另外,《战略》中也载有与《孙子》直接相关的内容。如"傅毁"条目中讲"先战而后求胜,非全军之长策也",因而主张派出间谍,了解敌情,并引《虚实篇》之文曰:"策之而知得失之计……角之而知有余不足。"它还能根据孙子"佚能劳之,饱能饥之"的用兵原则,提出使吴国"以小敌大则役烦力竭,以贫敌富则敛重财匮"的具体策略。同时,在战略目标上,它又要求"计于全胜",力求"屈人之兵而非战也,拔人之城而非攻也"等。这些引文无疑都是直接或间接地取于《孙子》,说明作者对《孙子》思想比较熟悉且能灵活应用。

第三节　隋唐五代:孙子学兴盛时期

整体而言,隋唐五代是孙子学发展的兴盛时期。这期间,虽然短暂的隋王朝和混乱的五代十国在孙子学发展方面没有多大建树,但大唐盛世却以其政治、经济、军事、文化的全面辉煌铸就了《孙子》理论研究和实践应用的丰硕成果,最终将孙子学的发展推向一个兴盛的时代。

就隋朝的基本情况而言,有关《孙子》研究和应用的相关记载不多。《隋书·经籍志》载录以孙子命名的兵书共有七种。宋《通志·艺文略》载录有隋代《萧吉注孙子》一书。五代时期社会动乱不已,对《孙子》的整理与载录更少。《宋史·艺文志》兵书类曾录有后周时期兵部尚书张昭《制旨兵法》十卷,从相关史料看,该书多有阐发《孙子》思想的内容。张昭本人亦曾谈道:"战国诸子,言攻战之术,其间以权谋而辅仁义,先智诈而后和平,唯《孙武》十三篇而已。"①在这两个时期,将帅用兵亦有征引或运用《孙子》者,但多为个别案例。

大唐盛世无疑是孙子学发展的一个重要时期。在前代孙子研究成就的

---

① ［宋］施子美:《施氏七书讲义》卷一《孙子》。

基础上,在大唐盛世开放包容的良好氛围之下,唐代兵学家们承上启下,继往开来,无论在《孙子》理论研究还是实践应用方面,均取得了不凡的成就。这首先与统治者对孙子及其兵书的认知态度有关。

唐人推崇兵家人物,以姜尚为至尊,张良次之,孙武居于二人之下。唐太宗时,朝廷就下令在磻溪(今陕西宝鸡东南,传说为太公垂钓处)立太公庙。后到唐玄宗时,又下令各州设太公庙,并以张良配享。再到唐高宗之时,又尊太公为武成王,并以历代良将为十哲像坐侍。其中,左边坐侍者分别为:白起、韩信、诸葛亮、李靖、李勣;右边坐侍者分别为张良、田穰苴、孙武、吴起、乐毅。如此一来,孙武只是"十哲"中的普通一员,其地位并不突出。姜尚是中国谋略鼻祖,将其置于孙武之前还好解释,而张良系汉代谋臣,将其亦置于孙武之上,实在与现实情况不符。其中的深刻原因在于,兵、儒两家在经国安邦中的地位是不同的。兵家之诡诈谋略,只有在战争时期方有用武之地,一旦取得天下,统治者就必须大力倡导儒家之道德(同时要贬抑兵家之谋略),要用儒家的仁义礼信来维护日常的统治秩序。因此,在唐朝初年及大多数和平时期,统治者绝对不会给予孙子过高的社会地位。如此,我们也就能够理解,为什么唐人会尊奉像张良之类辅国王霸的"政兵家",而对孙子以兵者诡道为核心的"正兵家"却重视不足。

孙武本人在唐朝时期的社会地位并不太高,但《孙子》一书的地位却比较高(实际上被视为诸兵书之首)。这可以从以下两个方面得到佐证:其一,从《新唐志》和《旧唐志》相关记载看,唐代校注《孙子》者甚多,而对其他兵书校注者甚少,即使是依托姜尚而作的《六韬》的校注者也明显少于《孙子》。其二,当时许多著名的军事家谈兵论战,都是将《孙子》的思想主张置于首位。如李世民就认为,"朕观诸兵书无出孙武,孙武十三篇无出虚实";李靖亦谈道"故孙子之法,万代不刊"[1]。

当然,唐代《孙子》受推崇的情况也会因时局的变化而出现反复和曲折。

---

[1] 《唐李问对》卷中。

唐初,统一战争与民族战争混杂进行,兵学因此兴盛,《孙子》大受推崇。唐中期,社会承平日久,战乱较少,人们对军事问题开始忽略,《孙子》的地位也受到轻视。唐朝后期,安史之乱和藩镇割据引发连绵不断的战争,人们在兵祸和危机中重新认识到军事谋略的重要性,于是,《孙子》的思想又得到重视与传播。总之,孙子学的发展与当时社会时代环境的变化尤其是军事形势的变化是一致的。

从《孙子》普及和传播的角度讲,唐代也取得了较高的成就。其中一个重要的表现是,唐人的一些类书、文集、诗歌开始对《孙子》言论进行辑录和征引,这对《孙子》的版本传承和文字校勘有着重要的意义。

比如,虞世南编纂的类书《北堂书钞》之《武功部》中就有多处摘引《孙子》的语句。仅《谋策》就有"始如处女,后如脱兔""不动如山,难知如阴""善出奇者,无穷如天地""近而示之远,远而示之近"等内容,而该篇的"上略伐智,下略伐势"一句还体现了作者对《孙子》原文的创新性发挥,上略"伐智"实际就是强调"伐谋",这与孙子原意同,但下略"伐势",却较之孙子原文的"伐兵"更具深意,更贴合孙子此处的意旨。此外,欧阳询在《艺文类聚》的《武部》(卷五十九)、《居处部》(卷六十三)、《火部》(卷八十)、《鳞介部》(卷九十六),也都辑录有《孙子》原文语句。这对于考察当时的《孙子》传本情况、校勘《孙子》文字无疑具有重要的参考价值。

魏徵主持辑编的政论性著作《群书治要》对《孙子》也有较多的采录和援引。在该书卷三十三中,摘录带有曹注的《孙子》文句近千言,其主要内容包括了孙子的全胜、知胜、慎战、爱卒、保民等用兵思想,这些内容的一个共同特点是都包含仁义的成分。其中的深刻原因在于,魏徵是作为注重仁德的政治家来理解和认识《孙子》的,他必然排斥和反对孙子的权谋与诈术思想。

在唐人的一些文集、奏议、诗歌中,也多有对《孙子》言论的征引和运用,如杜牧《樊川文集》、陆贽《陆宣公奏议》、王翰的诗歌《报国每惭孙武策》等等。由此可见《孙子》在唐代文化艺术领域的深远影响及广泛传播情况。

另外,唐代还是《孙子》对外传播的开启时期。唐玄宗开元二十三年

(735年),日本留学生吉备真备学成归国之时,将《孙子》等典籍带回日本,自此开始了《孙子》在日本的传播。这一说法的依据是《续日本纪》第二十卷天平宝字四年(760年)十一月丙申条的记载:"遣授刀舍人春日部三关、中卫舍人土师宿弥关城等六人于太宰府,就大贰吉备朝臣真备,令习诸葛亮八阵、孙子九地及结营向背。"吉备真备是否为"将《孙子》引进至日本第一人",目前学术界尚存在争议①,但在唐朝时期吉备真备将《孙子》带回日本的事实是确凿无疑的。

概括而言,孙子学在隋唐时期的发展,有以下几个方面的突出成就:

一、《孙子》注解的辉煌成果

继魏晋南北朝开启《孙子》注解时代,至隋唐五代时期,注家蜂起,各种单注本、集注本以及合刻本纷纷面世,有关《孙子》的注释达到了高峰时期。就注解《孙子》的主要书籍来看,隋代有《萧吉注孙子》;唐代则有《李筌注孙子》《贾林注孙子》、杜佑《通典》训解《孙子》《杜牧注孙子》《陈皞注孙子》《孙镐注孙子》《纪燮集注孙子》等。

《萧吉注孙子》,隋代萧吉注。该书于《通志·艺文志》始见著录,《宋史·艺文志》同,作一卷。《通志·兵略》载:"萧吉注《孙子兵法》二卷";明焦竑所撰《国史经籍志》则作三卷。然宋以后此书实际已散失,故今人已难知其详。

《李筌注孙子》,唐代李筌注。李筌是唐代杰出的兵学家,其成就与地位足以与名将李靖相提并论。李靖生于初唐,在军事实践和军事理论方面均建有不世功勋;李筌身处晚唐,在军事实践领域虽未有任何建树,但在军事学术方面却造诣颇深,备受后人注目。李筌的生卒年代,史籍均无详细记载,约为唐玄宗至代宗时人,先后任幽州刺史、河东节度使都虞侯、荆南节度副使、仙州刺史等职,因其曾隐居于少室山,自称少室山书生、少室山达观

---

①　苏桂亮:《〈孙子兵法〉研究在日本》,《滨州学院学报》2005年第5期。

子。李筌为人好学,平生著述颇多。据《云溪友议》记载,他在玄宗时,"为荆南节度使判官,集《阃外春秋》十卷,既成,自鄙之曰常文也,乃注《黄帝阴符经》"①。该书内容多谈道家政治哲学思想,亦涉及纵横家、兵家等学派的言论。此外,李筌的兵书还有《六壬大玉帐歌》《青囊括》等。

《李筌注孙子》,《新唐志》著录为二卷,《通志·艺方略》《宋史·艺文志》著录为一卷,《郡斋读书志》则著录为三卷。单行本已不可见,宋本《十一家注孙子》收入李筌注364条。《郡斋读书志》载曰:李筌"以魏武所解多误,约历代史,依《遁甲》注成三卷"②。"约历代史"就是用历史战例来注解《孙子》的抽象理论,这有助于人们更好地理解《孙子》思想精义,同时对后世注家也多有启示。"依《遁甲》"作注,就是用阴阳家思想来解读《孙子》,这使得该书反映了兵阴阳家的一些情况,同时也使其注能够自成一家。不过,"依《遁甲》"作注也必然有荒诞不经之处,这是其致命的缺陷。

《贾林注孙子》,唐代贾林注。《新唐书·艺文志》《崇文总目》《通志·艺文略》均著录为一卷,《国史经籍志》则著录为三卷。其注曾收入《纪燮集注孙子》中。目前单行本已不存,现存《十一家注孙子》中。贾林注的特点是比较简洁,注重校勘。同时,亦多具思辨特色,时有新见。不过,总体而言,影响不是很大。

杜佑《通典》训解《孙子》。杜佑所撰《通典》中著述了《兵典》十五卷,其以《孙子》十三篇为纲,每卷均引用《孙子》言论若干则,共46则。在每个条目之下,列举大量历代战例及其他兵书言论,并进行例释和训解,以阐述《孙子》要义。后人将其训释收入《十一家注孙子》中。杜佑之释文最大特点是史论结合,战例丰富,且注重个人阐发,这当是其最大的特点和价值。另外,该书还保存了《吴子问》等部分《孙子》佚文,有一定的史料价值。

《杜牧注孙子》,唐杜牧注,因书中亦保留曹注,实为曹操、杜牧二人集注。《新唐志》《郡斋读书志》著录为三卷,《直斋书录解题》著录为二卷,《通

---

① 余嘉锡:《四库提要辨证·子部二》,湖南教育出版社,2009 年,第 521 页。
② [宋]晁公武编,孙猛校:《郡斋读书志校证》(上),上海古籍出版社,1990 年,第 633 页。

志·艺文略》著录为一卷。《文渊阁书目》《菉竹堂书目》则作三册。此书既有单行本传世,亦辑录于《十一家注孙子》中。杜牧堪称曹操之后《孙子》的第二大注家,《杜牧注孙子》注文数量多,并能征引大量战争案例及其他典籍言论,用以阐发《孙子》思想本旨,堪称史论结合的典范。

《陈皞注孙子》,唐陈皞注。《新唐书·艺文志》《通志·艺文略》《宋史·艺文志》著录为一卷。《郡斋读书志》《国史经籍志》著录为三卷。此书单行本已佚,其注文现存《十一家注孙子》中。其注虽在数量和质量上均不如曹注和杜注,但也有一定影响,欧阳修在为梅尧臣所作《孙子后序》中将其注与曹操、杜牧注并称为"三家注"。该书最大的亮点与特色,在于有不少针对前人纠谬补缺的新见,《郡斋读书志》卷十四就谈到,陈皞"以曹公注隐微,杜牧注阔疏,重为之注云"①。

另外,《郡斋读书志》著录有《纪燮集注孙子》,并言"唐纪燮集唐孟氏、贾林、杜佑三家所解"。如此,此书似应为《孙子》的集注本。日本《官板书籍解题略》著录《十家注孙子》中有孙镐注,置其名于陈皞之后,梅尧臣之前。《新唐书·艺文志》有"孙镐注吴子一卷","镐""镐"字形相近,故二者应为一人,如是亦应为唐人。

总之,这一时期的《孙子》注本,不仅内容丰富,而且在体例和形式上异彩纷呈,多有创新,这就将《孙子》注解提高到了一个新的水平,进而为宋明《孙子》疏解时代的到来打下了深厚的基础。

二、《孙子》理论研究的深化发展

隋唐时期,孙子学理论的研究进入深化发展阶段,也可以说是到了一个突破性发展的阶段。其原因在于:其一,大唐盛世为孙子研究提供了更广泛的实践基础,也注入了无限的生机和活力。其二,《孙子》自春秋末期诞生之后,历经春秋战国、秦汉、三国、两晋南北朝等各个时期的发展,其思想的研

---

① 刘承干:《郡斋读书志》6,江苏广陵古籍刻印社,1987年,第19页。

究和应用已经沉淀积累了大量的成果。其三,较之宋明两代,孙子兵学受儒学的控制和束缚还没有那么深,孙子兵学理论还能沿着正常的轨道发展。其四,唐代出现了两位杰出的兵学家李世民和李靖,其代表作品《卫公兵法》和《唐李问对》,在孙子兵学范畴的阐释、孙子兵学理论的创新及其理论与实践的结合方面,都作出了突出的贡献,这当是唐代孙子学兴盛的更为主要的标志。

(一)《唐太宗李卫公问对》

《唐太宗李卫公问对》或称《唐李问对》《李卫公问对》,简称《问对》,它是以唐太宗李世民与卫国公李靖讨论兵法的形式写成的问答体兵书。对于该书的真伪,历史上存在争议,有人疑为宋代阮逸所撰①,然吴如嵩先生等不同意此种观点:"阮逸伪托之说不值一驳,还不仅仅是从情理上判断,其实早在《武经七书》颁布之前,就有一个叫麻皓年的官员为《问对》作注。《问对》在列为《武经七书》之前就有不同注本,这可以从主持校订《七书》的朱服的奏章中得到证明。"②当然从目前所见史料看,还难以断定其真正的成书时间及作者。但有一点可以肯定,此书内容乃是唐太宗与李靖的论兵之言,实质上是二人军事思想的总结和阐发,故应将此书作为反映唐代军事思想的著作来研究。从孙子学发展的角度而言,《唐李问对》对《孙子》理论的深化突出表现为以下两个方面:

其一,是对《孙子》奇正、虚实、主客、攻守等兵学范畴进行了全面、准确的阐释,并有诸多创新性的见解。第一,该书认为,孙子"致人而不致于人"的用兵原则是所有兵法理论的核心,"兵法千章万句,不出乎致人而不致于人而已"③。第二,认为孙子奇正理论的精髓在于"奇正相变""善用兵者无

---

① 宋代李焘《续资治通鉴长编》卷三四一"元丰六年"条有载:"《卫公问对》者,出阮逸家,盖逸仿杜氏所载靖兵法为之,非靖全书也。"
② 吴如嵩、王显臣:《李卫公问对浅说》,解放军出版社,1987年,第3页。
③ 《唐李问对》卷中。

不正,无不奇,使敌莫测,故正亦胜,奇亦胜"①。第三,它还深刻阐明了孙子"致人""奇正""虚实"三个用兵原则的内在关系,认为"虚实"也是达成"致人而不致于人"的基本原则,"夫用兵,识虚实之势,则无不胜焉"②。而识敌虚实的目的是以奇正之术更好地打击敌人,"以奇为正者,敌意其奇,则吾正击之;以正为奇者,敌意其正,则吾奇击之。使敌势常虚,我势常实"③。此外,《问对》还对孙子的攻守范畴做了进一步阐发,并提出了"攻是守之机,守是攻之策,同归乎胜而已"④的著名观点。

概念范畴是构建一门思想学说的基础,它的确切与完善乃是一门学说成熟的重要标志。《孙子》建立了中国古代最全面、系统的兵学范畴体系,诸如庙算、彼己、虚实、强弱、形势、奇正、专分、全破、迂直、众寡、优劣等。然而,由于受到时代条件的局限,孙子提出的这些概念范畴还是不够精确,它大多是用比喻来阐释,体现的是一种准理性思维,在某种程度上仍然具有感性和模糊的特征,这也是后人在认识和解读《孙子》兵学思想时产生众多分歧的原因所在。从这一角度讲,《唐李问对》对《孙子》诸多概念范畴的具体化和创新性的阐释,无疑推动了孙子学理论的科学化,同时也提升了《孙子》研究的层次,这可谓是《唐李问对》对孙子学发展做出的最大贡献。

其二,是对孙子的精华思想和主干理论有着深刻的洞察和认识。比如,关于孙子诡道思想,李世民曾对李靖言道:"朕观千章万句,不出乎'多方以误之'一句而已。"李靖则回答说:"诚如圣语。大凡用兵若敌人不误,则我师安能克哉。"⑤再如,关于"致人而不致于人"的思想,李靖曾言:"千章万句,不出乎致人而不致于人已,臣当以此教诸将。"⑥而从《唐李问对》的整体体系来看,作者也是将"致人而不致于人"的思想作为核心内容来论述的。还有,

---

① 《唐李问对》卷上。
② 《唐李问对》卷中。
③ 《唐李问对》卷中。
④ 《唐李问对》卷下。
⑤ 《唐李问对》卷中。
⑥ 《唐李问对》卷中。

《唐李问对》对孙子的"虚实"之论十分推崇,几乎将其置于孙子理论体系的最高地位。太宗有言:"朕观诸兵书,无出孙武。孙武十三篇,无出虚实,夫用兵识虚实之势则无不胜焉。"[①]在治军思想方面,李靖曾言:"爱设于前,威设于后,不可反是也。若威加于前,爱救于后,无益于事矣。"[②]这明显是在为孙子的"令文齐武"理论作"注脚",同时也是在为诸多过分推崇严刑峻法者"纠偏"。

总之,上述内容都是抓住《孙子》思想体系中最经典、最关键、最主要的用兵观念和原则进行揭示和说明,并能对其在孙子学整体理论中的地位和作用加以透彻分析,如此既完善了孙子学本身的内容体系,也便于后人更好地理解与运用孙子思想理论。

(二)《大唐卫公李靖兵法》

《大唐卫公李靖兵法》又称《卫公兵法》《李靖兵法》,由唐朝著名军事家、政治家李靖所著。李靖作为领兵统帅,不仅作战经验丰富,而且精通兵法,勤于著述,留下多部兵学著作,如《六军镜》《玉帐经》《兵家心书》《兵铃新书》《李卫公问对》《卫公兵法》等。可惜,这些兵书大部分已经散佚,目前仅存《李卫公问对》及《卫公兵法》。

《卫公兵法》原本在北宋中期以前也已经散佚。为此,宋神宗在熙宁年间曾诏令枢密院重新编录此书:"唐《李靖兵法》,世无全书,杂见《通典》,离析讹舛,又官号名物与今称谓不同,武人将佐多不能通其意。令枢密院检详官与王震、曾旼、王白、郭逢原等校正,分类解释,令今可行。"[③]可惜的是,宋神宗的愿望并未达成。直至清代,汪宗沂才根据杜佑《通典》、杜牧《孙子注》及《太平御览》《武经总要》等书所引该书的逸文,辑成《卫公兵法辑本》3卷。

《卫公兵法》辑本3卷,分别题为《将务兵谋》《部伍营阵》和《攻守战

---

① 《唐李问对》卷中。
② 《唐李问对》卷中。
③ 黄云眉:《古今伪书考补证》,商务印书馆,2019年,第117页。

具》。其中,《将务兵谋》部分,可视作是《孙子》军事理论与李靖军事实践相结合的产物。如"料彼我之形"的 12 个方面,乃是对《孙子》"五事""七计"的进一步发展和具体化;"十五形可击"是对《孙子》"相敌"思想的继承与发展;"帅有十过"是对《孙子》"将有五危"思想的补充与演化;"间之道有五"是对《孙子》五间思想的补充与阐发等。

从对《将务兵谋》基本内容的分析来看,《卫公兵法》的兵学思想虽然借鉴了《孙子》,但却不囿于《孙子》。它的兵学见解和主张虽然不像《孙子》理论那样具有哲理深度,但却是紧密贴近了战争的现实问题而论,其很多思想主张有超越《孙子》的地方。其中的原因在于,一方面唐朝时的战争形式和作战方式较之孙子所处的春秋时代更为激烈和复杂,另一方面李靖作为中国历史上杰出的战争统帅,拥有丰富的战争经历和经验,同时也继承了前代先进的兵学理论成果。

概而言之,《唐李问对》和《卫公兵法》在孙子兵学理论的阐释及其与实践的结合方面,取得了突破性的进展。它不仅创新发展了孙子的兵学范畴和基本理论,使孙子的兵学理论更接近于科学化,而且能够在认真总结战争经验的基础上,结合具体战例以丰富和深化孙子的战略战术原则,从而把古典军事学术的研究方法,从单纯的哲学推理推进到理论与实际有机结合的新境界。这对于孙子学研究来说,乃是一个显著的贡献。

三、《孙子》思想与诸家思想的进一步融合

唐代社会,是一个开放、包容的社会,儒、佛、道三教并立,呈现出一个多元竞争的文化格局。此种特点,也充分体现于兵学思想领域,使得孙子思想能够与其他学派思想交流渗透,融合互补,进而大大丰富了孙子的兵学思想体系。这突出表现在以下三部著作之中:

(一)《神机制敌太白阴经》

《神机制敌太白阴经》为李筌著。据五代杜光庭《神仙感遇传》记载:

"筌有将略,作《太白阴符》十卷,入山访道,不知所终。"[1]这里的《太白阴符》即《太白阴经》,是李筌用十年时间著成的一部综合性兵书。该书是清朝《四库全书》所收录的 20 种兵书之一,共十卷,百余篇,书名又称《神机制敌太白阴经》,李筌认为,"太白主兵,为大将军,阴主杀伐"[2],故以"太白"作为书名。

《太白阴经》在融合各家思想的基础上,从多个方面丰富和发展了《孙子》的思想。其一,它能够兼容"兵、道、儒"三家之长,弥补《孙子》的思想缺陷,完善《孙子》的思想内容。比如,它特别强调,"善用兵者,非仁义不立,非阴阳不胜,非奇正不列,非诡谲不战"[3]。有学者曾指出:"李筌作为兵学家,不像孙武、吴起等人,通过参与军事活动,把理论付诸实践,但在兵学理论方面,把兵与法混一而论,并与儒、道糅为一体,也颇能独具匠心。"[4]其二,它在继承道家思想基础上,提出了"太上用计谋,其次用人事,其下用战伐"的用兵方略,并列举了多种"顺倾之术"予以辅助,这对如何实现《孙子》的"易胜"和"全胜"思想是一种补充和完善。其三,该书在整体内容上,以兵法为核心,辅之以军礼、兵器、阵法、战备、占候等方面的内容,从而大大拓展了孙子兵学的内容体系。其四,在哲学层面,它注重发挥战争中人的主观能动作用,提出了"天无阴阳""地无险阻""人无勇怯""主有道德""国有富强""贤有遇时""将有智谋""术有阴谋""数有探心""政有诛强"等十大论点,从而深化发展了《孙子》的军事哲学思想。总之,该书作为唐代的一部综合性兵书,从多个层面丰富和完善了《孙子》的思想内容,对孙子学发展作出了重要的贡献。

(二)《道德经论兵要义述》

《道德经论兵要义述》为王真著。该书既是一部兼容儒、道、兵三家思想

---

① 余嘉锡:《四库提要辨证》一,湖南教育出版社,2009 年,第 520 页。
② 《太白阴经·进太白阴经表》。
③ 《太白阴经·沉谋篇》。
④ 赵国华:《中国兵学史》,福建人民出版社,2004 年,第 341 页。

的战略性兵书,也是一部杰出的军事政治学著作。其作者王真,唐后期唐宪宗时人,"少习儒学",后以朝议郎的身份,持节汉州诸军事,代理汉州刺史。元和四年(809年),王真撰成《要义述》一书,上奏给朝廷,受到唐显宗的褒奖。他把《老子》看作是一部兵书,其根本目的是想借《老子》之言,表达自己的军事思想。历史上将《老子》看作是兵书的人不少,如古代的韩非、王夫之及近代的章炳麟等人都有论述,但真正能够做到系统论述《老子》军事思想的,只有王真的《要义述》。就此而言,此书在中国兵学发展史上有其特殊的地位和价值。

《要义述》没有直接引用或阐释《孙子》的思想,然而该书既然依托《老子》而言兵,其思想主张与《孙子》思想理论颇有相通的地方,其中有三个方面特别值得关注。其一,从对战争观的角度讲,王真借老子"无为"思想所表达的反战观念及恤民意识与《孙子》的理性、慎战的战争观念是有相通之处的;其二,从战略思想角度讲,王真基于"不争"的政治战略思想与《孙子》的全胜战略思想在反对战争暴力方面具有一致性;其三,从用兵作战理论的角度讲,王真借鉴老子"居雌守柔"思想而阐发的用兵主张与《孙子》的"因情因变""避实击虚"及"避其锐气,击其惰归"等理论具有相似性。

(三)《长短经》

《长短经》亦称《反经》,是赵蕤编写的一部杂家著作,也是中国古代谋略学的专门著作。

《长短经》作为谋略学专著,论述经权达变问题,以纵横家思想为主线,兼容兵、儒、道、法诸家思想,形成较为完整的思想体系,同时,又以末卷《兵权》为核心,形成一套独立的兵学思想体系。

该书对《孙子》的思想理论是十分重视的,《兵权》整体内容的编撰,实际是以《孙子》为立论依据,采用专题论证、史论结合等写作手法,将《孙子》理论与其他诸家思想及军事案例结合起来论述,体现出删繁就简、力求条理化的特色。正如作者所言:"自古兵书殆将千计,若不知合变,虽多亦奚以为?

故曰少则得，多则惑，所以举体要，而作《兵权》。"①

在战争观层面，赵蕤继承兵家"兵凶战危"的观点，结合战国吴起的相关论述，在战争性质方面划分出五种性质的战争："义兵""应兵""忿兵""贪兵"和"骄兵"，其中，前两者是正义战争，后三者为非正义战争，正义战争必胜，非正义战争必败，这是对《孙子》战争观理论的发展和完善。

在军队建设层面，赵蕤沿袭《六韬》之道兵家观点，强调"王者帅师，必简练英雄，知士高下，因能授职，各取所长，为其股肱羽翼"②。这种重视人才、合理使用军事人才的思想对《孙子》治军思想是重要的补充。

另外，它还论述了将帅的基本素质问题："将者，勇、智、仁、信、必也，勇则不可犯，智则不可乱，仁则爱人，信则不欺人，必则无二心。"③这一主张，以勇敢为前提，以智谋为根本，以忠诚为基础，兼及仁爱与信义，其与《孙子》的"五德"论相比，别有旨趣，也更体现出诸家思想融合的特色。

---

① 《长短经·兵权·序》。
② 《长短经·兵权·练士》。
③ 《长短经·兵权·将体》。

第三章　秦汉至隋唐时期孙子学的
　　　　文献学考察

秦汉至隋唐时期孙子学的文献学成就,主要表现在对孙子生平事迹的记载和对《孙子》文本的整理、注释三个方面。这一时期,孙子其人其书受到史学家的重视,司马迁在《史记》中最早为孙武立传,记载了孙武的生平事迹以及《孙子》的成书情况。西汉时期,兵书的实用价值也受到统治者的重视,官方先后三次组织人力整理兵书,《孙子》得到全面系统的梳理,在兵学中的主导地位得以确立。不过,"从总体上说,这一时期,孙子学的发展还主要处于对《孙子》的整理和校勘阶段,真正的学术研究尚未展开"①。自东汉末年起,《孙子》进入了运用与研究并重的新时期。曹操的《魏武帝注孙子》是现存最早的《孙子》注释本,"奠定了两千年《孙子》学的文献基础"②,对后世影响很大。此后,研究注释《孙子》者历代不绝。至隋唐时期,出现了多种《孙子》的单注本、集注本,流传下来的孟氏、李筌、贾林、杜佑、杜牧、陈皞等人对《孙子》的注释,都具有较高的学术价值。此外,自唐代以来,还出现了许多按项目分类编辑的类书,这些类书,辑录了大量战争史和兵家的言论,对于研究包括《孙子》在内的兵书有着重要的参考价值。伴随着"孙子注"的出现和传播,"《孙子》一书的影响日益扩大,孙子学作为一专门的学问已萌然而

---

① 赵海军:《孙子学通论》,国防大学出版社,2000年,第74页。
② 龚留柱、谭慧存:《曹操〈孙子略解〉的兵学成就》,《河南大学学报(社会科学版)》2012年第2期。

发并初步成型"①。

第一节　《史记》对孙武生平事迹的记述

虽然《孙子兵法》自成书以后,在社会上广为流传,但是在先秦时期,有关孙武生平的记述却寥若晨星,甚至在详载春秋史事的《左传》一书中,连孙武的名字也未提及。战国中后期的一些诸子之书虽偶有提及孙子及其著作情况,但也只是只言片语,并未涉及孙子生平的细节。直到西汉时期,司马迁出于对战争问题的重视,在《史记》中最早为兵家名将树碑立传,孙武的生平事迹才被载入史册。

一、司马迁为孙武立传的原因剖析

司马迁生活在汉武帝时期。当时,经过西汉前期的休养生息,国家的经济得到恢复和发展,汉武帝开展了一系列征伐四夷的战争,尤其是大规模反击匈奴的战争。生活在这一时期的司马迁,目睹甚至亲自参与过汉武帝时期的对外战争,对战争有着较之一般人更加深刻的理解和感悟。而且,在撰写《史记》的时候,不可避免要触及历史发展过程中的各类战争。他对于战争在历史上发挥的作用有着充分的认识。在《史记·太史公自序》中,司马迁阐述了作《律书》的宗旨:"非兵不强,非德不昌,黄帝、汤、武以兴,桀、纣、二世以崩,可不慎软?"在他看来,国家不用战争手段就不会强大,但如果只注重战争而忽视了德政,国家也不会昌盛。战争和德政相辅相成,不可偏废。

《史记·律书》中也说:

> 自是之后,名士迭兴,晋用咎犯,而齐用王子,吴用孙武,申明军约,

---

① 赵海军:《孙子学通论》,国防大学出版社,2000 年,第 78 页。

赏罚必信,卒伯诸侯,兼列邦土,虽不及三代之诰誓,然身宠君尊,当世显扬,可不谓荣焉？岂与世儒暗于大较,不权轻重,猥云德化,不当用兵,大至君辱失守,小乃侵犯削弱,遂执不移等哉！故教笞不可废于家,刑罚不可捐于国,诛伐不可偃于天下,用之有巧拙,行之有逆顺耳。

司马迁指出,战国时期,名将咎犯、王子、孙武等辅佐晋国、齐国、吴国,最终称霸诸侯,自己也显扬当世。而有些儒者不通时务,不明大势,一味谈论以德化世,不该用兵,最终导致国君受辱,国土失守。因此,他得出结论,如同家庭中不可没有教诲和鞭笞、国家不可没有刑罚一样,天下也不可没有诛杀和征伐。

将帅是战争胜败的关键因素,其素质与才能自先秦以来就是兵学家重视的问题。司马迁同样十分重视战争中的用人问题。他通览古今,认为战争的胜负在很大程度上取决于用人是否得当。他在《史记·匈奴列传》的论赞中说:"且欲兴圣统,唯在择任将相哉！唯在择任将相哉！"

在《史记·太史公自序》中,司马迁强调了其作《汉兴以来将相名臣年表》的缘由:"国有贤将良相,民之师表也。"在谈及给孙子、吴起立传的宗旨时又说:"非信廉仁勇,不能传兵论剑,与道同符。内可以治身,外可以应变,君子比德焉。"也就是说,将帅只有具有"信、廉、仁、勇"四个方面的品德,才可以"传兵论剑"。他给孙武、吴起立传,就是为了表彰他们"信、廉、仁、勇"的品质。

基于对战争作用及其战争中将帅作用的深刻认识,司马迁在《史记》中为众多的军事人物写了传记,叙述他们的功绩,并在描写战争、论赞军事人物的过程中,阐述自己对战争问题的思考。孙武的生平事迹也因此被载入史册。

二、《孙子列传》①对孙武其人其书的记载

《孙子列传》中有关孙武的传记篇幅并不长,仅有五百余字。现摘录如下:

> 孙子武者,齐人也。以兵法见于吴王阖庐。阖庐曰:"子之十三篇,吾尽观之矣,可以小试勒兵乎?"对曰:"可。"阖庐曰:"可试以妇人乎?"曰:"可。"于是许之,出宫中美女,得百八十人。孙子分为二队,以王之宠姬二人各为队长,皆令持戟。令之曰:"汝知而心与左右手背乎?"妇人曰:"知之。"孙子曰:"前,则视心;左,视左手;右,视右手;后,即视背。"妇人曰:"诺。"约束既布,乃设铁钺,即三令五申之。于是鼓之右,妇人大笑。孙子曰:"约束不明,申令不熟,将之罪也。"复三令五申而鼓之左,妇人复大笑。孙子曰:"约束不明,申令不熟,将之罪也;既已明而不如法者,吏士之罪也。"乃欲斩左右队长。吴王从台上观,见且斩爱姬,大骇。趣使使下令曰:"寡人已知将军能用兵矣。寡人非此二姬,食不甘味,原勿斩也。"孙子曰:"臣既已受命为将,将在军,君命有所不受。"遂斩队长二人以徇。用其次为队长,于是复鼓之。妇人左右前后跪起皆中规矩绳墨,无敢出声。于是孙子使使报王曰:"兵既整齐,王可试下观之,唯王所欲用之,虽赴水火犹可也。"吴王曰:"将军罢休就舍,寡人不愿下观。"孙子曰:"王徒好其言,不能用其实。"于是阖庐知孙子能用兵,卒以为将。西破强楚,入郢,北威齐晋,显名诸侯,孙子与有力焉。

从这段文字,我们可以归纳出关于孙子生平事迹的如下信息:

其一,"孙子武者,齐人也",明确说明了孙武的国别问题,为后人探究孙

---

① 《史记·孙子吴起列传》,以下简称《孙子列传》。

武的家世和故里奠定了基础。

其二,司马迁浓墨重彩地描绘了"吴宫教战"的场面,故事虽小,内涵却十分丰富,大体说明了孙武求仕的基本过程,也表现出孙武言行一致、不畏君上、严法治军的性格特点。"吴宫教战"的记载乍看像讲故事,但相关内容却是真实的。银雀山汉简《孙子》佚文《见吴王》中的相关内容,证明了司马迁记载的可信性。

其三,肯定了《孙子兵法》为孙武所作,而且在见吴王之前就已成书。传记中两次提到《孙子》十三篇,证明《孙子》内容原本就是十三篇。我们看到的《孙子兵法》"十三篇"自开始就是作为一个整体而存在并流传的。

其四,"西破强楚,入郢,北威齐晋,显名诸侯,孙子与有力焉"一句话,简明概括了孙武一生的主要功业。所谓"西破强楚,入郢",即是指春秋时期吴楚两国之间的一次重要战争,即柏举之战。

其五,明确记载了孙武和孙膑的关系:"孙武既死,后百余岁有孙膑。膑生阿、鄄之间,膑亦孙武之后世子孙也。"寥寥几句,将孙武与孙膑的关系交代得明明白白。孙膑与孙武一样也是齐国人,而且是孙武的后人。二人不仅在家世上存在渊源,在兵学理论上也存在一脉相承的关系。《孙膑兵法》中有一篇名为《陈忌问垒》,所附残简中曾提到:"明之吴越,言之于齐。曰知孙氏之道者,必合于天地。"①意思是说,孙武与孙膑的兵法乃是一家之学。孙武一生主要活动在吴国,主要的战绩、兵法的成书都是在吴国完成的,在吴越战争中得到了验证,故云其兵法"明之吴越"。而孙膑在齐国的对外战争(如桂陵之战和马陵之战)中将其进一步发扬光大,故曰"言之于齐"。对于孙武和孙膑及他们的兵书之间存在的关联,司马迁应该是非常熟悉的。因此本篇传记也是将其二人放在一起合写的。

其六,"世俗所称师旅,皆道《孙子》十三篇",说明了《孙子兵法》自成书以后就广泛流传,已经成为指导战争的重要用书。

---

① 银雀山汉墓竹简整理小组编:《孙膑兵法》,文物出版社,1975年,第51页。

三、《孙子列传》中孙武传记简略之原因

在《孙子列传》中,司马迁着重记载了孙武"吴宫教战"的事迹,孙膑帮助田忌赛马以及用兵法取得桂陵之战和马陵之战的胜利,吴起仕鲁、魏、楚时展现的军事和政治才能。以篇幅论,司马迁对孙武着墨最少。诸多学者对此表示疑惑不解。如钮先钟说:"孙武与孙膑虽同在《史记》中有所记述,但二'孙'之间有很大差异。《史记》虽将孙武列为《孙子吴起列传》中的首席地位,但对其记载则非常简略,甚至于也不可信。对比言之,孙膑在《孙子吴起列传》中虽仅居附录地位,但司马迁对于孙膑一生事业的记载则远较详细。作为我国首席史学家的司马迁,其著作态度实在令人颇难理解。"①

至于孙武的传记为何如此短小,而且司马迁用大部分篇幅去叙述孙武如何将宫女训练成可以赴汤蹈火的军队,对于他的显赫军功却只用了"西破强楚,入郢,北威齐晋"这十个字,主要存在以下几个方面原因:

其一,司马迁作《史记》时,对于世人皆知的事情,往往一笔带过,然后在篇章结尾或者叙述过程中予以交代。如《史记·乐书》载:"汉家常以正月上辛祠太一甘泉……世多有,故不论。"《史记·管晏列传》赞语中太史公曰:"至其书,世多有之,是以不论,论其轶事。"《史记·司马穰苴列传》赞语中太史公曰:"世既多司马兵法,以故不论,著穰苴之列传焉。"《史记·孟子荀卿列传》载:"自如孟子至于吁子,世多有其书,故不论其传云。"

司马迁在《孙子列传》中明确提到:"世俗所称师旅,皆道《孙子》十三篇,吴起兵法,世多有,故弗论,论其行事所施设者。"也就是说,司马迁为孙武立传,主要记载其独特行事,对于其他众所周知的事情,就不再论述了。

其二,以小见大本是司马迁写作的一个特点。司马迁为人作传,重在突显人物的个性特征,不求面面俱到,他常从所掌握的材料中选择最能突出表现人物个性特征的一件或几件小事来叙述。张良桥下拾履;司马穰苴斩监

---

① 钮先钟:《中国古代战略思想新论》,安徽教育出版社,2005年,第119页。

军庄贾等，都是通过一些小事来展现人物性格特点。司马迁写孙武的传记也是如此。

孙武是一位兵家名将，司马迁在《孙子列传》中重点想突出的是他在兵法方面的与众不同之处。"吴宫教战"内涵十分丰富，突出表现了孙武的兵学思想。在练兵的时候，孙武没有因为两位队长是吴王的宠姬而网开一面，坚决按照军法处置，显示了孙武治军严明、不徇私情的一面；当吴王为两位宠姬求情的时候，孙武拒不接受，展现了孙武"将在外，君命有所不受"的思想。司马迁选择"吴宫教战"来展现孙武的思想，正说明他领悟到了孙武兵法思想的精髓。

其三，爱奇、好奇是司马迁叙事的一个重要特点。《史记》虽然被誉为"不虚美，不隐恶"的"实录"著作，但司马迁叙述事情有明显的爱奇、好奇的特点却是历史上诸多学者的共识。西汉扬雄就曾指出："仲尼多爱，爱义也；子长多爱，爱奇也。"[1]司马贞《史记索隐后序》中也说："其人好奇而词省，故事核而文微。"[2]三国时期蜀国史学家谯周称司马迁"爱奇之甚"。刘勰《文心雕龙·史传》说《史记》有"爱奇反经之尤"。司马迁本人在《报任安书》中也说："古者富贵而名摩灭，不可胜记，唯倜傥非常之人称焉。"[3]"倜傥非常之人"即不为世俗所拘的"奇人"。在司马迁看来，古代许多人虽然富贵却最终湮没不闻，这样的人不可胜记，只有不为世俗所拘的奇人异士才能见称于后世。所以，他特别注重记载奇人奇事。由此来看，司马迁选择孙武吴宫教战这样一件在别人看来有些离奇、近乎传说的事件来说明孙武兵学思想之异于常人者，也是情理之中的事情。

其四，"互见法"是《史记》中司马迁首创的一种述史方法，"这一方法是将一个人的生平事迹，一件历史事件的始末经过，分散在数篇之中，参错互

---

① 扬雄：《法言》，中华书局，1954年，第38页。
② 司马贞：《史记索隐后序》，见司马迁《史记》，中华书局，1959年。
③ 《汉书·司马迁传》。

见,彼此相补"①。《史记》从体裁上来说,是以人物传记为中心的纪传体,同一个事件中如果参与的历史人物众多,在每个人物的传记中都记载该事件的话,势必会造成重复记录。因此,司马迁开创了"互见法"这种组织材料的方法。对于某些史实和某些人物的事迹,在本传中不写,在他传中写,或者在本传中详写,在他传中略写。这样既可以避免不必要的重复记录,也可以更突出地表现历史人物的性格特征或者事迹。

《孙子列传》就是这一种情况。据《新唐书·宰相世系表》和宋代邓名世《古今姓氏书辨证》中的相关记载,孙武的祖先原是周惠王五年(公元前672年)因陈国内乱而奔齐的陈完,陈完逃到齐国以后改姓田氏。田完的五世孙田书即孙武的祖父,在齐景公时期因功被赐采邑乐安,并赐姓孙氏。后来姓氏不分,人们把"孙"作为孙武的姓。在《史记》中,司马迁虽然没有名言孙武为田完之后,但他很有可能是知晓的,而且在司马迁所处的时代,孙武的家世可能是家喻户晓的事情,所以他没有记载其家世,而在《田敬仲完世家》中叙述了田氏家族的起源和发展的历史。另外,孙武虽然是齐国人,但其建功立业却是在吴国,其事迹与伍子胥有着密切的关系,所以,有关孙武的事迹,司马迁除了在《孙子列传》中记述以外,在《吴太伯世家》以及《伍子胥列传》之中,也有相关的记载。

《伍子胥列传》详细记载了孙武所参与指挥的吴楚柏举之战的情况:

> 阖庐立三年,乃兴师与伍胥、伯嚭伐楚,拔舒,遂禽故吴反二将军。因欲至郢,将军孙武曰:"民劳,未可,且待之。"乃归。
>
> 四年,吴伐楚,取六与灊。五年,伐越,败之。六年,楚昭王使公子囊瓦将兵伐吴。吴使伍员迎击,大破楚军于豫章,取楚之居巢。
>
> 九年,吴王阖庐谓子胥、孙武曰:"始子言郢未可入,今果何如?"二子对曰:"楚将囊瓦贪,而唐、蔡皆怨之。王必欲大伐之,必先得唐、

① 张大可、丁德科主编:《史记论著集成》(第11卷),商务印书馆,2015年,第44页。

蔡乃可。"阖庐听之,悉兴师与唐、蔡伐楚,与楚夹汉水而陈。吴王之弟夫概将兵请从,王不听,遂以其属五千人击楚将子常。子常败走,奔郑。于是吴乘胜而前,五战,遂至郢。己卯,楚昭王出奔。庚辰,吴王入郢……

后二岁,阖庐使太子夫差将兵伐楚,取番。楚惧吴复大来,乃去郢,徙于鄀。当是时,吴以伍子胥、孙武之谋,西破强楚,北威齐晋,南服越人。①

《吴太伯世家》中的记载与之大体相似。《伍子胥列传》中"当是时,吴以伍子胥、孙武之谋,西破强楚,北威齐晋,南服越人"这一叙述与《孙子列传》中的记载恰好前后相呼应。《左传·定公四年》对于吴楚柏举之战也有详细的记载,不过,里面仅提到了伍子胥,而没有提及孙武。

至于司马迁为什么将伍子胥、孙武都参与指挥的柏举之战写到了伍子胥的传记中,而在孙子的传记中却仅提到"西破强楚"四个字,陈清泉《诸子百家考》说得非常明白:"孙武被擢为吴将,破楚入郢,实伟勋也。然《左传》记破楚事,而不见武之名,故叶适及陈振孙对于孙武有疑辞。……盖不知武在阵中,只为吴客卿,而运筹决策,吴之将军,表面上为伍员也。故《左传》虽叙伍员之功绩,而不著孙武之筹策。《史记》能通此间之消息,故曰:'西破强楚而入郢,北威齐晋,而名显诸侯者,孙子与有力焉。'此岂非以孙武为伍员之幕宾,而归战捷之功名于主将者邪?《越绝书》云:'巫门外之大冢,即吴王之客孙武之冢。'亦明当年之消息者也。"②当代学者张大可、赵国华也说:"吴军破楚入郢,孙武为前敌指挥,史公记述其事,特言之'孙子与有力焉'。因此役吴王阖闾与伍子胥临战,名义上为总指挥,故《左传》书其名,而不言孙武,赖《史记》记实以存真。"③

---

① 《史记·伍子胥列传》。
② 张大可、赵国华编著:《兵家之祖孙武子》,商务印书馆,2018 年,第 7 页。
③ 张大可、赵国华编著:《兵家之祖孙武子》,商务印书馆,2018 年,第 15 页。

上述解释已经说得非常清楚,虽然伍子胥和孙武都是从别国来到吴国,一个来自楚国,一个来自吴国,但是孙武在吴国的地位以及与吴王阖闾的关系远不如伍子胥。孙武在吴国并没有显赫的职位,墓碑上也只是称其为"吴王客"。司马迁在《孙子列传》中也仅是这样交代孙武的身份:"孙子武者,齐人也。以兵法见于吴王阖庐""阖庐知孙子能用兵,卒以为将"。孙武来到吴国后,最初默默无闻,后来是在伍子胥的多次举荐之下受到吴王阖闾的接见,然后通过演练兵法被任命为将。而伍子胥的情况则大为不同。伍子胥自楚国来吴以后,知道公子光有大志,于是访得勇士专诸并推荐给公子光。后来公子光派专诸刺杀了吴王僚而自立为君,是为吴王阖闾。阖闾继位以后,"召伍员以为行人,而与谋国事"。可以说伍子胥为阖闾夺取王位出力甚多,深受阖闾的信任和器重,在吴国的地位远高于孙武。

总之,司马迁通过"互见法"的记述,既避免了重复,又在记载吴王和伍子胥的时候,展现了孙武与他们的关系以及孙武在柏举之战中发挥的重要作用。将这几篇参照阅读,可以使人们对孙武兵学思想的来源以及生平事迹有更完整的了解。赵国华先生对《孙子列传》的价值有着较为公允的评价,他说:"尽管《孙子列传》较为简略,尚未说明孙武生平的全貌,但假若没有这篇传记,则更难了解孙武其人。所以,就历史人物研究而言,司马迁堪称孙子学的第一人。"①

第二节 西汉时期《孙子》文本的整理

根据《汉书·艺文志·兵书略》小序,西汉时期官方对兵书有过三次大规模的搜集整理。经过三次整理,《孙子》文本基本定型。

一、汉高祖时张良、韩信"序次兵法"

张良、韩信都是辅佐汉高祖刘邦"从马上取天下"的开国功臣,他们与萧

---

① 赵国华:《司马迁与孙子学》,《滨州学院学报》2011年第5期。

何被称为"汉初三杰"。张良是刘邦的得力谋士,刘邦曾称赞他"运筹策帷帐之中,决胜于千里之外"①。据《史记·留侯世家》的记载,他早年流亡下邳时,得圯上老人(后人称为黄石公)传授兵书《太公兵法》,之后日夜研习,最终辅佐刘邦成就帝业。韩信则是被刘邦称为"连百万之军,战必胜,攻必取"②的杰出军事将领,用兵作战多本之《孙子兵法》,尤其是在井陉之战中,他灵活运用《孙子兵法》中"陷之死地而后生,置之亡地而后存"的理论,背水布阵,巧妙用兵,最终大破赵军,创造了中国古代历史上的经典战例。汉朝建立后,韩信又参与了汉初的制度建设,申明军法。

据史书记载,张良、韩信都曾著有兵法。《汉书·艺文志》载,韩信著有《韩信》兵法三篇,并且与《孙子兵法》一样,被归入兵权谋类,可惜未得流传。而张良,后世传说其亦著有兵法,《隋书·经籍志》兵书类著录:"《黄石公三奇法》一卷,梁有《兵书》一卷,《张良经》与《三略》往往同,亡。"《旧唐书·经籍志》兵书类亦著录"《张良经》一卷,张良撰""《张氏七篇》七卷,张良撰"。可惜《张良经》《张氏七篇》均不见传世,这两本书是否是张良亲自所撰写,已经不得而知,不过由此推测,张良应该是有兵法言论传世的。可见,张良和韩信都是既具有较高的兵学素养,又具备丰富的实际作战经验的军事家。

这次兵书整理的时间,大致在韩信被贬为淮阴侯(汉高帝六年,公元前201年)至被杀(汉高帝十一年,公元前196年)之间。楚汉战争结束以后,刘邦建汉称帝,定都长安。张良随从在朝廷任职,晚年据说跟随赤松子云游四海。而韩信最初被封为楚王,都下邳。汉高帝六年,刘邦以谋反罪名将其贬为淮阴侯,自此至汉高帝十一年韩信被杀,韩信一直在京师居住。这次兵书整理,应该就是韩信在京师居住的这几年,与张良共同完成的。

此次整理兵书的主要功绩是"序次兵法,凡百八十二家,删取要用,定著三十五家"③。首先就182家兵书的来源来说,西汉初年,干戈未息,经济凋

---

① 《史记·高祖本纪》。
② 《史记·高祖本纪》。
③ 《汉书·艺文志》。

敝,朝廷"未暇遑庠序之事"①,秦始皇时颁布的禁止民间藏书的《挟书律》也未废除,民间书籍的流通与传播也受到极大限制。在这样的文化氛围中,张良、韩信整理兵书时不太可能搜集到民间流传或私藏的兵书。他们所整理的这批兵书应来自咸阳秘府。虽说秦朝对兵书的整理和收藏情况尚不清楚,但考虑到秦始皇一统天下之后就收缴民间兵器并销毁,兵书自然不会任其自由传播。兵书必定由官方藏之。《史记·萧相国世家》记载,公元前206年,刘邦率军占领咸阳以后,"诸将皆争走金帛财物之府分之,何独先入收秦丞相御史律令图书藏之"。这182家兵书,极有可能在萧何所接收的这批"律令图书"之内。

张、韩兵书整理的主要做法是"序次""删除要用""定著"。所谓"序次",如余嘉锡先生所言,"次第其篇章之先后,使之有序也"②,就是对兵法著作篇章的先后顺序进行整理,使之条理有序。"删取要用"与《汉书》中"删其要""删取其要"等词意思相同,即如颜师古所注:"删去浮冗,取其指要也。""定著",即编定。综上所述,张良、韩信这次整理兵书,是将收集到的182家古兵书,根据每一种兵学著作的内容进行整理,确定其篇章次序,删去重复不切要者,最后确定为35家著作。这批著作全部交由皇室保存。后来吕后临朝称制时期,吕氏外戚利用特权盗取了这批兵书。

经过张良、韩信整理最终定著的35家兵书,虽然由于文献无征,已无法确知,但《孙子兵法》必在其中当无疑问。1972年山东临沂银雀山汉墓出土的竹简本《孙子兵法》,根据学者考证,抄写年代当在秦至文景之间。张、韩"序次兵法"恰在西汉初年汉高祖刘邦统治时期。从时间上看,存在如下两种可能性:张、韩序次《孙子兵法》时依据的是竹简本《孙子兵法》这一版本,或是竹简本《孙子兵法》为出于张、韩"序次"的《孙子兵法》的一种传本。总之,二者属于同一个版本系统的可能性极大。

---

① 《史记·儒林列传》。
② 余嘉锡:《目录学发微 古书通例》,商务印书馆,2011年,第271页。

二、汉武帝时杨仆"纪奏兵录"

西汉惠帝四年(公元前 191 年),废除了秦朝时制定的禁止民间藏书的《挟书律》,"大收篇籍,广开献书之路"①,广泛搜集散佚在民间的图书,先秦典籍开始陆续面世。汉武帝时,"建藏书之策,置写书之官,下及诸子传说,皆充秘府"②。国家收藏的图书越来越多,诚如司马迁所言,"百年之间,天下遗文古事,靡不毕集太史公"③。所收集的图书中自然不乏兵书,既应该包括先秦时期流传下来的兵学著作,也应该包括成书于秦汉之际的一些兵学著作,如《项王》《韩信》《广武君》等。兵学文献的日益丰富,为汉武帝时期杨仆整理兵书提供了良好的学术条件。

杨仆是汉武帝时期颇有军功的一位将领。他先是被河南郡守推举为御史,负责关东地区的社会治安,做事勇猛而有胆量。后来又迁为主爵都尉。元鼎五年(公元前 112 年)至六年(公元前 111 年),为楼船将军,率领水军与伏波将军路博德的陆军一起平定南越叛乱,因功被封为将梁侯。元封元年(公元前 110 年),又与中尉王温舒、横海将军韩说一起平定东越。元封二年(公元前 109 年),与左将军荀彘共伐朝鲜,因指挥不力、士卒死伤过多而被汉武帝治罪,赎为庶人。后病死。由其经历可知,杨仆也是一位有丰富作战经验的军事专家。

关于杨仆整理兵书的具体情况,除了《汉书·艺文志》中"武帝时,军政杨仆捃摭遗逸,纪奏兵录,犹未能备"这点零星记载之外,别无所载。军政,即军正,是古代军中负责执法的官员。司马迁、班固在记载杨仆的生平事迹时,都没有提及杨仆担任军政一职。据余嘉锡先生的考证,杨仆大概是由御史迁军政,再迁中尉丞,然后为主爵都尉,"其为军政当在元朔之末","时方

---

① 《汉书·艺文志》。
② 《汉书·艺文志》。
③ 《史记·太史公自序》。

大举伐匈奴,以兵事为急,故仆校上兵书"①,其推断是合理的。汉武帝时期,社会经济已经得到恢复和发展,国力空前强盛,汉武帝下决心反击匈奴。汉元光元年(公元前134年)马邑之战后,汉匈双方便开始了大规模的武装冲突。战争离不开军事理论的指导,杨仆的这次兵书整理,应该就是出于当时汉武帝时大规模反击匈奴战争的军事需要。

杨仆整理兵书的重点是"捃摭遗逸"。颜师古注曰:"捃摭,谓拾取之。"也就是说杨仆的工作主要是搜集兵书。杨仆所掌握的兵书应该包括三部分:一是张良、韩信所定著的35家兵书,这批兵书虽为吕氏外戚所盗取,但在吕氏外戚覆灭后很可能又被朝廷收回,并由皇家藏书机构保存,当然由于当时政局混乱,这批兵书可能有所遗失;二是张良、韩信序次兵法时除35家之外的其他兵书,这些兵书虽被删削,但肯定不会被遗弃,必定被保存在皇家的某个藏书机构中;三是除上述两者之外最新搜集到的兵书。杨仆将这些兵书进行整理以后,撰写《兵录》一书,上奏朝廷。《兵录》是我国第一部兵学目录文献。但是由于种种原因,这次兵书的搜集尚不齐全。对于杨仆整理的《孙子兵法》的面貌,由于史料缺载,已无法知晓。

三、汉成帝时任宏"论次兵书"

经过西汉前期朝廷的大规模征书活动,官府藏书数量激增,至汉成帝时出现了"书积如丘山"的状况。大概是由于当时图书典藏制度还不够完善,图书散佚错乱者较多。于是,河平三年(公元前26年),成帝一面派谒者陈农搜求天下遗书,一面组织人力整理国家藏书,由光禄大夫刘向总司其事。《汉书·艺文志》记载此事说:"至成帝时,以书颇散亡,使谒者陈农求遗书于天下。诏光禄大夫刘向校经传诸子诗赋,步兵校尉任宏校兵书,太史令尹咸校数术,侍医李柱国校方技。每一书已,向辄条其篇目,撮其指意,录而奏之。"

---

① 余嘉锡:《目录学发微 古书通例》,商务印书馆,2011年,第92页。

在这次文献整理活动中,兵书被作为单独一类来整理,整理者是步兵校尉任宏。步兵校尉是负责成卫京师的武官,是北军八校尉之一。根据《汉书·哀帝纪》和《汉书·百官公卿表》的相关记载,任宏于汉成帝河平三年(公元前26年)以前出任步兵校尉,后改任护军都尉。元延三年(公元前10年)升任太仆。绥和元年(公元前8年)调任执金吾。他还曾代理大鸿胪,持帝诏召定陶王,立定陶王为太子。从入仕经历来看,任宏多担任军职,据此推测,他精通军事,熟悉兵书,具备较高的军事素养,所以受命校理兵书。

此次校理图书的做法是,首先广泛搜集众多不同版本的书籍,将凡是署名同一作者的书籍,统统搜集到一起。然后比对同一书籍的不同版本,删除重复,相异之篇悉加归并,确定全书的基本内容。接下来,校勘文字,订正脱误。最后勘定书名,缮写出定本。在每一本书校勘完毕后,交由刘向"条其篇目,撮其指意",写成书录,附在图书上,送呈皇帝审阅。后来刘向将这些书录集在一起,汇成《别录》一书。刘向死后,其子刘歆以《别录》为基础,撰成《七略》。不过可惜的是,《别录》和《七略》后来皆亡佚。而东汉班固修《汉书》时,据《七略》编成了《汉书·艺文志》,基本上保持了《七略》的原貌。《汉书·艺文志》记载:"凡兵书五十三家,七百九十篇,图四十三卷。省十家二百七十一篇重,入《蹴鞠》一家二十五篇,出《司马法》百五十五篇入礼也。"也就是说,任宏当时共整理出兵书63家1191篇。

这次兵书整理的意义远远大于前两次,不仅规范了版本,校勘了文字异同,排定了篇章次序,确定了书名,而且任宏还根据当时存世兵书内容的属性,将兵书分为四大类,即兵权谋家、兵形势家、兵阴阳家、兵技巧家。这四类著录的兵书,大多数已经亡佚,只能靠《汉书·艺文志·兵书略》的各类小序来了解每一类兵书的特点。

兵权谋家的特点是,"以正守国,以奇用兵,先计而后战,兼形势,包阴阳,用技巧者也"。兵权谋一个很重要的特点是重"计",注重从宏观战略角度计算谋划战争,大致相当于现在的军事战略学。这一派同时也涵盖了其他三派的内容,是一个综合性学派。先秦兵书中的《孙子兵法》《吴子兵法》

就属于这一类。

兵形势家的特点是，"雷动风举，后发而先至，离合背乡，变化无常，以轻疾制敌者也"。军事术语中的"形"是指军事实力，而"势"是指军事实力的运用。兵形势家主要讲对双方实力的认识，以及对实力的调动和运用，强调兵力分散集结的灵活多变，运动出击的轻巧迅速。大致相当于现代军事学的战术运用。先秦兵书中的《尉缭子》就是这一派的代表。

兵阴阳家的特点是，"顺时而发，推刑德，随斗击，因五胜，假鬼神而为助者也"，主要讲天候、地理、医药、卜筮等在兵学中的运用。《汉书·艺文志》"兵阴阳家"记载有《苌弘》十五篇、《黄帝》十六篇等，均已亡佚。出土文献中马王堆汉墓帛书《刑德》诸篇、张家山汉简《盖庐》等应该属于这一类。

兵技巧家的特点是，"技巧者，习手足，便器械，积机关，以立攻守之胜者也"，这一类主要着眼于兵器的制造、军事技能的训练。《汉书·艺文志》"兵技巧家"记载有《蹴鞠》二十五篇、《李将军射法》三篇等，均已亡佚。

在这四大类之中，兵权谋家被置于兵书四大类之首，是最为重要而且处于核心地位的一类。任宏对于"权谋"的重视不是一个偶然现象。"权谋"一词最早见于《荀子》，是指随机应变的计谋。汉代的史学家、思想家们高度重视权谋的作用。如司马迁十分重视兵家谋略的实用价值，认为春秋时"名士迭兴，晋用咎犯，而齐用王子，吴用孙武，申明军约，赏罚必信，卒伯诸侯，兼列邦土，虽不及三代之诰誓，然身宠君尊，当世显扬，可不谓荣焉？"①刘向更是指出，在春秋战国之际，权谋成为治国用兵的关键因素。他在《新序》《说苑》中用了很大的篇幅叙述历史上的权谋故事。据研究者统计，两部著作的通行本所记载的901则故事中，《善谋》《权谋》71则，占两部著作的7.9%，充分表现了刘向对权谋的重视。② 任宏整理兵书，自然会受刘向的影响，他根据兵书的属性专门分出了"兵权谋"这一类，并将其放在了兵书四大类

---

① 《史记·律书》。
② 赵国华：《论刘向的权谋观》，见李振宏主编《朱绍侯九十华诞纪念文集》，河南大学出版社，2015年，第298页。

之首。

任宏对兵书的分类,详尽而有条理,全面揭示了兵学的内涵,反映了汉代人们兵学研究的水平,是中国兵学史上一个具有里程碑式意义的事件。宋代目录学家郑樵在《通志·校雠略》中对此给予了高度的评价,他说:"《七略》惟兵家一略,任宏所校,分权谋、形势、阴阳、技巧四种书。又有图四十三卷,与书参焉。观其类例,亦可知兵,况见其书乎?……兵家一略极明,若他略皆如此,何忧乎斯文之丧也?"在本次兵书整理中,《孙子兵法》也得到了全面系统的梳理,《汉书·艺文志·兵书略》所称"《吴孙子兵法》八十二篇,图九卷",即为此次整理的结果。在四类兵书中,《孙子兵法》被列在兵书四类之首的兵权谋家的首位,"成为传统军事学的代表作,这标志着孙子学的形成"[①]。

第三节 汉简《孙子》的文献价值

在 1972 年的山东临沂银雀山 1 号汉墓中,出土了《孙子兵法》《孙膑兵法》《尉缭子》《六韬》等大批兵书竹简,其中《孙子兵法》简共 300 余枚,十三篇都有文字保存。银雀山汉简本《孙子》的出土,为研究《孙子兵法》的相关问题提供了重要资料,具有重要的文献价值。

首先,汉简的出土对于破解历史上的两孙子之谜、确定《孙子兵法》的作者提供了确凿的证据。在银雀山汉墓竹简出土以前,人们对孙子、孙膑是否是同一个人,《孙子兵法》《孙膑兵法》是否各有其书一直存有疑问。虽然《史记·孙子列传》中明确记载,孙膑为孙武后人,两人都有兵法传世,《汉书·艺文志》既著录有《孙子兵法》,也著录有《孙膑兵法》。但是,由于《孙膑兵法》在大约东汉以后失传,在详载春秋史事的《左传》《国语》等历史典籍中又不见孙武的事迹,这就导致唐宋以后不少人对《史记》的记载提出疑

---

① 赵国华:《中国孙子学的历史考察》,《南都学坛》2008 年第 1 期。

问。他们或认为历史上根本不存在孙武这个人,《孙子兵法》是他人的伪造之作,或揣测孙武与孙膑实为一人,《孙子兵法》成书于孙膑之手,《孙子兵法》与《孙膑兵法》乃同一本书,或臆断历史上虽有孙武其人,但《孙子兵法》一书却非其所著。银雀山汉墓中不仅发现了传世兵书《孙子兵法》,同时也发现了失传1000多年的兵书《孙膑兵法》,两书的同时出土证实了《史记·孙子吴起列传》和《汉书·艺文志》对于"两个孙子有两部兵法"的记载,解决了困扰史学界上千年的历史悬案。

其次,银雀山汉简本《孙子兵法》为校勘传世本《孙子兵法》提供了宝贵的资料。现存传世的《孙子兵法》有两个最为主要的版本系统:《武经七书》系统和《十一家注》系统。这两个系统的初始版本都是宋本。《孙子兵法》从春秋末年成书至宋代版本的定型经历了一千多年的时间,其间经过了无数次的传抄和整理,难免会出现章句混淆、文字舛讹的现象。而据专家考证,汉简本《孙子兵法》陪葬的年代大约在西汉建元元年(公元前140年)到元狩五年(公元前118年)之间,从字体来看,其抄写年代当在秦代到汉文、景时期,较历史上早期著录《孙子兵法》的《史记》和《别录》还要早几十年至上百年。因此,汉简本与今之传世本相比,更接近于孙武的手定原本。①

将汉简本《孙子兵法》与传世本相对勘,不仅可以订正传世本中的误字,也有助于人们正确理解各种版本《孙子兵法》在文义上的差异。比如,十一家注本《九地篇》中有"非霸王之兵也"一句,"霸王"一词汉简本作"王霸"。吴九龙先生指出,古人常言"王霸",如《尉缭子·制谈》"独出独入者,王霸之兵也",《司马法·仁本》"王霸之所以治诸侯者六",《吕氏春秋·知度》"夫成王霸者固有人",《荀子》有《王霸篇》,简本作"王霸",胜于传本。② 又如汉简本《形篇》有"守则有余,攻则不足"句,传世本皆作"守则不足,攻则有余"。汉人引用此语多同汉简本,如《汉书·赵充国传》"臣闻兵法,攻不足

---

① 吴九龙:《简本与传本〈孙子兵法〉比较研究》,见《孙子新探——中外学者论孙子》,解放军出版社,1990年。

② 吴九龙主编:《孙子校释》,军事科学出版社,1991年,第209页。

者守有余",《后汉书·冯异传》"夫攻者不足,守者有余",《潜夫论·救边》"攻常不足,而守恒有余也"。不过,《后汉书·皇甫嵩朱儁列传》中皇甫嵩有"彼守不足,我攻有余"之语,李贤注曰:"孙子之文。"曹操在注解《孙子兵法·形篇》此句时也说:"吾所以守者,力不足也;所以攻者,力有余也。"可见皇甫嵩、曹操所见版本与传世本相同。由此可以推测,"守则不足,攻则有余"本是东汉后期出现的,较之竹简本《孙子兵法》要晚,"守则有余,攻则不足"更接近孙子原意。

再次,汉简的出土为研究《孙子兵法》的早期流传提供了宝贵的资料。据现存文献资料的记载,《孙子兵法》一书最早见于《史记》的载述。如前所述,《孙子列传》明确记载,《孙子兵法》共十三篇。而根据《汉书·艺文志》中的记载,西汉成帝时任宏论次兵书,将《孙子兵法》定著为"八十二篇,图九卷"。为什么同在西汉时期,对《孙子兵法》篇数的记载会出现这么大差异和分歧?后人给出了各种解释。如唐张守节《史记正义》曰:"《七录》云《孙子兵法》三卷。案:十三篇为上卷,又有中下二卷。"认为《孙子兵法》有上中下三卷,十三篇只是上卷,并非《孙子兵法》的全部内容。按此说法,《汉书·艺文志》中多出来的六十九篇可能就是中下卷的内容。杜牧则说:"武所著书,凡数十万言。曹魏武帝,削其繁剩,笔其精切,凡十三篇,成为一编,曹自为序,因注解之。"①他认为,《孙子兵法》内容原有"数十万言",是曹操将其删为十三篇。清代章学诚则认为:"盖十三篇为经语,故进之于阖闾,其余当是法度名数,有如形势、阴阳、技巧之类,不尽通于议论文辞,故编次于中、下,而为后世亡逸者也。十三篇之自为一书,在阖闾时已然,而汉志仅记八十二篇之总数,此所以益滋后人之惑矣。"②在章学诚看来,《孙子兵法》成书时就有八十二篇,仅有十三篇流传了下来,因为十三篇属于孙子思想中的经典言论,容易流传,其余的属于法度名数之类的文字,难以长久保存,所以后来亡佚。以上诸说,孰是孰非,难有定论。银雀山汉简的出土则为我们研究这一

---

① [唐]杜牧:《樊川文集》卷一〇《注孙子序》。
② [唐]章学诚:《校雠通义》卷三。

问题提供了重要资料。

银雀山汉简《孙子兵法》佚文《见吴王》篇两次提到《孙子兵法》为"十三篇"：

> ……而用之，□□□得矣。若□十三篇所……
>
> ……[十]三篇所明道言功也，诚将闻□……

与十三篇简文同时出土的，还有写有《孙子兵法》篇题的木牍。尽管木牍已经破碎成六个小片，但从残存文字及其行款来看，简本《孙子兵法》确为十三篇，且篇名与传世本大致相同，个别篇名和篇次与传世本有一些差异。

无独有偶，在青海大通上孙家寨出土的汉简与《孙子兵法》有关的简文中，其中一支提到"孙子曰：夫十三篇……"（061 号），较之银雀山汉简的记载还要明确。这些说明，《史记》有关"孙子十三篇"的记载是有根据的。《孙子兵法》最初成书时应该就是十三篇，在孙武见吴王之前业已成书。

需要注意的是，银雀山竹简本《孙子》并不限于十三篇，实际上，它还包含了十三篇之外的内容，即《吴问》《见吴王》《黄帝伐赤帝》《四变》以及《地形二》等五篇被专家学者称为《孙子兵法》佚文的内容。有学者称，"银雀山汉简的《孙子》虽无八十二篇那么繁多，也是一种有增益的本子"。也就是说，孙武之后，孙子后学陆续对《孙子兵法》十三篇的内容进行了阐发和补充，这些内容是和十三篇附在一起来流传的。"竹简本可谓《汉志》八十二篇本的前身。"①随着时间的流逝，这些附益之作日益增多。至西汉末年，刘向、任宏在整理兵书时，将包括十三篇和各种附益之作在内的所有署名孙子的书籍搜集到一起，经过整理后，得"八十二篇，图九卷"。此后，《孙子兵法》便有"八十二篇"本流传。不过，从《史记》及汉简佚文的记载来看，《孙子兵法》自问世之初，"十三篇"就是作为一个整体而存在的，刘向、任宏在整理兵

---

① 李学勤：《简帛佚籍与学术史》，江西教育出版社，2007 年，第 363—364 页。

书时,也没有破坏原来"十三篇"的结构和篇目。

东汉末年,高诱在注释《吕氏春秋·上德》"阖庐之教,孙、吴之兵,不能当矣"时说:"孙、吴,吴起、孙武也,吴王阖庐之将也,《兵法》五千言是也。"其所说"《兵法》五千言"大概就是针对"八十二篇"中的"十三篇"而言的,虽然他说的"五千言"与今本《孙子兵法》的字数有差距①,不过可能是如同清代孙诒让《札迻》所言:"盖举成数言之"。与高诱同一时期的曹操,因感世人对《孙子兵法》"未之深亮训说,况文烦富行于世者失其旨要"②,故删去后人附益的内容,从八十二篇中单独抽出"十三篇"为之作注。此后,曹注本"十三篇"《孙子兵法》盛行,十三篇之外的各篇及图则陆续散亡。现存的《孙子兵法》各版本均来自曹操的《魏武帝注孙子》,篇数一律都是十三篇。

有关刘向、任宏整理的"八十二篇"本,除十三篇以外的篇目,如今已不得其详。根据现有史料推测,"十三篇"以外的内容,从性质上看,可分为三种类型:

一是对孙子生平事迹的记载。如银雀山汉简中的《吴问》记述了孙武同吴王关于晋国六将军"孰先亡""孰固成"的问对,孙武根据六卿自定亩的大小、收取赋税的轻重预测了晋国大致的政治演变格局与趋势。《见吴王》记载了孙武面见吴王以及以兵法试诸妇人之事,其内容较之《史记·孙子吴起列传》所叙更加翔实生动。另外,在上孙家寨出土的木简中,有一支简上还有"可与赴汤火白刃也"(001号)一句话,这与《史记·孙子吴起列传》中记述孙武吴宫练兵结束时对吴王说的一句话"虽赴水火犹可也",极为相似。银雀山汉简《见吴王》中不见这句话,可能是因为竹简残缺所致。而上孙家寨木简里很可能原来有《见吴王》这一篇。这些记载进一步印证和丰富了《史记》的记载。

---

① 据李零先生统计,现存孙星衍影宋本《魏武帝注孙子》(《平津馆丛书》影刻清顾之逵"小读书堆"藏宋本)共5967字,重68字,宋本《武经七书》本《孙子》(《续古逸丛书》影印日本静嘉堂文库藏宋本)共5965字,重68字,宋本《十一家注孙子》(中华书局影印上海图书馆藏宋本)共6007字,重68字。见李零《〈孙子〉十三篇综合研究》,中华书局,2006年,第249页。

② [汉]曹操:《孙子略解·序言》。

二是对"十三篇"有关文意的解释和发挥。如银雀山汉简《四变》就是对《九变》中"途有所不由,军有所不击,城有所不攻,地有所不争"四句话的解释;《黄帝伐赤帝》则是对《行军篇》中"黄帝之所以胜四帝也"一句的说明。

三是不见于传世本《孙子兵法》的兵学论述。如银雀山汉简《地形二》,因竹简残断情况严重,各简先后次序不可知,但从残存文字看,"疑为《孙子》中《地形》篇以外另一篇论地形的文字"①,个别地方与《孙子兵法·九地篇》用语相近。上孙家寨汉墓也出土了一批《孙子兵法》佚文,如:"《军斗令》:孙子曰:能当三□"(047 号)、"《合战令》:孙子曰:战贵齐成,以□□"(355号)、"《□令》:孙子曰:军行患车(左车右昔)之,相(?)□□"(157 号、106号)、"子曰:军患阵不坚,阵不坚则前破,而"(381 号)。有学者认为,《军斗令》《合战令》等,可能如同《尉缭子》中的《重刑令》《伍制令》《分塞令》《束伍令》《经卒令》《勒卒令》一样,都是古代兵书中的体裁,并不是实际颁布的令,从木简"某某令"下常接"孙子曰",就可以看出这一点,故而推测《军斗令》《合战令》等都是《孙子兵法》佚篇的篇题。②上孙家寨汉墓属于西汉晚期墓葬,与刘向等校书时间相隔不远,这些内容应该包括在八十二篇之内。

综上所述,《孙子兵法》成书后,在流传过程中经历了一个由十三篇逐渐增加到八十二篇,又从八十二篇删减为十三篇的演变过程。《孙子兵法》最初成书时为十三篇,因孙子后学不断补充阐发,篇数日渐增加。西汉初年的银雀山汉简本《孙子兵法》就是一种有增益的本子,也是现存《孙子兵法》最古老的本子。至西汉末年,任宏合并十三篇和各种附益之作,从而出现了"八十二篇本"《孙子兵法》。而东汉末年曹操删去各种附益之作,恢复了十三篇的本来面貌,然后为之作注。不过,应注意的是,曹注《孙子》十三篇,不等同于《史记·孙子吴起列传》和银雀山汉简《见吴王》所言的"十三篇",其直接的前身是西汉末年的"八十二篇本","八十二篇本"中的"十三篇"经过

①　银雀山汉墓竹简整理小组编:《银雀山汉墓竹简:孙子兵法》,文物出版社,1976 年,第 105页。

②　李学勤:《简帛佚籍与学术史》,江西教育出版社,2007 年,第 365 页。

了刘向、任宏全面系统整理,与汉初的十三篇是有相异之处的。

第四节 《孙子》的注释成就

《孙子》的注释最早始于东汉末年。第一个为《孙子》作注的是著名的政治家、军事家曹操。他对《孙子》的文本进行了整理,并为之作注,为后代注解《孙子》开了先河。自曹操之后,注解《孙子》之风盛行。唐朝末年以前,见诸记载的注家主要有魏晋南北朝时期的沈友、贾诩、张子尚、孟氏,隋唐时期的萧吉、李筌、杜佑、杜牧、贾林、陈皞等。其中孟氏、李筌、杜佑、杜牧、贾林、陈皞等人的注释都具有较高的学术价值。除了上述单注本以外,这一时期还出现了合注本,即曹操、王凌集解《孙子兵法》,《纪燮集注孙子》。这些注解除了沈友、张子尚注以及曹操、王凌集解本亡佚外,其余均见于宋代著录。

一、曹注《孙子》的里程碑意义

曹注《孙子》,题名《孙子略解》,又称《魏武帝注孙子》,是曹操对《孙子兵法》的注解。曹操一生南征北战,东征西讨,取得了统一北方的重大军事业绩。军事上的胜利,与他对兵法的精通是分不开的。据史书记载,曹操酷爱兵法,在戎马倥偬之中也不放弃对兵法的研究。《三国志·魏书·武帝纪》称,曹操"才武绝人,莫之能害。博览兵书,特好兵法""御军三十余载,手不舍书,昼则讲武策,夜则思经传";同时又评价他"其行军用师,大较依孙吴之法,而因事设奇,谲敌制胜,变化如神"。曹操在兵学方面著述颇丰,王沈《魏书》称曹操"自作兵书十余万言"①。不过,这些兵书绝大多数已经亡佚,只有曹注《孙子》流传至今。对于曹注《孙子》,《隋书·经籍志》及此后的各代官私书目一般都有著录,但卷数不同。如《隋书·经籍志》著录为二卷,并注"梁三卷";《旧唐书·经籍志》作十三卷;《新唐书·艺文志》《宋史·艺文

---

① 《三国志·武帝纪》裴松之注引《魏书》。

志》《通志·艺文略》等作三卷;《崇文总目》《郡斋读书志》等则作一卷。

（一）曹操注《孙子》的缘由

曹操注释《孙子兵法》时,自作序言说:

> 操闻上古有弧矢之利,《论语》曰"足兵",《尚书》"八政"曰"师",《易》曰"师贞,丈人吉",《诗》曰"王赫斯怒,爰征其旅",黄帝、汤、武咸用干戚以济世也。《司马法》曰:"人故杀人,杀之可也。"恃武者灭,恃文者亡,夫差、偃王是也。圣人之用兵,戢而时动,不得已而用之。吾观兵书战策多矣,孙武所著深矣。审计重举,明画深图,不可相诬。而但世人未之深亮训说,况文烦富,行于世者,失其旨要,故撰为《略解》焉。

从序言来看,曹操选择为《孙子兵法》作注,主要基于以下两方面考虑:

第一,曹操追溯了战争的起源,列举了儒家经典《论语》《尚书》《周易》《诗经》以及兵书《司马法》中有关战争的论说,又指出古代圣王黄帝、商汤、周武王都是用战争以救世匡危,以此推导出战争是不可避免的,正义的战争是合理的,也是必需的。他明确指出,只依恃武力会被灭亡,而只依恃仁义同样也会被灭亡,因此必须积极备战,认真研究兵学,在必要的时候采取军事行动。

第二,曹操认为,在他研读过的诸多兵书战策中,只有《孙子》讲得最为深刻。它主张战前要进行周密思考,采取军事行动要慎重,谋划要明确而深邃,这些都是不容曲解的。《孙子》从其成书到东汉末年已经经历了七百余年的时间,在这期间,《孙子》的篇数不断增加,内容越来越繁杂,附益多半,良莠不分,掩盖了《孙子》的要旨。而且成书于春秋末年的《孙子》的文字在时人看来也比较深奥费解,如果不加注解则难通其义。

鉴于以上考虑,曹操删去后人附益的内容,专为十三篇作注。曹操所注《孙子兵法》是迄今所见最早的注释本。自曹注十三篇出现后,被删去的内容逐渐亡佚,十三篇逐渐成为《孙子》研究的重心所在。

(二)曹注《孙子》的特点

据《孙子学文献提要》统计,宋本《十一家注孙子》共收入曹操注释 321 条。① 从注释形式上看,曹操注《孙子兵法》时,在每一篇的开头,都用内容提要的形式对篇名进行解释,揭示该篇的中心思想,非常便于人们理解。如解释《计篇》篇名说:"计者,选将、量敌、度地、料卒、远近、险易,计于庙堂也。"②解释《作战篇》篇名说:"欲战必先算其费,务因粮于敌。"③对于十三篇内容的注释主要以字句注解为主。从注释内容来看,《魏武帝注孙子》主要有以下几个特点:

第一,注释简明扼要而多能得其要旨。

与后世其他《孙子兵法》注家相比,《魏武帝注孙子》一个非常明显的特点是注释简明扼要。据学者统计,今本《孙子兵法》全书约 6000 字,而曹注仅 3861 字。曹注《孙子兵法》共 329 处,其中注文在 4—10 字者有 189 处,约占 57% ;10—20 字者 88 处,约占 26%。不少的注句仅 2 字、3 字,最多一处亦仅 91 字。④ 曹注虽然文辞简练,却多能把握《孙子兵法》要旨。如曹操注释《行军篇》篇题时说:"择便利而行也。"有学者评论说:"只用了六个字,便括尽了一篇大义。"⑤《作战篇》中"故知兵之将,民之司命,国家安危之主也"句,曹注曰:"将贤则国安也。"《行军篇》中"合之以文,齐之以武"句,曹注曰:"文,仁也;武,法也。"

从上述注文来看,曹注十分言简意赅,且均合孙子之旨,可谓要言不烦,一语中的。曹注这一特点大概与曹操军人出身有关,曹操一生绝大部分时间是在征战杀伐中度过的,戎马倥偬中,注释不可能像文人作注那样冗长烦

---

① 于汝波主编:《孙子学文献提要》,军事科学出版社,1994 年,第 12 页。
② 《十一家注孙子·计篇·曹操注》。
③ 《十一家注孙子·作战篇·曹操注》。
④ 宫云维:《〈孙子略解〉的特点及其影响》,《浙江师大学报》2001 年第 5 期。
⑤ 张文穆:《孙子解故》,国防大学出版社,1987 年,第 243 页。

琐。近人周传铭也评论说："十家之注,概为书生,故惟曹操所注尚属近情。"①而且,阅读兵书者多为军事将领,他们平时行军打仗,没有太多时间学习冗长的注释文字,他们喜欢简洁明快,切于实用。曹操注释简洁扼要,便于军人对《孙子兵法》本义的理解。

第二,注重名物训诂。

西汉武帝时,接受董仲舒的建议,罢黜百家,表彰六经,儒学成为统治思想,儒家经典也取得独尊的地位,由子学上升为经学。对儒家经典进行注释,成为汉代儒学的重要表现形式。汉儒注经,特别注重名物训诂。曹操的学术基础,也是主要依托于汉代经学,《三国志·魏书·武帝纪》称,曹操"御军三十余年,手不舍书,昼则讲武策,夜则思经传"②,他在注释《孙子兵法》的序言中亦多称引儒家经典言论。曹操自幼受经传的熏染,将汉儒注经方式也引用到对《孙子兵法》的注释中,亦注重名物训诂。如《谋攻篇》记载了春秋晚期的攻城之法:"修橹轒辒,具器械,三月而后成;距闉,又三月而后已。"曹操注曰:"修,治也。橹,大楯也。轒辒者,轒床也;轒床其下四轮,从中推之至城下也。具,备也。器械者,机关攻守之总名,飞楼云梯之属。距闉者,踊土积高而前,以附其城也。"③对于《孙子兵法》中提到的这些攻城器具、工程设施,如果没有通晓兵法之人为之作注,后人是难以弄清其具体形制的。可以说,曹操的注释对后人了解和读懂《孙子兵法》有着突出的贡献。

第三,援引其他文献相互参证。

曹操注《孙子兵法》除了字词注解之外,也常征引别的文献来阐述己意。据统计,所征引文献共有 8 处,分别引自《司马法》《左传》《黄石公三略》《吴子》。其中引《司马法》5 处,其他各 1 处。《司马法》亦是曹操推崇的兵书,他曾给《司马法》作注,注释《孙子兵法》时也将《司马法》作为重要文献资料而加以征引,只可惜《魏武帝注司马法》后世未能流传下来。就引用方式而

① 周传铭:《孙子兵法古今释例·自序》,见谢祥皓、刘申宁辑《孙子集成》,齐鲁书社,1993 年。
② 《三国志·魏书·武帝纪》裴松之注引张华《博物志》。
③ 《十一家注孙子·谋攻篇·曹操注》。

言,曹操有时是先自己解释,然后引他书言论加以印证,如注释《计篇》"天者:阴阳、寒暑,时制也"时说:"顺天行诛,因阴阳四时之制。故《司马法》曰:'冬夏不兴师,所以兼爱民也。'"①但多数是直引他书言论阐释《孙子兵法》词句的含义,如注《谋攻篇》"全军为上,破军次之"时说:"《司马法》曰:'万二千五百人为军。'"②

第四,结合自己的实战经验,阐发《孙子兵法》思想,丰富和发展了孙子的军事理论。

曹操一生戎马生涯三十余年,有丰富的作战指挥经验,他也会现身说法,结合自己实际的作战经历对《孙子兵法》进行注释,以便读者更好地领会孙子思想的精髓。如《九变篇》中"城有所不攻"句,孙子没有说明什么样的城池不可以攻,故读者对此难以理解。曹操则根据自己的实战经验进行了注释:"城小而固,粮饶,不可攻也。操所以置华费而深入徐州,得十四县也。"③如果敌人城池小且坚固,守军粮食又多,就不要攻打,因为攻城付出的代价很大,但所获利益不大。所以献帝初平四年(193年),曹操在攻打徐州牧陶谦的时候,放弃了华、费二城,集中兵力直取徐州,最终得十四县地盘。

曹注没有拘泥于孙子的兵学思想,在很多地方有新的发挥。《谋攻篇》提到"用兵之法,十则围之",但是否只要有十倍于敌人的兵力就可以通过围困敌人的方式迫使敌人屈服呢? 若我方有十倍于敌人的疲惫之师,而敌方人数虽少却战斗力很强,还要采取"围"的作战方式吗? 在曹操看来,这个问题是需要从实际情况出发具体分析的。他注释道:"以十敌一,则围之,是将智勇等而兵利钝均也。若主弱客强,操所以倍兵围下邳生擒吕布也。"④曹操这里提到的战役是发生在献帝建安三年(198年)的下邳之战。是年九月,曹操在击败刘表和张绣的夹击之后,又率军进攻吕布。吕布败退至下邳,被曹

---

① 《十一家注孙子·计篇·曹操注》。
② 《十一家注孙子·谋攻篇·曹操注》。
③ 《十一家注孙子·九变篇·曹操注》。
④ 《十一家注孙子·谋攻篇·曹操注》。

军包围。吕布屡战屡败,最终由于部将的出卖,下邳城破,吕布投降后被杀。曹操结合此次战争经历说,"十则围之"是在双方将帅的智谋勇武相当而且武器装备相同的情况下的战法,如果主弱客强的话,不一定是"十则围之",用一倍于敌人的兵力包围敌人也可以取胜。因此,在实际作战中,战法的采用不必囿于经典,要从实际情况出发。曹操的这些注释不仅更好地解释了《孙子》的原意,而且更进一步丰富和发展了《孙子》的思想。

当然,曹注也有不足。有的注释因为过于简略而言不尽意,有的解释不够准确。对此,后世注家均有指出,如"李筌以魏武所解多误,陈皞以曹公注隐微"①,均作了新注。杜牧在注《孙子》时也指出,曹注"所为注解,十不释一"②。不过,曹注虽有缺失,但其为《孙子兵法》作注,奠定了孙子学的文献基础,的确功不可没。

（三）曹注《孙子》的意义

第一,开创了注释《孙子兵法》的新范例。

在曹操注释《孙子兵法》以前,孙子后学通过各种方式对《孙子兵法》的军事思想进行过阐发。不少研究者指出,银雀山汉墓出土的《四变》等《孙子》佚文,都是《孙子》的早期注释文字。③ 如《四变》是对《孙子兵法·九变篇》中"途有所不由,军有所不击,城有所不攻,地有所不争,军令有所不行"几句话的解释。《黄帝伐赤帝》与《孙子兵法·行军篇》中"黄帝之所以胜四帝也"一句有密切关联。《吴问》《见吴王》则是通过设计吴王与孙子问答的方式来对《孙子》进行注释。在《吴问》中,注者借助孙子之口提出了决定王室兴衰的关键在于税制是否赢得民心的论断,应该是对《孙子兵法·计篇》

---

① ［南宋］晁公武:《郡斋读书志·兵家类》。
② ［唐］杜牧:《樊川文集·注孙子序》。
③ 李零先生认为,《四变》《黄帝伐赤帝》《地形二》都是解释发挥十三篇的文字,应作《孙子》后学的注解看待。详见李零《关于银雀山简本〈孙子〉研究的商榷》,《文史》第七辑。熊剑平认为,《四变》《地形二》《黄帝伐赤帝》《吴问》《见吴王》五篇体例不一的《孙子》佚文,其实都是《孙子》的注释文字。详见熊剑平《从银雀山汉墓竹简看〈孙子〉的早期注释情况》,《军事历史》2011 年第 3 期。

中"令民与上同意""主孰有道"军事思想的发挥;《见吴王》中孙武"斩美姬"的实际行动,则是诠释了《孙子兵法·九变篇》中"君命有所不受"的思想。①《孙子兵法》的这些早期注解无论从形式上还是从内容上,都与后世注解有明显的不同。

早期的注释在内容上通常不逐字逐句解释正文,而是选择其中某几句话或某种兵学思想进行重点阐释和发挥。从形式上来说,这些注文并不附在正文之下,而是独立存在,可以独立流传,也可以与《孙子》十三篇及孙子后学的附益之作混在一起流传。曹操则将汉儒注经的方式引入对兵学的注释中。汉儒研究经学的主要方式是章句训诂,即在分章断句的基础上逐次解释经籍的字词句和段意。曹操注释《孙子》也是按照汉儒注经方式对《孙子》全文进行逐字逐句的解释,而且既有对篇名的解释,也有字句注解,注释时经常援引其他文献来解释某句话,有些地方还以实际战例来佐证。这些注释都是附在正文之下,跟随正文一起流传的。曹操可以说是开创了注释《孙子》的新范例,被认为是最早为《孙子》作注的人。曹操之后的《孙子》注家基本沿袭了曹操的注释方式。

第二,对后世《孙子》注家产生了重要影响。

曹注对后世各注家影响极大。后世注家除了在注释形式上沿袭曹注之外,在注释内容上亦多征引曹注,甚至以曹注为基础或主要参照系。唐代杜佑在《通典·兵典》中大量引用《孙子》文句,并加以训解,其注文基本上是根据曹操的注文而来,间有个人阐发。清代孙星衍在《孙子兵法序》中指出,"杜佑实未注《孙子》,其文即《通典》也,多与曹注同,而文较备";清人毕以珣《孙子叙录》认为,"杜佑乃作《通典》引《孙子》语而训释之,非注也。杜佑注例,每先引曹注,下附己意,故前之所说后或不同也。"杜佑之孙杜牧亦十分尊崇曹操,在注释中凡提及曹操的地方,均尊称其为"曹公",在杜牧注释中多见"曹说得之""曹公说是也"之类的评语。杜牧因曹操"所为注解,十

---

① 熊剑平:《从银雀山汉墓竹简看〈孙子〉的早期注释情况》,《军事历史》2011 年第 3 期。

不释一"，便大量征引史例及其他典籍之言进一步阐发《孙子兵法》的军事原则，以弥补曹注简略之不足，但在注释的时候则保留了曹氏之注，这样更便于使"后之人有读武书予解者，因而学之，犹盘中走丸"①。宋代王皙注《孙子》，经常是先引曹注，再谈自己的见解，如"曹公曰……""故曹公曰……""曹公曰……皙谓……"。梅尧臣注也经常引曹注："曹公……是也。"明代思想家李贽在所著《孙子参同·自序》中也说："吾独恨其不以《七书》与《六经》合而为一，以教天下万世也。故因读《孙武子》，而以魏武之注为精当，又参考六书以尽其变，而复论著于各篇之后焉。感叹深矣。"总之，唐宋以后的注家在给《孙子》作注时，无不参比曹注。可以说，不读曹注无以解《孙子》。

第三，对《孙子兵法》版本流传产生了深刻影响。

《魏武帝注孙子》出现以后，一直流传不衰，历代官私书目一般都有著录。至宋代，宋神宗下令校刻《武经七书》时，"诏《孙子》止用魏武帝注，余不用注"②，即只有《孙子兵法》有曹注，其他六书均无注。《武经七书》本《孙子》成为孙子书流传的一个重要版本系统。此外，各代流传的《孙子》的集注本大多有曹注，如《隋书·经籍志》著录有曹操、王凌集解《孙子兵法》一卷，《宋史·艺文志》著录萧吉注《孙子》一卷（集曹操、萧吉注）、曹杜注《孙子》三卷（集曹操、杜牧注）、《五家注孙子》三卷（集曹操、杜牧、陈皞、贾林、孟氏注）和吉天保《十家孙子会注》十五卷，这些集注本均以曹注居首。南宋尤袤《遂初堂书目》又著录有《十一家注孙子》。学者们多认为《十家孙子会注》与《十一家注孙子》可能是一书两刻，异名同实，它们大体是在前面集注本的基础上增收宋代四家注而编成的。《十一家注孙子》后来逐渐成为《孙子兵法》流传的另一个重要的版本系统，而曹注单行本即《魏武帝注孙子》，也作为《孙子兵法》的一个重要版本而继续流传。

曹注本、《武经七书》本、《十一家注》本三本相比较，曹注本与《武经七书》本几乎全同，不同处只有不多几条，与《十一家注》本差异较大，异文（不

---

① ［唐］杜牧：《樊川文集·注孙子序》。
② ［宋］李焘：《续资治通鉴长编》卷三四一，神宗元丰六年。

包括异体、通假字）多达七十余处。① 将这三种版本的异文与汉简本和古书引文相比较，不难发现三种注本各有优劣。如《行军篇》曹注本"令半渡而击之"，《武经七书》本作"令半济而击之"，《通典》卷一六〇、《长短经·水火》、《太平御览》卷三〇六均引作"渡"，同曹注本。《虚实篇》曹注本"四时无常位"，《武经七书》本作"四时无恒位"，而竹简本作"常"，同曹注本。《作战篇》曹注本"力屈财殚"，《武经七书》本无"财殚"二字，竹简本、《太平御览》卷三三二亦无，可能《孙子》原书并无"财殚"二字，后人因曹操等家注释中有此二字而增之。

总之，曹注本在不少地方胜于其他两种注本，一直被视为《孙子》注家中第一大家，深受后人重视。

二、孟注《孙子》的地位与特点

孟注《孙子》，或题《孟氏解孙子》，是孟氏对《孙子兵法》的注解。《隋书·经籍志》著录："梁有《孙子兵法》二卷，孟氏解诂。"《新唐书·艺文志》著录谓："《孟氏解孙子》二卷。"《通志·艺文略》亦有著录。其注曾收入《纪燮集注孙子》《五家注孙子》等集注本中，此二集注本与孟注单行本均亡，现存《十一家注孙子》系统各本中。

孟氏，其名和事迹史料无载，后人多据《隋书·经籍志》书为"梁有"而谓孟氏为南朝梁人。而《郡斋读书志》在《纪燮集注孙子》条后言其为唐人。宋本《十一家注孙子》亦多将其注置于杜牧之后，有时也将其置于诸唐人之后、宋人之前。清毕以珣《孙子叙录》认为："按《十家注》，自魏武之后，孟氏为先，见《隋书·经籍志》。原本次于陈皞贾林之后，误也，今改正。晁公武以为唐人，亦误也。"孙星衍校《孙子十家注》将其定位于曹注之后，唐人之前。

在宋本《十一家孙子注》所存各家注释中，以孟氏注数量最少，据《孙子学文献提要》统计，仅存 67 条，似有缺佚。从现存注文来看，孟氏的注释多

---

① 李零：《现存宋代〈孙子〉版本的形成及其优劣》，载史念海主编《文史集林》（第二辑），三秦出版社，1987 年，第 196—200 页。

简明扼要,偏重文字训诂。据统计,在 67 处孟氏注解中,注文在 20 字(包括 20 字)以内有 45 处,不少注文仅四五个字。如《谋攻篇》"不战而屈人之兵,善之善者也",孟氏注仅有四个字:"重庙胜也。"又如《地形篇》"重地则掠",孟氏注曰:"因粮于敌也。"①

孟氏在注解时十分注重援引其他文献或他人言论来进行注释。在现存孟氏的 67 条注文中有 9 条明确引用其他文献或他人言论,所引文献有《六韬》《春秋左氏传》《司马法》《新训》,所引言论主要是太公之语,查其出处,亦是来自《六韬》。还有 2 条虽然没有明确注明引文作者或书名,经查证亦是引用了其他典籍,分别是《荀子·议兵》《国语·越语》。

现存孟氏注虽然文字简短,较少思想阐发,但是对于《孙子》中一些重要的概念或范畴也有较为深入的讨论,明显体现出受儒家思想影响较大。如对《计篇》中"道"的解释,在各家注说中孟氏之说最引人注意,他解释说:

> 道,谓道之以政令,齐之以礼教,故能化服士民,与上下同心也。故用兵之妙,以权术为道。大道废,而有法;法废,而有权;权废,而有势;势废,而有术;术废,而有数。大道沦替,人情诡伪,非以权数而取之,则不得其欲也。故其权术之道,使民上下同进趋,共爱憎,一利害,故人心归于德,得人之力,无私之至也。故百万之众其心如一,可与俱同死力动,而不至危亡也。臣之于君,下之于上,若子之事父,弟之事兄,若手臂之捍头目而覆胸臆也。如此,始可与上同意,死生同致,不畏惧于危疑。②

其中"臣之于君……若手臂之捍头目而覆胸臆也"一句,引自《荀子·议兵》。从上述注文来看,孟氏的注释受儒家思想的影响是很明显的。孟氏所说的"道"有两种含义:一是所谓的"大道",即"道之以政令,齐之以礼教",

---

① 《十一家注孙子·计篇·孟氏注》。
② 《十一家注孙子·计篇·孟氏注》。

也就是儒家的仁政德治,礼乐教化;二是"权术之道",即兵家的权谋诈术。众所周知,自汉代以来,汉武帝接受董仲舒建议,独尊儒术,表彰六经,儒家思想成为国家的统治思想,儒家士人多站在仁政德治的立场上对兵家的权谋诈术进行批判,而孟氏试图调和二者的矛盾,认为在政令和礼乐教化沦丧的情况下,必须依赖权谋机变来实现"民上下同进趋,共爱憎,一利害"。孟氏企图以此来说明兵家权谋诡诈存在的合理性。

又如,在注释《九地篇》"夫霸王之兵,伐大国,则其众不得聚;威加于敌,则其交不得合"一句时,孟氏说:"以义制人,人谁敢拒?"①这一说法与孟子"仁者无敌"的义战观很显然是相通的,由此也可以看出孟氏注《孙子》时对儒家思想多有吸收。虽然像上述这种深入阐释的注释在目前所见孟氏注中并不多见,但也显示出孟氏对兵学的研究和思考。

现存孟氏注数量虽少,但其对后世的注家也有重要的影响。后世注家在注释《孙子》时多采其说,《十一家孙子注》中多次提及"孟氏同杜牧注""孟氏注同陈皞""梅尧臣同孟氏注""王皙、何氏同孟氏注"等。毕以珣《孙子叙录》指出,杜佑编撰的《通典·兵部》引《孙子》文句者"自引用曹注之外,亦或间引孟氏"。另外,孟氏注还保存了一些今天已经不可见之佚文,如《新训》《司马法》,具有一定的文献史料价值。

三、李筌注《孙子》的特点与贡献

李筌是晚唐时期著名兵学家,为人好学,在兵学方面颇有造诣,著有《太白阴经》等兵书。李筌注解《孙子兵法》,《新唐书·艺文志》著录为2卷,《通志·艺文略》《宋史·艺文志》作1卷,《郡斋读书志》作3卷。

宋本《十一家注孙子》共收入李筌注364条,说明其内容是比较丰富的,同时其注释主要有如下几个特点:

第一,李筌注《孙子》注意从整体上把握《孙子》思想内容,探讨十三篇各

---

① 《十一家注孙子·计篇·孟氏注》。

篇次序及彼此之间的关系。主要表现在他对《孙子》各篇篇名的题解上。如在涉及政治、经济、外交的大战略层面,李筌对《计篇》的解释是:"计者,兵之上也。《太一遁甲》先以计,神加德宫,以断主客成败。故孙子论兵,亦以《计》为篇首。"①而后解释《作战篇》说:"先定计,然后修战具,是以战次《计》之篇也。"②接下来解释《谋攻篇》曰:"合阵为战,围城曰攻,以此篇次《战》之下。"③

在论及战争指导的战略战术原则层面,李筌对于《形篇》《势篇》《虚实篇》的解释则分别为:"形谓主客、攻守、八陈、五营、阴阳、向背之形";"陈以形成,如决建瓴之势,故以是篇次之";"善用兵者,以虚为实;善破敌者,以实为虚。故次其篇"。再后面,李筌解释进入实际战场层面的《军争篇》时则谈道:"虚实定,乃可与人争利。"诸如此类的阐释表明,李筌已经注意到各篇之间的相互关系,并从十三篇的排列顺序肯定《孙子》本身有着完整的内容体系。

第二,李筌注《孙子》沿袭曹操《略解》体例,但又明言自己是"以魏武所解多误"来作注,故其注解也有诸多新的补充和发明。如对《势篇》之"奇正",曹操注曰"先出合战为正,后出为奇",而李筌则补充解释为:"当敌为正,傍出为奇。"④对《虚实篇》之"饱能饥之",曹操注曰"绝粮道以饥之",而李筌则更正为"饥敌之术,非止绝粮道"⑤,这明显比曹注更符合战场实际,也更切合《孙子》本意。对《军争篇》之"其疾如风,其徐如林,侵掠如火,不动如山"一句,曹操注曰"击空虚也""不见利也""疾也""守也",而李筌则注曰"进退也""整阵而行""如火燎原无遗草""驻军也"⑥。诸如此类的解诂,不仅表明了李筌的个人见解,也是对曹操《略解》的补充和修正。

---

① 《十一家注孙子·计篇·李筌注》。
② 《十一家注孙子·作战篇·李筌注》。
③ 《十一家注孙子·谋攻篇·李筌注》。
④ 《十一家注孙子·势篇·李筌注》。
⑤ 《十一家注孙子·势篇·李筌注》。
⑥ 《十一家注孙子·军争篇·李筌注》。

在义理阐释方面,李筌注较曹操《略解》对《孙子》的一些兵学思想原则进行了更为深入的分析。如对《势篇》之"勇怯,势也",李筌解释说:"夫兵得其势,则怯者勇;失其势,则勇者怯。兵法无定,惟因势而成也。"①这就非常明确地阐明了"势"与"勇怯"之间的关系,深刻揭示了"势"之精神层面的内涵。再如,对《军争篇》之"将军可夺心",李筌解释说:"怒之令愤,挠之令乱,间之令疏,卑之令骄,则彼之心可夺也。"②经过这样具体的阐释,《孙子》原本比较笼统的说法,就变得更加明确。

第三,李筌注《孙子》较《魏武帝注孙子》更多地运用了实例佐证的方法。如《孙子》在《计篇》中明确提出了诡道十二法:"故能而示之不能,用而示之不用,近而示之远,远而示之近。利而诱之,乱而取之,实而备之,强而避之,怒而挠之,卑而骄之,佚而劳之,亲而离之。"李筌对这段话的每一句都补充了具体的军事案例,比如,对"能而示之不能,用而示之不用",用娄敬谏征匈奴以说明;对"近而示之远,远而示之近",引韩信渡河破魏以说明;对"乱而取之",引秃发傉檀破后秦以说明;对"实而备之",引吕蒙袭取荆州以说明;对"强而避之",引楚武王伐随以说明;对"怒而挠之",引陈平挑拨项羽以说明;对"卑而骄之",引石勒擒王浚以说明;对"逸而劳之",引伍子胥谋楚以说明;对"亲而离之",引范雎离间赵孝成王以说明。③ 上述例证既典型又贴切,对于人们理解孙子诡道思想的精义很有帮助,这种史论结合的方法,有利于人们更好地理解孙子的抽象理论,且对后来的《孙子》注解者有较大的启示和影响。

第四,用《遁甲》作注,是李筌注《孙子》的一个显著特点。此种注法,使得该书反映了我国古代兵阴阳家的一些情况,对我们研究古代兵阴阳家的情况有一定的史料价值。不过李筌"援卜释兵",也有很大的弊端。比如,他对《计篇》之"计"的注解是:"计者,兵之上也,《太一遁甲》先以计,神加德

---

① 《十一家注孙子·势篇·李筌注》。
② 《十一家注孙子·军争篇·李筌注》。
③ 《十一家注孙子·计篇·李筌注》。

宫，以断主客成败。"对《谋攻篇》之"知可以战与不可以战者胜"的注解是："料人事逆顺，然后以《太一遁甲》算三门遇奇五将，无关格迫胁主客之计者，必胜矣。"对《势篇》之"治乱，数也"的注解是："历数也，百六之灾，阴阳之术，不由人兴，时所会也。"对《军争篇》之"悬权而动"的注解则是："夫先动为客，后动为主，客难而主易，《太一遁甲》定计之算，明动易也。"诸如此类的解释，不但违背了战争指导的客观理性精神，而且使孙子原句的语义变得更加模糊不清。

四、杜佑《通典》注解《孙子》的特点与贡献

杜佑是唐代著名的政治家、兵学家和史学家。杜佑所著《通典》，以"经世致用"为宗旨，记述历代典章制度，上起黄帝，下迄天宝，是中国第一部典志体通史，对中国史学的发展有着深远的影响，对唐代社会问题的解决也具有重要的意义。杜佑曾自言："所纂通典，实采群言，征诸人事，将施有政。"《通典》中的《兵典》，同样是出自对当时军事问题的关注，是为唐代将帅用兵作战提供必要的实用的军事知识，故内容不以记述历代兵制为主线，算是《通典》的"破例"。

关于《兵典》的结构，杜佑做了设计，他在《兵序》中说："语有之曰：'天时不如地利，地利不如人和。'诚谓得兵术之要也。以为孙武所著十三篇，旨极斯道，故知往昔行师制胜，诚当皆精其理。今辄捃摭与孙武书之义相协，并颇相类者纂之，庶披卷足见成败在斯矣。"于是，他以《孙子》为纲来布局谋篇。《兵典》共 15 卷，136 个子目。各目多以《孙子兵法》阐述的军事原则为题，如"出其不意""以逸待劳""守则有余""击其不备""敌处高勿攻""敌半涉水击必胜""归师勿遏"等等，然后列举历代史例及他人的相关言论进行印证和解释，以阐述兵法要义。《兵典》全文大量引用《孙子兵法》的文句，并对某些引文加以注释。宋本《十一家注孙子》中，将杜佑作为一家，加以收录。

据《孙子学文献提要》，宋本《十一家注孙子》共收其注 160 条。李零先生依据中华书局校点本《通典》(1988 年版) 中《兵典》部分 (卷一四八至一六

二)的《孙子》注,按今本顺序排列,作为底本,校以宋本《十一家注孙子》中的杜佑注以及《长短经》《太平御览》等书的引文,对杜佑注进行集校,整理出注文317条。① 从这些注文来看,杜佑注主要有如下特点:

第一,释文多同曹注,但不少地方也有个人阐发。清人孙星衍称:"杜佑实未注《孙子》,其文即《通典》也,多与曹注同,而文较备。"②清人毕以珣《孙子叙录》说:"杜佑注例,每先引曹注,下附己意,故前之所说后或不同也。杜佑注自引用曹注以外,亦或间引孟氏。"细查李零的《杜佑注集校》,317条注文中有115条引用过曹注,有的与曹注相同,有的则是在引用曹注后,进一步阐发己意。另外,有18条与孟注同。

不过,杜佑也并不是一味借鉴前人的注释,他在很多方面也有自己的阐发,如《谋攻篇》中"故用兵之法,十则围之"一句,曹注曰:"以十敌一,则围之,是将智勇等而兵利钝均也。若主弱客强,操所以倍兵围下邳生擒吕布也。"而杜佑不拘泥于曹注之说,他在引用曹注的基础上,进一步指出:"若敌垒固守,依附险阻,彼一我十,乃可围也。敌虽盛,所据不便,未必十倍,然后围之。"③如果敌人人数虽多,但无险可守,即便没有十倍于敌的兵力,也可以通过围困之法迫使敌人屈服。又如《军争篇》"围师必阙"时,诸家注释多解释为什么要"围师必阙",而杜佑注释道:"若围敌平陆之地,必空一面以示其虚,欲使战守不固,而有去留之心。若敌临危据险,强救在表,当坚固守之,未必阙也。此用兵之法。"④可见杜佑看待问题更加全面灵活,"阙"还是"未必阙"要看敌军的实际情况,不能一概而论。

第二,多援引其他文献或他人言论来注释,具有重要的史料价值。

杜佑注释常先通解句意,再引其他文献或他人言论进行印证。所引文献主要有《司马法》《春秋传》《兵经》《孟子》《新序传》以及王子、萧世诚、太

---

① 李零:《〈孙子〉十三篇综合研究》,中华书局,2006年,第291—339页。
② 《孙子十家注·孙子兵法序》。
③ 《十一家注孙子·谋攻篇·杜佑注》。
④ 《十一家注孙子·军争篇·杜佑注》。

公、韩非、范蠡、曹刿等人言论。详查太公、韩非、范蠡、曹刿之语的出处,分别出自《六韬》《韩非》《国语》《左传》。杜佑注释中提到的"王子",清人孙星衍《孙子十家注序》怀疑即为三国时期曹魏将领王凌,《隋书·经籍志》《通志·艺文略》均称魏武、王凌集解《孙子兵法》一卷,但唐代以后亡佚。另外,杜佑注释中有两处引用萧世诚注《孙子兵法》的言论,对于萧世诚之注,赵蕤的《长短经》亦曾摘引,但对于此书,史志目录无载。据史书记载,南朝梁元帝萧绎,字世诚,生平著作亦甚多,不知道是否为一人。《通典》保存了王凌和萧世诚注释《孙子》的部分言论,有着极其珍贵的史料价值。

第三,注重援引战例进行注释。

杜佑常援引战例来解释孙子的思想。如注《计篇》"兵者,诡道也"句时说:"无常形,以诡诈为道。若息侯诱楚子谋宋。"注"用而示之不用"句时说:"言己实能用师,外示之怯也。若孙膑示弱而制庞涓。"注"近而示之远,远而示之近"句时说:"欲进而理去道也。言多疑设其近,诳曜敌军,示之以远,本从其近。若韩信之袭安邑,陈舟临晋而渡夏阳。"[1]杜佑援引战例语言简练,并不详述其过程。可能是因为在《兵典》所设的各个子目中有许多是以《孙子》阐述的军事原则为题,下面罗列了众多战例进行详细说明,因此在注释中不再详述。

此外,《通典·兵典》保存了部分《孙子》佚文。《通典》卷一五九载有《吴子问孙武》之文十余则,《武经总要》《太平御览》《十家注孙子·九地篇》何氏注、张预注中亦有引用,这些佚文以孙武回答吴王之问的形式谈论了在不同环境条件下作战的原则和方法,其中不少地方谈到了骑兵作战的内容,显然不是孙子本人所作。清人毕以珣认为这些佚文应该在"八十二篇图九卷之内"。这些佚文对于我们了解《孙子兵法》早期注解情况有重要的史料价值。

---

[1] 《十一家注孙子·计篇·杜佑注》。

五、杜牧注《孙子》的特点与贡献

在众多的唐代《孙子》注释者中,影响最大的当数杜牧。杜牧是晚唐时期人,出身高门世族,其十六世祖杜预是西晋的著名军事家,官至镇南大将军,其祖父杜佑曾历任三朝宰相,博通古今,所著《通典》是中国第一部系统详密的典章制度史书。杜牧生活的时代,正是晚唐多事之秋,深厚的家学渊源,远大的政治理想,促使他博览群书,关心时政,尤其偏爱兵学。他撰有《孙子》注三卷,也写过多篇实用性很强的军事文论,还留下了不少与历代或当朝兵事相关的诗歌佳作。就此而言,杜牧不仅是历史上著名的诗人,亦是中国古代杰出的兵学理论家。

杜牧注释《孙子》,以"曹操注"为基础,既能直抒己见,又能广征博引,故其注文条数多,内容丰富,他自称"上穷天时,下极人事",宋代欧阳修亦赞曰:杜牧"慨然最喜论兵,欲试而不得者,其学能道春秋战国时事,甚博而详"①。而"甚博而详"正是杜牧注《孙子》的最大特点。

第一,杜牧鉴于"曹操注"过于简略的特点,对《孙子》每句原文都力求做出较为详尽的阐释与说明。比如,对《计篇》中的"法者,曲、制、官、道、主、用也"一句,杜牧注曰:"曲者,部曲队伍,有分画也。制者,金鼓旌旗,有节制也。官者,偏裨校列,各有官司也。道者,营陈开阖,各有道径也。主者,管库厮养,职守主张其事也。用者,车马器械,三军须用之物也。"②又如,对于《行军篇》之"粟马肉食,军无悬瓿,不返其舍者,穷寇也"一句的解释,杜牧所注,通俗而又明确:"粟马,言以粮谷秣马也。肉食者,杀牛马飨士也。军无悬瓿者,悉破之,示不复炊也。不返其舍者,昼夜结部伍也。如此,皆是穷寇,必欲决一战尔。瓿音府,炊器也。"③

为了对《孙子》原文做出更好的说明,杜牧还能结合自己的体会进行引

---

① [宋]欧阳修:《欧阳文忠公集》卷四二《孙子后序》。
② 《十一家注孙子·计篇·杜牧注》。
③ 《十一家注孙子·行军篇·杜牧注》。

申发挥。比如,对《虚实篇》之"敌不得与我战者,乖其所之也"一句,杜牧注曰:"言敌来攻我,我不与战,设权变以疑之,使敌疑惑不决,与初来之心乖戾,不敢与我战也。"另外,杜牧还注意到因《孙子》版本不同而造成的差异,如对《行军篇》之"其所居易者,利也"一句,杜牧注曰:"言敌不居险阻,而居平易,必有以便利于事也。一本云:士争其所居者,易利也。"又如,对《地形篇》之"夫地形者,兵之助也"一句,杜牧注曰:"'助',一作'易'。"①这两则注文,实际上就是校勘,其对于后世《孙子》原文的考订颇有价值。

第二,杜牧注《孙子》能够大量征引古书史料,以阐释《孙子》思想。所引者诸如《军志》《军谶》《司马法》《握奇文》《老子》《左传》《尉缭子》《管子》《阴符经》《吴子》等古代兵书典籍,也包括本朝李靖、唐太宗等人的《唐李问对》等著作和言论。比如,对于《孙子·作战篇》之"凡用兵之法,驰车千驷,革车千乘,带甲十万"一句,杜牧引《司马法》注曰:"一车,甲士三人,步卒七十二人,炊家子十人,固守衣装五人,厩养五人,樵汲五人。轻车七十五人,重车二十五人。"②这就阐明了"驰车千驷,革车千乘"与"带甲十万"的数量关系。再如对于《行军篇》之"凡地有绝涧、天井、天牢、天罗、天陷、天隙,必亟去之,勿近也"一句,杜牧引《军谶》注曰:"地形坳下,大水所及,谓之天井。山涧迫狭,可以绝人,谓之天牢。涧水澄阔,不测浅深,道路泥泞,人马不通,谓之天陷。地多沟坑,坎陷木石,谓之天隙。林木隐蔽,蒹葭深远,谓之天罗。"③这无疑使后人更容易理解《孙子》所论特殊地形的特点。值得强调的是,《军谶》本身为古代佚兵书,而古《司马法》的内容大部分也已亡佚,故杜牧所引上述两则史料作为辑佚之材料,对后人研究古代兵学具有重要的文献价值。

第三,杜牧注《孙子》能够广泛征引大量军事案例,以证实《孙子》思想的价值。比如,对《计篇》之"利而诱之",以战国时期李牧"大纵牧畜、佯北不

---

① 《十一家注孙子·地形篇·杜牧注》。
② 《十一家注孙子·作战篇·杜牧注》。
③ 《十一家注孙子·行军篇·杜牧注》。

胜"以说明;对《虚实篇》之"后处战地而趋战者劳",以北齐将领段韶"逆战非便,不如阵以待之"以说明;对《势篇》之"故善动敌者,形之,敌必从之",以马陵之战孙膑减灶灭庞涓的著名战例加以说明,而对本篇之"予之,敌必取之"一句,则以官渡之战曹操"白马辎重就道",引诱袁绍大将文丑"分趋辎重"以说明。杜牧所引战例,散见历代兵史,且把握精准,直击主题,使得读者对于《孙子》原文的理解更加透彻,同时也大大增强了注文的丰富性和历史感。另外,杜牧也注重援引当朝的战例,以加强注文的应用性和现实感。如对《地形篇》之"卒强吏弱,曰弛"一句,杜牧引一当朝案例:"国家长庆初,命田布率魏以伐王延凑。布常在魏,魏人轻易之,数万人皆乘驴行营,布不能禁。居数月,欲合战,兵士溃散,布自刭身死。"再如,关于《势篇》之"势"的解释,杜牧则转引了其祖父杜预举的一个当朝例证:"杜公元凯曰:'昔乐毅藉济西一战,以并强齐,今兵威已成,如破竹数节之后,迎刃自解,无复著手。此势也,势不可失。'"

第四,杜牧注《孙子》时,对于自己感受最深的孙子思想内容,更能够不惜笔墨,倾力发挥,这突出表现为对"天时"与"人事"的解释。对于"天时",他在《计篇》"天者,阴阳、寒暑、时制也"原文的基础上,撰成一篇长文,长达1500多字,俯瞰天地,纵论古今,其中涉及巫咸、甘氏、石氏、唐蒙、史墨、梓慎、禆灶等人的著述,也论及武王伐纣、刘裕伐南燕、北魏道武帝伐后燕、北魏太武帝伐夏等战争案例,其内容之丰富,见解之深刻,后世注家无人能及。而对于"人事",杜牧也是酣畅淋漓地予以重点论述,在具体分析中,各种史料信手拈来,运用自如。比如,他分别援引伍员、李牧、冒顿、韩信、陈平、曹操、刘裕等人的谋略以注解《孙子》"诡道十二法";先后列举历史上晏婴、士会、张仪、随何、曹操、高洋等人的事迹,以注解《孙子》"上兵伐谋,其次伐交"的思想。

综上所述,杜牧注《孙子》确有"甚博而详"的特点,也正是由于这样的特点,孙子思想在其评述中犹如演绎于历史长河之中,跳跃于宇宙苍穹之际,给读者留下极为深刻的印象。他对自己的这一成就也颇为自信。唐宣宗大中三年(849年),杜牧在《上周相公书》中云:"某所注《孙武》十三篇虽不能上穷天时,下极人事,然上至周秦,下至长庆、宝历之兵,形势虚实,随句解析。"①对于杜牧注《孙子》,后人也给予了很高的评价:"《孙子十一家注》,曹公、李筌以外,杜牧最优,征引古事,亦多切要,知樊川真用世之才,其《罪言》《原十六卫》等篇,不虚作也。"②

六、贾林注《孙子》的特点与贡献

贾林注《孙子》,《新唐书·艺文志》《崇文总目》《通志·艺文略》均著录为一卷,《国史经籍志》则作三卷。在宋晁公武《郡斋读书志》所著录的《纪燮集注孙子》中,有其注。但此书与贾注单行本都已亡佚,其注现存《十家注孙子》系统各本中。《宋史·艺文志》中著录"《五家注孙子》三卷",其中有一位注者名为贾隐林,而非"贾林"。学界对贾林与贾隐林是否为同一个人有不同看法。

根据《旧唐书》《新唐书》和《资治通鉴》记载,贾林曾经做过昭义军节度使李抱真参谋,于唐德宗建中四年(783年)多次奉李抱真之命去游说叛将王武俊,晓以大义,最终使王武俊倒戈,与李抱真、马燧结盟,并去伪号。兴元元年(784年)四月,贾林又说服王武俊与李抱真合兵,于五月大败朱滔于贝州。而贾隐林则是范阳节度副使贾循之侄,于唐德宗建中初年任永平兵马使,在建中四年(783年)朱泚叛乱时,率部将参战,战功显赫,累官至检校右散骑常侍,封武威郡王。兴元元年(784年)二月,贾隐林去世,德宗追封其为左仆射,赐其家实封三百户,赐予丧葬所用绢百匹、米百石,丧葬所需由官府供给。

由上可知,贾林能言善辩,颇有见识,是一谋士,而贾隐林战功赫赫,是一武将;783—784年,贾林一直在李抱真营中,而贾隐林在朱泚之乱时已为永平兵马使,率领部下跟随唐德宗;且《资治通鉴》卷二三〇明确提到,兴元

---

① [唐]杜牧撰,何锡光校注:《樊川文集校注》,巴蜀书社,2007年,第812页。
② 缪钺:《杜牧年谱》,人民文学出版社,1980年,第75页。

元年(784年)二月,"时贾隐林已卒",四月,"贾林复为李抱真说李武俊(应为王武俊)"。不难看出,贾林与贾隐林虽处于同一时期,但并非同一人。《宋史·艺文志》著录《五家注孙子》注者有贾隐林,极有可能是辑者将贾林误作贾隐林,所谓贾隐林注实乃贾林注。

贾林注在宋本《十一家注孙子》中保留较少,仅有140条,从其内容来看,主要有以下几个特点:

第一,注文简明扼要,但内涵丰富。注文简短,是贾林注的一个很明显的特点。据统计,在140条注文中,10个字及其以下者共30处,10—20个字者43处,20字及以下占总数的一半以上。不过,贾注注文虽短,内涵却十分丰富。如《计篇》"强而避之"句,曹注曰:"避其所长也。"李筌、杜牧注引用了若干战例来说明,而贾林注仅用了八个字"以弱制强,理须待变"①,注文虽简,但一个"待"字却指明了在敌强我弱形势下,具体战法不仅是要"避",更是要等待时机,等到敌人内部发生变化的时候,伺机再战,由此可以看出贾林对兵法有着独到的见解。又如,《势篇》"乱生于治,怯生于勇,弱生于强"句,李筌、贾林都理解为,在一定的条件下,"乱"可以由"治"产生,"怯"可以由"勇"产生,"弱"可以由"强"产生,但李筌结合战例,用了156个字对此进行了解释,而贾林注仅有12个字:"恃治则乱生,恃勇强则怯弱生。"②虽然注文简单,但"恃"字也揭示了乱与治、勇与怯、强与弱之间的辩证关系。贾林注可谓言简而意长。

第二,不囿于前人成说,有自己的独到见解,在一定程度上补充或纠正了前人注释之不足。如《谋攻篇》"将不胜其忿,而蚁附之,杀士三分之一,而城不拔者,此攻之灾也"句,意思浅显易懂,且前人已做了注释,于是贾林不再重复解释,而是阐述了攻克城池的方法:"但使人心外附,士卒内离,城乃自拔。"③这样的情况在贾林注中十分常见,如《九变篇》"城有所不攻"句,

① 《十一家注孙子·计篇·贾林注》。
② 《十一家注孙子·势篇·贾林注》。
③ 《十一家注孙子·谋攻篇·贾林注》。

"城有所不攻"所包括的情形是多种多样的,除了前人所说"城小而固,粮饶"等各种情况外,贾林注中指出:"臣忠义重禀命坚守者,亦不可攻也。"①《行军篇》"无迎水流"句,曹注、李筌注均说"恐溉我也",而贾林则指出:"水流之地,可以溉吾军,可以流毒药。"又如,贾林率先提出,《用间篇》之"因间"应为"乡间"②,张预、刘寅均赞同此说,樱田本《孙子兵法》即作"乡间"。

第三,分析问题较为全面,具有一定思辨特色。对于《计篇》中"将者,智信仁勇严"句,注家多强调将帅宜备五德,并强调了每一种品德的重要性,而贾林对该问题的认识更加全面深刻,他注释说:"专任智则贼;偏施仁则懦;固守信则愚;恃勇力则暴;令过严则残。五者兼备,各适其用,则可为将帅。"五德之间相互联系、相互影响、相互制约,将帅必须兼备五德,不可偏执一种,每一种品德要"各适其用"③,把握好一个度,如果超过了这个度,优秀的品德就会变成缺陷,就会走向自己的反面。又如,《九地篇》"是故散地则无战"句,注家多认为,"散地"不宜作战是因为士兵在境内作战,有留恋家乡、偷生回家的心理,容易溃散,而贾林则认为:"地无关阃,卒易散走,居此地者,不可数战。地形之说,一家之理。若号令严明,士卒爱服,死且不顾,何散之有?"④他认为,在"散地"上不宜交战这种说法过于绝对,如果号令严明,上下一心,士兵就会拼死作战,何散之有?在注释《九变篇》中"治兵不知九变之术,虽知五利,不能得人之用矣"一句时说:"遇势能变则利,不变则害。在人,故无常体,能尽此理,乃得人之用也。"⑤用兵打仗没有固定的范式,如果懂得根据不同的作战形势灵活改变战法,就能使自己得利,使敌人受害。贾林此说可谓抓住了孙子军事思想的精髓。接着,他又具体阐述了何为"五变":"途虽近,知有险阻、奇伏之变而不由;军虽可击,知有穷蹙、死斗之变而不击;城虽势孤可攻,知有粮充、兵锐、将智、臣忠不测之变而不攻;地虽可

---

① 《十一家注孙子·九变篇·贾林注》。
② 《十一家注孙子·用间篇·贾林注》。
③ 《十一家注孙子·计篇·贾林注》。
④ 《十一家注孙子·九地篇·贾林注》。
⑤ 《十一家注孙子·九变篇·贾林注》。

争,知得之难守、得之无利、有反夺伤人之变而不争;君命虽宜从之,知有内御不利之害而不受。此五变者,临时制宜,不可预定。"接着贾林又从反面论述,如果不知其变,贪图五利,就会导致"不得人用""败军伤士"的后果。不难看出,贾林注多从正反两面论述问题,顾此而不失彼,有利于避免读者理解此句时产生片面性的倾向。

第四,在十一家注中,虽然贾林注引战例最少,仅有一次,但贾林注绝不是简单地疏解文义,而是在注释中具体提出了许多可操作性的战法。如《九地篇》"故屈诸侯者以害"句,曹注、李筌注都比较简单,分别是:"害其所恶也。""害其政也。"而贾林则详细总结了"屈诸侯以害"的各种手段,他说:"为害之计,理非一途。或诱其贤智,令彼无臣;或遗以奸人,破其政令;或为巧诈,间其君臣,或遗工巧,使其人疲财耗;或馈淫乐,变其风俗;或与美人,惑乱其心,此数事若能潜运阴谋,密行不泄,皆能害人,使之屈折也。"①其总结可谓全面周详,充分体现了其作为一个谋士的特点。又如《虚实篇》"后处战地而趋战者劳"句,贾林没有简单地疏解文义,也没有援引战例,而是提出了"后处战地"时变被动为主动的方法。他说:"敌处便利,我则不往,引兵别据,示不敌其军;敌谓我无谋,必来攻袭。如此,则反令敌倦,而我不劳。"②从军事观点来看,这都是些很好的见解。

七、陈皞注《孙子》的特点与贡献

陈皞注《孙子》,《新唐书·艺文志》始著录,一卷。《通志·艺文略》《宋史·艺文志》同;《郡斋读书志》《国史经籍志》则作三卷。《宋史·艺文志》著录《五家注孙子》中有陈皞注。此书已不可见,单行本亦佚。其注现存《十家注孙子》系统各本中。

关于陈皞的生平事迹,史书无载,不过欧阳修《孙子后序》曰:"世所传孙武十三篇,多用曹公、杜牧、陈皞注,号'三家孙子'。"又说:"三家之注,皞最

---

① 《十一家注孙子·九地篇·贾林注》。
② 《十一家注孙子·虚实篇·贾林注》。

后,其说时时攻牧之短。"①晁公武《郡斋读书志》亦云:"皞以曹公注隐微,杜牧注阔疏,重为之注云。"②由此来看,陈皞为唐人,在杜牧之后。

宋本《十一家注孙子》中存陈皞注甚少,仅有113条。从其内容来看,主要有以下特点:

第一,提出了许多纠谬补缺的新见。如《火攻篇》"行火必有因"句,曹操、李筌皆认为,要想实施火攻必须要"因奸人",即要有内应。而陈皞注释道:"须得其便,不独奸人。"相较之下,陈皞之注更加全面,曹操、李筌的注释则失之偏颇。因为实施火攻所需具备的条件包括很多方面,而不一定只是指内应。又如《军争篇》"饵兵勿食"句,李筌、杜牧等人将"饵兵"理解为敌人设置的毒水、毒食、毒酒等,要求军队不要饮食。而陈皞则认为,"饵兵非止谓真毒也","食"字"或为贪字"。"此言喻鱼若见饵,不可食也;敌若悬利,不可贪也。"③他指出孙子只是打了一个比方,鱼儿见到钓饵,不能吞食,否则自己会成为别人的食物;敌人如果以利益来诱惑,一定不要贪图,否则会因贪图小利而丧失大利。不难看出,李筌、杜牧之说有点狭隘,而陈皞的解释思路更加开阔,更加符合孙子用兵之术。

第二,多"攻牧之短"。如前面欧阳修、晁公武提到的,曹操、杜牧、陈皞三家之注,陈皞在最后,他因为"曹公注隐微,杜牧注阔疏",所以更为之注,其注"时时攻牧之短"。据统计,陈注共有十五处以"此说非也""杜说非也""此说疏也""此说理繁而语倒""未尽其说也"等语攻击杜注。

陈注对杜注的批驳,大多都是正确的。如《虚实篇》"进而不可御者,冲其虚也;退而不可追者,速而不可及也"句,杜牧注曰:"既攻其虚,敌必败;败丧之后,安能追我?我故得以疾退也。"陈皞反驳道:"杜说非也。曹公之围张绣也,城未拔、力未屈而去之。绣兵出袭其后,贾诩止之,绣不听,果被曹

① [宋]欧阳修著,彭诗琅主编:《中国古典文学名著百部·欧阳修集》,中国戏剧出版社,2002年,第255—256页。
② [宋]晁公武编,孙猛校:《郡斋读书志校证》(上),上海古籍出版社,1990年,第633页。
③ 《十一家注孙子·军争篇·陈皞注》。

公所败。绣谓诩曰:'公既能知其败,必能知其胜。'诩曰:'复以败卒袭之。'绣从之,曹公果败。岂是败丧之后不能追之哉?盖言乘虚而进,敌不知所御;逐利而退,敌不知所追也。"①很明显,杜牧的理解过于简单狭隘,也不符合客观实际。敌人不能追我,并不能简单地解释为"败丧之后"的缘故,陈皞所举张绣听从贾诩的建议转败为胜的战例,就驳倒了杜牧之说。孙子这一条"并未限定战胜之军的退军(这是不困难的),它包含着并且主要是指两军打成平手的撤军或有某些失利,碰到某种困难而主动退军(这是困难的,指挥艺术就表现在这里)"②。孙子此句的本意为,退却时速度一定要快,使敌人追赶不上。

陈皞对于杜注也不是一味驳斥,他认为杜牧讲得正确的地方,也会表示赞同,或直接借鉴。查陈注,有两处与杜牧同,有一处称杜说"得之也"。

第三,注重援引战例进行注释。据研究者统计,陈皞"引战例二十六,并引《左传》《春秋》《兵经》《孟子》《新序传》五书语例"③。陈注引用战例形式十分灵活,有时直接以战例来注释,如注解《谋攻篇》"不战而屈人之兵,善之善者也"句时说:"韩信用李左车之计,驰咫尺之书,不战而下燕城也。"④注解《虚实篇》"能使敌人不得至者,害之也"时说:"子胥疲楚师,孙膑走魏将之类也。"⑤有时是夹叙夹议,如《行军篇》"令素行者,与众相得也"句,陈皞注曰:"晋文公始入国,教其民二年,欲用之。子犯曰:'民未知义,未安其居。'此言欲令民不苟其生也。于是出定襄王。此言示以事君之大义。入务利民,民怀生矣。又将用之,子犯曰:'民未知信,未宣其用。'于是伐原,以示之信。此言在往年伐原,不贪其利,而守其信。民易资者,不求丰焉。此言人无贪诈也。明征其辞。公曰:'可矣。'子犯曰:'民未知礼,未生其恭。'于是

---

① 《十一家注孙子·虚实篇·陈皞注》。
② 古棣主编:《孙子兵法大辞典》,上海科学普及出版社,1994年,第128页。
③ 褚良才:《宋刻本〈十一家注孙子〉汇考》,《浙江大学学报(人文社会科学版)》2000年第4期。
④ 《十一家注孙子·谋攻篇·陈皞注》。
⑤ 《十一家注孙子·虚实篇·陈皞注》。

大蒐,以示之礼。及战之时,少长有礼,其可用也。此五者,教人之本也。夫令要在先申,使人听之不惑;法要在必行,使人守之,无轻信者也。三令五申,示人不惑也。法令简当,议在必行,然后可以与众相得也。"①陈皞的这段注文,自"晋文公始入国"至"于是大蒐,以示之礼",大体引用了《左传·僖公二十七年》的文句,文字略有不同。在注释过程中,陈皞边引用,边参以自己的评论,最终推导出自己的结论。注释中凡句首冠以"此言"者均为陈皞之评语。这种注释方式,将引用和评论穿插进行,有理有据,事理交融,层层递进,其结论更具说服力。有的时候陈注也会先通解句意,再引事例为证。如《谋攻篇》"其次伐交"句,陈皞注曰:"或云敌已兴师交合,伐而胜之,是其次也。若晋文公敌宋,携离曹、卫也。"②

第四,在注解具体文句时,陈注注重将《孙子兵法》篇章的上下文贯穿起来,相互印证。如注《九地篇》"我可以往,彼可以来者,为交地"句,陈皞先解释"交地"的含义,继以阐述交地作战时应遵循的原则,最后引本篇下文之语"故下文云:'交地吾将谨其守。'其义可见也。"③有时也会直接用《孙子兵法》本篇或其他篇章的文句来解释某句话,如注《形篇》"战胜而天下曰善,非善之善者也"时,陈皞曰:"潜运其智,专伐其谋,未战而屈人之兵,乃是善之善者也。"④很明显借用了《谋攻篇》"不战而屈人之兵,善之善者也"句。注《谋攻篇》"以虞待不虞者胜"时说:"谓先为不可胜之师,待敌之可胜也。"则是借用了《形篇》"先为不可胜,以待敌之可胜"句。这类注释有利于读者结合前后文对《孙子》思想进行融会贯通的理解。

当然,陈皞注释亦有不妥当甚至谬误者。如《行军篇》"兽骇者,覆也"句,《孙子》原句本意是说,见兽类奔逃,是有敌人来袭。而陈皞注曰:"覆者,谓隐于林木之内,潜来掩我;候两军战酣,或出其左右,或出其前后,若惊骇

---

① 《十一家注孙子·行军篇·陈皞注》。
② 《十一家注孙子·谋攻篇·陈皞注》。
③ 《十一家注孙子·地形篇·陈皞注》。
④ 《十一家注孙子·形篇·陈皞注》。

伏兽也。"①陈皞认为,敌军伏兵的行动特点是"或出其左右,或出其前后",好比惊骇而奔的野兽。其说显然有误。又如《势篇》中"勇怯,势也"句,《孙子》原意是说,士卒的"勇""怯"决定于作战态势的优劣,战争中占绝对优势的一方,士卒就会勇敢,反之就会怯懦。而陈皞注曰:"敌人见我欲进不进,即以我为怯也,必有轻易之心,我因其懈惰,假势以攻之。龙且轻韩信,郑人诱我师是也。"②按照陈皞的解释,"怯"是在"示伪",是为了迷惑敌人,显然曲解了《孙子》之本意。

总之,陈皞注虽然在数量上、质量上不若曹注和杜注,其注解亦有谬误者,但其注也提出了许多纠谬补缺的新见,尤其是指出了杜注的许多错误和疏漏之处,对后人探究《孙子》原意提供了有益的参考。因此,陈皞注亦是我们研究《孙子》时需要参考的诸家之一。

---

① 《十一家注孙子·行军篇·陈皞注》。
② 《十一家注孙子·势篇·陈皞注》。

第四章　秦汉至隋唐时期孙子学理论的发展

　　秦汉至隋唐时期孙子学理论的发展,首先表现为儒家思想对《孙子》战争观的渗透与改造。这是因为,无论是汉代的"霸王道杂用之",还是魏晋及隋唐时期的多元文化并立,都为孙子思想与儒、墨、道、法各家思想的融合提供了重要条件。其中,儒、道两家思想对孙子兵学影响最大,而儒家义兵观念对孙子战争观的渗透又更为突出。在孙子战略理论及作战指导思想的发展方面,这一时期的兵家实践者和研究者们,不断将孙子的有关思想理论验之于战场实践,总结出零散的宝贵的用兵经验和智慧,进而到隋唐时期沉淀为《唐李问对》这部总结性的孙子学专著,它标志着孙子学理论发展到较为成熟的阶段。在军队建设和军队管理方面,《孙子》的将帅理论和治军思想也不断得以补充、完善,并随着统治者政策从"取天下"向"安天下"的转变,而产生出一些新的治军理论和观点。此外,这一时期还有两部兵书有益于孙子学理论的丰富和发展,其一是魏晋时期反映古代阵法原理的《握奇经》,其二是唐代以道家立场言兵的《道德经论兵要义述》,前者深刻揭示了古代阵法原理与孙子兵学理论相辅相成的关系,后者则集中体现了道家兵学思想与孙子兵学思想的相通性。

第一节　儒家思想对《孙子》战争观
理论的渗透与改造

　　《孙子》是"正兵书",其主要研究和讨论的是战争制胜的问题。虽然,孙子也认识到了政治和民众在战争中的地位和作用,并明确提出了"令民与上同意""上下同欲"的道胜思想,但孙子的道胜所突出的是"上"的意志而非"民"的意志,这就使将领和士卒失去了精神自主权,他们虽然能破解战场的重重迷雾,却不能摆脱专制王权的奴役和宰制。再者,虽然孙子也主张在治军中"视卒如爱子""视卒如婴儿",但却有鲜明的愚兵思想:"帅与之期,如登高而去其梯;帅与之深入诸侯之地,而发其机;若驱群羊,驱而往,驱而来,莫知所之。"如此一来,孙子之战争观理论虽然有着"仁"的内涵,却并没有将当时民本和仁本的进步思想观念完全吸纳,这无疑是历史和阶级的局限。有专家曾指出:"明乎此,就能洞晓《孙子》没有充分揭示兵家的最高智慧。"①

　　也正因如此,《孙子》对于战争目的和战争性质等问题缺乏深刻的论证,而秦汉至隋唐时期的将帅和兵学家则在政治统一和思想兼容的历史大潮中担负起这一重任,对上述问题进行了较为深入的探讨和分析,进而推动了孙子学理论的丰富与发展。在此过程中,儒家义兵思想对《孙子》战争观理论的渗透与改造,是最为突出的,也是最有价值的。

一、"有义兵而无偃兵"

　　在战争起源问题上,《吕氏春秋》的作者站在秦国统治者的立场上,从实现天下统一的政治目标出发,对战争存在的客观合理性进行了充分论述:"兵之所自来者上矣,与始有民俱。凡兵也者,威也;威也者,力也。民之有

---

　　① 王珏:《有关〈孙子〉研究的新认识》,《中国军事科学》2016年第4期。

威力,性也。性者,所受于天也,非人之所能为也。"①用兵打仗靠的是威势,威势靠的是力量,而追求威势和力量是发自人的天性,因而人世间出现了各种各样的因人的天性而引发的战争。紧接着,作者又说:"在心而未发,兵也;疾视,兵也;作色,兵也;傲言,兵也;援推,兵也;连反,兵也;侈斗,兵也;三军攻战,兵也。此八者皆兵也,微巨之争也。"作者意在强调,人类的"威"和"力"都是天生的,谁都无法改变,而战争随"威"和"力"而生,因而也无法消除。

从以上内容看,《吕氏春秋》的"战争起源说"明显是继承了荀子的"性恶论",是从人类好斗的本性来说明战争的内在根源。客观而言,《吕氏春秋》和荀子的人性说,较之吴子、韩非子在战争起源问题上的"后天说",还存在不少差距。吴子认为:"凡兵者之所以起者有五:一曰争名,二曰争利,三曰积恶,四曰内乱,五曰因饥。"②韩非子认为:"(古者)不事力而养足,人民少而财有余,故民不争。"(今者)"人民众而货财寡,事力劳而供养薄,故民争。"③这二人都是从后天的社会原因和经济原因来说明战争的根源,明显更具现实合理性。

西汉时期,《淮南子·兵略训》既继承了《吕氏春秋》的"人性说",又综合了吴子、韩非子的"后天说",它认为:

> 人有衣食之情,而物弗能足也,故群居杂处,分不均、求不澹则争,争则强胁弱而勇侵怯。人无筋骨之强、爪牙之利,故割革而为甲,铄铁而为刃。贪味饕餮之人,残贼天下,万人搔动,莫宁其所有。有圣人勃然而起,乃讨强暴,平乱世,夷险除秽,以浊为清,以危为宁,故不得不中绝,兵者所由来者远矣。④

---

① 《吕氏春秋·孟秋纪·荡兵》。
② 《吴子·图国第一》。
③ 《韩非子·五蠹》。
④ 《淮南子·兵略训》。

这就是说,人与动物一样,本身即具有相争的天性,加之社会分配不均,强凌弱,勇侵怯,贪婪凶暴者残害天下,造成社会动乱。于是圣人挺身而出,除暴安良。这就不仅阐明了战争产生之历史久远,更触及战争的性质问题了。

如何认识和对待战争呢?从先秦诸子开始,各家学派就有不同的看法和观点。如道家斥责战争为"天下不祥之器",主张回到"虽有兵器,无所陈之"的原始社会,其战争观念明显是消极的。墨家主张"非攻",呼吁"救守",其本质是反对战争的。儒家虽然不笼统地反对一切战争,但将战争问题建立在仁义的基础之上,符合仁义的战争就支持,不符合仁义的战争就反对,明显带有理想主义色彩。孙子为代表的兵家主张理性用兵,强调"利战",一切以现实利益为基础。法家把战争作为实现国家政治目标的主要手段,提倡"力战",带有一定的军国主义倾向。

秦汉时期兵家在战争目的问题上虽然杂取诸子成分,但受儒家思想的影响最大,义兵思想最受推崇。这意味着《孙子》以利为核心的功利战争观开始接受儒家思想的渗透与改造,同时也昭示着中国古代"祖尚仁谊,次以铃略"之经国治军模式的逐步确立。①

在中国兵学史上,义兵观念的确立有一个长时期的过程。从《司马法》的记载来看,"以义统兵"是春秋时期的通则:"入罪人之地,无暴圣祇,无行田猎,无毁土功,无燔墙屋,无伐林木,无取六畜,禾黍、器械,见其老幼,奉归勿伤。虽遇壮者,不校勿敌,敌若伤之,医药归之。"②后来,吴起、孙膑的兵学理论和兵学思想中都包含"义"的成分,吴起讲"禁暴救乱曰义"③,孙膑称"卒寡而兵强者,有义也"④。儒家代表荀子也宣扬过"仁义之兵",认为"四帝、两王皆以仁义之兵行于天下也",并强调"桓、文之节制不可以敌汤、武之

---

① 龚留柱:《〈吕氏春秋〉和〈淮南子〉的军事思想比较》,《河南大学学报(社会科学版)》2003年第1期。

② 《司马法·仁本第一》。

③ 《吴子·图国第一》。

④ 《孙膑兵法·见威王》。

仁义"。①

在继承上述义兵思想观念的基础上,《吕氏春秋·孟秋季·荡兵》提出并论证了"有义兵而无有偃兵"的思想主张。其具体的历史背景是,在战国后期,惠施和公孙龙等人曾提出偃兵之说,他们认为,只要能够禁绝人们的"贪争之心",就能够消除战争。而在《吕氏春秋》的作者看来,战争源自人的天性,天性是不可泯灭的,因而战争是无法消除的。而从历史的经验看,"黄、炎固用水、火矣,共工氏固次作难矣,五帝固相与争矣",也说明战争是不可禁止的。更重要的是,战争不仅不可禁,而且也不应禁,因为它符合历史的发展趋势,有其客观的历史作用。

> 夫兵不可偃也,譬之若水火然,善用之则为福,不能用之则为祸;若用药者然,得良药则活人,得恶药则杀人。义兵之为天下良药也亦大矣。②

那么,"义兵"的标准是什么呢?"兵诚义,以诛暴君而振苦民,民之说也。"③很显然,在作者看来,"义兵"乃是吊民伐罪、除暴安民的行动,这样的行动会得到人民的拥护和支持。而为了突出秦国统一战争的进步作用,作者又强调:"兵苟义,攻伐亦可,救守亦可;兵不义,攻伐不可,救守不可。"④

由此可见,《吕氏春秋》站在秦朝统一的立场上,通过论证战争的根源、战争的合理性,批判了墨家的"非攻救守"的主张,从而使"义兵"的观念得以最终确立。这无疑深化了当时人们对战争问题的认识,其对孙子重战、慎战的战争观理论,也是一种有益的补充。

成书于秦汉之际的《三略》,是在道家和儒家思想融合的基础上宣扬义

① 《荀子·议兵》。
② 《吕氏春秋·孟秋季·荡兵》。
③ 《吕氏春秋·孟秋季·荡兵》。
④ 《吕氏春秋·孟秋季·禁塞》。

兵观念的。它立足老子的"道说"和"德说",兼容儒家的"仁""义""礼"等观念,强调"道德仁义礼,五者一体",并将其作为全书论证经国治军战略的根本条件。

> 圣王之用兵,非乐之也,将以诛暴讨乱也。夫以义诛不义,若决江河而溉爝火,临不测而挤欲坠,其克必矣。所以优游恬淡而不进者,重伤人物也。夫兵者,不祥之器,天道恶之,不得已而用之,是天道也。夫人之于道,若鱼之在水,得水而生,失水而死,故君子常惧而不敢失道。①

从这段内容来看,《三略》的战争观念,是具有一定的反战倾向的。它借老子的话说,"夫兵者,不祥之器",会给社会经济和人民的生活带来巨大的灾难,因此不要随意发动战争,即便是要进行战争,也应该是"不得已而用之"或"优游恬淡"而处之。但是《三略》也认识到,战争是客观存在的,不会因为人们的好恶而自行消失。更重要的是,它虽然认为战争是"天道恶之"的,但当为了"诛暴讨乱"不得已而进行战争的时候,这种战争又是符合"天道"的。如此一来,《三略》就将战争分成了两大类:正义战争和非正义的战争,而圣明的君主进行的战争是"诛暴讨乱"的战争,是符合"天道"的正义的战争。《三略》这种对于"义战"与"天道"关系的论述是很有辩证哲理意味的,较之前人对"义战"思想的认识更加深刻。

《淮南子·兵略训》在战争观问题上大体沿袭了《吕氏春秋》《三略》的基本思路,也倡导义兵思想,但其从新的政治形势着眼,侧重点有所不同。它首先从民本思想的角度区分战争的正义和非正义。非正义的战争乃是"杀无罪之民,而养无义之君,害莫大焉;殚天下之财,而澹一人之欲,祸莫深焉";而正义的战争则是"夫兵者,所以禁暴讨乱也""非利土壤之广而贪金玉之略,将以存亡继绝,平天下之乱而除万民之害也"。其中的原因在于,经历

---

① 《三略·下略》。

了秦末农民战争和楚汉战争的深刻洗礼之后,统治者对人民的力量有了更加清醒的认识。

然而,值得注意的是,在《淮南子》的政治哲学里边,"义"还有更深层次的内涵,那就是"宜",即强调人们行为的恰当性与合理性,这是其实现仁智合一、经权统一的根本基础。所以,《淮南子》讲:"仁以为经,义以为纪,此万世不更者也。"①也正因如此,它明确将"义"视为用兵之"本","用兵有术矣,而义为本。本立而道行,本伤而道废"。这就大大提升了"义"在战争中的哲学意义,因而较之《吕氏春秋》和《三略》的相关思想要深刻得多。

从上述内容看,秦汉时期最终确立的义兵观念,是对《孙子》战争观理论的一种渗透与改造,并由此对中国传统兵学的发展产生了深远影响,后世兵家讨论有关战争的基本认识问题,莫不以此立论基点。比如,在《曹操注孙子·序言》中,曹操就谈道:

> 操闻上古有弧矢之利,《论语》曰"足兵",《尚书》八政曰"师",《易》曰"师贞丈人吉",《诗》曰"王赫斯怒,爰征其旅"。黄帝、汤、武咸用干戚以济世也。《司马法》曰:"人故杀人,杀之可也"。恃武者灭,恃文者亡,夫差、偃王是也。圣人之用兵,戢时而动,不得已而用之。

二、"道胜"思想与"民本"观念

中国自古以来就将道义、民心问题视为决定战争胜负的根本原因。孙子作为一代兵家智者,自然不会忽略这一根本问题,他在《计篇》中有言:"道者,令民与上同意也。"并将此"道"置于战略五要素的首位。在《形篇》中,孙子更明确地谈道:"修道而保法,故能为胜败正。"即"道"与"法"是战争胜负的两个根本因素。

---

① 《淮南子·氾论训》。

　　然而,孙子考虑战争问题的出发点是君主本位或国家本位,而非人民本位,其所言的"道"体现的是"上"的意志而不是"民"的意志。值得注意的是,"令民与上同意"的"令"字表达的意思是,命令民众主动与君主保持一致,让他们顺从君主或国家的利益,而绝非让君主顺从民众的意愿。故而,孙子的道胜思想在一定程度上虽有"天道人心"的内涵,但并没有将其完全吸纳。故有学者提出这样的看法:兵家的最高境界不是"不战而屈人之兵",更不是以"以战止战",而是为生存而战,为正义而战,为天道人心而战,明乎此,就能洞晓《孙子》没有充分揭示兵家的最高智慧。①

　　秦汉以来,随着大一统帝国的建立,统治者越来越认识到民众在战争中的重要作用,儒家思想也在汉代开始取得思想领域的主导地位,因而儒家军事思想中的民本观念逐步渗透至兵家的思想体系中,进而丰富和发展了孙子的战争观理论。

　　在这一问题上,《吕氏春秋》为论证秦国统一战争的合理性,主动吸纳了儒家军事思想的民本观念,对战争中民心向背的重要性做出进一步的论证。它首先强调德政、德化的重要性,其在《离俗览·上德》篇中谈到"为天下及国,莫如以德",并引用墨家师徒一百八十余人集体自杀的故事,来说明道德精神力量之伟大。

　　德义为什么会有如此大的力量呢? 关键在于它能得民心,顺民意,所以《吕氏春秋》明确提出"顺民"的主张,从而有了统治者主动顺应民众意愿的深层内涵:"夫以德得民心以立大功名者,上世多有之矣。失民心而立功名者,未之曾有也。"②"顺民"即取悦于民,这就要做到利民、化民、亲民、爱民。"人主其胡可以无务行德爱人乎? 行德爱人,则民亲其上;民亲其上,则皆乐为其君死矣。"③此外,作者还能引用《孙子·形篇》中有关言论来论证这一问题,强调统治者如果能"善用其民",则"民之走之也,若决积水于千仞之溪,

---

　　① 王珏:《有关〈孙子〉研究的新认识》,《中国军事科学》2016 年第 4 期。
　　② 《吕氏春秋·季秋纪·顺民》。
　　③ 《吕氏春秋·仲秋纪·爱士》。

其谁能当之"①。这表明,儒家的民本观念已经向孙子的战争观理论和用兵理论逐步渗透。

《三略》从其"政治方略"的基本理念出发,更加注重民众在治国、战争中的重要地位和作用,它将民众的作用与英雄、贤士的作用等同视之,并构成其军事思想的核心内容,这较孙子的道胜思想是一个明显的进步。比如,《三略·上略》中说:

> 夫为国之道,恃贤与民。信贤如腹心,使民如四肢,则策无遗。
> 英雄者,国之干;庶民者,国之本。得其干,收其本,则政行而无怨。
> 夫统军持势者,将也;制胜破敌者,众也。……以弱胜强者,民也。

从上述内容来看,它既注重英雄、贤士、将军的骨干作用,也重视民众、士兵的基础作用,主张两个方面要相辅相成,缺一不可。然从制胜破敌的军事目的来看,它似乎特别强调民众是决定战争胜负的根本因素,如上文提到的"制胜破敌者,众也""以弱胜强者,民也"等观点。这说明《三略》道胜思想中的民本观念是非常突出的。

如何获取民众力量的拥护和支持呢?作者不仅强调统治者要体察民情,广施恩惠,减轻劳动人民的负担,"军国之要,察众心,施百务","兴师之国,务先隆恩。攻取之国,务先养民",还要做到"赏禄有功,通志于众"。

> 夫主将之法,务揽英雄之心,赏禄有功,通志于众。故与众同好,靡不成;与众同恶,靡不倾。治国安家,得人也;亡国破家,失人也。②

值得注意的是,此段言论中"通志于众"的思想,与孙子《计篇》中"令民与上同意"的思想可谓一脉相承,但细究文义,又有差别。孙子有强令民众

---

① 《吕氏春秋·有始览·务本》。
② 《三略·上略》。

服从国君意愿的味道,而《三略》则不仅表现出对普通民众的重视和尊敬,还主张以务实的惠民措施来达到"上下同欲"的根本目标,其中突出表现的正是君主本位与人民本位的根本差异。

《淮南子·兵略训》在继承前人思想的基础上,直接提出了"道本"和"政胜"的基本观点。这里的"道本"之说,值得深究。"道"本是道家最高的哲学概念,指的是宇宙发展的规律和各类具体事物发展的规律。该书在论述战略、战术及治军等军事问题时,都将其纳入"道"的统率之下,以"道"为灵魂,这是《淮南子》论兵的一个突出特点。

> 兵失道而弱,得道而强;将失道而拙,得道而工;国得道而存,失道而亡。所谓道者,体圆而法方,背阴而抱阳,左柔而右刚,履幽而戴明,变化无常,得一之原,以应无方,是谓神明。①

然另一方面,该书又赋予"道"正义的内涵,即顺应民众的意愿,利用民众的力量,铲除残害民众的奸贼,这种"得道"的军事行动就会取得胜利,否则就会败亡。"举事以为人者众助之,举事以自为者众去之。众之所助,虽弱必强;众之所去,虽大必亡。"而且这种顺应民众的战争,很容易达成战争的全胜境界。

> 故得道之兵,车不发轫,骑不被鞍,鼓不振尘,旗不解卷,甲不离矢,刃不尝血,朝不易位,贾不去肆,农不离野。招义而责之,大国必朝,小城必下。因民之欲,乘民之力,而为之去残除贼也。②

可见,作者所强调的"道本",乃是融合了儒、道两家思想的精华于兵学理论之中,这是对孙子道胜思想的一种新的补充和发展。

---

① 《淮南子·兵略训》。
② 《淮南子·兵略训》。

在"道本"思想的基础上，《淮南子·兵略训》又明确提出了"政胜"的主张。作者认为，兵精粮足、天时地利、良将贤能皆为兵之制胜之具，而非必胜之本。

> 兵之胜败，本在于政。政胜其民，下附其上，则兵强矣。民胜其政，下畔其上，则兵弱矣。故德义足以怀天下之民，事业足以当天下之急，选举足以得贤士之心，谋虑足以知强弱之势，此必胜之本也。①

这就是说，战争胜败的关键在于政治得失，政治因素是战争必胜的基本条件和保障。为此，作者在《兵略训》中提出了治国理政的三条基本原则："治国家，理境内；行仁义，布德惠；立正法，塞邪隧。"同时，又强调统治者要勿夺农时，省事节用，"为治之本，务在宁民，宁民之本，在于足用；足用之本，在于勿夺时；勿夺时之本，在于省事；省事之本，在于节用；节用之本，在于反性。"②这些认识都进一步深化了孙子的道胜思想。

西汉著名政论家贾谊的《新书》在继承先秦民本思想的基础上，立足于西汉初年讨伐、清算"诈力"的"革心"运动，也强调战争胜败的关键完全取决于民众，其有言："故夫战之胜也，民欲胜也；攻之得也，民欲得也；守之存也，民欲存也。故率民而守，而民不欲存，则莫能以存矣；故率民而攻，民不欲得，则莫能以得矣；故率民而战，民不欲胜，则莫能以胜矣。"③在这里，作者重点关注和阐释了"民欲"二字，其与孙子"令民与上同意也"观点相比，更加突出了民众在战争中的积极性与主动性。

东汉王符的《潜夫论》主要论述治国安民问题，尤其是针对当时羌族暴乱引起的边患问题，提出了许多著名见解，其中许多内容涉及战争中的民本观念与孙子的道胜思想。如该书谈道：

---

① 《淮南子·兵略训》。
② 《淮南子·泰族训》。
③ ［汉］贾谊：《新书》卷五〇《大政（上）》。

明于祸福之实者,不可以虚论惑也;察于治乱之情者,不可以华饰移也。是故不疑之事,圣人不谋;浮游之说,圣人不听。……是以明君先尽人情,不独委夫良将,修己之备,无恃于人,故能攻必胜敌,而守必自全也。①

这实际上是立足社会现实问题,要求君主以切实的清明政治,赢得民心,换取民众的支持,进而取得对羌战争的胜利。正所谓"修道而保法,故能为胜败之政"。对此,《潜夫论》进一步补充分析说:

圣王之政,普覆兼爱,不私近密,不忽疏远,吉凶祸福,与民共之,哀乐之情,恕以及人,视民如赤子,救祸如引手烂。是以四海欢悦,俱相得用。②

殊为可贵的是,《潜夫论》作者还围绕民众"趋利避害"的本性来论述这一问题。在王符看来,人们之所以不计生死,投身于战争活动,无非是趋利避害;无论是君主还是将帅,对此应有明确的认识,并且加以利用,才能充分发挥民众的力量。

凡人所以肯赴死亡而不辞者,非为趋利,则因以避害也。……明主深知之,故崇利显害以与下市,使亲疏贵贱愚智,皆必顺我令乃得其欲,是以一旦军鼓雷震,旌旗并发,士皆奋激,竞于死敌者,岂其情厌久生,而乐空死哉?③

---

① [汉]王符:《潜夫论·边议》。
② [汉]王符:《潜夫论·救边》。
③ [汉]王符:《潜夫论·劝将》。

唐代杜佑《通典》中有这样一句话，"语有之曰：'天时不如地利，地利不如人和。'诚谓得兵术之要也。以为孙武所著十三篇，旨极斯道，故知往昔行师制胜，诚当皆精其理。"①在这里，杜佑明确强调人和为"兵术之要"，并认为《孙子》"旨极斯道"，实际就是将《孙子》一书的核心精神归结为"道胜"主题。他还引姜太公的话佐证说："用兵者，顺天之道未必吉，逆之不必凶，若失人事，则三军败亡。"②而如何发挥好战争中人的作用呢？作者又引《孙子》的相关言论总结说：

> 道者，令人与上同意也，谓导之以政令，齐之以礼教也。危者，疑也。上有仁施，下能致命也。故与处存亡之难，不畏倾危之败。③

从上述内容看，秦汉至隋唐时期的兵家学者，明显是在继承儒家民本思想的基础上，进一步丰富和改造了孙子的道胜思想，这在孙子学发展史上具有重要意义。比较而言，孙子重战、慎战的战争观念，具有实用主义的理性态度，符合战争的本质规律。而儒家的"仁者无敌"理论，敏锐地认识到了政治对战争的主导作用，肯定了民心向背对战争胜负的决定性作用，也具有很大的进步性与合理性。而且，从历史上看，儒家仁义战争观的超越理念，对兵家的基本理论与和战争实践具有规范和引领的作用。

三、"文武并重"与"仁诈合一"

任何战争理论都要研究军事与武力的定位问题，尤其是战争与政治的关系问题。治国安邦，文武相济，文道与武道本就是相互依存、相互辅助的关系。如果说文道的中心在于道德与和谐，那么武道的中心就在于诡诈与竞争，前者立足于人之"善"，后者立足于人之"恶"。是故，"有文事者，必有

---

① ［唐］杜佑：《通典·兵典·兵序》。
② ［唐］杜佑：《通典·兵典·推人事破灾异》。
③ ［唐］杜佑：《通典·兵典·兵一》。

武备"①。《孙子》作为专门的兵学论著,虽然在一定程度上认识到政治对战争的影响作用,但孙子所论旨在探讨"用兵之道",其思想大多局限于纯军事领域之内,未能对军政关系给予更多的关注,这一不足在秦汉以后的兵家论述中逐步得以补充和完善。

在《淮南子·兵略训》中,"以政统兵"是其讨论战争问题的基本思路,"政治—战争"始终是其核心命题。在作者看来,兵精粮足、天时地利、良将贤能虽然都是影响战争的重要因素,"然皆佐胜之具也,非所以必胜也"。必胜的条件是什么呢? 在于政治:

> 兵之胜败,本在于政。政胜其民,下附其上,则兵强矣。民胜其政,下畔其上,则兵弱矣。故德义足以怀天下之民,事业足以当天下之急,选举足以得贤士之心,谋虑足以知强弱之势,此必胜之本也。②

在该篇接下来的论述中,对于危害社会的恶势力,刘安并不主张随便使用暴力,而是要坚持政治教化为先的原则:"教之以道,导之以德而不听,则临之以威武。临之威武而不从,则制之以兵革。"同时,在不得已发动战争之时,又要出师有名:"闻敌国之君有加虐于民者,则举兵而临其境,责之以不义,刺之以过行。"他还强调,攻伐不义国家要讲究政治策略,矛头只能对准昏君暴王及其帮凶死党,不能掳掠扰民。而且,在消灭暴君及其党羽以后,要帮助该国建立新的政权,恢复社会秩序,让百姓过上和平安定的生活:"克国不及其民,废其君而易其政,尊其秀士而显其贤良,振其孤寡,恤其贫穷,出其囹圄,赏其有功。"

由此而言,《淮南子》战争观的最大特色之一,是在儒家仁本和民本思想的基础上,将战争与政治紧密地融为一体,进而赋予战争强烈的政治性内涵,这也是其与兵家战争观的最大差别所在。像孙子、吴子等先秦兵家思考

---

① 《孔子家语·相鲁》。
② 《淮南子·兵略训》。

战争问题不是没有政治意识,但从未像《淮南子》这样深刻而强烈,也未明确体现出它"以道统政""以政制兵"的战争指导思路,这也正是《淮南子》对《孙子》既有效继承又能发展创新的地方。

王符《潜夫论》的主要内容多是讨论治国安民之术的政论思考,他善于总结三代以来的历史经验教训,进而揭示东汉末期本末倒置、名实不符的社会黑暗情形,并以此警告统治者。而这一特点也决定了其对当时边防问题和军事问题的论述多带有政治性色彩。如他言道:

> 太古之民,淳厚敦朴,上圣抚之,恬澹无为,体道履德,简刑薄威,不杀不诛,而民自化,此德之上也。……诗云:"修尔舆马,弓矢戈兵,用戒作则,用逖蛮方。"故曰:兵之设也久矣。涉历五代,以迄于今,国未尝不以德昌而以兵强也。①

从这段话看,作者从历史观的角度,阐释了战争存在的客观合理性,而其最后一句话"国未尝不以德昌而以兵强也",则明显是强调了政治高于军事的基本主张,也正是以这一思想主张为基础,他激烈反对统治者在边防问题上的消极避战的态度,强调不能以烦民为借口,招致灭亡之祸。"今言不欲动民以烦可也。即然,当修守御之备。必今之计,令虏不敢来,来无所得;令民不患寇,既无所失。"②

在该篇中,作者还从爱民安民的角度,进一步强调了"兵所以威不轨而昭文德"的历史价值,并以历史上典型的人物和事件为例,说明仁政与军事不可分离的深刻道理。

> 齐桓、晋文、宋襄,衰世诸侯,犹耻天下有相灭而己不能救,况皇天所命四海主乎? 晋、楚大夫,小国之臣,犹耻己之身而有相侵,况天子三

---

① [汉]王符:《潜夫论·劝将第二一》。
② [汉]王符:《潜夫论·边议第二三》。

公典世任者乎？公刘仁德,广被行苇,况含血之人,己同类乎？一人吁嗟,王道为亏,况灭没之民百万乎？书曰:"天子作民父母。"父母之于子也,岂可坐观其为寇贼之所屠剥,立视其为狗豕之所啖食乎？①

诸葛亮的《便宜十六策》,主要是从君主治国的角度,论述治国用兵的纲领性问题,因而能够较为全面地论述文道与武道的关系,其中以《治军》篇最为典型(诸葛亮的军队建设思想当是其军事思想的最大成就)。该篇首先立足于治军对于治国的重要地位和作用展开讨论:"治军之政,谓治边境之事,匡救大乱之道,以威武为政,诛暴讨逆,所以存国家、安社稷之计。是以有文事,必有武备。"继而,它又从经国、治军的不同特点来论证文与武的关系:"故治国以文为政,治军以武为计;治国不可以不从外,治军不可以不从内。"②最后,它还将这一问题追溯至上古战争实践的领域予以深入分析,进而强调战争(治军)的不可缺失:"是以黄帝战于涿鹿之野,唐尧战于丹浦之水;舜伐有苗,禹讨有扈,自五帝三王至圣之主,德化如斯,尚加之以威武,故兵者凶器,不得已而用之。"

李筌的《太白阴经》在兼容儒、道、兵三家思想的基础上,亦深刻论证了文道与武道的辩证关系。在《主有道德》篇中,李筌首先总结春秋战国之际崇利尚诈、兵连祸结的历史事实:"道德废,王者出而尚仁义;仁义废,伯者出而尚智力;智力废,战国出而尚谲诈。"然而,李筌又强调圣人能够妥善地处理好文与武的复杂关系,进而把握好治国与用兵的不同思路:

> 唯圣人能反始复本,以正理国,以奇用兵,以无事理天下。正者,名法也;奇者,权术也。以名法理国,则万物不能乱;以权术用兵,则天下不能敌;以无事理天下,则万物不能挠。③

① [汉]王符:《潜夫论·边议第二三》。
② 《便宜十六策·治军》。
③ [唐]李筌:《太白阴经·主有道德篇》。

在此基础上,该篇又明确提出了"将"与"相"、"道"与"谋"、"德"与"力"相辅相成的经国治军模式,进而从不同层面阐明了政治与军事的关系:

> 四封之内,百姓之事,任之于相;四封之外,敌国之事,任之于将。语曰:将相明,国无兵。……以道胜者帝,以德胜者王,以谋胜者伯,以力胜者强。①

唐代杜佑既是政治家、史学家,也是兵学家,故在这一问题上有着更深刻的见解。杜佑治国理政的理想目标是追求合理的政理秩序,在这一秩序中,朝廷政治、经济与机构设置是放在首要位置的,而兵刑几乎处于末位。"是以食货为之首,选举次之,职官又次之"②。然而,杜佑作为一名注重实用的政论家,并未忽视"兵刑"的地位和作用。"五帝行教,兵由是兴,所谓'大刑用甲兵,而陈诸原野',于是有补遂之战,阪泉之师。"③他一方面在理论层面极力抬升道德教化的地位:"父子君臣之要道,十伦五教之宏纲,如日月之下临,天地之大德。百王是式,终古攸遵。"④另一方面却又理性地认识到道德教化的弊端和局限性,认为其"率多记言,罕存法制""多陈纯失之弊,或阙匡拯之方"。所以,在其治国理政理论中,又有了"夫戎事,有国之大者"⑤的基本观点。这就把兵刑提到了一个相当重要的位置上,从而在一定程度上理顺了政治教化与刑法兵事的内在关系。

杜佑之孙杜牧讨论兵事(尤其是评价《孙子》)也是从文武之道的高度立言的。在杜牧注《孙子》序言中,他首先强调"兵"与"刑"乃是一种政治行为,都是国家政事的重要组成部分。"兵者,刑也;刑者,政事也";"今者据案

---

① ［唐］李筌:《太白阴经·主有道德篇》。
② ［唐］杜佑:《通典·自序》。
③ ［唐］杜佑:《通典·兵一·兵序》。
④ ［唐］杜佑:《通典》卷首《进通典表》。
⑤ ［唐］杜佑:《通典·兵一·兵序》。

听讼,械系罪人,笞死于市者,吏之所为也。驱兵数万,撅其城郭,系累其妻子,斩其罪人,亦吏之所为也"。在此基础上,他引孔子弟子子贡和冉有的话,阐明了文武相济的重要性:"文武之道,未坠于地";"大圣兼该,文武并用"。继而,他针对世人割裂文武之道的错误认识大发感慨:

> 复不知自何代何人分为二道,曰文、曰武,离而俱行,因使搢绅之士,不敢言兵,或耻言之。苟有言者,世以为粗暴异人,人不比数。呜呼! 亡失根本,斯最为甚。①

战争是政治的继续,是实现政治目的之工具,早在一千多年前,杜牧就能够提出军事为政治服务的观点,并强调"为国家者,兵最为大",这的确是难能可贵的,此一观点可视为杜牧对孙子学发展的一大贡献。

值得强调的是,文道与武道具体应用于军事领域,又表现为"仁"与"诈"的关系。

在"仁"与"诈"的问题上,杜牧有一句名言:"武之所论,大约用仁义,使机权也。"②这句话,可谓准确把握了《孙子》一书的核心问题,真正抓住了孙子兵学思想的灵魂。《孙子》对中国兵学的最大贡献,在于搭建了中国兵学体系的基本框架,而这一体系的核心支撑有两个:其一是"兵者诡道、兵以诈立"思想,揭示了战争的本质规律;其二是"仁为兵本、兵以仁用"思想,奠定了中国特色战争伦理观的基础。后世研兵者唯有把握此两点,方能对《孙子》做出正确解读。而纵览历代研读《孙子》者,首次明确提出该书灵魂乃是"仁诈合一"观点的正是杜牧,此为其对孙子学发展的又一重大贡献。

其实,早在杜牧之前,中国贤人就有关于仁、诈关系的有益讨论。《韩非子·难一》中就记载了这样一个实例:

---

① [唐]杜牧:《樊川文集·注孙子序》。
② [唐]杜牧:《樊川文集·注孙子序》。

晋文公将与楚人战，召舅犯问之，曰："吾将与楚人战，彼众我寡，为之奈何？"舅犯曰："臣闻之，繁礼君子，不厌忠信；战阵之间，不厌诈伪。君其诈之而已矣。"文公辞舅犯，因召雍季而问之，曰："我将与楚人战，彼众我寡，为之奈何？"雍季对曰："焚林而田，偷取多兽，后必无兽；以诈遇民，偷取一时，后必无复。"文公曰："善。"辞雍季，以舅犯之谋与楚人战以败之。归而行爵，先雍季而后舅犯。群臣曰："城濮之事，舅犯谋也，夫用其言而后其身可乎？"文公曰："此非君所知也。夫舅犯言，一时之权也；雍季言，万世之利也。"仲尼闻之，曰："文公之霸也宜哉！既知一时之权，又知万世之利。"

司马彪《战略》之"刘表"一条也详细记载了一个关于仁、诈关系的实际案例。在这一条目中，当刘表提出"宗贼甚盛，而众不附，袁术因之，祸至今矣！吾欲征兵，恐不集"的困惑时，贤者蒯良、蒯越分别作出了不同的回答和对策，蒯良的回答是："众不附者，仁不足也，附而不治者，义不足也；苟仁义之道行，百姓归之如水之趣下，何患所至之不从，而问兴兵与策乎？"而蒯越的回答是："治平者先仁义，治乱者先权谋。兵不在多，在得人也……越有所素养者，使示之以利，必以众来。"很明显，前者的主张是以仁义而制服反叛势力，后者的主张是以权谋而消灭反叛势力。刘表对二人主张的评价是："子柔（蒯良）之言，雍季之论也。异度（蒯越）之计，臼犯之谋也。"而其最后采取的是蒯越的策略与诈术："遂使越遣人诱宗贼，至者五十五人，皆斩之……表乃使越与庞季单骑往说降之，江南遂悉平。"

李筌的《太白阴经》着重从信义的角度论证了"仁"与"诈"的辩证关系。《太白阴经·沉谋篇》的中心应该是论证谋略用兵的重要性，然而开篇却说："善用兵者，非信义不立。"作者之所以这样立论，就是强调要把"诡道用兵"建立在"信义"的基础上。"信义"不立，不可以用"谋"；"谋"而失本，不可以用战。正如作者在《太白阴经·善师篇》中说："兵非道德仁义者，虽伯有天下，君子不取。""阴谋逆德，好用凶器，非道德忠信，不能以兵定天下之灾，除兆民之害也。"

《唐李问对·卷上》则是从奇正思想的角度,论及"仁"与"诈"的辩证关系。李靖在回答唐太宗关于"正兵"的问话时,首先列举了诸葛亮七擒孟获而后使孟获甘心归附的战例,说明诸葛亮的做法是"无他道也,正兵而已矣"。接着,李靖又总结黄帝以来的征战经验,得出结论说,"师以义举者,正也",用兵应"先正而后奇,先仁义而后权谲"。显然,在李靖看来,"正"即指正义之师、仁义之战;"奇"即指诡诈机变,谋略用兵。"奇"与"正"的统一,实际上是武德之仁与谋略之诈的统一。

另外,杜佑在《通典·兵典》中还大胆提出了战争中的"示信""示义"思想。如在《通典·兵典·兵四》"示信"一节中,杜佑讲述了晋楚城濮之战中晋军"退避三舍"以取胜的案例,"退避三舍"的合理之处,就在于因情用兵,既激励了我方士兵的士气,也打击了对方士兵的作战信心。在《通典·兵典·兵四》的"示义"一节中,杜佑又举出了西晋名将羊祜以信义守荆州的典型案例:"每与吴人交兵,克日方战,不为掩袭之计";"吴将陈尚、潘景来寇,祜追斩之,而美其死节,厚加殡殓";"每会众江、沔游猎,常止晋地。若禽兽先为吴人所伤而为晋兵所得者,皆封还之"。于是,"吴人翕然悦服,称为羊公,不之名也"。战争制胜的手段与方式千变万化,切忌死板,杜牧不拘于《孙子》"兵者诡道"理论,明确肯定了特定的战争条件下"信""义"的作用,不能不说是一个兵学理论与实战结合的创新之论。

从上述内容看,秦汉至隋唐时期的兵学研究者,在政治与军事关系的问题上,很好地吸收和借鉴了儒家的思想观点,基本确立了政治高于军事的基本观念。尤其在"仁"与"诈"的辩证统一方面,更是在儒家仁德观念与战争谋略实践结合的基础上,提出了许多创新之见。这些内容都是对《孙子》战争观理论的丰富与发展。从孙子学本身的内容体系及其影响来看,"仁为兵本""安国全军",这是《孙子》战争观理论的基石,脱离此即为穷兵黩武、祸乱百姓。然而,从另一角度讲,战争乃是人类特殊的社会活动,"兵者诡道"乃是战争指导的本质规律,违背此"道"就是书生迂腐之见,同样会给国家带来无穷灾难。《孙子》的战争理论之所以科学而又完善,核心与灵魂正在于此。

第二节　《孙子》战略理论与作战指导思想的发展

《孙子》最杰出的成就在于战略思想,其前三篇论大战略,之后三篇论军事战略,再后七篇虽然主要论述各种具体条件下的战术原则,但它的很多内容又涉及战略思想和原则。所以,古今中外一切优秀的军事家莫不称赞孙武是"战略之祖""古代第一个形成战略思想的伟大人物"①,同时,也肯定《孙子》庙算、全胜、速胜等战略思想在当代社会具有深刻的借鉴价值。另一方面,"作战指导思想"是包含了战略与战术思想在内的庞杂概念。② 在孙子兵学体系中,有许多思想内容并不能完全按照现代军事学的标准来划定战略与战术的差异和界限,如孙子的"避实击虚""因形造势""以迂为直""正合奇胜""我专敌分""致人而不致于人"等用兵原则,既可以是战略原则,也可以是战术原则。另外,战争中将领对敌情的认知与判断,对地形的认识和利用,包括用间的一些具体方法和途径,它们既非战略原则,也非战术原则。故上述用兵理论只能以"作战指导思想"而笼统称之。这是我们深入研究秦汉至隋唐时期孙子兵学理论发展的一个前提认知条件。

一、对《孙子》战略思想的继承与发展

1. 关于"庙算"战略思想

中国古人有敬天法祖的传统,大凡出兵作战或任命将帅,国君必须先在太庙祭祀祖宗(求得祖先庇护),然后做出决策或下达作战命令,这个过程称为"庙算"。

"庙算"是国家最高层(朝廷)做出的战略决策,目的在于为具体的作战

---

① 冯之浚:《战略研究与发展路径》,浙江教育出版社,2013 年,第 2 页。
② 魏鸿:《宋代孙子兵学研究》,军事科学出版社,2011 年,第 155 页。

方案做准备。任何一场战争中,只有最高领导层做出正确的战略决策,军队才有正确的主攻目标和方向,作战才有进攻退守的依据。正如《国语·越语下》所言:"夫谋之廊庙,失之中原,其可乎?"

到孙子之时,已立足于战略层面,明确提出了"庙算"的概念。"夫未战而庙算胜者,得算多也;未战而庙算不胜者,得算少也。多算胜,少算不胜,而况于无算乎?"有学者认为,在我国,孙子首先赋予战略以明确的概念——"庙算"。① 之后,诸多兵家人物和兵学典籍都普遍地使用了"庙算"这一概念。

《吴子·图国》曰:"必告于祖庙,启于元龟。"《战国策·秦策一》曰:"故曰:式于政,不式于勇;式于廊庙之内,不式于四境之外。"《商君书·战法》亦言:"若其政出庙算者,将贤亦胜,将不如亦胜。"《尉缭子·将令》曰:"将军受命,君必先谋于庙,行令于廷。"

在战国时期,对孙子庙算思想贡献最大的是《孙膑兵法》。孙子所论"庙算"之本义是"计"或"谋",定计是庙算本身,用计是庙算的延伸。而庙算中的"算"字,是计算的意思(也可理解为算筹),所谓"多算""少算""无算"均是指影响战争胜负的筹码的多少或有无,引申为胜利的具体条件。后世学者研究庙算,多强调其计与谋的价值,而忽略"算"的作用。而《孙膑兵法》则特别突出了"算"之谋划价值:"不能分人之兵,不能按人之兵,则数倍而不足。众者胜乎? 则投算而战耳。富者胜乎? 则量粟而战耳。"②在这里,作者强调"算"乃是军事指挥和谋划的必然需求,从而大大丰富了战争决策的过程。

秦汉以后,各类兵家典籍和兵家人物从不同的角度,进一步丰富和发展了孙子庙算思想的基本内容。

《淮南子·兵略训》在庙算方面的突出贡献,是明确提出了"庙战"的概

---

① 于泽民:《战略理论的奠基作——孙子兵法》,载中国孙子兵法研究会编《孙子新探——中外学者论孙子》,解放军出版社,1990 年,第 19 页。
② 《孙膑兵法·客主人分》。

念和思想。它说:"凡用兵者,必先自庙战。"因而,它将战前决策时需要考虑的问题具体化为:"主孰贤? 将孰能? 民孰附? 国孰治? 蓄积孰多? 士卒孰精? 甲兵孰利? 器备孰便? 故运筹于庙堂之上,而决胜乎千里之外矣。"值得注意的是,《兵略训》还指出:"故庙战者帝,神化者王。所谓庙战者,法天道也;神化者,法四时也。修政于境内而远方慕其德,制胜于未战而诸侯服其威,内政治也。"从这一内容看,《兵略训》的"庙战"思想乃是由孙武的"庙算"思想发展而来的,但它预测战争胜败,既注重遵循道家道法自然的基本规律,又突出儒家政治教化的地位和作用,这已经是兵、儒、道三家思想融合下的庙算决策理论。

曹操对孙子"庙算"之本质意义的认识更为深刻。他在《曹注孙子》的《计篇》题注中言:"计者,选将、量敌、度地、料卒、远近、险易,计于庙堂也。"这里所说的"计",就是预计、预谋、预先筹算之意。战争之前,先计于庙堂,对战争形势进行预判,这是中国兵学最重要的原则之一。曹操敏锐地认识到兵家的这一思想取向,并由此概括出"先计而后动"的著名军事观点,这无疑是对孙子庙算思想的恰当阐释与发挥。这之后,曹操在为《谋攻篇》作注时也曾谈道:"欲攻敌,必先谋。"值得强调的是,曹操并没有为孙子"五事七计"的具体条目所束缚,而是将其综合概括为"选将、量敌、度地、料卒、远近、险易"六项主要内容,而其中又以"选将"为首,这充分体现了曹操在战略谋划方面对将帅人才的特别重视。因为,将帅是战争中最重要、最活跃的变量,也是一支军队中最宝贵的财富。

从理论与实践结合的角度讲,诸葛亮《隆中对》①应该是孙子"庙算"思想应用的最佳个案。而从发展的视角看,《隆中对》对孙子"庙算"思想则有三个方面的突出贡献:

其一,《隆中对》丰富充实了孙子庙算思想的具体内容。孙子关于"庙算"的论述内容是纲领性的,他提供的是一个战略规划和分析的基础框架,

----

① 《三国志·蜀书·诸葛亮传》。

而《隆中对》基于对当时现实的战略问题的研究,其内容是具体而充实的,它既包括全面的战略预测和战略环境分析,又包括清晰的战略目标和任务,更有翔实的战略指导思想、战略方针和基本战略措施。尽管政治军事活动的动态性、复杂性等因素干扰了后来《隆中对》战略计划的具体实施,但它毕竟是一个典型的战略规划预案。

其二,《隆中对》较之孙子庙算思想更体现了战略规划的长远性特征。孙子之"庙算",主要是针对某一场战争而言,是一种大战之前的预测和分析。而就《隆中对》而言,它是一个关乎较长历史时期、阶段目标明确的长远战略规划。第一步为近期目标,"跨有荆益,保其岩阻",即夺取这两个战略要地以为立足之本。第二步为中期目标,"西和诸戎,南抚夷越,外结好孙权,内修政理",即建立外交联盟,搞好内部建设,稳定后方,以奠定夺取天下的根本基础。第三步为远期目标,"天下有变,则命一上将将荆州之军以向宛、洛,将军身率益州之众出于秦川","诚如是,则霸业可成,汉室可兴矣"。从这些内容来看,《隆中对》弥补了孙子军事思想欠缺远程思考的缺陷,也反映了诸葛亮重视谋略、尤重远虑的战略思维特征。

其三,依托诸葛亮而成书的《便宜十六策》,具体细化了孙子庙算思想的内容,并按照战前准备的先后环节简要概括了十五个方面,称之为"治军之大略"。

> 夫用兵之道,先定其谋,然后乃施其实。审天地之道,察众人之心,习兵革之器,明赏罚之理,观敌众之谋,视道路之险,别安危之处,占主客之情,知进退之宜,顺机会之时,设守御之备,强征伐之势,扬士卒之能,图成败之计,虑生死之事,然后乃可出军任将、张禽敌之势,此为军之大略也。①

---

① 《便宜十六策·治军》。

这些内容,更加细化和具体化,已经延伸至战场实践环节,且具有较强的系统性。当然,这种细化也稀释了孙子庙算思想作为战略预测的本质意义,它已不再是围绕战略核心要素的规划与分析,更难以像孙子所论五事七计那样能够深入到事物的本质层面。

李筌之《太白阴经》曾专门论及孙子的庙算思想,并征引了孙子的具体言论,他首先是重点阐明先胜和庙算的关系:

> 胜兵者先胜而后求战,败兵先战而后求胜。故曰未战而庙算胜者,得算多矣;未战而庙算不胜者,得算少矣。多算胜,少算不胜,而况于无算乎? 以此观之,胜负见矣。①

而从实质内容看,李筌主要从天时、地利、人和的角度阐释与发挥了孙子的庙算思想。古人观察和把握世界,往往注重"天""地""人"三个要素,这三要素统称为"三才",事实上孙子所讲的庙算之五事(道、天、地、将、法),归结起来也就是"天""地""人"三个方面。从这一角度讲,李筌所论"庙胜"与孙子所论"庙算"基本思路是一致的,但二者又有很大的差异,这种差异何在呢?

李筌的"庙胜"主张是建立在道家"自然无为"的思想基础之上。《太白阴经·庙胜篇》有云:"天贵持盈,不失阴阳、四时之纲纪;地贵定倾,不失生长、均平之土宜;人贵节事,调和阴阳,布告时令,事来应之,物来知之。"什么时候有利于我方进行战争呢? 关键看对方之"天、地、人"三大要素是否处于失衡状态,即"天道无灾,不可先来;地道无殃,不可先倡;人事无失,不可先伐"。而就我方战略环境分析与战争指导的基本思路而言,也要遵循"天、地、人"阴阳平衡的基本规律,即"兵不法天不可动,师不则地不可行,征伐不和于人不可成。天赞其时,地资其财,人定其谋,静见其阳,动察其阴,先观

---

① [唐]李筌:《太白阴经·庙胜篇》。

其迹,后知其心"。

由此可见,李筌在兵家思想和道家思想融合基础上阐释孙子的庙算观,别有一番新意,也有独特的借鉴价值。

关于孙子的庙算思想,李靖在《唐李问对》中提出了个人的独特见解。他将孙子所论"五事"划分为"道""天地""将法"三个不同的层面,此种划分及相关的阐释,与孙子所论区别较大,有助于人们更好地理解和认识"庙算"思想的内涵与价值。

> 夫道之说,至微至深,《易》所谓聪明睿智神武而不杀者是也;夫天之说阴阳,地之说险易,善用兵者能以阴夺阳,以险攻易,孟子所谓天时地利者是也;夫将法之说,在乎任人利器,《三略》所谓得士者昌,管仲所谓器必坚利者是也。[1]

他还结合历史上的具体人物和案例,进一步论证三个不同层面的差异:

> 若张良、范蠡、孙武脱然高引不知所往,此非知道,安能尔乎。若乐毅、管仲、诸葛亮战必胜,守必固,此非察天时地利,安能尔乎。其次王猛之保秦,谢安之守晋,非任将择材,缮完自固,安能尔乎。[2]

2. 关于先胜战略思想

先胜思想是孙子战略理论的基本内容之一,它与孙子全胜等思想密切联系在一起,共同构成孙子战略思想的主体框架。孙子在《形篇》中讲:"昔之善战者,先为不可胜,以待敌之可胜。不可胜在己,可胜在敌。故善战者,能为不可胜,不能使敌之必可胜。故曰:胜可知,而不可为。"这句话的基本内涵可以包括四个方面:

---

① 《唐李问对》卷下。
② 《唐李问对》卷下。

其一是先求自保再求胜。战争是你死我活,稍不小心即会覆军杀将,所以孙子在"消灭敌人"和"保存自己"的矛盾中明显是侧重于后者,强调"自保而全胜",即立足长远,先稳固自己的后方,消除自身的缺陷、不足和漏洞,最大限度避免我方失败的隐患和危险。

其二是"先弱敌而后战"。其实质就是在事发之前,先把对方的实力和威胁消灭于无形之中,正如西汉司马相如《上书谏猎》所云:"明者远见于未萌,而知者避危于无形。"①这是老祖宗的智慧,功夫不在战时,而在战前,不在战场,而在战场之外,要力求使敌人在与我正式交手之前已经得到最大程度的削弱。

其三是先积累强大的实力。所谓"称胜者之战民也,若决积水于千仞之溪者,形也",意思是说,军事实力强大的胜利者指挥部队作战,就像在万丈悬崖掘开常年积累的水一样,这就是军事实力的"形"。在这里,孙子明确告诉我们,先胜的过程实质就是实力积累的过程。

其四是"求其在我"。即不应把希望和决策的基点放在对方如何变上,而应放在自己做好充分准备的前提下积极应对敌人的变化上。孙子在《九变篇》云:"故用兵之法:无恃其不来,恃吾有以待也;无恃其不攻,恃吾有所不可攻也。"此种谋划实质上是强调立足自身和长远,力求形成一种以不变应万变的万全之策。此种思想常被中国古代战略家们称为"无为而应变"。

《吕氏春秋》之《决胜篇》专门引孙子言论论述了先胜思想。一方面,它明确提出了用兵"贵不可胜"的观点,这里的"贵"字,体现了作者对孙子先胜思想的高度认同。"夫兵,贵不可胜。不可胜在己,可胜在彼。圣人必在己者,不必在彼者,故执不可胜之术以遇不胜之敌,若此,则兵无失矣。"②另一方面,它也敏锐地认识到,我方胜利的机会关键在于敌人的失误,"凡兵之胜,敌之失也。胜失之兵必隐必微,必积必抟"。

在更高的层面上,《吕氏春秋》认为,战争胜利首先要建立在德政的基础

---

① 《史记·司马相如列传》。
② 《吕氏春秋·仲秋纪·决胜》。

之上。如《离俗览·上德篇》有云："为天下及国，莫如以德，莫如以义。"而且，作者强调"先胜之于此，则必胜之于彼矣"①。只要战争指导者立足德政，遍施仁义，就能使士兵勇敢战斗，进而夺取战争胜利。所以，"三王先教而后杀，故事莫功焉；五伯先事而后兵，故兵莫强焉"②。

一方面，《淮南子》一书对孙子的先胜思想多有引用，这大概与其道家"贵后"哲学的思想背景有关。"盖闻善用兵者，必先修诸己，而后求诸人；先为不可胜，而后求胜。修己于人，求胜于敌。"③同时，"贵后"又是弱者的哲学，它希望能够得道多助，胜于全胜。因而《淮南子》又能将孙子的先胜思想与全胜思想联系起来论述：

> 权势必形，吏卒专精，选良用才，官得其人，计定谋决，明于死生，举错得失，莫不振惊，故攻不待冲隆云梯而城拔，战不至交兵接刃而敌破，明于必胜之攻也。故兵不必胜，不苟接刃；攻不必取，不为苟发。故胜定而后战，钤悬而后动。④

另一方面，《淮南子》又从儒家仁政和民本思想的角度阐释先胜思想："以汤之地方七十里而王者，修德也；智伯有千里之地而亡者，穷武也。故千乘之国，行文德者王；万乘之国，好用兵者亡。故全兵先胜而后战，败兵先战而后求胜。"⑤

此外，对于具体战争实践中如何运用先胜思想，《淮南子》也能够做出一些具体分析，"善用兵者，先弱敌而后战者也，故费不半而功自倍也"；"静以合躁，治以待乱，无形而制有形，无为而应变，虽未能得胜于敌，敌不可得胜

---

① 《吕氏春秋·仲秋纪·论威》。
② 《吕氏春秋·季春纪·先己》。
③ ［汉］刘安等：《淮南子·兵略训》。
④ ［汉］刘安等：《淮南子·兵略训》。
⑤ ［汉］刘安等：《淮南子·兵略训》。

之道也"①。

东汉王符的《潜夫论》也能立足当时的边防实践,从不同的角度和层面阐释和应用孙子的先胜思想,他的论述具有很强的实践性。

其一,主张君主要修明政治,做到"明于祸福之实""察于治乱之情",目的在于将当时的边防政策建立在贤明政治的基础之上。

> 是故不疑之事,圣人不谋;浮游之说,圣人不听。何者?计不背见实而更争言也。是以明君先尽人情,不独委夫良将,修己之备,无恃于人,故能攻必胜敌,而守必自全也。②

其二,主张将领要主动承担起"国家安危之主"的责任,认真研究军事问题和战争规律,做好军队建设和士兵训练工作。它从反面论证说:

> 今观诸将,既无断敌合变之奇,复无明赏必罚之信,然其士民又甚贫困,器械不简习,将恩不素结,卒然有急,则吏以暴发虐其士,士以所拙遇敌巧。此为将吏驱怨以御仇,士卒缚手以待寇也。③

其三,主张实行"实边""固内"的边防政策,以取得御边战争中的主动权。这当是更为稳固、更为根本的先胜之策。

> 先圣制法,亦务实边,盖以安中国也。譬犹家人遇寇贼者,必使老小赢软居其中央,丁强武猛卫其外。内人奉其养,外人御其难,蛩蛩距虚,更相恃仰,乃俱安存。④

---

① ［汉］刘安等:《淮南子·兵略训》。
② ［汉］王符:《潜夫论·边议第二三》。
③ ［汉］王符:《潜夫论·论将第二一》。
④ ［汉］王符:《潜夫论·实边第二四》。

《唐李问对》对孙子先胜思想的发展,主要体现在两个方面,其一是对孙子"治力之法"的进一步阐释,其二是对孙子"节制之兵"的创新论述。

孙子在《军争篇》中曾谈到所谓的"四治之法",即"故善用兵者,避其锐气,击其惰归,此治气者也。以治待乱,以静待哗,此治心者也。以近待远,以佚待劳,以饱待饥,此治力者也。无邀正正之旗,勿击堂堂之阵,此治变者也"。

《唐李问对·卷中》对其中的"治力"原则做出专门探讨。当唐太宗提出"《孙子》所言治力如何?"的问题时,李靖回答说:"'以近待远,以佚待劳,以饱待饥',此略言其概尔。善用兵者,推此三义而有六焉:以诱待来,以静待躁,以重待轻,以严待懈,以治待乱,以守待攻。反是则力有弗逮。非治力之术,安能临战哉!"这无疑是大大丰富和发展了孙子"四治之法"的内容,其对孙子的先胜思想也是一种有益的补充。

在《唐李问对》卷下中,当唐太宗问及李勣、道宗、薛万彻三位将领"孰堪大用"之时,李靖的回答以孙子的先胜思想为基础,进而提出了"节制之兵"的著名论断。

> 陛下尝言勣、道宗用兵不大胜亦不大败;万彻若不大胜即须大败。臣愚思圣言,不求大胜亦不求大败者,节制之兵也;或大胜或大败者,幸而成功者也。故孙武云:"善战者,立于不败之地,而不失敌之败也。"[①]

战争是万般凶险之事,一旦失败就是覆军杀将的重大灾难,容不得将帅在决策上抱侥幸心理,故作战一定要建立在慎战和先胜的基础之上。正因如此,李靖才讲"不求大胜亦不求大败者,节制之兵也",因此,他对李勣、道宗的用兵能力持肯定态度,而对薛万彻的用兵能力持否定态度。

接下来,李靖在该篇中举出古代的战例及司马法和《孙子》的相关言论,

---

① 《唐李问对》卷下。

进一步论述"节制之兵"与先胜思想的关系：

> 靖曰：昔晋师伐秦，交绥而退。《司马法》曰："逐奔不远，纵绥不及。"臣谓绥者，御辔之索也。我兵既有节制，彼敌亦正行伍，岂敢轻战哉。故有出而交绥，退而不逐，各防其失败者。孙武云："勿击堂堂之阵，无邀正正之旗。"若两阵体均势等，苟一轻肆，为其所乘，则或大败，理使然也。①

李靖最后得出的结论是："敌兵有不战，有必战；夫不战者在我，必战者在敌。"这无疑是总结了"节制之兵"实施的具体原则和思路。如何做到不战在我？李靖引孙子《虚实篇》的话讲："我不欲战者，画地而守之；敌不得与我战者，乖其所之也。"这就是说，当敌人没有失误和漏洞，我方没有机会取胜时，就应该想尽办法，使敌人不得与我战。如何做到"必战在敌"呢？他又引孙子《势篇》的话讲："善动敌者，形之，敌必从之；予之，敌必取之；以利动之，以卒待之。"这就是说，当我方有取胜的机会之时，就应该主动地通过示形和利诱之法，引诱敌人必战，然后乘机以破敌。

对于李靖的上述分析，唐太宗极为赞同："深乎，节制之兵。得其法则昌，失其法则亡。卿为纂述历代善于节制者，具图来上，朕当择其精微，垂于后世。"②而从后世李靖、李世民的军事实践活动来看，二人所指挥的诸多重大战役的胜利，正是因为贯彻了这种"节制之兵"及"先为不可胜"的用兵原则和思想。

3. 关于全胜战略思想

全胜思想是中国农耕文明的产物。在农耕社会中，一方面战争具有打破暴政对生产力发展的桎梏、维护农业生产秩序正常运作的使命，另一方面，任何性质的战争对农业生产又都是致命的大规模的破坏。这两方面的

---

① 《唐李问对》卷下。
② 《唐李问对》卷下。

原因使得人们在不得已动用战争暴力以维护社会生产秩序的同时，又具有最大限度减少战争破坏和灾难的强烈愿望。孙子"不战而屈人之兵"的全胜思想，正是在这种生存环境和社会心理背景下产生的。也正因如此，战争领域的全胜思想虽然由孙子明确提出，却又是先秦时期诸子学派的共识。孔子曾盛赞管仲"桓公九合诸侯不以兵车，管仲之力也。如其仁，如其仁!"①《六韬》则言:"全胜不斗，大兵无创。"②管子亦言:"至善不战，其次一之。"③上述诸子的言论表明，孙子"不战而屈人之兵"的全胜思想的提出，并非孙子个人的天才构想，而是中国古代农业文明生存哲学体现于战争问题上的自然结论。

何为全胜？全胜就是要以最小的损失获取最大的胜利。战争毕竟是一种暴力行为，它就像一把双刃剑，既可以带来胜利和荣耀，也可能带来灾难和毁灭。在战争中，如果取胜的代价过于惨重，对于胜利者来说，只能意味着新的灾难的开始。因此在孙子看来，"善用兵者，屈人之兵而非战也，拔人之城而非攻也，毁人之国而非久也，必以全争于天下，故兵不顿而利可全"④。为了实现这一战争理想境界，孙子又提出了"伐谋""伐交"的具体手段和方式。同时，孙子还明确提出了通过战略威慑以求全胜的思想:"夫霸王之兵，伐大国，则其众不得聚;威加于敌，则其交不得合。是故不争天下之交，不养天下之权，信己之私，威加于敌，故其城可拔，其国可隳。"⑤

《吕氏春秋》的作者立足于儒家的义兵思想，对孙子的战略威慑思想进行了全新的阐释和发挥。其云:

> 故古之至兵，才民未合，而威已谕矣，敌已服矣，岂必用枹鼓干戈哉？故善谕威者，于其未发也，于其未通也，窅窅乎冥冥，莫知其情，此

① 《论语·宪问》。
② 《六韬·武韬·发启》。
③ 《管子·幼官》。
④ 《孙子兵法·谋攻篇》。
⑤ 《孙子兵法·九地篇》。

之谓至威之诚。①

　　从这段内容看,《吕氏春秋》与《孙子》都是因兵凶战危而强调以威慑取胜,但《吕氏春秋》强调的是以"义兵"为基础,而《孙子》更强调以军事实力为基础。

　　此种差别也表现在实现全胜的具体手段方面,孙子主张:"上兵伐谋,其次伐交,其次伐兵,其下攻城。"《吕氏春秋》则在《决胜篇》中强调仁义与民心的威力:"善用兵者,诸边之内,莫不与斗,虽厮舆白徒,方数百里,皆来会战,势使之然也。"另外,《开春论·期贤篇》还谈到魏文侯因礼遇段干木而使秦国不敢进攻魏国的事例,也是强调了君子善用仁义之兵的全胜功效:"魏文侯可谓善用兵矣。尝闻君子之用兵,莫见其形,其功已成,其此之谓也。"

　　《淮南子》也认同孙子的全胜思想,它主要以道家思想为根基,对全胜做出新的诠释,其核心的要旨应该是无为而有为。

　　　　制刑而无刑,故功可成;物物而不物,故胜而不屈。刑,兵之极也,至于无刑,可谓极之矣。是故大兵无创,与鬼神通,五兵不厉,天下莫之敢当,建鼓不出库,诸侯莫不慑慑沮胆其处。②

　　在此基础上,《淮南子》又提出了用兵制胜的"上、中、下"三种方略:

　　　　兵有三(诋):治国家,理境内,行仁义,布德惠,立正法,塞邪隧,群臣亲附,百姓和辑,上下一心,君臣同力,诸侯服其威而四方怀其德,修政庙堂之上而折冲千里之外。拱揖指挥而天下响应,此用兵之上也。地广民众,主贤将忠,国富兵强,约束信,号令明,两军相当,鼓铎相望,未至兵交接刃,而敌人奔亡,此用兵之次也。知土地之宜,习险隘之利,明

---

　　① 《吕氏春秋·仲秋纪·论威》。
　　② 《淮南子·兵略训》。

奇正之变,察行陈解(赎)[续]之数,维枅绾而鼓之,白刃合,流矢接,涉血属肠,舆死扶伤,流血千里,暴骸盈场,乃以决胜,此用兵之下也。①

此三种方略,第一种乃是儒家仁德和民本思想基础上的全胜,第二种是军事实力基础上的易胜,第三种则是单靠将帅谋略和士兵血战的惨胜。作者最为推崇的当然是立足长远的政治基础上的全胜(政胜),这对孙子的全胜思想无疑是一种深化。

曹操应该是历史上明确概括出《孙子》之“全胜”概念的人,也是第一个对全胜做出明确辨析的人。孙子在《谋攻篇》有言:“凡用兵之法,全国为上,破国次之;全军为上,破军次之;全旅为上,破旅次之;全卒为上,破卒次之;全伍为上,破伍次之。”这里的“全”字到底是“整体”之意还是“保全”之意?是保全己方还是保全敌方?后人存在争议和分歧。曹注对此注释得很清楚:“不与敌战而完全得之,立胜于天下,不顿兵血刃也。”这就是说,“全国”“全军”的意旨主要是“保全”,其目标只能是敌人。此种战争指导思想,或曰“全争”,或曰“全利”,更多时被称为“全胜”。曹注将孙子《谋攻篇》中的“全”明确为“全胜”,对孙子学发展而言,是一个重要的理论贡献,这种观点被历代注家继承、吸收,影响久远。

曹注中还认为,“敌始有谋,伐之易也”②,这实际上是对孙子“上兵伐谋”的具体化阐释,即瓦解敌人战前的战略计划,这样就能取得胜于易胜的作战效果。对于“全胜”思想,曹操作注时还能根据自己的经验,立足于战场实践层面给予具体化阐释:“兴师深入长驱,距其城郭,绝其内外,敌举国来服为上,以兵击破,败而得之,其次也。”更有意味的是,曹操在军队奖赏方面也渗透了全胜思想的意识,所谓“虑为功首,谋为赏本,野绩不越庙堂,战多不逾国勋”③,此种“功未必皆野战”的观点,实际上就是反对“杀敌一万,自

① 《淮南子·兵略训》。
② 《十一家注孙子·谋攻篇·曹操注》。
③ 《三国志·魏书·荀彧传》。

损八千"的拼杀作战方式,主张"全胜不斗,大兵无创"的战略境界。另外,曹操还能深刻认识到全胜思想与战略威慑的关系,"臣陈军披坚执锐,朱旗震耀,虎士雷噪。望旗眩精,闻声丧气,投戈解甲,翕然沮坏"①。从上述论述来看,曹操有关全胜的精确阐释及多层面的论说分析,无疑是大大丰富了孙子全胜思想的基本内涵,有利于后人更好地借鉴和发挥这一思想。

李筌在《太白阴经·术有阴谋》中也对孙子的全胜思想进行了创新性的发挥。首先,他结合道家思想,阐释了全胜思想的价值和意义:

> 量权不审,不知轻重强弱之称;揣情不审,不知隐匿变化之动静。重莫难于周知,揣莫难于悉举;莫难于必成。此三者,圣人能任之。故兵有百战百胜之术,非善之善者也,不如不战而屈人之兵,善之善者也。②

这明显是将全胜建立在知变和悟道的基础之上。继而,李筌在《术有阴谋》篇提出了实现全胜的具体策略和方法:"太上用计谋,其次用人事,其下用攻伐。"这与孙子实现全胜的方法基本一致。更可贵的是,作者将实现全胜计谋的具体内容进行了详细的阐释,其相关构思可谓集权谋诈术之大成。

> 用计谋者,荧惑敌国之主,阴遗诌臣,以事佐之,惑以巫觋,使其尊鬼事神;重其彩色文绣,使贱其菽粟,令空其仓廪;遗之美好,使荧其志。遗之巧匠,使起宫室高台,以竭其财,役其力……然后淫之以色,攻之以利,娱之以乐,养之以味,以信为欺,以欺为信,以忠为叛,以叛为忠,忠谏者死,谀佞者赏,令君子在野,小人在位,急令暴刑,人不堪命。③

---

① 《曹操集·破袁尚上事》。
② 《太白阴经·术有阴谋篇》。
③ 《太白阴经·术有阴谋篇》。

作者由此得出的结论是："所谓未战以阴谋倾之其国,素已破矣!以兵从之,其君可虏,其国可隳,其城可拔,其众可溃。"

杜牧对孙子的全胜思想有着深切的感悟和认识,其特点在于融入了儒家的思想理念。他认为,如果能够通过威德感化等政治手段使敌人归服,实现兵不血刃的全胜,方为善用兵者,而对于那种恃强杀伐、流血千里、给百姓带来巨大灾难的胜利,作者是坚决反对的。对此,作者在《上门下崔相公书》中进行了更详细的论述:

> 吐饭饱之,解衣暖之,威驱恩收,礼训法束。一年人畏,二年人爱,三年化成,裁成一邦,俗同三辅。当此之时,迟回之间,有勇力者一唱而起,征兵数十万,大小且百战,然后傅其垒,钩其垣,得其罪人,天下固已困矣。而天下议者必曰:"某名将也,某善用兵也,虽疏爵上公,裂土千里,其酬尚薄。"此必然之说也。故曰:见胜不过众人之所知,非善之善者也;战胜而天下曰善,非善者也;百战百胜,非善之善者也;能不战而屈人之兵,乃善之善者也。①

在这里,杜牧盛赞崔琱的"一年人畏,二年人爱,三年化成,裁成一邦"的全胜之治,实际上就是更推崇儒家政治教化下的不战而屈人之兵。杜牧还以历史上的成功战例,来佐证全胜伐谋的思想价值:

> 蜀将姜维使将勾安、李韶守麹城,魏将陈泰围之,姜维来救,出自牛头山,与泰相对。泰曰:"兵法贵在不战而屈人,今绝牛头,维无返道,则我之擒也。诸军各守勿战,绝其还路。"维惧,遁走,安等遂降。②

赵蕤的《长短经·兵权》重点论述了攻心战略与全胜思想的关系。作者

---

① 杜牧:《樊川文集·上门下崔相公书》。
② 《十一家注孙子·谋攻篇·杜牧注》。

指出：

> 战国时有说齐王曰：凡伐国之道，攻心为上，攻城为下；心胜为上，兵胜为下。是故圣人之伐国攻敌也，务在先服其心。何谓攻其心？绝其所恃，是谓攻心也。[①]

这就是说，所谓"攻心"就是瓦解对方的心理防线，或者解除对方所依仗的某种特殊的东西，使之斗志涣散，进而使我方达到"不战屈人"的战略目的。为此，赵蕤以历史事实为例对"攻心"进行了说明："今秦之所恃为心者，燕赵也。当收燕赵之权。今说燕赵之君，勿虚言空辞，必将以实利，以迴其心。所谓攻其心者也。"

从这一实例可以看出，作者所主张的攻心之策，需要与"伐交"和"夺其所爱"有机结合起来，因为只有"伐交"才能拆散敌方联盟，而只有"断其所恃""夺其所爱"才能从根本上动摇其军心，彻底瓦解其抵抗意志。由此看，作者论述"攻心"之策，是将其与孙子的"伐交"思想及"避实击虚""夺其所爱"用兵原则统一起来来论述，这是探讨孙子的全胜思想方法与途径的一个亮点。

4.关于速胜战略思想

速度是战争制胜的重要法宝。孙子在《作战篇》有言："故兵闻拙速，未睹巧之久也。夫兵久而国利者，未之有也。"这是一种鉴于战争对国家资源的巨大依赖与消耗提出的战略速胜思想。在《九地篇》中，孙子又谈道："兵之情主速，乘人之不及，由不虞之道，攻其所不戒也。"这是基于"出其不意，攻其不备"的制胜策略而提出的战术速胜思想。值得注意的是，喜欢辩证论兵的孙子注重速胜，却几乎没有论及与之相对应的持久作战思想，这大概与春秋时期各国有限的国力、军力资源及车战为主的作战方式有关，也可能与

---

① ［唐］赵蕤：《长短经·兵权·攻心》。

当时吴国图谋称霸、积极进攻的战略需求有关。无论怎样,偏重速胜的战争效果,忽略持久作战的相应价值,确为《孙子》兵学理论的一个缺失。

《吕氏春秋》对孙子战略思想的继承与发展,突出表现为将速胜与战争中的抢占先机问题结合起来。其《仲秋纪·论威》曰:"急疾捷先,此所以决义兵之胜也。"所谓"急疾捷先",就是用兵打仗必须行动迅速,先发制人。谁能行动迅速,抢占先机,谁就能取得胜利。《论威》中还举例对此进行了说明:"今以木击木则拌,以水投水则散,以冰投冰则沉,以涂投涂则陷,以疾徐先后之势也。"用木头击打木头,后者就会断掉;用水击打水,后者就会散开;用冰击打冰,后者就会下沉;用泥块击打泥块,后者就会下陷。这就是快慢先后的必然态势,先出手者掌握了主动权。《贵卒》篇也说:"力贵突,智贵卒。得之同则速为上,胜之同则湿为下。"用力贵在出其不意,用智贵在迅捷,同样获得一物,速度快的为优;同样战胜对手,拖延久的为劣。这里的"用智贵在迅捷"也别有一番旨趣。

更重要的是,《吕氏春秋》详细论证了速胜思想执行过程中的缓急、快慢、先后的辩证关系问题。作者指出,用兵神速的战略战术必须明辨迟缓、落后与迅速、抢先的区别,即所谓"知缓徐迟后而急疾捷先之分",然后要根据客观条件的变化情况决定取舍,方能克敌制胜。其《孝行览·首时》强调指出,快疾不是绝对的,"圣人之于事,似缓而急,似迟而速,以待时"。就是说,圣人做事,看似迟缓,实际上迅速快捷,只为要等到时机。当有利的时机尚未到来时,必须要耐心等待。暂时的"缓""迟"是为了最后的"速"。如果时机不成熟,就盲目速战,则会欲速则不达。该篇列举了大量事例来说明"待时"在作战中的重要性,如伍子胥的疲楚方略:

> 王子光代吴王僚为王。任子胥,子胥乃修法制,下贤良,选练士,习战斗。六年,然后大胜楚于柏举。九战九胜,追北千里。昭王出奔随,遂有郢。亲射王宫,鞭荆平之坟三百。乡之耕,非忘其父之仇也,待时也。

从这些内容看，《吕氏春秋》关于"迟速"的辩证论述进一步补充完善了孙子的速胜思想，使之更加符合战争的客观实际。

《淮南子》对速胜思想的论述也有自己的特色，那就是充分运用道家的神秘话语进行描绘：

> 善者之动也，神出而鬼行，星耀而玄逐；进退诎伸，不见朕掇：鸾举麟振，凤飞龙腾；发叶秋风，疾如骇龙。当以生击死，以盛乘衰，以疾掩迟，以饱制饥；若以水灭火，若以汤沃雪，何往而不遂？何之而不用达？①

可贵的是，该篇作者在对速胜思想的追求中，又十分恰当地融入了兵家的用兵原则和要旨。其一，与孙子的"出其不意"思想相结合："在中虚神，在外漠志，运于无形，出于不意。与飘飘往，与忽忽来，莫知其所之。"其二，与孙子的"用势"思想相结合："卒如雷霆，疾如风雨，若从地出，若从天下，独出独入，莫能应圉。"其三，与孙子的"击虚"思想相结合："故善用兵者，见敌之虚，乘而勿假也，追而勿舍也，迫而勿去也。"其四，与孙子的"致人"思想相结合："敌之静不知其所守，动不知其所为。故鼓鸣旗麾，当者莫不废滞崩阤，天下孰敢厉威抗节而当其前者！故凌人者胜，待人者败，为人构者死。"更为可贵的是，它在强调速胜的同时，也能深悟战争中的攻守转换与动静之理，从而深刻体现了道兵家在战略战术方面的用兵精髓：

> 善用兵者，当击其乱，不攻其治，是不袭堂堂之寇，不击填填之旗。容未可见，以数相持。彼有死形，因而制之。敌人执数，动则就阴。以虚应实，必为之禽。②

---

① 《淮南子·兵略训》。
② 《淮南子·兵略训》。

杜佑之《通典·兵典》基于新的历史条件,对孙子的速胜思想进行了许多方面的修正和纠偏。时至唐朝时期,作战方式已转换为骑兵、步兵为主,单兵耗费大大减轻,且大唐帝国雄厚的资源亦能支撑特定条件下的持久作战。杜佑敏锐地意识到这一点,从而在《通典》中大胆提出了"坚壁持久候隙破之""敌饥以持久弊之""坚壁挫锐"等多种以持久方式耗敌的战术观点,并在《通典·兵典·兵八》中组织相关专题和案例加以阐释说明。这无疑是对《孙子》速胜思想的一个较大的突破。另外,孙子在《军争篇》中曾提出"归师勿遏"和"穷寇勿迫"的用兵原则,这一原则是基于当时车战为主、军队进退不灵活、贸然进击会有危险而提出的。而在唐代骑兵为主、行动迅速、战术灵活多样的条件下,如果再固守这一原则,就显得过于呆板和机械。因此,杜佑适时提出了"兵机务速""敌退追奔"等战术思想,这也算是对孙子速胜思想的一种补充和发展。

《卫公兵法》同样是在新的历史条件下,对孙子的速胜思想进行纠偏和补充,其对持久作战的重要性论述得更为明确。作者一方面肯定速胜在战争中的重要作用,他引《吕氏春秋》及《孙子》中的有关论述言道:"凡兵者,欲急捷,所以一决取胜,不可久而用之矣。"或曰:"兵之情主速,乘人之不及。"①然而,另一方面,作者又明确阐述了战争中不能以速求胜的情况:"敌将多谋,戎卒欲辑,令行禁止,兵利甲坚,气锐而严,力全而劲,岂可速而犯之耶?"在作者看来,此种情形只能采取持久作战的方针,并举例以证之:"廉颇之拒白起,守而不战;宣王之抗武侯,抑而不进是也。"②可见,《卫公兵法》在时代变化的条件下,能够将战争中的速胜与持久问题进行辩证统一的论述,这无疑是对孙子速胜理论的发展与超越。

同时,《卫公兵法》还详细分析了我方达于速胜及应对敌方速战的基本条件,这是对孙子速胜思想的重要补充。

---

① [唐]李靖:《卫公兵法·将务兵谋》。
② [唐]李靖:《卫公兵法·将务兵谋》。

简练士卒,申明号令,晓其目以麾帜,习其耳以鼓金,严赏罚以戒之,重刍豢以养之,浚沟堑以防之,指山川以导之,召才能以任之,述奇正以教之。如此,则虽敌人有雷电之疾,而我亦有所待也。①

在古代交通条件不发达的条件下,部队的行军速度及快速反应能力,主要取决于对士卒的教练及战时对部队的号令统一,《卫公兵法》论及这一问题,说明作者对战争速胜具体实施的方法和策略有着深刻的理解。

另外,《卫公兵法》还能够将战争速胜与战争准备及先机问题紧密联系起来论述。所谓"若兵无先备,则不应卒。卒不应,则失于机。失于机,则后于事。后于事,则不制胜而军覆矣"②。这里明显是在强调,如果部队不能预先做好演练和准备,就不能使士卒在战争中具有快速反应能力,缺乏快速反应能力,也就不能有效地抓住战机,而失去战机则意味着战争失败。在战争中,速度与战机确实有着密不可分的联系,有学者曾指出:

"迅速"一词所拆解的其实就是物质和人意的黏合,它抓住的是一个机会……机会根本来讲是一个时间的问题,要抓住机会其实就是与时间赛跑。机会譬犹猎者之逐兽,兔起鹘落,稍纵则失。时间因素在参与战争全程过程中,都具有特别重大的意义。在战争中抓住战机,就表现在分秒必争的时间观念。③

二、对《孙子》作战指导思想的继承与发展

1. 关于"知胜"与用间思想

"知胜"是《孙子》兵学思想的重要内容之一。孙子论及"知彼知己""知

---

① ［唐］李靖:《卫公兵法·将务兵谋》。
② ［唐］李靖:《卫公兵法·将务兵谋》。
③ 李新坤:《"知"的逻辑和"胜"的界限》,《滨州学院学报》2007 年第 5 期。

天知地""知常知变""先知全知"等知的基本原则,又提出"庙算""试探""相敌""用间"等知的基本方法,由此构成一个较为完整的知胜思想体系。

《吕氏春秋》明显是继承了孙子的知胜思想,如:"凡战必悉熟偏备,知彼知己,然后可也。"①然而,《吕氏春秋》关于"知"的论述又有许多新的视角,且更多的是立足于哲学层面,故其对孙子知胜思想的贡献是非常大的。

首先,《吕氏春秋》着眼于形势演变的分析判断,提出"知化"的概念。"凡智之贵也,贵知化也。人主之惑者则不然。化未至则不知;化已至,虽知之与勿知一贯也。"②这里所讲的"知化"实际上是对事物本质层面的悟性认知,即强调对情势演变和未来趋势的洞察和预见,这对战争中的预测分析是非常重要的。

也正因如此,《吕氏春秋》特别重视"先知"与"先识"的重要价值,进而强调长远之"知"与短见之"知"的区别,如《仲冬纪·长见》篇中讲:"智所以相过者,以其长见与短见也。"而《慎大览·贵因》篇则记载了武王灭商前的一份情报案例,体现了武王和太公对商朝政治危机和社会危机的预测及寻其本质的判断过程。

> 武王使人候(侦察)殷,返报岐周曰:"殷其乱矣。"武王曰:"其乱焉至?"对曰:"谗慝胜良。"武王曰:"尚未也。"又复往,反报曰:"其乱加也。"武王曰:"焉至?"对曰:"贤者出走矣。"武王曰:"尚未也。"又往,反报曰:"其乱甚矣。"武王曰:"焉至?"对曰:"百姓不敢诽怨矣。"武王曰:"嘻!"遽告太公。太公曰:"谗慝胜良,命曰戮;贤者出走,命曰崩;百姓不敢诽怨,命曰刑胜。其乱至矣,不可以驾矣。"

其次,《吕氏春秋·仲夏纪·侈乐》明确提出"知之道"。"人莫不以其知知,而不知其所以知。知其所以知之谓知道,不知其所以知之谓弃宝。弃

---

① 《吕氏春秋·先识览·察微》。
② 《吕氏春秋·贵直论·知化》。

宝者必离其咎。"这里的"知其所以知",指的是"知"的方法和规律性,即情报侦察和情报认知存在的基本规律,要求人们必须把握,这一观点无疑是对孙子的知胜思想和用间思想的一大补充。其具体内容体现在对"先识之道""先知之道""知化之道"的方法论阐释上。

关于"先识之道",《吕氏春秋》提出"察微"的具体方法,并举出一个实例,说明"察微"的重要性:

> 楚之边邑曰卑梁,其处女与吴之边邑处女桑于境上,戏而伤卑梁之处女。卑梁人操其伤子以让(责)吴人,吴人应之不恭,怒,杀而去之。吴人往报之,尽屠其家。卑梁公怒,曰:"吴人焉敢攻吾邑。"举兵反攻之,老弱尽杀之矣。吴王夷昧闻之,怒,使人举兵侵楚之边邑,克夷而后去之。吴楚以此大隆。吴公子光又率师与楚人战于鸡父,大败楚人。①

实例中的边民事件是春秋后期吴楚两国为争夺淮海流域长期矛盾冲突的一个反映,并最终导致了著名的"鸡父之战"。《吕氏春秋》的作者由此得出一个结论:"凡持国,太上知始,其次知终,其次知中。"而"太上知始"即是要先察其"秋毫","其始若秋毫,察其秋毫,则大物不过矣"。

关于"先知之道",《吕氏春秋》提出"审征表"的方法。对这一方法,作者也举了一个外交活动的真实案例。鲁国一位大夫在出使晋国途中,顺便拜访了卫国的一位好友卫大夫,这位卫大夫在招待宴会上非常热情,但却闷闷不乐,并将自己的一块玉璧交给鲁大夫。鲁大夫由此判断,卫国很可能要发生内乱。结果在他们离开卫国不到三十里地时,卫国即发生了内乱。作者由此总结说:

> 凡论人心,观事传,不可不熟,不可不深。……事随心,心随欲。

---

① 《吕氏春秋·先识览·察微》。

……人之心隐匿难见,渊深难测,故圣人于事志焉。圣人之所以过人,以先知,先知必审征表。无征表而欲先知,尧舜与众人同等。①

由此看来,所谓"审征表"即是由关键人物的行迹,推知其心,进而推知更深层次的问题。这说明,若想在战争中先知,不仅要有情报意识,还要有情报分析能力,否则即无法做出正确的判断和预测。

关于"知化"之道,《吕氏春秋》作者提出了"明倒顺"的方法,并在论述中也举了一个生动的案例:

> 荆庄王欲伐陈,使人视之。使者曰:"陈不可伐也。"庄王曰:"何故?"对曰:"城郭高,沟洫深,积蓄多也。"宁国曰:"陈可伐也。夫陈,小国也,而积蓄多,赋敛重也,则民怨上矣。城郭高,沟洫深,则民力罢(疲)矣。兴兵伐之,陈可取也。"庄王听之,遂取陈焉。②

在这一案例中,面对同样的情报,使者和宁国却得出了截然相反的结论,而战略决策者楚庄王认真分析和听取了宁国由现象到本质的分析结论,最终作出了正确的战略决策。由此,《吕氏春秋》的作者得出了情报分析必须遵循的一种基本方法:"事多似倒而顺,多似顺而倒。有知顺之为倒、倒之为顺者,则可与言化矣。至长反短,至短反长,天之道也。"③

最后值得注意的是,《吕氏春秋》还提出了战争中防奸保密的重要方法——"重言",即战争决策者一定要谨慎对待自己的言行,这也是对孙子用间思想的一个重要补充。其《审应览·重言》篇指出:"人主之言,不可不慎。"为此,作者举出一个"东郭牙窃密"的真实案例。一次,齐桓公与管仲密谋攻打莒国,然而计划尚未实施,却已泄密。经查,泄密者乃是宫中的仆役

---

① 《吕氏春秋·恃君览·观表》。
② 《吕氏春秋·似顺论·似顺》。
③ 《吕氏春秋·似顺论·似顺》。

东郭牙。东郭牙并未参与谋划,他是如何知晓的呢? 他自己招供说,望见桓公和管仲满脸怒容、手足奋动,说明要打仗;口张着,像是"莒"的口形;手臂所指,是莒国的方向,由此他判断齐国要攻打莒国。对此,作者得出结论说:"凡耳之闻,以声也。今不闻其声,而以其容与臂,是东郭牙不以耳听而闻也。桓公、管仲虽善匿,弗能隐矣。故圣人听于无声,视于无形。"①

从上述内容看,《吕氏春秋》对孙子知胜思想的贡献是很大的,相关论述既有广度,又有深度,可谓是丰富和发展孙子知胜思想的重要典籍之一。

汉代兵书《三略》对孙子的知胜思想也有重要的贡献。首先,它初步揭示了人的认知是客观现实的反映,进而强调对战争的认识不能超越客观条件的许可,所谓"端末未见,人莫能知。天地神明,与物推移。变动无常,因敌转化。不为事先,动而辄随"②。而且从这句话看,《三略》已初步揭示了对立的事物能够相互转化的辩证关系,从而将战争中的认知建立在双方谋略和行动对立统一的基础之上。

《三略·上略》还引《军谶》的话说:"用兵之要,必先察敌情。视其仓库,度其粮食,卜其强弱,察其天地,伺其空隙。"这段话对孙子的知胜思想有两点重要补充:其一,特别关注敌人战争资源的储备情况;其二,通过"伺其空隙",时刻关注敌方力量削弱时的战略机会。而其中的核心则在于粮食问题:

> 故国无军旅之难而运粮者,虚也。民菜色者,穷也。千里馈粮,民有饥色。樵苏后爨,师不宿饱。夫运粮千里,无一年之食;二千里,无二年之食;三千里,无三年之食,是谓国虚。国虚则民贫。民贫则上下不亲。

从运粮之难推断敌方民众的穷困、国力的虚弱及由此引发的政治危机,

---

① 《吕氏春秋·审应览·重言》。
② 《三略·上略》。

进而发现战胜敌人的良机,这是"知胜"的一种很好的思路与方法。

《淮南子·兵略训》独到地提出了"知权"的概念。即善于使用间谍,侦察敌情,审慎措置,在丛林草莽中,隐匿部队的踪迹,意外地发起攻击,使敌人无所适从。这实际上是对孙子知变思想的延伸和发挥,同时也体现了知行合一的用兵理念。再者,它又强调将帅在战争指导上要做到"独见独知":

> 夫将者,必独见独知。独见者,见人所不见也;独知者,知人所不知也。见人所不见,谓之明;知人所不知,谓之神。神明者,先胜者也。①

此种认知思路强调了将帅作为最高决策者认知的深刻性,如此也更容易触及战争问题的本质。值得注意的是,它还强调了防范敌方对我之所"知"的具体策略:

> 兵贵谋之不测也,形之隐匿也。出于不意,不可以设备也。谋见则穷,形见则制。故善用兵者,上隐之天,下隐之地,中隐之人。隐之天者,无不制也。②

诸葛亮《便宜十六策》提出的所谓"思虑之政",亦可视为是对孙子知胜思想的一种补充和完善。它所强调的"知"既关注宏观与长远,也立足细密与微观,既考虑知其利,也考虑知其害,既注重知的全面性,也强调知的辩证性。尤其是它强调的思近虑远、视微知著、见始知终的认知思路,对人们深入运用孙子知胜思想具有很高的借鉴价值。

> 思虑之政,谓思近虑远也。夫人无远虑,必有近忧,故君子思不出其位。思者,正谋也;虑者,思事之计也。非其位不谋其政,非其事不虑

---

① 《淮南子·兵略训》。
② 《淮南子·兵略训》。

其计。大事起于难,小事起于易。故欲思其利,必虑其害;欲思其成,必虑其败……君子视微知著,见始知终,祸无从起,此思虑之政也。①

在《唐李问对》中,对"知"的论述也颇有自己的特色,它是将攻守中的攻心和夺气问题与知己知彼密切联系起来分析。李靖认为:"夫攻其心者,所谓知彼者也;守吾气者,所谓知己者也。"唐太宗也非常赞同李靖的这一观点,他结合自己的战争实践感叹说:"诚哉。朕常临陈,先料敌之心与己之心孰审,然后彼可得而知焉;察敌之气与己之气孰治,然后我可得而知焉。"②在此基础上,二人还将"知彼知己"视为先胜的必要条件。

　　太宗曰:"今之将臣,虽未知彼,苟能知己,则安有失利者哉。"靖曰:"孙武所谓'先为不可胜'者,知己者也;'以待敌之可胜'者,知彼者也。"又曰:'不可胜在己,可胜在敌。'臣斯须不敢失此诚。"③

《唐李问对》在"知"的问题上,为什么特别强调"料敌之心"和"察我之气",这是颇有深意的。在战争中,敌我双方的兵员、武器装备、粮草供应等都是硬实力,是可以通过用间等途径了解和知道的,包括天时地利等条件也是显而易见的,而且这些因素都是客观因素,短期内难以改变。唯有双方将帅的谋略意图和士兵的军心士气是最难察知的,它们作为战争中的软实力,也是最容易变化的。因而,透彻把握了敌方将帅之心,就做到了真正的"知彼",而切实把握了我方军心士气的情况,也就做到了真正的"知己"。所以,李靖在接下来的论述中,特别强调了战争中观察士气的重要性:

　　靖曰:夫含生禀血,鼓作斗争,虽死不省者,气使然也。故用兵之

---

① 《便宜十六策·思虑》。
② 《唐李问对》卷下。
③ 《唐李问对》卷下。

法,必是察吾士众,激吾胜气,乃可以击敌焉。吴起四机,以气机为上,无他道也,能使人人自斗,则其锐莫当。所谓朝气锐者,非限时刻而言也,举一日时刻为喻也。凡三鼓而敌不衰不竭,则安能必使之惰归哉。盖学者徒诵空文,而为敌所诱,苟悟夺之之理,则兵可任矣。①

李靖《卫公兵法》讲"知胜",其最大的特点是在丰富战争经验的基础上论证这一问题(颇似一位身经百战的老将在讲述"知胜"的经验)。其相关内容主要体现在《将务兵谋》篇中。

其一,创新性地提出所谓"审听之道"。作者首先强调:"夫军无小听,听必审也;战无小利,利必大也。"所谓"听"与"审",当指将帅通过聆听别人对战争问题的认识与意见,以此获取多种类型的情报信息,并将其作为战争决策的重要依据。

> 审听之道,诈亦受之,实亦受之,巧亦受之,拙亦受之,其诈而似实亦受之,其实而似诈亦受之。但当明听其实,参会众情,徐思其验,锻炼而用。不得逆诈自听,挫折愚人之词;又不得听庸人之说,称敌寡弱,轻侮众心,而不料其虚实。②

从这段话的内容来看,"审听之道"非常复杂,它需要听者以宽广的胸怀,听取各类人的谈话内容,并以较高的悟性判断其中所含信息的真伪与价值。这让我们联想到孙子《用间篇》中的一句话:"非圣不能用间,非仁不能使间,非微妙不能得间之实。"然而,这里的"审听之道"与《孙子》的用间之术,绝不是一回事,它是作者基于丰富的战争实践而总结出的新的知胜途径与方法,其对孙子的知胜思想也是一种有益补充。

其二,《将务兵谋》借鉴孙子相敌之法,提出"揣敌之术"。所谓"揣敌之

---

① 《唐李问对》卷下。
② [唐]李靖:《卫公兵法·将务兵谋》。

术"，即透过表象，认识敌人的真实情况和根本意图，这有点类似于孙子在《行军篇》所讲的"相敌之法"，但作者没有像孙子那样用大量篇幅罗列各种"相敌"之情，而只是重点列举了两种情况，一是"遇小寇而有不可击者"，二是"逢大敌而必斗也者"。就前者而言，敌人虽为"小寇"，但其"将智而谋深，士勇而军整，锋甲尖锐而地险，骑畜肥逸而令行"，就应当"固而待之，未得轻而犯也"；就后者而言，敌人虽为"大寇"，但其"将愚昧而政令不行，士马虽多而众心不一，锋甲虽广而众力不坚，居地无固而粮运不继"，就应当"袭而取之"。战争之情，犹如"山中迷雾"，扑朔迷离，纷繁复杂，故需通过"揣敌之术"，方能真正明察敌之真伪，最后做出正确的判断与决策。

其三，与孙子的避实击虚思想相联系，《将务兵谋》提出"敌有十五形可击"。它包括："新集，未食，不顺，后至，奔走，不戒，动劳，将离，长路，候济，不暇，险路，扰乱，惊怖，不定。"作者之所以要将这些情形一一罗列出来，是因为其涉及《孙子》的一个重要思想理论——"避实击虚"。唐太宗在《唐李问对》中曾提到："朕观诸兵书，无出孙武；孙武十三篇，无出虚实。夫用兵识虚实之势，则无不胜焉。"[1]可见，作者特意列举"敌有十五形可击"，恐怕正是为了突出战争中"击虚"的重要作用。要知道，战争中讲"知"，目的在于克敌制胜，而知"敌之虚实"即是为了"击敌之要害"，这无疑是对孙子知胜思想的又一个重要补充。

赵蕤的《长短经·兵权》继承孙子知胜思想的特色之处，在于特别强调"知将"的重要性："故凡战之要，先占其将而察其才，因形用权，则不劳而功兴也。"而"知将"的关键在于充分了解和把握对方将帅的性格特点，进而采取不同的制敌策略：

> 将愚而信人，可谋而诈；贪而忽名，可货而赂；轻变无谋，可劳而困；上富而骄，下贫而磔，可离而间；将怠士懈，可潜而袭。智而心缓者，可

---

① 《唐李问对》卷上。

追也;勇而轻死者,可暴也;急而心速者,可诱也;贪而喜利者,可袭也、可遗也;仁而不忍于人者,可劳也;信而喜信于人者,可诳也;廉洁而不爱人者,可侮也;刚毅而自用者,可事也;懦心喜用于人者,可使人欺也。①

这一大段丰富的内容,旨在说明一个深刻的道理,即将帅性格上的弱点对战争胜负具有很大的影响。在战争中,一般人的性格缺陷可能并没有什么,但一名将帅的性格缺陷则会被无限放大,甚至影响整个战争的结局。在马陵之战中,孙膑之所以能够设计诱杀庞涓,很重要的原因就在于充分了解并利用了庞涓过于自信的性格特点。那么,如何全面深入地了解敌将呢?作者又提出了"动敌而知"的方法:

> 若欲先知敌将,当令贱而勇者,将轻锐以尝之。观敌之来,一起一坐,其政以理,其追北佯为不及,其见利佯为不知,如此者,将必有智,勿与轻战。若其众谨旗乱,其卒自止自行,其兵或纵或横,其追北恐不及,见利恐不得,如此者,将必无谋,虽众可获。②

这一点也颇具启迪价值。在战争领域,对敌方情况的"知"及敌将的"知",固然可以用观察和用间等方法,然而对手"隐真示假""虚虚实实"的欺骗往往会使情报失误或失效。因此,要想更真实地了解对手,重要的办法是用自己的一部分兵力去"动敌","动敌"的方法越高明,则了解的敌情就会更深入、更全面。这是由战争力量对抗的本质特点所决定的。

"用间"是孙子知胜思想的重要方法和途径,也是孙子知胜思想体系的重要组成部分。《长短经·兵权》之《五间第十》、杜佑之《通典·兵典·间谍》等专题内容,均有对孙子用间思想的摘引及相关例证分析,而能够对孙

---

① 《长短经·兵权·将体》。
② 《长短经·兵权·料敌》。

子用间思想进行理论阐释和细密论证的还是《太白阴经》《唐李问对》和《卫公兵法》。

《太白阴经》有《行人篇》专门讨论用间问题。其最大的特色之处主要表现为三个方面：

其一，《行人篇》强调如何挖掘和招抚敌国的精英人才为我所用。"将能收敌国之人而任之，以索其情，战何患乎不克！故曰：'罗其英，敌国倾；罗其雄，敌国空。'它山之石，可以攻玉。"这里不仅强调了孙子所讲"内间"的作用，更强调了挖掘对方精英人才的巨大价值，因为不仅要利用他们了解敌人的详细情况，更要利用他们为我所用，进而削弱敌国的力量，为此，作者列举大量实例予以佐证。

> 昔商之兴也，伊尹为夏之庖人；周之兴也，吕望为殷之渔父。秦之帝也，李斯为山东之猎；夫汉之王也，韩信为楚之亡卒；魏之伯也，荀彧为袁绍之弃臣；晋之禅也，贾充任魏；魏之起也，崔浩家晋。故七君用之而帝天下。①

其二，《行人篇》深化了古代用间的两种主要途径。一是巧妙利用敌国之反间，"因敌国之人来观衅于我，我高其爵、重其禄、察其辞、覆其事；实则任之，虚则诛之；任之以乡导"。这较之孙子所言对反间的利用要更为深刻和细致。二是派出我方间谍了解敌国之政治状况和用人情况，"吾使行人观敌国之君臣；左右执事，孰贤孰愚？中外近人，孰贪孰廉？舍人谒者，孰君子孰小人？吾得其情，因而随之，可就吾事"。这里特别强调了对敌国朝廷政治状况的情报刺探。

其三，《行人篇》特别强调了用间保密的重要性。孙子在《用间篇》中虽提出"三军之事，莫密于间"，并强调说："微哉，微哉，无所不用间也！间事未

---

① 《太白阴经·行人篇》。

发而先闻者,间与所告者皆死。"但对于用间如何保密,孙子并未详谈,而《太白阴经》则有这样的阐释:

> 谋发之日,削其槁、焚其草、金其口、木其舌,无使内谋之泄。若鹰隼之入重林,无其踪;若游鱼之赴深潭,无其迹。离娄俯首,不见其形;师旷倾耳,不聆其声。微乎!微乎!与纤尘俱飞,岂饱食醉酒争力轻合之将,而得见行人之事哉![1]

关于用间问题,《唐李问对》提到一个"李靖以唐俭为死间"的具体案例,颇有启迪价值。唐太宗首先提出自己的疑问:"昔唐俭使突厥,卿因击而败之,人言卿以俭为死间,朕至今疑焉,如何?"李靖回答说:

> 臣与俭比肩事主,料俭说必不能柔服,故臣因纵兵击之,所以去大恶不顾小义也。人谓以俭为死间,非臣之心。按《孙子》用间最为下策,臣尝著论其末云:"水能载舟亦能覆舟,或用间以成功,或凭间以倾败。若束发事君,当朝正色,忠以尽节,信以竭诚,虽有善间,安可用乎?"唐俭小义,陛下何疑![2]

这段内容充分体现了李靖在用间问题上的辩证认识,即用间既可能获得惊人的战争效益,也可能招致巨大的战争风险。从军事情报思想史来看,自孙子全面系统地论证用间思想之后,人们对用间问题的认识和应用明显分为两派,一派为肯定派,即极力推崇和发展了孙子的用间思想。另一派为质疑派,认为孙子在用间之方法论上存在片面性,即只知其利而不知其害。质疑派即以李靖在《唐李问对》中的言论为主要依据。当然,李靖作为杰出的军事统帅并非因此否定用间,而是主张在辩证哲理的指导下更好地运用

---

① 《太白阴经·行人篇》。
② 《唐李问对》卷中。

和发挥间谍的价值。这从《卫公兵法》的相关内容中可以得到佐证。

《卫公兵法》在《将务兵谋》篇中,对孙子的用间思想的创新发展主要表现为以下三个方面:

其一,丰富和细化了孙子所论用间对象的内容和范围。《孙子》所论用间对象,主要包括三类,即"乡间、内间、反间"。而《将务兵谋》在总结历史经验的基础上,进一步拓展和细化了所间对象的范围:"历观古人之用间,其妙非一,即有间其君者,有间其亲者,有间其贤者,有间其能者,有间其助者,有间其邻好者,有间其左右者,有间其纵横者。"同时,其对间谍使用的论述,也充分体现出自己的特色:

> 有因其邑人,使潜伺察而致词焉;有因其仕子,故泄虚假,令告示焉;有因敌之使,矫其事而返之焉;有审择贤能,使觇彼向背虚实而归说之焉;有佯缓罪戾,微漏我伪情浮计,使亡报之焉。①

从这段内容看,《卫公兵法》将间谍的任务侧重于向对方传送假情报和假信息,这就深刻体现了用间作为"诈中之诈"的特点。要知道,情报信息本身就是一个充满了对抗的领域,要想在战争中获胜,不仅要最大限度地了解对手的情况,更要以虚假的信息误导对方,从而增加对手的不确定性和失误率。

其二,针对不同的用间对象,实施不同的用间策略与方法。用间是一项非常复杂而危险的工作,故孙子讲:"非圣不能用间,非仁不能使间,非微妙不能得间之实。"而具体到一名间谍如何抓住时机,获取情报,更是处处面临着风险,需要超高的智慧。在这一问题上,孙子虽然提出了"上智为间"的思想,但对间谍如何获取情报,并未论及。《将务兵谋》则详细论述了这一问题:

---

① ［唐］李靖:《卫公兵法·将务兵谋》。

若敌有宠嬖任以腹心者,我当使间遗其珍玩,恣其所欲,顺而傍诱之;敌有重臣失势不满其志者,我则啖以厚利,诡相亲附,采其情实而致之;敌有亲贵左右之多辞夸诞好论利害者,我则使间曲情尊奉,厚遗珍宝,揣其所间而反间之……

这些内容都是强调,要针对不同的用间对象,实施不同的用间策略与方法,从而更加体现出间谍工作的复杂性及现实指导价值。

其三,辩证认识间谍的性质和作用。孙子在《用间篇》中的论述,虽然内容丰富,但并没有论及防范对方间谍的问题,这不能不说是一个缺憾。而《将务兵谋》却明确论证了这一点:"且夫用间以间人,人亦用间以间己;己以密往,彼以密来。理须独察于心,参会于事,则不失矣。"而且,作者还将防间的问题与反间的使用有机结合起来,特别强调了反间"伪诈"的特点:

若敌使人来,欲候我虚实,察我动静,觇知事计而行其间者,我当佯为不觉,舍其厚利而善啖之,舍止而善饭之,微以我伪言诳事,示以前却期会,即我之所须,为彼之所失者,因其有间而反间之。彼若将我虚而以为实,我即乘其弊而得其志矣。①

值得强调的是,作者还立足于客观实际,强调了用间失败的可能性:"间所以能成功,亦有凭间而倾败者。若束发事主,当朝正色,忠以尽节,信以竭诚,不诡伏以自容,不权宜以为利,虽有善间,其可用乎?"这就把用间问题建立在现实理性及辩证哲理的基础之上了。

2.关于"兵者诡道"及"示形"思想

"兵者诡道"亦即"兵以诈立",这一思想出自《孙子·计篇》。其原文为:"兵者,诡道也。故能而示之不能,用而示之不用,近而示之远,远而示之

---

① [唐]李靖:《卫公兵法·将务兵谋》。

近。利而诱之,乱而取之,实而备之,强而避之,怒而挠之,卑而骄之,佚而劳之,亲而离之。攻其无备,出其不意。此兵家之胜,不可先传也。"

"兵者诡道"可谓是孙子对中国兵学的一大创新成就。《孙子》之所以能被后世誉为中国的兵学圣典,正在于它顺应了春秋战国之际军事领域的新变化,适时地提出"兵者诡道"原则,从而揭示了战争活动的本质规律,使得原来被扭曲的战争形态得以"反正",进而推动中国兵学理论实现了质的飞跃。

"兵者诡道"的基本含义,就是通过策略的运用,迷惑对手,使对手产生错误的判断,做出错误的决策,从而为我方的行动创造良好的条件。进一步而言,"诡道"的实质就是"误敌",就是制造各种假象欺骗敌人,这必然与"示形"思想密切联系在一起。按照孙子论及的内容,"示形"包括"反向示形""形兵之极,至于无形""以变形求无形"等具体方法。

《吕氏春秋》对胜敌策略的论述正是以"示形误敌"为核心的。作者在《仲秋纪·决胜》篇中即谈到"兵之胜,敌之失也"。而如何造成敌人的失误呢?"胜失之兵,必隐必微,必积必抟。隐则胜阐矣,微则胜显矣,积则胜散矣,抟则胜离矣。"在这句话中,"隐"是指用兵要隐蔽,"微"是指保持军事机密,"积"是指积蓄力量,"抟"是指兵力集中。用兵要善于隐蔽行动,养精蓄锐,集中兵力,这样才能战胜公开暴露、兵力分散的敌人。《开春论·期贤》中也说:"尝闻君子之用兵,莫见其形,其功已成,其此之谓也。"这正是对孙子之言"形兵之极,至于无形,无形则深间不能窥,智者不能谋"的借鉴和应用。值得注意的是,《仲秋纪·论威》篇本义在于论述战略威慑,类似于孙子的全胜思想,但却也渗透了示形误敌之策:"故善谕威者,于其未发也,于其未通也,宵宵乎冥冥,莫知其情,此之谓至威之诚。"

《三略》作为政论性著作,主旨在于阐述治国方略与政治方略,但同时也肯定和认同《孙子》"兵者诡道"的用兵原则,提倡以谲诈权变的手段胜敌:"德同势敌,无以相倾,乃揽英雄之心,与众同好恶,然后加之以权变。故非计策无以决嫌定疑,非谲奇无以破奸息寇,非阴谋无以成功。"①这里先讲我方"上下同心",而后讲"权变",最后强调无论破奸还是灭敌,都要采取阴谋诡诈手段,以求成功,这实际上就是强调战争中"正道"与"诡道"的有机结合,也就是政治与军事的有机结合。同时,作者连用三个"非"字,也充分表达了该书对"用兵之诈"的认同。另外,他还引《军谶》的话说:"'将谋欲密,士众欲一,攻敌欲疾。'将谋密,则奸心闭;士众一,则军心结;攻敌疾,则备不及设。"②这明显是具体细化了孙子"出其不意,攻其不备"的用兵原则和过程。

较之《吕氏春秋》和《三略》,《淮南子》对孙子诡道思想有着更全面深入的阐发。比如,它以道家玄妙思想为根基,特别强调战争中的"示形":

> 故用兵之道,示之以柔而迎之以刚,示之以弱而乘之以强,为之以歙而应之以张,将欲西而示之以东,先忤而后合,前冥而后明,若鬼之无迹,若水之无创。故所向非所之也,所见非所谋也,举措动静,莫能识也,若雷之击,不可为备。所用不复,故胜可百全。与玄明通,莫知其门,是谓至神。③

在此基础上,作者特别强调"无形"在战争中的重要价值。"兵贵谋之不测也,形之隐匿也,出于不意、不可以设备也。谋见则穷,形见则制。故善用兵者,上隐之天,下隐之地,中隐之人。"如何"隐之天"?"大寒甚暑,疾风暴雨,大雾冥晦,因此而为变者也。"如何"隐之地"?"山陵丘阜,林丛险阻,可以伏匿而不见形者也。"如何"隐之人"?"蔽之于前,望之于后,出奇行陈之间,发如雷霆,疾如风雨,捧巨旗,止鸣鼓,而出入无形,莫知其端绪者也。"这颇类似于孙子在《形篇》中所讲的"善守者藏于九地之下,善攻者动于九天之

---

① 《三略·中略》。
② 《三略·上略》。
③ 《淮南子·兵略训》。

上,故能自保而全胜也"。

为什么要隐兵于无形呢?《淮南子·兵略训》对其中的原理做出了深刻的阐释,这也是它对孙子思想的一个超越之处。它认为,事物都是以"形"来博弈胜负的,"夫有形埒者,天下讼见之;有篇籍者,世人传学之;此皆以形相胜者也"。但这种有形的博弈很容易暴露弱点,为人所制,"诸有象者,莫不可胜也;诸有形者,莫不可应也";"智见者人为之谋;形见者人为之功;众见者人为之伏;器见者人为之备"。而"无形"则高深莫测,敌人难以图谋和控制我方。故而,"所贵道者,贵其无形也。无形,则不可制迫也,不可度量也,不可巧诈也,不可规虑也"。

从哲学层面看,《淮南子》实际上是从道家"无"和"气"的高度,论证了兵家"用兵于无形"的哲学基础。它讨论"道",既强调其作为宇宙本体论的"无"的意义,"道始于虚霩",又强调"道"作为宇宙生成论的"气"的意义,"虚霩生宇宙,宇宙生气"[①],这就使它理论体系中的"道"能够在现实意义上展开,进而用于现实的战争领域。立足于这一视角,我们就能理解《淮南子》论兵为什么特别追求"无形"的价值。如果我们细究其达于无形的具体策略,也会发现其带有道家思想之"道"的印痕。

> 善用兵,若声之与响,若镗之与袷,眜不给抚,呼不给吸。当此之时,仰不见天,俯不见地,手不麾戈,兵不尽拔,击之若雷,薄之若风,炎之若火,凌之若波。敌之静不知其所守,动不知其所为。[②]

另外,《淮南子·兵略训》还立足道家哲学,深刻论证了孙子兵学思想中的动静之理。作者认为,在战争中,一方的弱点和缺陷往往是在行动中暴露的,如果不动,敌人就无法找到对付和控制我方的办法。"虎豹不动,不入陷阱;麋鹿不动,不离置罘;飞鸟不动,不绝网罗;鱼鳖不动,不拨蟹喙。物未有

---

① 《淮南子·天文训》。
② 《淮南子·兵略训》。

不以动而制者也。"所以,用兵贵静,"无形而制有形,无为而应变",如此则"虽未能得胜于敌,敌不可得胜之道也"。而当敌人先动之时,就可"见其形""罢其力",进而"视其所为,因与之化;观其邪正,以制其命;饵之以所欲,以罢其足。彼若有间,急填其隙,极其变而束之,尽其节而仆之"。

当然,这一过程绝非一蹴而就,而是一个双方不断互动、不断演进、反复较量的过程:

> 若动而应,有见所为,彼持后节,与之推移。彼有所积,必有所亏,精若转左,陷其右陂。敌溃而走,后必可移。敌迫而不动,名之曰奄迟,击之如雷霆,斩之若草木,耀之若火电,欲疾以速,人不及步铘,车不及转毂,兵如植木,弯如羊角,人虽众多,势莫敢格。①

唐人李筌之《太白阴经》对孙子谋略及诡道思想也有独特而深刻的见解。李筌编撰此书之始,就有明确的指导思想,即以"心术"为基础,集中体现"非诡谲不战"的以谋胜敌的思想。他讲:

> 夫心术者,上尊三皇成五帝。贤人得之以伯四海、王九州,智人得之以守封疆,挫敦敌,愚人得之以倾宗社、灭民族。故君子得之固穷,小人得之倾命。是以兵家之所秘而不可妄传,否则殃及九族。②

可见,李筌将谋略视为一把双刃剑,他既注意到谋略的负面影响及危害性,同时又将其作为战争制胜必不可缺的重要手段。他说:"臣今所著《太白阴经》,其奇谋诡道,论心术则流于残忍,以为不如此则兵不能振。"③正因如此,在《术有阴谋》和《数有探心》两篇内容中,作者概括列举了各种"捭阖、

---

① 《淮南子·兵略训》。
② 《太白阴经·序》。
③ 《太白阴经·序》。

揣摩、飞钳、抵巇"等阴倾敌国之术,提出了一整套辅助战争打垮敌国的系统计谋,可谓是集权谋、诡谲之大成。这部分内容在全书中占有很大的分量,甚至在一定程度上带有主导倾向。

为了实现"兵者诡道"的目的,李筌又进一步阐释发挥了孙子诡道思想的实践性特征:

> 夫善战者,胜败生于两阵之间。其谋也,策不足验;其胜也,形不足观。能言而不能行者,国之害;能行而不能言者,国之用。故曰至谋不说,大兵不言,微乎神乎。①

尤为可贵的是,作者在本篇中还从辩证哲理的角度论述了"心"与"迹"的内在关系,这可以视为是对孙子兵学范畴的创新性贡献:

> 谋藏于心,事见于迹。心与迹同者败,心与迹异者胜。兵者,诡道也。能而示之不能,用而示之不用。心谋大,迹示小;心谋取,迹示与。惑其真,疑其诈。真诈不决,则强弱不分,湛然若玄元之无象,渊然若沧海之不测。②

李筌能够做出这样的贡献,一方面得益于对孙子思想的继承,另一方面也是受道家无为思想影响的结果,正如作者所云:

> 弱兮柔兮,卷之不盈怀袖;沉兮密兮,舒之可经寰海。五寸之键,能制阖辟;方寸之心,能易成败。智周万物而不殆,曲成万物而不遗。顺天信人,察始知终,则谋何虑乎不从哉!③

---

① 《太白阴经·沉谋篇》。
② 《太白阴经·沉谋篇》。
③ 《太白阴经·沉谋篇》。

《唐李问对》对孙子"兵者诡道"原则的认识与讨论是最为深刻的。在《唐李问对·卷上》中，李靖曾提出对付突厥的示形策略："臣愚以谓汉戍宜自为一法，蕃落宜自为一法，教习各异，勿使混同。或遇寇至，则密（来力）主将临时变号易服，出奇击之。"

当唐太宗问及其中的道理时，李靖回答说：

> 此所谓"多方以误之"之术也。蕃而示之汉，汉而示之蕃，彼不知蕃汉之别，则莫能测我攻守之计矣。善用兵者，先为不可测，则敌乘其所之也。①

在《唐李问对·卷下》中，李世民更明确对李靖言道："朕观千章万句，不出乎'多方以误之'一句而已。"李靖则回答说："诚如圣语。大凡用兵若敌人不误，则我师安能克哉。"

这说明，二人已经将"诡道"与"误敌"视为战争和作战指导理论的核心内容，由此可见其对孙子思想精髓的把握是非常精准的。从古今中外的战争实践来看，"在战争过程中，正是敌人的严重错误才最能产生决定性的影响"②。但是如果敌人没有犯错误，那就要通过示形、动敌等策略巧妙地引导对手犯错误。正如孙子在《九地篇》所言："古之善用兵者，能使敌人前后不相及，众寡不相恃，贵贱不相救，上下不相收，卒离而不集，兵合而不齐，由不虞之道，攻其所不戒也。"明代揭暄在《兵经百言》中对此做了更明确的阐述：

> 克敌之要，非徒以力制，乃以术误之也。或用我误法以误之，或因其自误而误之。误其恃，误其利，误其拙，误其智，亦误其变。虚挑实

---

① 《唐李问对》卷上。
② ［英］利德尔·哈特：《战略论》，中国人民解放军军事科学院译，战士出版社，1981 年，第 470 页。

取,彼悟而我使误,彼误而我能悟。故善用兵者,误人不为人误。[1]

3. 关于"因变"及用势思想

战争是敌我双方实力的较量,也是智慧的博弈。故兵家强调,将帅指挥作战要因时而变,因地而变,因敌而变,因情而变,此即所谓"因变"思想。因变思想运用到一定的程度和境界,就是孙子所讲的"用势"和"任势"。《计篇》有言:"势者,因利而制权也。"即要凭借有利的条件,临机应变地采取行动,创造有利于己的作战态势。《虚实篇》更谈道:"水因地而制流,兵因敌而制胜。故兵无常势,水无常形,能因敌而制胜者谓之神。"

《吕氏春秋》曾立足哲学层面对因变思想进行专门的论述。它指出:"三代所宝莫如因,因则无敌""因则功,专则拙"[2]。它还举例说明:禹治水成功是"因水之力",尧舜禅让是"因人之心",汤武取胜是"因人之欲"等等,总之,只有善于凭借外物、顺应客观情势才能成功。《仲秋纪·决胜》篇更将"因"阐发为一种决定胜负的用兵之道:

> 凡兵,贵其因也。因也者,因敌之险以为己固,因敌之谋以为己事。能审因而加,胜则不可穷矣。

意思是说,用兵要善于将敌方种种条件为我所用,比如利用敌人的险阻作为自己的要塞,利用敌人的谋划达到自己的目的。如果能将敌人的有利因素转化为己方的有利因素,胜利就不可穷尽了。

《三略》也有关于因变的专门论述。它从战争双方矛盾对抗的角度出发,强调要在察知敌人各种情况的基础上,根据敌人的行动,针锋相对地采取相应的因变策略。《三略·上略》有云:"端末未见,人莫能知,天地神明,与物推移,变动无常,因敌转化,不为事先,动而辄随。"不仅如此,我方还要

---

[1] 《兵经百言·误》。
[2] 《吕氏春秋·慎大览·贵因》。

创造条件促使敌情朝着有利于己方的方向转化:"敌动伺之,敌近备之,敌强下之,敌佚去之,敌陵待之,敌暴绥之,敌悖义之,敌睦携之。顺举挫之,因势破之,放言过之,四网罗之。"更值得注意的是,《三略·中略》还引《军势》的言论,强调要根据敌方将帅的性格特点,采取相应的作战方法:"使智、使勇、使贪、使愚:智者乐立其功,勇者好行其志,贪者邀趋其利,愚者不顾其死;因其至情而用之,此军之微权也。"

《淮南子》主要立足道家思想,阐释用兵的灵活与变通。这与其政治哲学的核心概念"因"和"权"有密切联系。在《淮南子》的作者看来,"无为"作为道家哲学的一个重要概念,并不是什么也不做,而是强调不能基于个人的私欲而任意妄为,而要顺应天道自然的基本规律。如此一来,"因"就成为《淮南子》政治哲学的一个核心概念,它在《淮南子》的思想体系中被赋予了特别重要的地位。所谓"故天下之事不可为也,因其自然而推之。万物之变不可究也,秉其要归之趣"①。正是在这样的思想认识基础上,《淮南子》对于兵家的"因变"思想也有着深刻的论述:

> 视其所为,因与之化;观其邪正,以制其命;饵之以所欲,以罢其足。彼若有间,急填其隙,极其变而束之,尽其节而仆之。敌若反静,为之出奇,彼不吾应,独尽其调。若动而应,有见所为,彼持后节,与之推移。彼有所积,必有所亏,精若转左,陷其右陂。②

另一方面,《淮南子》讲"无为"之道与"因变"之术,最终目的是要实现其政治哲学在现实世界中的有效展开,这就涉及其哲学观念和现实行为的协调问题,"故鼓不与于五音而为五音主,水不与于五味而为五味调,将军不与于五官之事而为五官督。故能调五音者,不与五音者也;能调五味者,不

---

① 《淮南子·原道训》。
② 《淮南子·兵略训》。

与五味者也"①。所以,它又非常重视"权"(权衡)的地位和作用,并能吸收和借鉴孙子的相关言论提出"知权"和"事权"的概念,如它讲:

> 善用间谍,审错规虑,设蔚施伏,隐匿其形,出于不意,敌人之兵无所适备,此谓知权。陈卒正,前行选,进退俱,什伍搏,前后不相撩,左右不相干,受刃者少,伤敌者众,此谓事权。②

总之,在《淮南子》的政治哲学体系里边,"因"是其政治哲学的基础,而"权"在"因"的前提下展开,是一种现实的生存智慧,是"道"在现实中积极有为的展开方式。由此,黄老哲学在现实层面上的灵活性和有效性得以充分表达,《淮南子·兵略训》贵因重变的用兵思想特色也得以深刻展示。

《太白阴经》着重从"形"与"神"的哲理层面论证了孙子用兵求变的思想,这是一个辩证而独特的视角。

> 经曰:夫兵之兴也,有形有神。旗帜金革依于形,智谋计事依于神。战胜攻取,形之事,而用在神;虚实变化,神之功,而用在形。形粗而神细。形无物而不鉴,神无物而不察。形诳而惑事其外,神密而圆事其内。观其形不见其神,见其神不见其事。③

在这里,"形"指的是旗帜金革、军队部署所表现出来的外部形态,是人的耳目可见可闻的;"神"指的是战争指挥活动内部的神态,是人的耳目所不可见和不可闻的。然而,二者交互为用,就能虚虚实实、真真假假,变化莫测,这正是用兵求变的辩证哲理所在。

为了进一步说明"形""神"之间的关系,作者又进一步引古代的多个战

---

① 《淮南子·兵略训》。
② 《淮南子·兵略训》。
③ 《太白阴经·兵形篇》。

例予以说明,而且用了两个形象的比喻以说明"兵无常势"的道理:"故曰兵形象陶人之埏土,冶氏之冶金,为方为圆,或钟或鼎。金土无常性,因工以立名;战阵无常势,因敌以为形。"①最后,作者在该篇中引孙子的相关言论予以总结,将自己的独特见解有机融入了孙子的用变理论之中:"形不因神,不能为变化;神不因敌,不能为智谋。故水因地而制形,兵因敌而制胜也。"

赵蕤在《长短经》中,依据事物发展变化的观点,较为详尽地分析了"事同而形异""事同而势异""事同而情异"和"事同而情、势皆异"等多种情况之后,提出了"适变"的方法论原则。从"适变"的观点出发,其军事谋略思想也特别强调"兵法变通,不可执一"②。他认为,对待古代兵书战策中记载的战略战术原则,不可机械死守,而要因时因地因势灵活运用。为此,赵蕤在该篇中以虞诩增灶破敌为例,进行了论证分析。

> 虞诩为武都郡,羌率众遮诩于陈仓崤谷。诩令吏士各作两灶,日增倍之,羌不敢逼。或问曰:孙子减灶而君增之,兵法日行三十里以戒不虞,今且行二百里,何也? 诩曰:虏众既多,吾徐行则易为所及,疾行则彼不测之。且虏见吾灶多,谓群兵来至。孙子见弱吾示强,势不同也。故曰:料敌在心,察机在目。因形而作,胜于众,善之善者矣。此变通之理也。③

"因变"与"用势"有着密不可分的关系,"因变"达成的最佳效果和最高境界即为"势"的形成。在战争中,善于用势,创造有利于我方的条件,是决定战争胜负的关键。《孙子》十分重视"用势"这一兵学范畴和思想,强调"计利以听,乃为之势,以佐其外"④,"善战者,求之于势,不责于人"⑤。战争

---

① 《太白阴经·兵形篇》。
② [唐]赵蕤:《长短经·兵权·变通》。
③ [唐]赵蕤:《长短经·兵权·变通》。
④ 《孙子兵法·计篇》。
⑤ 《孙子兵法·势篇》

指挥者不仅要利用而且要善于创造有利于己方的战争态势,以辅助作战方略的实现。

《淮南子·兵略训》从多个层面继承了孙子的"用势"思想,并有进一步的阐释和发挥。

首先,它高度肯定了"势"在战争中的地位和价值:"夫地利胜天时,巧举胜地利,势胜人。"这就是说,"势"在战争过程中的关键作用超过天时和地利,也超越人的作用。为了进一步论证这一观点,它又从将帅用兵的角度进行了细致分析:

> 兵之所隐议者天道也,所图画者地形也,所明言者人事也,所以决胜者铨势也。故上将之用兵也,上得天道,下得地利,中得人心,乃行之以机,发之以势,是以无破军败兵。乃至中将,上不知天道,下不知地利,专用人与势,虽未必能万全,胜铨必多矣。[1]

其次,它进一步发挥了孙子有关"势险而节短"的论述。"势"本指物体在极速运动中形成的一种爆发力,如"鸷鸟之疾"时发的力,又如"激水漂石"时发的力。然作者又将其特指战争中士兵因有必胜的信念而形成的"气势"与战斗力,其特点是勇猛威力大:

> 今使两人接刃,巧拙不异,而勇士必胜者,何也? 其行之诚也。夫以巨斧击桐薪,不待利时良日而后破之。……是故善用兵者,势如决积水于千仞之堤,若转圆石于万丈之溪,天下见吾兵之必用也,则孰敢与我战者![2]

最后,它还将"势"分为三种类型:气势、地势和因势。此种分类方法,多

---

[1] 《淮南子·兵略训》。
[2] 《淮南子·兵略训》。

为后世论"势"者所借鉴和应用：

> 将充勇而轻敌，卒果敢而乐战，三军之众，百万之师，志厉青云，气如飘风，声如雷霆，诚积逾而威加敌人，此谓气势。硖路津关，大山名塞，龙蛇蟠，却笠居，羊肠道，发笱门，一人守隘，而千人弗敢过也，此谓地势。因其劳倦怠乱，饥渴冻暍，推其揢揢，挤其揭揭，此谓因势。①

《太白阴经》也从三个层面集中论述了"势"的问题，其中主要内容都是在孙子思想的基础上进一步阐释和发挥。

首先，孙子在《势篇》有言："故善战人之势，如转圆石于千仞之山者，势也。"而《太白阴经》结合孙子这一言论强调了"势"之趋势性、必然性的特点，有助于人们更好地理解"势"在战争中的地位和作用。《太白阴经》有云：

> 昔之善战者，如转木石。木石之性，圆则行，方则止。行者非能行，而势不得不行；止者非能止，而势不得不止。夫战人者自斗于其地则散，投之于死地则战。散者非能散，势不得不散；战者非能战，势不得不战。②

其次，孙子在《计篇》又言："势者，因利而制权也。"意思是说，要根据自身的有利条件，通过权变而形成有利于我方的作战态势。而《太白阴经》敏锐地抓住这一要点，重点对"利"（即有利条件）与"势"的关系进行了充分阐释，同时，它还与战争中的时机问题联系起来论述：

> 夫未见利而战，虽众必败；见利而战，虽寡必胜。利者，彼之所短，我之所长也。见利而起，无利则止。见利乘时，帝王之资。故曰时之至

---

① 《淮南子·兵略训》。
② 《太白阴经·作战篇》。

间不容息,先之则太过,后之则不及。见利不失,遭时不疑。失利后时,反受其害。①

最后,孙子在《势篇中》还谈到一句话:"治乱,数也;勇怯,势也;强弱,形也。"对于此句中的"势"之内涵,李筌在《太白阴经》中也进行了重点论述,深刻揭示了人之"勇怯"和战争之"势"的辩证关系,而其中的关键又在于"法"与"谋"的适当。他讲道:

> 勇怯在谋,强弱在势。谋能势成,则怯者勇;谋夺势失,则勇者怯。所以勇怯在乎法,成败在乎智。怯人使之以刑则勇,勇人使之以赏则死。能移人之性、变人之心者,在刑赏之间。勇之与怯于人何有哉?②

总体而言,《太白阴经》围绕"以便胜,以地强,以谋取"三个角度解读和发挥孙子关于"势"的理论,形成了自己的独特见解,具有一定的参考价值。

《长短经·兵权》在《势略》一篇中,也有关于势的专门论述。作者列举了大量战例,不仅从正面论述了"任势"的积极作用,同时又从反面论述了"失势"的严重后果:"当是时,虽诸葛之智、陈宫之谋、吕布之勇、关张之功,无所用矣。""势之去也,项羽有拔山之力,空泣虞姬;田横有负海之强,终然刎颈。"这一点,是《孙子》中没有论及的,它突出反映了《长短经》作为"反经"的特点与价值。在《蛇势》一篇中,也充分体现了这种"正事反说"的特点,孙子在《九地篇》中提出"善用兵者,譬如率然",主要是讲己方部队协调如一的"自组织"效应,而赵蕤论"蛇势",却是讲敌方因自组织效应会产生不可避免的内乱、恶斗,故我方应等待敌方协同效应瓦解时再乘势进攻。为此,作者征引曹公征张绣之时荀攸的建议说:

---

① 《太白阴经·作战篇》。
② 《太白阴经·人无勇怯篇》。

绣与刘表相恃为强，然绣以游军仰食于表，表不能供也，其势必离。不如缓军以待之，可诱而致也。若急之，则必相救。①

《卫公兵法》对于战争中的"势"，有着更为全面而深刻的解读。按照孙子的理论，"形"与"势"是密切联系、有机结合的一对范畴。"形"指的是战争实力及表现形态，而"势"是这种实力的表现、运用和发挥。相同的"形"在复杂的时空条件下可以表现为不同的"势"，而同样的"势"也会因特定情境的差异表现为多样化的"形"。也许是受到上述孙子言论的启发，《卫公兵法》论"势"的第一句话就是"凡事有形同而势异者，亦有势同而形别者"②。那么，对于战争中的"势"，作者有何独特的见解呢？

第一，它更强调"顺势"的重要性。"势"是外在的、客观的，是不以人的意志为转移的，人的活动固然可以改造和战胜自然，但它本身最终要受制于体现客观法则的"势"。进一步讲，当人的行动的目的与"势"一致的时候，"势"就会转化为一种积极的力量，反之，"势"就会转化为一种否定性的力量。因此，《卫公兵法·将务兵谋》说："若顺其可，则一举而功济；如从未可，则击，动而必败。"它还引《孙子》的话讲："善动敌者，形之，而敌从之；与之，而敌取之。以奇动之，以正待之。此战势之要术也。"明代兵学著作《兵经百言》对此也有过一段解释：

大凡逆之愈坚者，不如顺以导瑕。敌欲进，赢柔示弱以致之进；敌欲退，解散开生以纵之退；敌倚强，远锋固守以观其骄；敌仗威，虚恭图实以俟其惰。致而掩之，纵而擒之，骄而乘之，惰而收之。③

在这里，"顺"的基本意思，就是表面上按对方所想和所求行事，实际上

① ［唐］赵蕤：《长短经·兵权·蛇势》。
② ［唐］李靖：《卫公兵法·将务兵谋》。
③ 《兵经百言·顺》。

在扩大对方错误,寻找有利的战机,最终形成我方主导之势。

第二,它进一步论述了形成"势"的基本要素及"势"的作用。孙子在《势篇》的开头曾谈到一段话:"凡治众如治寡,分数是也;斗众如斗寡,形名是也;三军之众,可使必受敌而无败者,奇正是也。兵之所加,如以碫投卵者,虚实是也。"这就是说,"势"的形成需要四个基本要素,一是构成军队编制的"分数";二是用作指挥信号的"形名";三是关乎战术变化的"奇正";四是确定进攻方向的"虚实"。《卫公兵法》在孙子上述理论的基础上进一步论述道:

> 若我士卒已齐,法令已行,奇正已设,置阵已定,誓众已毕,上下已怒,天时已应,地利已据,鼓角已震,风势已顺,敌人虽众,其奈我哉?①

从这段话来看,《卫公兵法》论"势"的形成,涉及的要素更多,内容更加丰富,其对于"势"形成后的威力和作用,也做了更为形象生动的描述:"譬虎之有牙,兕之有角,身不蔽捍,手无寸刃,而欲搏之,势不可触,其亦明矣!"

第三,它更加明确地划分了"势"的基本类型和特点。《孙子》对于"势"给出了不同的解释,但这些解释并没有明确划分出"势"的类型,更没有分清不同类型"势"的特点。而《卫公兵法》则明确指出:

> 故兵有三势:一曰气势,二曰地势,三曰因势。若将勇轻敌,士卒乐战,三军之众,志厉青云,气等飘风,声如雷霆,此所谓气势也。若关山狭路,大阜深涧,龙蛇盘磴,羊肠狗门,一夫守险,千人不过,此所谓地势也。若因敌怠慢,劳役饥渴,风浪惊扰,将吏纵横,前营未舍,后军半济,此所谓因势也。②

---

① [唐]李靖:《卫公兵法·将务兵谋》。
② [唐]李靖:《卫公兵法·将务兵谋》。

这部分内容与《淮南子·兵略训》对"势"的分类基本相似。然作者又似乎特别强调"因势"的价值,故它进一步论述:"若遇此势,当时潜我形,出其不意,用奇设伏,乘势取之矣。"

第四,它更强调了用势过程中人的主观能动性的发挥。"势"作为一种综合性的趋向或现实的背景,是多种因素影响和互动的结果。这些因素既包括"力量"或"实力"本身,也包括具体的时空条件及敌方变化情况,更主要的是要通过人的主观能动性的发挥,将这些因素有机结合起来,进而在敌我双方动态的变化中,形成有利于我方而不利于对方的战争态势。为此,孙子在《势篇》中曾做出这样的描述:

> 任势者,其战人也,如转木石;木石之性:安则静,危则动,方则止,圆则行。故善战人之势,如转圆石于千仞之山者,势也。

可见,在用势过程中,人的主观能动作用是至关重要的。从分析比较的角度来看,《卫公兵法·将务兵谋》更能够强调和突出指挥员的主观能动作用,"是以良将用兵,审其机势而用兵气,仍须鼓而怒之,感而勇之,赏而劝之,激而扬之",这明显是从精神因素的角度,强调指挥员如何用势和造势。"故良将之战,必整其三军,砺其锋甲,设其奇伏,量其形势,远则力疲而不及,近则敌知而不应。"这又是从物质因素及如何合理运用力量的角度,论证指挥员如何用势和任势。而对于能否最终达成"势"的作用和效果,它再次强调:"若不通此机,乃智不及于鸟兽,亦何能取胜于寇乎?乃须怒士厉众,使知奋勇,故能无强阵于前,无坚城于外,以弱胜强,必因势也。"

4.关于"奇正"与"虚实"思想

《老子》最早提出"以正治国,以奇用兵"的重要思想,但真正把奇正体现在用兵谋略上,则始于孙武。《孙子·势篇》正式提出"以正合,以奇胜"的用兵思想,并认为"三军之众,可使必受敌而无败者,奇正是也"。

奇正为什么如此重要呢?因为奇正是关于战术变化的重要范畴。人类可以用于战争或竞争的战术有无数种,并因战场实际情况的差异而变化无穷。然而,如此多的战术归根结底可以分为两大类,一类是"正"的战术,一类是"奇"的战术(这便于指挥者总体把握战术运用情况),而且"正"与"奇"之间还可以发生交互变化,这就更加增添了战术的无穷奥秘。所以,孙子在《势篇》才讲:"战势不过奇正,奇正之变,不可胜穷也。"

西汉时期的《淮南子》,在"同莫足以相治也,故以异为奇"的基础上论述奇正思想,可谓一针见血地揭示了奇正思想的本质,即正与奇一定是相对的,也可以说一个是常规,另一个是非常规。

> 同莫足以相治也,故以异为奇。两爵相与斗,未有死者也;鹯鹰至,则为之解,以其异类也。故静为躁奇,治为乱奇,饱为饥奇,佚为劳奇。奇正之相应,若水火金木之代为雌雄也。①

著名史学家司马迁曾多次引述孙子的奇正思想,并把"奇"归结为一种权谋之术。他在评述文王伐商策略时,曾认为姬昌与吕尚阴谋修德,"其事多兵权与奇计,故后世之言兵及周之阴权皆宗太公为本谋"②。他还结合孙子思想评价田单的出奇用兵:"兵以正合,以奇胜。善之者,出奇无穷。奇正还相生,如环之无端。夫始如处女,适人开户;后如脱兔,适不及距;其田单之谓邪!"③班固在《汉书》中也从权谋角度论述过奇正思想,但他的总结明显借鉴了老子思想:"权谋者,以正守国,以奇用兵,先计而后战,兼形势,包阴阳,用技巧者也。"④这就是说,"权谋家"均主张用正道治理国家,用奇计兴师作战,且要先谋划后交战,集"形势""阴阳""技巧"诸家之所长。

自东汉末年开始,兵家对奇正本义的理解逐渐呈现深入趋势。曹操首

---

① 《淮南子·兵略训》。
② 《史记·齐太公世家》。
③ 《史记·田单列传》。
④ 《汉书·艺文志》。

开注解《孙子》之先河,他指出:"先出合战为正,后出为奇。"又说:"正兵当敌,奇兵从傍击不备也。"①曹说把先投入战斗的军事力量归入正兵,把后出者视为奇兵,同时也把奇正与部队担负的不同任务联系起来,正兵用以抗敌,奇兵用以奇袭。这与《尉缭子》"或先或后,制敌者也"②和"所谓诸将之兵在四奇之内者,胜也"③之论断相比,明显是从用兵次序的角度分别界定了"奇"与"正"的区别,使其运用更能贴近实战的需要。

隋唐时期,许多《孙子》注家也论及奇正问题。杜佑认为:"正者当敌,奇者从傍击不备;以正道合战,以奇变取胜也。"④李筌认为:"当敌为正,傍出为奇。"又称:"奇者,权术也。……以权术用兵,则天下不能敌。"⑤贾林也指出:"当敌以正阵取胜,以奇兵前后左右俱能相应,则常胜不败也。"⑥以上三家均试图解释奇正的本义,所论或沿袭曹操陈说,或转述先秦兵家旧论⑦,理解也相对浅近。

历史上,真正将"奇正"作为兵学范畴进行充分理论阐释的则是《唐李问对》。在《唐李问对·卷上》中,李世民和李靖对孙子奇正思想的发展和创新大致表现为以下几个方面:

其一,大大拓展了奇正思想的内涵。它认为,仁义为"正",权谲为"奇";公开出兵是"正",突然袭击是"奇";大军前进为"正",部队后退为"奇";大众所合为"正",将所自出为"奇";等等。这就从政治战略、军事战略、战役战斗和战术应用等各个不同的层面,探讨了奇正思想的运用范围和基本内涵。尤其值得强调的是,《唐李问对·卷上》在总结历史经验的基础上,明确指出"自黄帝以来,先正后奇,先仁义而后权谲",这就把孙子的奇正思想拓展到

---

① 《十一家注孙子·势篇·曹操注》。
② 《尉缭子·勒卒令第一八》。
③ 《尉缭子·踵军令第二〇》。
④ 《十一家注孙子·势篇·杜佑注》。
⑤ 《太白阴经·主有道德篇》。
⑥ 《十一家注孙子·势篇·贾林注》。
⑦ 李筌转述战国时齐国尹文的观点,见《尹文子·大道下》,原文是:"奇者,权术是也;以权术用兵,万物所不能敌。"

了大战略的范畴,明确肯定了政治是战争胜利的基础和前提。

其二,明确提出了"正亦胜,奇亦胜"的思想。《孙子兵法·势篇》提出, "凡战者,以正合,以奇胜"。对此,人们多理解为以正兵接敌,以奇兵取胜。 而《唐李问对》则认为,取胜的关键并不在于"奇""正"本身,"善用兵者,无 不正,无不奇,使敌莫测,故正亦胜,奇亦胜"①,这就是说正兵与奇兵各有优 势,关键要看什么条件下适合正兵,什么条件下适合奇兵。它还用具体的战 例加以说明,比如,"诸葛亮七擒孟获,无他道也,正兵而已矣";"臣讨突厥, 西行数千里,若非正兵,安能致远"。

其三,重点分析了"奇正相变"的思想。《孙子兵法》已经论述到了奇、正 之间的相互转化,但由于人类思维的惯性,人们多固执地追求"以奇为奇,以 正为正"。《唐李问对》坚决反对把奇、正看成是相互分裂的两个方面。对 此,唐太宗和李靖以霍邑之战为例进行了深入的研讨和分析。

> 太宗曰:"朕破宋老生,初交锋,义师少却,朕亲以铁骑自南原驰下, 横突之。老生兵断后,大溃,遂擒之。此正兵乎,奇兵乎?"靖曰:"…… 霍邑之战,师以义举者,正也,建成坠马,右军少却者,奇也。"②

这一案例无疑明确揭示了战场上"奇正相变"的深刻道理。高祖及建成 所率领的右军本来是正面迎接敌人的正兵,却因突发的意外情况("建成坠 马,右军少却"),无意中变成了诱导对方"恃勇急进"的奇兵,而此时的李世 民果断率侧面埋伏的铁骑"自南原驰下,横突之",则由原来的奇兵变成了正 兵,最终,唐军因适时地实现了正奇转换而获得这场战争的胜利。李靖对此 总结说:"若非正兵变为奇,奇兵变为正,则安能胜哉!故善用兵者,奇正在 人而已。变而神之,所以推乎天也。"

在此基础上,《唐李问对·卷上》进一步提出了"吾之正,使敌视以为奇,

---

① 《唐李问对》卷上。
② 《唐李问对》卷上。

吾之奇,使敌视以为正""以奇为正,以正为奇,变化莫测""(奇正)素分者教阅也,临时制变者不可胜穷也""正而无奇,则守将也;奇而无正,则斗将也;奇正皆得,国之辅也"等著名论点,这就更加明确强调了奇正理论的灵魂在于"奇正相变"。

"虚实"是中国古代一个重要的兵学术语,"避实击虚"是中国古代兵法中的一个重要内容。孙子在《势篇》中首次提到"虚实"一词:"兵之所加,如以碫投卵者,虚实是也。"然后,为充分说明虚实问题的重要性,孙子又专列《虚实篇》加以论述,其内容之丰富,理论之深刻,大大超越其他诸篇。

秦汉时期的兵家喜欢从"气"的角度论说虚实问题,这与道家思想对兵家理论的渗透有密切关系。

比如,《吕氏春秋·仲秋纪·决胜》着重论述了人之勇怯、士气和虚实的关系。它指出:"有气则实,实则勇;无气则虚,虚则怯。"同时,它也高度评价其在战争中的重要作用:"勇则战,怯则北。战而胜者,战其勇者也;战而北者,战其怯者也。"更重要的是,它还认为,这种怯勇之虚实,"其由甚微","倏忽往来",如果能像圣人那样独见独知,即可以达到"敌虽众,可使无斗"的战争目的。

> 怯勇无常,倏忽往来,而莫知其方,惟圣人独见其所由然。故商、周以兴,桀、纣以亡。巧拙之所以相过,以益民气与夺民气,以能斗众与不能斗众。军虽大,卒虽多,无益于胜。①

《淮南子》对虚实问题的论述也是从"气"的角度入手。它认为,气盛威重为"实",气衰威轻为"虚",要取得战争的胜利,必须蓄养民气、士气,振奋国威、军威,然后以己之实击彼之虚:

---

① 《吕氏春秋·仲秋纪·决胜》。

善战者不在少,善守者不在小,胜在得威,败在失气。夫实则斗,虚则走,盛则强,衰则北(败)。①

值得注意的是,它还将"气"之虚实问题上升到了政治层面做出进一步阐释,其本质上是在强调政治得失对战争中民心和士气的影响:

上下有隙,将吏不相得,所持不直,卒心积不服,所谓虚也。主明将良,上下同心,气意俱起,所谓实也。若以水投火,所当者陷,所薄者移,牢柔不相通,而胜相奇者,虚实之谓也。②

另外,作者还用吴王夫差先用民气之实获大胜,而后使民气变虚因而惨败的历史事实,说明"气"之虚实是可以互相转化的,从而进一步肯定了它在战争中的重要价值:

夫气之有虚实也,若明之必晦也。故胜兵者非常实也,败兵者非常虚也。善者能实其民气,以待人之虚也;不能者虚其民气,以待人之实也。故虚实之气,兵之贵者也。③

李筌在《太白阴经》中论说虚实理论的内容不多,但却要言不烦,能抓住这一理论的实质与精髓。更重要的是,李筌将避实击虚看作是实现全胜的重要手段,这无疑大大提高了孙子虚实理论的重要地位。

夫善兵者,攻其爱,敌必从;捣其虚,敌必随;多其方,敌必分;疑其事,敌必备。从、随不得城守,分、备不得并兵,则我佚而敌劳,敌寡而我

---

① 《淮南子·兵略训》。
② 《淮南子·兵略训》。
③ 《淮南子·兵略训》。

众。夫以佚击劳者,武之顺;以劳击佚者,武之逆。以众击寡者,武之胜;以寡击众者,武之败。能以众击寡,以佚击劳,吾所以得全胜矣。[1]

《唐李问对》对孙子的"虚实"之论十分推崇,几乎将其置于孙子理论体系的最高层次。太宗有言:"朕观诸兵书,无出孙武。孙武十三篇,无出虚实,夫用兵识虚实之势则无不胜焉。"[2]这可以说是深刻把握了避实击虚原则在战争中的重要地位和作用。

从战争的基本规律来讲,任何战争都是力量的角逐,实力是决定战争胜负的根本因素。然而,当自己的实力不如对方或实力与对方相当之时,如何取胜呢?唯一的方法就是通过发挥主观能动性,用自己的优势兵力与敌人的劣势兵力进行较量,以自己的强点打击敌人的弱点,历史上诸多以弱胜强、以少胜多的辉煌战例,其成功的关键就在于正确把握了"虚实"问题。有学者曾说:"取胜之道无数,最要紧的只有一条,就是避实击虚。赢得胜利的方式千变万化,但万变不离其宗,这个'宗'就是虚实。"[3]

另一方面,运用"避实击虚"思想最重要的意义,是其会对整个战局产生决定性的影响。对于任何一场战争而言,战争双方都有自己整体的防御体系,这一体系中又必然有主次之别,有强点和弱点之分,如此一来,正确地将敌人关键而脆弱的环节作为打击目标,一旦突破,就可以带动整个全局的发展。对此,《管子·制分》论曰:"凡用兵者,攻坚则韧,乘暇则神,攻坚则暇者坚,乘暇则坚者暇。"晚清胡林翼也讲道:"兵事不在性急于一时,惟在审察乎全局。全局得势,譬之破竹,数节之后,迎刃而解。"[4]

值得注意的是,《唐李问对》卷中讨论虚实问题,又是与奇正思想密切联系在一起的。当唐太宗提出"今诸将中,但能言背实击虚,及其临敌则鲜识

---

① 《太白阴经·沉谋篇》。
② 《唐李问对》卷中。
③ 吴如嵩:《徜徉兵学长河》,解放军出版社,2002 年,第 85 页。
④ 胡林翼:《胡林翼集》(二),岳麓书社,1996 年,第 754 页。

虚实者"的问题时,李靖从三个方面做出回答:第一,不懂奇正,则难以识虚实:"先教之以奇正相变之术,然后语之以虚实之形可也。诸将多不知以奇为正以正为奇,且安识虚是实,实是虚哉!"其二,奇与正分别是正确应对敌人虚与实的不同策略:"敌实,则我必以正;敌虚,则我必为奇。苟将不知奇正,则虽知敌虚实,安能致之哉!"其三,奇正相变是造成"敌虚我实"的重要手段:"以奇为正者,敌意其奇,则吾正击之;以正为奇者,敌意其正,则吾奇击之;使敌势常虚,我势常实。"

5.关于攻守与主客思想

进攻与防御是战争的两种基本形式。中国古代兵法既强调进攻又注重防守,并揭示了防御和进攻之间的辩证关系,从而构成了较为完整的攻守理论。孙子是最早对攻守问题进行系统论述的兵家之一。他认为,进攻与防御的目的是"自保而全胜",即消灭敌人、保全自己;攻守的取舍必须依据自身的条件来决定,兵力不足时采取守势,兵力充足时采取攻势。另外,孙子还提出了夺敌所爱、攻其必救、长途奔袭、积极进攻等观点,这些观点阐明了攻与守的本质、原则、目标和方法,为后人研究攻守问题奠定了理论基础。

《淮南子》在攻守理论上以道家无为哲学思想为基础,强调后发制人。其言:"先倡者,穷之路也;后动者达之原也。……先者难为知,而后者易为攻也。……先者隤陷,而后者以为谋;先者败绩,而后者违之。由此观之,先者则后者之弓矢质的也。"①

《淮南子》注重战略上的防御有其深刻的历史背景,在西汉削藩的历史条件下,其以弱势力量与强大的中央王朝相对抗,无力进攻又不甘心灭亡,只能以道家"贵后"哲学为基础,寄希望于通过后发制人、多道而助而取得胜利。故有言:

　　故善为政者积其德,善用兵者畜其怒。德积而民可用,怒畜而威可

————

① 《淮南子·原道训》。

立也。故文之所以加者浅,则势之所胜者小;德之所施者博,而威之所制者广。威之所制者广,则我强而敌弱矣。故善用兵者,先弱敌而后战者也,故费不半而功自倍也。①

王符之《潜夫论》对孙子的攻守思想有两点重要论述。

其一,以战例充分证明了孙子"守则不足,攻则有余"的基本理论。孙子在《形篇》中说:"不可胜者,守也,可胜者,攻也。守则不足,攻则有余。"这就明确阐述了攻守行动与力量之间的关系,概括出"众寡之用"的一般规律。王符结合历史上的典型案例对此论证说:

> 昔乐毅以愽愽之小燕,破灭强齐,威震天下,真可谓良将矣。然即墨大夫以孤城独守,六年不下,竟完其民。田单帅穷卒五千,击走骑劫,复齐七十余城,可谓善用兵矣。围聊、莒连年,终不能拔。此皆以至强攻至弱,以上智图下愚,而犹不能克者何也? 曰:攻常不足,而守恒有余也。②

其二,以战例充分强调了积极进攻战略的重要性。从军事理论的角度分析,"攻"和"守"的本质是根本不同的。"守往往是为了掩盖和防护自己的弱点,因而总是具有消极的特征,而攻则是为了不放过敌人每一个可以利用的弱点,攻具有更为积极主动的特点,更易于达成主导对抗的目标。"③因此,在战争中,进攻是取得胜利的主要手段。就王符整体的边防理论而言,其主张积极进攻、反对消极防守的军事思想是非常明确的。他在《潜夫论》中,以历史上的多个战争实例论证说:

---

① 《淮南子·兵略训》。
② [汉]王符:《潜夫论·救边第二二》。
③ 宫玉振:《取胜之道:孙子兵法与竞争原理》,北京大学出版社,2010年,第101页。

折冲安民,要在任贤,不在促境。齐、魏却守,国不以安。子婴自削,秦不以在。武皇帝攘夷柝境,面数千里,东开乐浪,西置敦煌,南逾交趾,北筑朔方,卒定南越,诛斩大宛,武军所向,无不夷灭。今虏近发封畿之内,而不能擒,亦自痛尔,非有边之过也。唇亡齿寒,体伤心痛,必然之事,又何疑焉?君子见机,况已着乎?①

《太白阴经·攻守篇》着重论述了有关城池攻守的多个问题,这对孙子的攻守理论是一个重要补充。它首先论述了守城在战争中的地位问题:"地所以养人,城所以守地,战所以守城,内得爱焉所以守也。"继而,它依据孙子的思想论述了双方力量与攻守的关系问题,"守不足,攻有余。力不足者守,力有余者攻"。这符合孙子攻守理论的基本宗旨。最后,作者重点论述的是攻城与守城的方法问题。就攻城而言,要"先绝其援,使无外救",还要"料城中之粟,计人日之费。粮多人少,攻而勿围;粮少人多,围而勿攻"。就守城而言,关键是要做到全城皆兵,合理部署守城力量,并使得军心和士气稳固。

夫守城之法:以城中壮男为一军,壮女为一军,男女老弱为一军,三军无使相遇。壮男遇壮女,则费力而奸生。壮女遇老弱,则老使壮悲,弱使强怜,悲怜在心,则使勇人更虑,壮夫不战。②

另外,作者还论及了攻城与守城的最佳效果:"力未屈、粟未尽、城尚固而拔者,攻之至也;力屈、粟殚、城坏而不拔者,守之至也。"

《便宜十六策》对孙子的攻守思想也有继承和发展。《孙子·虚实篇》对攻守原则的论述极为抽象,所谓"善攻者,敌不知其所守;善守者,敌不知其所攻",这只是提出了一个最基本的原则。而《便宜十六策》则具体论述了进攻与防守中的智谋运用及方法策略问题:

---

① ［汉］王符:《潜夫论·救边第二二》。
② 《太白阴经·攻守篇》。

故善攻者不以兵革，善守者不以城郭。是以高城深池，不足以为固；坚甲锐兵，不足以为强。敌欲固守，攻其无备；敌欲兴阵，出其不意。我往敌来，谨设所居；我起敌止，攻其左右。量其合敌，先击其实。不知守地，不知战日，可备者众，则专备者寡。①

此外，该篇还引孙子"常山之蛇"的比喻强调了攻守中的部队协调问题："以虑相备，强弱相攻，勇怯相助，前后相赴，左右相趋，如常山之蛇，首尾俱到，此救兵之道也。"

《唐李问对》卷下对孙子攻守思想的发展有多方面的理论贡献，其特点还是侧重于从范畴的角度进行论证分析。

其一，对"守则不足，攻则有余"②作出了新的阐释。曹操在给《孙子》作注时，对此句的解释是："吾所以守者，力不足也；所以攻者，力有余也。"③而《唐李问对》则认为，"不足"不是指力量弱，"有余"也不是指力量强，而是指是否具备胜利的基本条件。它明确指出："'不可胜者，守也；可胜者，攻也'。谓敌未可胜，则我且自守；待敌可胜，则攻之尔，非以强弱为辞也。"换言之，当"敌不可胜"时，即使我力量有余，也不应盲目进攻；相反，如果"敌可胜"时，即使我方力量不足，也要进攻而不是防守。

其二，科学揭示了攻守之间的内在关系。它说："攻是守之机，守是攻之策，同归于乎胜而已矣。"这就是说，进攻是防御的转机，防御是进攻的手段，两者相互依存，相互转化，共同服务于克敌制胜之目的。在此基础上，它科学揭示了攻守之间的辩证统一关系。所谓"攻守一法，敌与我分为二事。若我事得，则敌事败；敌事得，则我事败。得失成败，彼我之事分焉。攻守者一

---

① 《便宜十六策·治军》。
② 《孙子兵法·形篇》。
③ 《十一家注孙子·形篇·曹操注》。

而已矣,得一者百战百胜"。这就是说,不要把"攻"与"守"看成是两种相互分割的作战形式,二者应该是存在于战争统一体中的对应行动。

其三,总结了一些攻守行动的具体要领。《孙子》对攻守方法的论述比较抽象,而《唐李问对》则把这些内容具体化了:"守之法,要在示敌以不足;攻之法,要在示敌以有余。示敌以不足,则敌必来攻,此是敌不知其所攻者也;示敌以有余,则敌必自守,此是敌不知其所守者也。"另外,李靖在攻守方面还有一个创新性的认识,即攻守的对象,不仅包括城邑和战阵,也包括对方的心理和士气,亦即注重战场上的心理战,从心理和士气上瓦解和打击敌人:

> 夫攻者,不止攻其城击其陈而已,必有攻其心之术焉。守者,不止完其壁,坚其陈而已,必也守吾气而有待焉。大而言之,为君之道,小而言之,为将之法。夫攻其心者,所谓知彼者也,守吾气者,所谓知己者也。①

在中国古代的兵学范畴体系中,攻守与主客是两个密切联系的概念。孙子在《九地篇》中,将越境进攻作战的一方称为"客",将本土防御作战的一方称为"主"。《唐李问对》则对《孙子》之主客概念进行了创新性的阐释和发挥:

其一,明确提出了"兵贵为主,不贵为客"的思想。孙子在《九地篇》中有言:"凡为客之道:深入则专,主人不克。"这是孙子第一次明确提到主客概念。但孙子为了突出"愚兵投险"的用兵原理,明显是强调了客方进攻的积极因素,而弱化了主方防御的有利地位。比较而言,《唐李问对》卷中则是从战争的客观实际出发,明确主张在用兵作战中要争取做主动地位的主方,而不做被动地位的客方,最终得出了"兵贵为主,不贵为客"的正确结论。

---

① 《唐李问对》卷下。

其二,明确提出了变易主客之术。在战争中,双方互为主客体,且在一定条件下会互相转化,而高明的战争指挥者善于通过主观能动性的发挥,变易战争中主客或攻守的地位,进而把握战争的主动权。对此,《唐李问对》卷中明确指出:"较量主客之事,则有变客为主,变主为客之术。"它还结合《孙子》的有关内容具体分析说:"'因粮于敌',是变客为主也;'饱能饥之,佚能劳之',是变主为客也。故兵不拘主客迟速,惟发必中节,所以为宜。"而且,它还用古代的两个战例加以佐证:在越伐吴战争中(笠泽之战),越军为客,但以中军潜涉不鼓,袭败吴师,成功实现了"变客为主"的转变。而在石勒与姬澹的战争中,石勒让孔苌假装退却,引诱澹军来追,最后以伏兵夹击之,成功实现了"变劳为佚"的转变。

6. 关于地形和天时运用的思想

孙子非常重视地形对战争的影响作用,为此他不仅将"地"列为战略五要素之一,而且专设《地形篇》《行军篇》《九地篇》以论地形,并在《地形篇》中明确提出了"夫地形者,兵之助也"的著名论断。

西汉时期晁错的"戍边方略",非常注重地形的作用。他在《言兵事疏》中谈道:"臣又闻用兵,临战合刃之急者三:一曰得地形,二曰卒服习,三曰器用利。"同时,他又根据"小大异形,强弱异势,险易异备"的道理,详细分析了不同地形条件下汉匈双方各自优势和劣势,这是对孙子避实击虚思想的实践运用与发挥。他谈道:

> 今匈奴地形、技艺与中国异。上下山阪,出入溪涧,中国之马弗与也;险道倾仄,且驰且射,中国之骑弗与也;风雨罢劳,饥渴不困,中国之人弗与也:此匈奴之长技也。若夫平原易地,轻车突骑,则匈奴之众易挠乱也;劲弩长戟,射疏及远,则匈奴之弓弗能格也;坚甲利刃,长短相杂,游弩往来,什伍俱前,则匈奴之兵弗能当也;材官驺发,矢道同的,则匈奴之革笥木荐弗能支也;下马地斗,剑戟相接,去就相薄,则匈奴之足

弗能给也：此中国之长技也。①

《三略》明确提出了占领和控制战略要地的作战思想。对于险要地形条件下的作战方法，孙子在《九地篇》中主张应尽量避战，即所谓"圮地则行，围地则谋"。吴子提出要积极利用险要地形以取胜，尤其在敌众我寡的情况下，要"避之于易，邀之于厄"②。他们虽然都认识到了险要地形在战争中的作用，但却没有明确提出对它的占领与控制。《三略·上略》则明确主张："获固守之，获厄塞之，获难屯之，获城割之，获地裂之。"意思是坚固的地方要固守，险隘关卡要用重兵封锁，在要冲的地方要派兵屯驻。这在战略地形利用上，应该说是一个较大的进步。

杜佑的《通典·兵典》亦非常重视地形的作用，认为其是"用兵之要"，并提出了"以地形势不同，因时制度"③的基本原则。归纳起来，杜佑对孙子地形思想的补充与完善具体表现为以下内容：

首先，重视地形之利。他明确提出："不明地利，其败不旋踵矣。"④为此，他进一步探讨了孙子关于"九地""六形"的不同用兵之法，并在"自战其地则败""按地形知胜负""塞险则胜否则败""据险隘"等条目中，集中阐释了如何争取地利以求胜的思想。他还在"行军下营审择其地"中引武王伐纣的实例以佐证："周武王将伐纣，问太公曰：'今引兵深入其地，与敌行阵相守，被敌绝我粮道，又越我前后，吾欲与战则不敢，以守则不固，为之奈何？'太公曰：'夫入敌地，必按地形势胜便处之，必依山陵、险阻、水草为固，谨守关梁隘塞。'"

其次，重视向导的作用。他引孙子的话讲："孙子曰：'不用乡导者，不得地利。不任彼乡人而导军者，则不能得道路之便利也。先知迂直之计者胜，

① 《汉书·晁错传》。
② 《吴子兵法·应变》。
③ ［唐］杜佑：《通典·兵一·叙兵》。
④ ［唐］杜佑：《通典·兵一二·总论地形》。

此军争之法也。'"①同时,他还引《李靖兵法》具体分析了关于向导使用的两个重要问题,其一是选拔标准:"择勇敢之夫,选明察之士,兼使乡导。"其二是向导的侦察方式:"潜历山原,密其声,晦其迹,或刻为兽足,而却履于中途;或上冠微禽,而幽伏于丛薄。然后倾耳以遥听,竦目而深视,专智以度事机,注心而候气色,见水痕则可以测敌济之早晚,观树动则可以辨来寇之驱驰也。"

最后,重视地图的作用。他引管子的话重点阐释了地图在战争中的重要价值:

> 管子曰:"凡兵主者,必审知地图。……地形之出入相错者尽藏,藏,谓苞蕴在心。然后可以行军袭邑,举措知先后,不失地利。此地图之常也。"②

李筌之《太白阴经》对孙子的地形思想既有继承,也有发展,这主要体现在《地无险阻篇》和《地势篇》的相关内容中。

在《地无险阻篇》中,作者承认地理地形作为用兵辅助条件的作用,但又特别强调地形并不决定战争的胜败。它以历史上三苗氏、夏、商、秦、吴、蜀等王朝虽居险要地势但却因德义不修而败亡的事实,说明决定战争胜败的主要因素是人的作用,最后得出结论说:"天时不能佑无道之主,地利不能济乱亡之国。……存亡在于德,战守在于地,惟圣主智将能守之。地奚有险易哉?"

《地无险阻篇》另一个方面的重要价值,在于深刻阐释了战争中"人"与"地"的互动关系。"兵因地而强,地因兵而固""地之险易,因人而险,因人而易,无险无不险,无易无不易",因此,将帅对客观的地形地势利用的好坏,主要取决于其主观能动作用的发挥。"凡地之势,三军之权。良将行之,智

---

① [唐]杜佑:《通典·兵一〇·向导》。
② [唐]杜佑:《通典·兵一〇·行军下营审择其地》。

将遵之。而旅将非之,欲幸全胜,飞龟舞蛇,未之有也。"这些有关战争中人地关系的辩证论述,大大丰富和完善了孙子关于地形利用的相关思想内容。

另外,作者还充分结合孙子的用势思想,论证了地势在战争中的作用:

> 经曰:善战者,以地强,以势胜。如转圆石于千仞之溪者,地势然也。千仞者,险之地;圆石者,转之势也。地无千仞,而有圆石置之窳塘之中,则不能复转;地有千仞,而无圆石投之方棱偏匾,则不能复移。地不因险,不能转圆石;石不因圆,不能赴深溪。①

《卫公兵法·将务兵谋》同样重视地形在战争中的作用,它引《军志》的话说:"失地之利,士卒迷惑,三军困败。饥饱劳逸,地利为宝,不其然矣?"而其具体的有关军事地理思想的论述,有三点值得重视和挖掘:

其一,在继承《孙子》"地有六形"的基础上,论证了不同地形的作战方法。其中,包括了"彼此俱利之地""彼此不利之地""平易之所""险隘之处""往易归难之地""有入无出之地"等多种地形及不同的用兵方法。同时,它又阐释了什么样的地形可以"纵弓弩";什么样的地形可以"奋矛铤";什么样的地形"必用风火";什么样的地形"必率其伏"。另外,他还谈道:"平坦则方布,污斜则圆形,左右俱高则张翼,后高前下则锐冲。"从这些内容来看,《卫公兵法》对自然地形的认识与利用,较之《孙子》所论,内容更为丰富,也更具实战应用价值。

其二,更加强调了地理条件与战术变化的结合。孙子对于战争中地形利用的基本原则,可集中概括为两点:一是《行军篇》中讲到的"凡军好高而恶下,贵阳而贱阴,养生而处实";二是《地形篇》讲的"料敌制胜,计险易、远近,上将之道也"。而《卫公兵法》结合战争实践总结出的一个基本原则是:"凡战之道,以地形为主,虚实为佐,变化为辅,不可专守险以求胜也,仍须节

---

① 《太白阴经·地势篇》。

之以金鼓，变之以权宜，用逸待劳，掩迟为疾。"这一论述充分强调了"人地相得"的用兵理念。地形对于战争胜负而言是至关重要的，然而，要真正利用好地形，还要注重发挥人的主观能动作用，重视不同地形与战术方法的有机结合。这也正是孙子在《九变篇》中所讲的："将不通于九变之利者，虽知地形，不能得地之利矣。治兵不知九变之术，虽知五利，不能得人之用矣。"

其三，从反面论证了战争中不懂地形之利的危害性。它说："不明地利，其败不旋踵矣。或有进师行军，不因乡导，陷于危败，为敌所制。"接下来作者又用翔实的语言描绘这种困境："左谷右山、束马悬车之迳，前穷后绝、雁行鱼贯之岩，兵阵未整而强敌忽临，进无所凭，退无所固，求战不得，自守莫安，住则日月稽留，动则首尾受敌，野无水草，军乏资粮，马困人疲，知穷力极。"如何挽救这种危局呢？作者结合《孙子》死地则战的理论加以分析："若此死地，疾战则存，不战则亡。当须上下同心，并气一力，抽肠溅血，一死一前，因败为功，转祸为福矣。"顺承这一分析，作者又同时论证了孙子"穷寇勿迫"的用兵原理："若敌人在死地，无可依固，粮食已尽，救兵不至，谓之穷寇。击此之法，必开其去道，勿使有斗心，虽众可破。当以精骑分塞要道，轻兵进而诱之，阵而勿战，败谋之法也。"

孙子讲"天时"的内容较"地形"而言相对较少，其在总体上体现了朴素唯物论的思想，但他又谈到"阴阳"的概念，具有一定的迷信成分，其中的原因多为后世兵家所关注。

《杜牧注孙子》中曾有一篇专门论述"天时"[①]的长文，其中有关阴阳问题的论述进一步丰富和发展了孙子的相关内容。

首先，他对"阴阳"作出了明确的阐释："阴阳者，五行、刑德、向背之类是也。"并以历史上的典型人物分析说："巫咸、甘氏、石氏、唐蒙、史墨、梓慎、裨灶之徒，皆有著述，咸称秘奥，察其指归，皆本人事。"

其次，他举出历史上的多个战争案例，证明"刑德""向背"之说不足凭

---

① 《十一家注孙子·计篇·杜牧注》。

信。如武王伐纣、刘裕伐南燕、北魏道武帝伐后燕、北魏太武帝伐夏等战争，都曾违背"阴阳"之理，但最终均取得胜利。

最后，他还特别就孙武关注"阴阳"的问题，做出一番引论性的话语："夫暴君昏主，或为一宝一马，则必残人逞志，非以天道鬼神，谁能制止？故孙子叙之，盖有深旨。"这就更深刻地揭示了"阴阳"思想的本质。

《唐李问对》卷下对阴阳问题也有深入的讨论。当唐太宗问及"阴阳术数，废之可乎"的问题时，李靖明确回答说："兵者诡道也，托之以阴阳术数，则使贪使愚，兹不可废也。"然而，唐太宗反问说："卿尝言天官时日，明将不法，暗者拘之，废宜然。"对此，李靖作出了详细的解释：

一方面，李靖以武王伐纣为例，说明阴阳术数不可信："昔纣以甲子日亡，武王以甲子日兴，天官时日，甲子一也，殷乱周治，兴亡异焉。"另一方面，李靖又以田单实施火牛阵为例，说明"阴阳术数"可利用："田单为燕所围，单命一人为神，拜而祠之，神言：'燕可破'。单于是以火牛出击燕，大破之。"

为什么同是战争中的阴阳术数问题，一方面要讲不可信，另一方面又讲可用以胜敌呢？李靖的最后结论是："其机一也，或逆而取之，或顺而行之是也。"他引"太公焚蓍龟而灭纣"的例子做出进一步的说明：

> 昔太公佐武王至牧野，遇雷雨，旗鼓毁折，散宜生欲卜吉而后行。此则因军中疑惧，必假卜以问神焉。太公以谓腐草枯骨无足问，且以臣伐君，岂可再乎！然观散宜生发机于前，太公成机于后，逆顺虽异，其理致则同。[1]

这就是说，阴阳术数本身在战争中是不可信的，也是不足凭借的，但当军中士兵对战争目的或战胜信念产生疑惑时，可将其作为诡道之术加以利用，这反而可以起到辅助战争胜利的目的。

---

[1] 《唐李问对》卷下。

赵蕤在《长短经》中对上述问题也有类似的论述：

> 虽云任贤使能，则不占而事利；令明法审，则不筮而计成；封功赏劳，则不祷而福从；共苦同甘，则犯逆而功就。然而临机制用，有五助焉：曰助谋，二曰助势，三曰助怯，四曰助疑，五曰助地。此五者，助胜之术。故曰，知地知天，胜乃可全。不可不审察也。①

第三节　《孙子》将帅理论与治军思想的新发展

《孙子》一书，主要谈论的是用兵之道，对于治军问题，虽也有论述，但观点较为零散，具体内容也未能充分展开，这就为后世兵家发展孙子的治军思想提供了较大的余地。从整体的角度讲，孙子治军理论主要包括将帅素养与军队管理两个方面的问题，而秦汉至隋唐时期的兵家也是顺着这两条主线，对《孙子》相关言论进行援引和发挥，并在某些方面也有创新性的认识和看法，从而进一步丰富了《孙子》的治军思想和理论。

一、对《孙子》将帅理论的继承与发展

1. 关于将帅地位及君将关系的论述

孙子在《谋攻篇》中明确肯定了将帅在经国治军中的重要地位："夫将者，国之辅也。辅周则国必强，辅隙则国必弱。"同时，孙子又把"将能而君不御"看作是军事行动获胜的一项重要前提条件，反对君主随意干涉军事指挥。《谋攻篇》有言："故君之所以患于军者三：不知军之不可以进而谓之进，不知军之不可以退而谓之退，是谓縻军；不知三军之事而同三军之政者，则军士惑矣；不知三军之权而同三军之任，则军士疑矣。三军既惑且疑，则诸

---

① 《长短经·兵权·天时第七》。

侯之难至矣。是谓乱军引胜。"在《九变篇》,孙子更明确提出了"君命有所不受"的主张,强调将帅在作战指挥中要有决断权。

《吕氏春秋》对将帅地位和君将关系虽然没有明确论述,但却记载了这样一则事例:齐王命章子率兵与韩魏联合攻楚,章子与楚将唐篾对峙六个月而不交战,齐王派周最催促章子迅速开战,言辞非常尖刻,但章子并不屈于君命,对周最说:"杀之免之,残其家,王能得此于臣。不可以战而战,可以战而不战,王不能得此于臣。"后来章子在了解了敌情以后,乘夜用精兵突袭楚军严密防守之处,大破敌军。《吕氏春秋》作者评论说:"章子可谓知将分矣。"①可见,作者以章子为例阐明了作为一名将帅的职责,有力地诠释了《孙子》"进不求名,退不避罪""君命有所不受"等思想的实践价值。

《三略》作为一部适应大一统时代而出的兵书,主要以论述政略为主,而其中关于君主与臣下的关系是一个重要内容。"君无疑于臣,臣无疑于君,国定主安,臣以义退,亦能美而无害。"②由此看,在《三略》所论的君臣关系中,君主是绝对主导的,臣下则处于从属依附的地位。而且认为一旦混淆了这种关系,就会带来极其严重的恶果:"豪杰秉职,国威乃弱;杀生在豪杰,国势乃竭;豪杰低首,国乃可久;杀生在君,国乃可安。"③

在此基础上,《三略》花费大量笔墨用以阐述君主如何统御将帅、控驭群臣的一般道理和方法,这实际上是大一统时代文化精神规范兵学理论的重要体现。也正因如此,《三略》在论述君将关系方面是比较谨慎的,也是非常辩证的。它一方面沿袭了《孙子》"将能而君不御"的思想,在《中略》中引《军势》之语说:"出军行师,将在自专;进退内御,则功难成。"这是强调将帅带兵打仗,一定要有临时处置情况的决断权,如果军队前进后退都要受到朝廷的制约,很难取得战争的胜利。然如果细究文义,《三略》此处论述与《孙子》略有不同,《三略》此处主要是告诫君主不要干扰将帅的谋略和指挥,而

---

① 《吕氏春秋·似顺论·处方》。
② 《三略·中略》。
③ 《三略·下略》。

不是像孙子那样坚定地提出"君命有所不受"。

在对待得胜归来的将帅的态度上,《三略》就明确提出了维护君权的思想。《三略·中略》称,"还师罢军,存亡之阶",即战争结束将帅班师回朝的时候,也是君主存亡的关键时刻,因为一旦这些权高位重的将领存有异心,心怀不轨,必定会危及君位。为此,他还强调要"弱之以位,夺之以国""夺其威废其权",意思是通过赐爵位、封疆土的方式奖励其功劳,但同时削弱其军事实力,剥夺其威势和兵权。其具体做法是:"封之于朝,极人臣之位,以显其功;中州善国,以富其家;美色珍玩,以说其心。"①通过采取这些措施来处理君主与将帅之间的关系,既可以使将帅谋臣的身家性命及功名得以保全,而君主的地位也不会受到威胁。东汉初年光武帝刘秀厚待开国功臣应该是汲取了《三略》这一思想。

《淮南子·兵略训》的末尾,作者详细描绘了古代出征拜将的细节和情境,其核心在于阐释"中不制外"的基本原则,也可视为是对孙子"将能而君不御"思想的具体说明。

> 凡国有难,君自宫召将……主亲操锁,持头,授将军其柄,曰:"从此上至天者,将军制之。"复操斧,持头,授将军其柄,曰:"从此下至渊者,将军制之。"将已受斧锁,答曰:"国不可从外治也,军不可从中御也。二心不可以事君,疑志不可以应敌。臣既以受制于前矣,鼓旗斧钺之威,臣无还请,愿君亦以垂一言之命于臣也。君若不许,臣不敢将。君若许之,臣辞而行。"乃爪鬋,设明衣也,凿凶门而出;乘将军车,载旌旗斧钺,累若不胜;其临敌决战,不顾必死,无有二心。②

秦汉之后,专制主义中央君权确立,君将矛盾更为突出,作者在此反复陈述这一问题,无疑具有现实意义。同时,它还援引了《孙子·地形篇》关于

---

① 《三略·中略》。
② 《淮南子·兵略训》。

将帅道德素养的言论阐释另一方面的问题,即将帅获得战场专断权以后,还要进一步提升自己的道德品质,在战争中淡泊名利,勇于担责。"是故无天于上,无地于下,无敌于前,无主于后;进不求名,退不避罪,唯民是保,利合于主,国之实也,上将之道也。"①

曹操对于《孙子》关于"将者,国之辅也"的论述,曾明确得出"将贤则国安"的著名论断,它把"选将"作为战争谋划的首项,这是很有见地的。曹操与袁绍共同起兵之时,两人曾讨论"若事不辑,则方面何所可据"的问题,袁绍提出的对策是"南据河,北阻燕、代,兼戎狄之众,南向以争天下",而曹操则大气直言:"吾任天下之智力,以道御之,无所不可。"②曹操还说:"汤、武之王,岂同土哉? 若以险固为资,则不能应机而变化也。"③可见在地形之利与将帅之能的选择比较中,曹操更注重将帅和人事的作用。

在君将关系问题上,曹操在《孙子略解》中有多方面的注解和阐释。比如,他谈道:"军容不入国,国容不入军,礼不可治兵也。"④曹操的这一注解得到后世兵家的广泛认同。《孙子·谋攻篇》曾谈道:"故知胜有五:知可以战与不可以战者胜,知众寡之用者胜,上下同欲者胜,以虞待不虞者胜,将能而君不御者胜。此五者,知胜之道也。"曹操注解此句,特别强调了两点:其一,他释上下为君臣,强调"上下同欲"为"君臣同欲",并引《司马法》所言"进退惟时,无曰寡人"⑤,特别强调君主不应当干预军队之事;其二,曹操深切体悟并强调了该段内容中"将能而君不御"的思想,他在为《九变篇》作注时,还着重阐释了这一思想在特殊历史条件下的实践价值,所谓"苟便于事,不拘于君命也"。

杜佑和杜牧对君将关系问题均有深刻的见解。杜佑说:"夫治国尚礼仪,兵贵于权诈,形势各异,教化不同;而君不知其变,军国一政,以用治民,

---

① 《淮南子·兵略训》。
② 《三国志·魏书·武帝纪》。
③ 《三国志·魏书·武帝纪》注引《博子》。
④ 《十一家注孙子·谋攻篇·曹操注》。
⑤ 《十一家注孙子·谋攻篇·曹操注》。

则军士疑惑,不知所措。"①杜佑之孙杜牧在其《注孙子序》中有更为丰富的阐述,他说:"主兵者,圣贤材能多闻博识之士,则必树立其国也;壮健击刺不学之徒,则必败亡其国也。"值得注意的是,杜牧此番论述将帅之地位,明显是围绕"智"与"勇"的关系这一核心问题来立论的,他深刻理解了孙子"以智为首"的将帅理论真谛,并以汉高祖刘邦"功人"与"功狗"的言论予以说明:"汉祖言'指踪者人也,获兔者犬也',此其是也。"在杜牧看来,真正优秀的将帅应是"奇秘长远,策先定于内,功后成于外",而"彼壮健轻死善击刺者,供其呼召指使耳,岂可知其由来哉"。杜牧对孙子将帅理论问题的评论很多,而此一观点最为鲜明,也最有价值。

唐代名将陆贽提出了以诚信为主要特点的驭将理兵思想。他首先强调将帅的重要地位:"克敌之要,在乎将得其人;驭将之主,在乎操得其柄。"②在此基础上,他针对唐德宗疑忌能将的心理特点,十分强调君主要以诚信待将,认为"匹夫不诚,无复有事,况王者赖人之诚以自固,而可不诚于人乎",同时他坚决反对对部下玩弄权术,"驭之以智则人诈,示之以疑则人偷,接不以礼则循义之意轻,抚不以恩则效忠之情薄"。他还强调,君臣之间必须在感情上不断沟通,"上情不通于下则人惑,下情不通于上则君疑。疑则不纳其诚,惑则不从其令。诚而不见纳,则应之以悖;令而不见从,则加之以刑。下悖上刑,不败何待"③。

另外,陆贽还谈到,对将帅经过精细考课后,一旦委任,就信而不疑,给将帅以"机便"之权,反对将从中御。他认为,君主"定计于千里之外"实际上是给将帅指挥造成两难困境,"将违令则失顺,从令则失宜""用舍相碍,否减皆凶",因而他主张:"制军驭将,所贵见情。离合疾徐,各有宜适。"④在该篇中,陆贽还特别主张给将帅以自主权和决断权。他认为,在两军相持的情况

① [唐]杜佑:《通典·兵典·叙兵》。
② [唐]陆贽:《陆宣公奏议》卷一《论两河及淮西利害状》。
③ [唐]陆贽:《陆宣公奏议》卷三《奉天请数对群臣兼许令论事状》。
④ [唐]陆贽:《陆宣公奏议》卷五《兴元奏请许浑瑊李晟等诸军兵马自取机便状》。

下,形势瞬息万变,要想决策没有失误,就是圣贤也难以办到。"况乎千里之外,九重之深,陈述之难明,听览之不一",因而他强调:"将贵专谋,兵以奇胜,军机遥制则失变,是以古之贤君选将,而任分之于阃,誓莫于也,授之以钺,俾专断也。"

在《唐李问对》卷下中,关于如何处理好君将关系,也有专门的论述。

当唐太宗提出"李勣能兵法,久可用否?"的问题时,李靖回答说:"为陛下计,莫若黜勣,令太子复用之,则必感恩图报,于理何损乎。"李靖的这一建议曾受到后人的质疑,事实上,在君主政治的条件下,君主如何驾驭将领是一个非常复杂的问题,李靖主张由太宗先行黜勣,而后令太子复用之,使其感恩图报,这也是君主控将、御将的一种基本策略和手段。

当然,李靖并不认为这是最高明的处置方法。如当唐太宗问及"李勣若与长孙无忌共掌国政,他日如何?"的问题时,李靖的回答就体现出另一种认知思路:李勣忠义之臣,可以保任;长孙无忌外貌下士,内实嫉贤,留任有很大隐患。其中体现了李靖两个方面的明确主张,其一,将领对君主必须绝对忠诚;其二,将帅之间的团结非常重要。

接下来,唐太宗又提出一个自相矛盾的问题:"汉高祖能将将,其后韩、彭见诛,萧何下狱,何故如此?"李靖的回答颇出人意料。他认为,"刘、项皆非将将之君",其原因在于,刘邦、项羽与手下将领的关系都不是真正推心置腹的君将关系,而是形势所迫、利益推动下的相互利用而已。

> 当秦之亡也,张良本为韩报仇,陈平、韩信告怨楚不用,故假汉之势自为奋尔。至于萧、曹、樊、灌悉由亡命,高祖因之以得天下。设使六国之后复立,人人各怀其旧,则虽有能将将之才,岂为汉用哉。[1]

那么,什么样的人才是真正的善将将呢? 李靖认为光武帝刘秀堪称典

---

① 《唐李问对》卷下。

范。其原因在于,他"独能推赤心,用柔治,保全功臣",并已深得御将之道的精髓:

> 光武虽藉前构,易于成功,然莽势不下于项籍,寇、邓未越于萧、张,独能推赤心,用柔治,保全功臣,贤于高祖远矣。以此论将将之道,臣谓光武得之。①

此外,二人在讨论中也涉及了将帅自主权的问题。当太宗谈到古代的授将仪式,并提出欲与李靖商定"遣将之仪"时,李靖认为,古人授将的目的有二,其一是"制作致斋于庙者,所以假威于神也";其二是"授斧钺而推其毂者,所以委寄以权也"。而事实上太宗在这一方面的所作所为"尽合古礼,其义同焉。不须参定"。这实际上反映了李靖在将帅权力问题上的明确态度,即要授予将帅以专断权,使其能够"便宜从事"。李靖作为唐朝的杰出统帅,在这一问题上的认识,必有深切的感悟,故而能不计表面形式,直击问题的核心与本质。

从上述内容来看,秦汉以后的兵家论述孙子有关将帅地位、君将关系的基本思想,多能将其置于当时客观的现实环境中去分析和论证,其中既有继承,也有发展,而其突出成就是有机协调大一统时代君主专制与将帅专断权之间的矛盾。君将关系的矛盾和困境在孙子所处的时代虽然也有,但绝不像后世那样突出和尖锐,这也是汉唐时期的兵家能够丰富和发展其相关理论的根本原因所在。

2. 关于将帅素养问题的论述

孙子有求善、求全的倾向,故而其对将帅的要求是十分严格的。同时,他对将帅素养问题的论述也是十分丰富的。如《计篇》中讲:"将者,智、信、仁、勇、严也。"这是对将帅基本素质和选拔标准的精要概括。此外,《地形

---

① 《唐李问对》卷下。

篇》讲："故进不求名,退不避罪,唯民是保,而利于主,国之宝也。"《九地篇》又讲："将军之事,静以幽,正以治。"这两句话重点强调了将帅的道德素养和性情修养。在《九变篇》中,孙子还总结出将领的五种性格缺陷："故将有五危:必死可杀,必生可虏,忿速可侮,廉洁可辱,爱民可烦。凡此五者,将之过也,用兵之灾也。覆军杀将,必以五危,不可不察也。"这是从反面论证了将帅的性格修养问题。

时代不同,战争中对将帅的素质要求也会有所不同。故而,秦汉至隋唐时期有关将帅素养理论的论述,都能在孙子思想的基础上有所丰富和发展。

《吕氏春秋》对将帅素养的论述,突出了"义""智""勇"三个方面。其《决胜篇》中有这样的论述:

> 夫兵有本干:必义,必智,必勇。义则敌孤独,敌孤独则上下虚,民解落;孤独则父兄怨,贤者诽,乱内作。智则知时化,知时化则知虚实盛衰之变,知先后、远近纵舍之数。勇则能决断,能决断则能若雷电飘风暴雨,能若崩山破溃、别辨貰坠;若鸷鸟之击也,搏攫则殪,中木则碎。此以智得也。

这段话虽然强调的是决定战争胜负因素的问题,但其中的"义""智""勇"又明显是针对将帅素质而言的。其创新之处在于,第一条,以"义"为首,深刻反映了儒家的战争观念。而第三条关于"勇"的内容,最后附加"此以智得也"的说明,则充分体现了"智勇兼备"的深刻见解。

《三略·上略》对将帅素养理论的重要贡献,主要表现为三个方面:

其一,提出将帅应具备的"虑""勇""动""怒"四项素质。"虑"即深谋远虑;"勇"即勇猛果敢;"动"即把握战机,适时出击;"怒"即适时、适度发怒。这四项素质虽然不及孙子论及的"五德"全面和深刻,但却是更突出了军事指挥方面的要求。《三略·上略》借《军谶》之语曰"虑也,勇也,将之所重;动也,怒也,将之所用",并指出"此四者,将之明诫也",同时还强调:"将无虑,则谋士去;将无勇,则吏士恐;将妄动,则军不重;将迁怒,则一军惧。"

其二,将孙子的将帅素养理论拓展至选贤用人之道方面去认识。《三略·上略》具有突出的贤人治国思想:"贤人所归,则其国强;圣人所归,则六合同。"故而,它主张任人唯贤,因人而致用,"贤者所适,其前无敌"。而这种思想反映到军事领域,即要求将帅做到"十二能":"能清,能静,能平,能整,能受谏,能听讼,能纳人,能采言,能知国俗,能图山川,能表险难,能制军权",同时要兼顾军事和政治,通晓"仁贤之智,圣明之虑,负薪之言,廊庙之语,兴衰之事"。

其三,明确概括出将帅违背道德要求的八种缺陷。《三略·上略》要求将帅力戒"八过":"拒谏""策不从""善恶同""专己""自伐""信谗""贪财"和"内顾"。而且强调,这八条过失,若犯一条,则会难以服众;若犯两条则难以取法;若犯三条,就会全军溃败;若犯四条,就会祸害国家。如果将这些内容与孙子所讲的"将有五危"相比较,就可以发现二者具有明显的差异,孙子所论"五危"主要指军事方面的缺陷,而《三略》所论"八过"则是更多具有政治道德方面的过失。

总之,《三略》对于将帅素养的论述,明显较《孙子》更加系统全面,某些内容也体现了自己的创新之见。

《淮南子》在继承孙子将帅素质理论的基础上,结合时代背景做了进一步的发挥。它引《孙子》的话讲:"夫仁勇信廉,人之美才也,然勇者可诱也,仁者可夺也,信者易欺也,廉者易谋也。将众者,有一见焉,则为人禽矣。"这明显是对孙子"将有五危"思想的补充与完善。同时,它还根据将帅的用兵表现,将其分为上、中、下三种类型:

> 故上将之角兵也,上得天道,下得地利,中得人心,乃行之以机,发之以势,是以无破军败兵。乃至中将,上不知天道,下不知地利,专用人与势,虽未必能万全,胜铃必多矣。下将之用兵也,博闻而自乱,多知而

自疑,居则恐惧,发则犹豫,是以动为人禽矣。①

在将帅品德方面,《淮南子》又概括出将帅必须具备的"三隧、四义、五行、十守":

> 所谓三隧者,上知天道,下习地形,中察人情。所谓四义者,便国不负兵,为主不顾身,见难不畏死,决疑不辟罪。所谓五行者:柔而不可卷也,刚而不可折也,仁而不可犯也,信而不可欺也,勇而不可凌也。所谓十守者:神清而不可浊也,谋远而不可慕也,操固而不可迁也,知明而不可蔽也,不贪于货,不淫于物,不嗌于辩,不推于方,不可喜也,不可怒也。②

从上述内容看,一方面,《兵略训》对将帅的素养要求,既包括了将帅对国家、君主的态度,也包括了个人立身行事准则;既有道德修养方面的内容,也有智能方面的要求,这比之孙子的"将帅五德"要求显然更严格、更广泛。另一方面,这些内容更加突出了将帅的忠君思想,尤其是其中的"四义","从一定意义上说都是忠君要求的具体表现,反映了《淮南子》要求将领具有为君谋利益,不顾身家性命,对君主负责的操守"③。

王符的《潜夫论》对孙子的将帅素养问题既有继承,同时也有自己独到的认识。王符指出:

> 孙子曰:"将者,智也,仁也,敬也,信也,勇也,严也。"是故智以折敌,仁以附众,敬以招贤,信以必赏,勇以益气,严以一令。故折敌则能合变,众附爱则思力战,贤智集则英谋得,赏罚必则士尽力,勇气益则兵

---

① 《淮南子·兵略训》。
② 《淮南子·兵略训》。
③ 杨有礼:《新道鸿烈:〈淮南子〉与中国文化》,河南大学出版社,2001年,第269页。

势自倍,威令一则惟将所使。必有此六者,乃可折冲擒敌,辅主安民。①

在孙子所论的"五德"之外增加"敬"德,意在强调将领要有敬以谦和的态度,如此方能尊重贤才,以集众人之长。另外,在选拔将帅问题上,王符反对以官阶排序和任人唯亲,提出了"踔跞豪厚,越取幽奇,材明权变"的选将标准。

曹操在《孙子略解》中,对孙子"将者,智、信、仁、勇、严也"一句注解曰:"将宜五德备",这可谓是对孙子将帅素质理论的完美总结。战场形势风云莫测,多变而又复杂,故真正优秀的将军应该是"五德兼备":"智能机变发谋,识能变通;信能明赏罚;仁能附众得人心;勇能决胜乘势而不畏缩惧敌;严能立威。"②后世注家论及这一问题,皆本曹操之说。另外,曹操还能结合具体的战争实践,对孙子的将帅素养理论做进一步的阐释和发挥,他在称赞乐进、于禁及张辽等人的功绩时曾谈道:"武力既弘,计略周备,质忠性一,守执节义。每临战攻,常为督率,奋强突固,无坚不陷,自援枹鼓,手不知倦。又遣别征,统御师旅,抚众则和,奉令无犯,当敌制决,靡有遗失。"③对于孙子论将之"以智为首"的内在意蕴,曹操也能深刻领悟,并明确提出了"唯才是举""取士勿废偏短"等思想主张。他说:"夫有行之士,未必能进取;进取之士,未必能有行也。陈平岂笃行?苏秦岂宁信耶?而陈平定汉业,苏秦济弱燕。由此言之,士有偏短,庸可废乎!"④

诸葛亮的《将苑》一书,从将帅本位出发,通过对《孙子》《吴子》《六韬》《三略》等兵书内容的梳理和提炼,提出了一系列观点,形成了自己独特的内容体系。

首先,该书对将帅的类型和层次做出了明确划分。按照将领不同的道

---

① 《潜夫论·劝将第二一》。
② 《十一家注孙子·计篇·曹操注》。
③ 《三国志·吴书·乐进传》。
④ 李敬:《曹操何以成大事》,中国言实出版社,2014年,第195页。

德品质和才能,分为九种类型:仁将、义将、礼将、智将、信将、步将、骑将、猛将、大将。按照将领不同的气质和气度又分为六个层次:十夫之将、百夫之将、千夫之将、万夫之将、十万人之将、天下之将。尽管这样的划分并不十分科学,但毕竟是对《孙子》将帅理论体系的一种补充。

其次,围绕将帅的基本素质,提出"五善""四欲"之说。所谓"五善"即"善知敌之形势,善知进退之道,善知国之虚实,善知天时人事,善知山川险阻";所谓"四欲",即"战欲奇,谋欲密,众欲静,心欲一"①。这明显是就将帅的军事素质而言。另外,又有"五强""八恶"之论。所谓"五强",即"高节可以厉俗,孝弟可以扬名,信义可以交友,沈虑可以容众,力行可以建功";所谓"八恶",即"谋不能料是非,礼不能任贤良,政不能正刑法,富不能济穷厄,智不能备未形,虑不能防微密,达不能举所知,败不能无怨谤"②。这些内容显然是将儒家的道德理念与兵家的军事素质结合起来论述的。

最后,围绕将帅的品格和性情素养,《将苑》也提出了明确的要求:"不恃强,不怙势,宠之而不喜,辱之而不惧,见利不贪,见美不淫,以身殉国,一意而已。"③同时要注意克服八种弊病:"一曰贪而无厌,二曰妒贤嫉能,三曰信谗好佞,四曰料彼不自料,五曰犹豫不自决,六曰荒淫于酒色,七曰奸诈而自怯,八曰狡言而不以礼。"另外,还强调:"善将者,其刚不可折,其柔不可卷,故以弱制强,以柔制刚。纯柔纯弱,其势必削,纯刚纯强,其势必亡;不柔不刚,合道之常。"④

总体来看,《将苑》的基本内容,可以理解为是对孙子将帅素养理论的具体化阐释,有的方面也是添加了新的东西,有利于人们更全面地了解将帅的素质问题。然而,《将苑》的这些内容又似乎过于宽泛,不如《孙子》所论那样精练而概括。

---

① 《将苑·将善》。
② 《将苑·将强》。
③ 《将苑·将志》。
④ 《将苑·将刚》。

关于将帅素养问题,赵蕤之《长短经》专设"将体"一个篇目进行论证。"将体"二字,本身就颇具新意,旨在强调将帅的地位和作用。在将帅的基本素养方面,作者明显是篡改了孙子的"将有五德"理论,将其修改为:"将者,勇、智、仁、信、必也。勇则不可犯,智则不可乱,仁则爱人,信则不欺人,必则无二心,此所谓五才者也。"①不过,这样的表述也体现了作者对将帅素质的独特见解:以勇敢为前提,以谋略为根本,以忠诚为基础,兼及仁爱和信义。其中,"勇"字居首,并非偏颇。从理论上讲,"智"与"勇"犹如将之"双翼",二者不可偏废,孰先孰后,都有一定的道理。另外,赵蕤还主张:"夫将可乐而不可忧,谋可深而不可疑。将忧则内疑,谋疑则敌国奋。以此征伐,则可致乱。"②这对孙子的将帅素养理论而言,也是一个创新性的发展。

二、对《孙子》治军思想的继承与发展

"治",古文意为"修治也"③,后引申为管理、建设和理顺之义。在中国古代兵法中,治军也被称作治兵,其内涵较为丰富,既包括用兵作战,也指组织、管理和训练军队,本部分的论述只限于后者。

《孙子》一书提出了系统和全面的治军思想,从"治众如治寡"的军队管理体制,到"令之以文,齐之以武"的治军基本原则,从"视卒如爱子,视卒如婴儿"的人情管理思想,到"令素行以教其民"的养成教育原则,无不对后世产生重要影响,而秦汉至隋唐时期的兵家也在继承孙子上述思想的基础上,形成了自己的个性与特色。

在治军问题上,《吕氏春秋》对《孙子》多有援引和发挥,在某些方面也提出了自己的看法。

其一,重视军队的训练和武器装备。孙子注重军队的训练,将"士卒孰练"作为预测战争胜负的"七计"之一,并主张"选锋用锐",所谓"兵无选锋

① 《长短经·兵权·将体》。
② 《长短经·兵权·将体》。
③ ［南朝梁］顾野王:《玉篇·水部》。

曰北"。《吕氏春秋》继承了孙子的这一思想,也主张"简选精良",但它同时强调了武器装备的重要性:

> 简选精良,兵械铦利,发之则不时,纵之则不当,与恶卒无择,为是战因用恶卒则不可。王子庆忌、陈午犹欲剑之利也。简选精良,兵械铦利,令能将将之,古者有以王者、有以霸者矣,汤、武、齐桓、晋文、吴阖同是矣。①

这段内容明确提出了战争中武器的重要性问题。中国传统兵书(包括《孙子》)向来重谋略,轻技术,对武器问题不太重视。而《吕氏春秋》能够深刻认识到"兵械铦利"在战争中的地位和作用,这是其兵学思想的一个特色和亮点,也是对孙子兵学理论的补充和完善。

其二,强调三军一心。关于这一问题,《孙子·军争篇》指出:"夫金鼓旌旗者,所以一人之耳目也;人既专一,则勇者不得独进,怯者不得独退,此用众之法也。"对此,《吕氏春秋》延伸发挥说:"有金鼓,所以一耳;必同法令,所以一心也;智者不得巧,愚者不得拙,所以一众也。勇者不得先,惧者不得后,所以一力也。"②另外,《吕氏春秋》还谈道:

> 古之至兵,民之重令也,重乎天下,贵乎天子。其藏于民心,捷于肌肤也,深痛执固,不可摇荡,物莫之能动。若此则敌胡足胜矣? 故曰:其令强者其敌弱,其令信者其敌诎。③

这段话较之《孙子》的上述言论有一个重要补充:要想使军心统一,不仅要具备统一的指挥手段,还要使士兵高度重视军令,甚至要达到"重乎天下,

---

① 《吕氏春秋·仲秋纪·简选》。
② 《吕氏春秋·审分览·不二》。
③ 《吕氏春秋·仲秋纪·论威》。

贵乎天子"的程度,这是符合军事活动的特殊规律和基本要求的。

其三,《吕氏春秋》也十分重视通过激励军队士气,来提高军队战斗力。其《仲秋纪·决胜》篇曰:"巧拙之所以相过,以益民气与夺民气,以能斗众与不能斗众。军虽大,卒虽多,无益于胜。"这就是说,军队战斗力的强弱,其标志不在人数多少,主要在于军队的士气和斗志是否旺盛。这是一个颇有见地的观点,因为在一定的战争环境下,士气作为一种精神力量或者软实力,事实上在战争中起着至为关键的作用。

《三略》作为政略性的兵学著作,能使自己的治军理论建立在坚实的法制思想基础之上。比如,一方面,它在《上略》中特别强调"令行禁止"在治军中的至关重要性:"将之所以为威者,号令也;战之所以全胜者,军政也;士之所以轻战者,用命也。""故将无还令,赏罚必信。如天如地,乃可御人。士卒用命,乃可越境。"反之,"将无威,则士卒轻刑;士卒轻刑,则军失伍;军失伍,则士卒逃亡;士卒逃亡,则敌乘利;敌乘利,则军必丧"。

另一方面,《三略》又高度重视"信赏必罚"原则在治军中的重要性,"霸者,制士以权,结士以信,使士以赏。信衰则士疏,赏亏则士不用命"①。而就赏罚之间的关系而言,则是主张"军以赏为表,以罚为里"②,同时又特别强调"重赏之下必有勇夫",它引《军谶》的话说:"香饵之下,必有悬鱼。重赏之下,必有死夫。"另外,它还将"崇礼"与"重禄"结合起来行奖赏:"故礼者,士之所归;赏者,士之所死。招其所归,示其所死,则所求者至。故礼而后悔者,士不止;赏而后悔者,士不使。礼赏不倦,则士争死。"③

值得强调的是,《三略》特别强调对士兵的教养与蓄恩。所谓"故良将之养士,不易于身,故能使三军如一心,则其胜可全"④。就是说,优良的将帅像对待自身一样教养士众,这样就能使全军上下团结得像一个人一样,打起仗

---

① 《三略·中略》。
② 《三略·上略》。
③ 《三略·上略》。
④ 《三略·上略》。

来就能获得全胜。同时,作者强调要通过"蓄恩不倦"的感情投资,以收揽士卒之心,进而达到"士卒一,则军心结"的目的。其言:

> 军井未达,将不言渴;军幕未办,将不言倦;军灶未炊,将不言饥。冬不服裘,夏不操扇,雨不张盖。"是谓将礼。与之安,与之危,故其众可合而不可离,可用而不可疲;以其恩素蓄,谋素合也。故蓄恩不倦,以一取万。①

很明显,这种"蓄恩不倦,以一取万"的治军思想较之于孙子对待士卒"如驱群羊,驱而来,驱而往"的愚兵思想,是个重大的进步。其中的深刻原因在于,《三略》作为政略性著作,注重政治、民心、士气的作用;而《孙子》作为纯军事谋略著作,更强调士卒对将帅的绝对服从。

《淮南子·兵略训》在治军问题上既继承了孙子的思想,也融入了儒家的思想观念。比如,它说:"兵之所以强者,民也,民之所以必死者,义也;义之所以能得者,威也。是故合之以文,齐之以武,是谓必取;威义并行,是谓至强。"这实际就是将儒家的"威义并行"与兵家的"令文齐武"结合起来了。在此基础上,它进一步从人性的角度强调信赏明罚的重要性:"夫人之所乐者生也,而所憎者死也;然而高城深池,矢石若雨,平原广泽,白刃交接,而卒争先合者,彼非轻死而乐伤也,为其赏信而罚明也。"另一方面,它又在兵儒结合的基础上,大力推崇"父子兵"的治军境界:

> 是故上视下如子,则下视上如父;上视下如弟,则下视上如兄。上视下如子,则必王四海;下视上如父,则必正天下。上亲下如弟,则不难为之死;下视上如兄,则不难为之亡。②

---

① 《三略·上略》。
② 《淮南子·兵略训》。

这段内容集中体现了儒家以亲情为基础的仁爱思想,此种仁爱思想渗透至兵家的治军理论中,也就是孙子在《地形篇》所讲的:"视卒如婴儿,故可以与之赴深溪;视卒如爱子,故可与之俱死。"

当然,对于如何打造"父子兵",《淮南子》较之《孙子》有更深的认识,它所强调的是"兵之胜败,本在于政"的基本思路:"故四马不调,造父不能以致远;弓矢不调,羿不能以必中;君臣乖心,则孙子不能以应敌。是故内修其政以积其德。"当然,这种"积德"更突出表现在将帅的基本素养方面:

> 故古之善将者,必以其身先之,暑不张盖,寒不被裘,所以程寒暑也,险隘不乘,上陵必下,所以齐劳佚也;军食熟然后敢食,军井通然后敢饮,所以同饥渴也;合战必立矢射之所及,以共安危也。故良将之用兵也,常以积德击积怨,以积爱击积憎,何故而不胜!①

王符的《潜夫论》在治军问题上,颇受法家思想的影响。他主张"隆赏重罚",其在《三式篇》中说:"夫积怠之俗,赏不隆则善不劝,罚不重则恶不惩。故凡欲变风改俗者,其行赏罚者也,必使足惊心破胆,民乃易视。"另外,他还基于人类趋利避害的本性,提出了"崇利显害以与下市"的主张,这里的"市"是交易的意思,即用实际的奖赏换取士兵的奋勇作战,其本质上乃是一种激励机制:

> 凡人所以肯赴死亡而不辞者,非为趋利,则因以避害也。无贤鄙愚智皆然,顾其所利害有异尔。不利显名,则利厚赏也;不避耻辱,则避祸乱也。非此四者,虽圣王不能以要其臣,慈父不能以必其子。明主深知之,故崇利显害以与下市……②

---

① 《淮南子·兵略训》。
② 《潜夫论·劝将第二一》。

　　这一思想很明显是对法家思想的继承,《韩非子·难一》有云:"臣尽死力以与君市,君垂爵禄以与臣市。君臣之际,非父子之亲也,计数之所出也。"

　　关于《孙子》的"令文齐武"思想,曹操在注解原文时曾指出:"文,仁也;武,法也。"这可谓"入木三分"之见。治军中的文道与武道,从根本上讲,即为仁爱与法纪,再细而言之,即是"赏罚分明"的问题。曹操为此明确提出了"明赏罚,虽用众,若使一人也"的著名观点。这在《三国志·魏书·武帝纪》中有很多相应的记载,如在其颁布的《封功臣令》中,他谈道:"吾起义兵,诛暴乱,于今十九年,所征必克,岂吾功哉? 乃贤士大夫之力也。天下虽未悉定,吾当要与贤士大夫共定之;而专飨其劳,吾何以安焉! 其促定功行封。"对于"明罚"的重要性,他在《败军抵罪令》中言道:"自命将征行,但赏功而不罚罪,非国典也。其令诸将出征,败军者抵罪,失利者免官爵。"在其《遗令》中,又说:"吾在军中持法是也,至于小忿怒,大过失,不当效也。"为了保证执法的公平与公正,曹操还特意颁布了《选军中典狱令》:"夫刑,百姓之命也。而军中典狱者或非其人,而任以三军死生之事,吾甚惧之。其选明达法理者,使持典刑。"此可谓"揽申商之法术,该韩白之奇策",而在更深远的层次上,则是深得《孙子》以法治军之要旨。

　　陈寿曾评价诸葛亮"于治戎为长,奇谋为短,理民之干,优于将略"[①],这就是说,诸葛亮是擅长治军的。梳理相关史料,我们可以发现,诸葛亮对孙子治军思想的发展有三个方面的贡献。

　　其一,明确强调了军队建设的重要性。历史实践证明,军队建设在一个国家的治理中,有着举足轻重的作用。而就兵家而言,若无一支能征善战的军队,再好的兵法也不过是一纸空文而已。《孙子》的治军思想虽然丰富,却未专门论及军队建设的重要性,而诸葛亮由于当时现实的需求,在这一问题上有特别独到的见识,他强调治军之政乃是"所以存国家安社稷之计","国

---

　　① 《三国志·蜀书·诸葛亮传》。

以军为辅,君以臣为佐,辅强则国安,辅弱则国危"①。从其具体经国治军的实践来看,诸葛亮也一直致力于为蜀国建立一支能征善战的军队。如,刚刚辅佐刘备之时,他就建议刘备实"游户自实以益兵众"②。诸葛亮辅政以后,更是按照自己的建军理念,对蜀汉军队进行了大力整治,成功地将其改造成一支"戎阵整齐,赏罚肃而号令明"的威武文明之师。这是诸葛亮对于完善孙子治军思想的第一个贡献。

其二,提出了精兵建军思想。孙子在《行军篇》中有一句话,谈到精兵选用的问题:"兵非多益,惟无武进,足以并力、料敌、取人而已。"而诸葛亮则明确提出了精兵建军的思想主张。在第一次北伐战争失败之后,当有人提出多发兵卒再行北伐的建议时,他就明确指出:"大军在祁山、箕谷,皆多于贼,而不能破贼为贼所破者,则此病不在兵少也,在一人耳。今欲减兵省将,明罚思过,校变通之道于将来;若不能然者,虽兵多何益!"③从历史上看,诸多王朝大都面临一个可怕的窘境,即"养兵虽多却无可用之人",冗官冗兵的宋朝如此,倭患猖獗的明代亦如此。由此而言,诸葛亮的精兵建军思想是对传统兵学发展的一大贡献。

其三,强调以法从严治军。从留存的史料来看,诸葛亮特别注重学习和汲取法家的思想理论,"子房之学出于黄老,孔明之学出于申韩",并曾经"写《申》《韩》《管子》《六韬》一通"④,用以教导后主刘禅。诸葛亮在斩马谡之后,对下属解释此事时曾谈到这样一句话:"孙武所以能制胜于天下也,用法明也。……四海分裂,兵交方始,若复废法,何以讨贼耶?"⑤殊为可贵的是,诸葛亮较之孙子更明确强调了法令制度在治军中的重要地位,他说:"有制之兵,无能之将,不可以败;无制之兵,有能之将,不可以胜。"⑥这句话不仅强

---

① 《便宜十六策·治军》。
② 谈永华:《中国名人大传:诸葛亮传》,北京联合出版公司,2013年,第28页。
③ 王瑞功主编:《诸葛亮研究集成》(上册),齐鲁书社,1997年,第310页。
④ 赵国华:《中国兵学史》,福建人民出版社,2004年,第284页。
⑤ 《三国志·蜀书·马谡传》裴松之注引《襄阳记》。
⑥ 《将苑·兵要》。

调了法令制度建设在治军中的根本作用,也弥补了孙子重视将帅地位而忽略士兵作用的缺陷。从实际内容看,诸葛亮在军队法令制度建设方面,也确实取得了显著的成就。"《魏氏春秋》曰:亮作八务、七戒、六恐、五惧,皆有条章,以训励臣子。"①而《便宜十六策》在军队建设方面的两大主要内容即为"严明教令"和"厉行斩断"。"严明教令"包括"使目""使耳""使心""使手""使足"等五项内容;"厉行斩断"则包括"轻军""慢军""盗军""欺军""背军""乱军""误军"等七项内容。

《唐李问对》治军思想的主要特点,在于突出了孙子"令文齐武"之"仁"的方面,即明确强调"爱"要先于"威"且重于"威"。从具体内容看,作者先以唐太宗的话发问:"严刑峻法,使人畏我而不畏敌,朕甚惑之。"②然后,通过引述孙子原文内容,强调"将先有爱结于士,然后可以严刑也。若爱未加而独用峻法,鲜克济焉"。接下来,作者对"威"与"爱"的关系问题做出明确的阐述:"太宗曰:《尚书》云'威克厥爱,允济:爱克厥威,允罔功'。何谓也?"李靖回答说:"爱设于先,威设于后,不可反是也。若威加于先,爱救于后,无益于事矣。"③这明显是在为孙子的"令文齐武"原则做"注脚",同时也是在为诸多过分推崇严刑峻法者"纠偏"。从管理文化的角度讲,此种认识既符合人性管理的内在规律,也符合中国以情带兵的传统习俗。众所周知,血缘亲情在中国人心目中始终是一种最深厚的感情。所以,中国军事文化特别强调通过一种内在的感情因素来维系将帅与士兵的关系,这与西方文化有很大的不同。在中国军事家看来,人是有感情的,治军是要讲感情的,将帅要想发挥自己军队的战斗力,就必须先通过"仁爱"获得士兵心悦诚服的拥护与信任。从现实理性的角度讲,在战争的残酷环境下,凭什么士兵会为你拼死血战,乃至献出自己的生命?唯关爱士兵,感动士兵,说白了就是要以心换心,将心比心。这正是中国"父子兵"称谓的理论来源。

---

① 《三国志·蜀书·诸葛亮传》裴松之注引《魏氏春秋》。
② 《唐李问对》卷中。
③ 《唐李问对》卷中。

　　与《唐李问对》相反,《卫公兵法》论述治军思想则是特别强调了孙子"令文齐武"之"严"的一面。在《将务本谋》篇中,作者从治军务实的基本思路出发,将"赏罚"作为治军的核心问题来认识和分析,所谓"持军之急务,莫大于赏罚矣"。具体而言,其特色之处表现为三个方面:

　　其一,《将务本谋》明确强调了严明赏罚的重要性。"古之善为将者,必能十卒而杀其三,次者十杀其一。三者,威振于敌国;一者,令行于三军。是知畏我者不畏敌,畏敌者不畏我。"这段内容,已透露出一种治军的威严与杀气,可见,作者应该是偏重严法治军。其实,这与《孙子》及中国古代的治军思想在本质上是相通的。历史上,孙子及许多优秀将领虽然主张"令文齐武",但其治军思想从整体上更强调"严"的一面,如司马穰苴斩庄贾、孙子演兵斩美姬、周亚夫治军细柳营、诸葛亮挥泪斩马谡,都是千古流传的严法治军的佳话。其中的原因在于,战争是生死之地,人人都有求生的本能和欲望,故没有严格的纪律来约束,就难以保证战争计划的执行和实施。而从另一个角度讲,一场战争动辄上万人、数十万人参战,没有铁的纪律,军队就会成为乌合之众、一盘散沙,根本形不成整体的作战力量。

　　其二,《将务本谋》明确强调了赏罚的公正性问题。作者指出:"尽忠益时、轻行重节者,虽仇必赏;犯法怠惰、败事贪财者,虽亲必罚;服罪输情、质直敦素者,虽重必舍;游辞巧说、虚伪狡诈者,虽轻必戮。"从这段内容看,作者对治军中的公平公正问题是极为重视的。事实上,真正懂得治军的人,都明白一个深刻的道理:治军以严,非常之难,而若以公正施之,则服众矣。正因如此,孙子在《地形篇》中说:"厚而不能使,爱而不能令,乱而不能治,譬若骄子,不可用也。"而在《九地篇》中又明确提出"正以治"的主张。与《孙子》的相关论述相比,《卫公兵法》应该说是更强调了公平、公正在治军中的重要价值,所谓"善无微而不赞,恶无纤而不贬,斯乃励众劝功之要术"。

　　其三,《将务本谋》明确强调了赏罚必行与赏罚适当的问题。作者明确指出:"盖赏罚不在重,在必行;不在数,在必当。"他列举了《尉缭子》中记载的"吴起斩勇士"的事例加以说明。"吴起与秦人战,战而未合,有一夫不胜其勇,乃怒而前,获首而返,吴起斩之。军吏曰:此壮士也,不可斩。吴子曰:虽壮士,然不从令者,必斩之。"①这就是说,战争中无论重赏或严罚,目的均在于统一号令,使全军步调一致,令出必行,执法如山。在此基础上,作者还特别强调了明辨是非以公正执法的主张:"故目贵明,耳贵聪,心贵智,三者并进,则明不可蔽。如能赏罚不欺,明于察听,则千里之外,隐微之事,莫不阴变而为忠信。若赏罚直于耳目之前,其不闻见者,谁肯用命哉?"这一论述在治军思想领域也是见解独到,且又非常切合将帅治军的诸多现实问题。

赵蕤的《长短经·兵权》对孙子治军思想也有继承和发展。一方面,他主张以情带兵。其在《道德》篇目中,引吴子、孙子、黄石公等人的言论强调"上下同欲者胜"的道理,同时以含蓼、吴起等人爱护士兵的实例加以佐证。值得注意的是,作者也特别强调了"蓄恩"和"积恩"的问题,所谓"蓄恩不倦,以一取万""积恩不已,天下可使"。这句话意在说明对士兵的仁爱是一个长期的过程,绝非一时冲动之举,此点相较《孙子》相关理论而言,颇含创新之意。另一方面,他又强调严法治军。为此,作者专设《禁令》篇目加以论证,他先引孙子的有关言论,申明"兵以赏为表,以罚为里"的基本观点,继而大量引用武侯诸葛亮的严法条令予以说明,最后以"乡人盗笠,吕蒙先涕而后斩;马逸犯麦,曹公割发而自刑"的实例进行佐证。在论证过程中,作者特别强调,战争中之所以要严明纪律、令行禁止,是因为士卒有"轻""慢""盗""欺""背""乱""误"等七种行为过失,这明显是从人类行为的本性去寻找严法治军的依据,其对孙子理论的补充与完善价值,不言自明。

第四节　古代阵法原理与《孙子》思想的相通性

在中国军事史上,古代兵阵的实践有着悠久的历史,而其阵法原理也与孙子思想理论有着密切的关系。

---

① 《尉缭子·武议》。

先秦时期,《周礼》郑玄注曾认为孙武有八阵。①《隋书·经籍志》也曾记载"孙子八阵图",可惜内容已散佚。而这一时期真正记载阵法最多的兵书是《孙膑兵法》,该书中有四个篇目专门论阵法,即《八阵》《十阵》《十问》《官一》。孙膑认为,影响军事斗争的因素有四个,即"阵、势、变、权",而"阵"为基础,并列居首位,可见其对阵法的重视。从具体内容看,孙膑在《十阵》篇中详细列出了方阵、圆阵、疏阵、数阵、锥形之阵、雁形之阵、钩形之阵、玄襄之阵、火阵、水阵等阵名;在《官一》篇中提到了云阵;在《威王问》篇中提到了飘风之阵。对于阵法的运用,《孙膑兵法·八阵》概括出八阵的基本阵法:"用阵三分,每阵有锋,每锋有后,皆待令而动。斗一守二,以一侵敌,以二收。"这就是说,八阵中的部队可分为先锋、主力、后续部队三部分,具体作战时只以三分之一的兵力接敌,而以其他三分之二的兵力作为机动兵力待敌。

汉代对军阵的重视,首先表现为曾用八阵训练军队。如西汉时,就于农闲时演练兵阵。《三国志·武帝纪》裴注引《魏书》说:"汉承秦制,三时不讲,唯十月都试车马,幸长水南门,会五营士,为八阵进退,名曰乘之。"东汉之时,亦是"兵官皆肄孙吴兵法六十四阵,名曰乘之"②。至东汉末年,八阵法更为流行,在曹操统治的北方,"士民素习"③八阵之法。关于兵阵用于战争实践,《后汉书·窦宪传》曾记载窦宪打破匈奴之后,登燕然山刻石铭记:"勒以八阵,莅以威神。"《汉书·项籍传》亦载,项羽兵败于垓下之时,仅剩二十八骑。为了做最后的防御和反抗,项羽乃"为圆阵"。

三国时期,曹操所著《孟德新书》(大部分已失传)有专门篇章论述阵法。著名军事家诸葛亮精通八阵阵法。如《三国志·诸葛亮传》载其"推演兵法,作八阵图,咸得其要"。《晋书·桓温传》亦载:"初,诸葛亮造八阵图于鱼腹平沙之下,累石为八行,行相去二丈。温见之,谓'此常山蛇势也'。文武皆

---

① 《周礼·春官·车仆》郑玄注。
② 《后汉书·礼仪志》。
③ 《后汉书·礼仪志中》刘昭注引《魏书》。

莫能识之。"《玉海》说:"诸葛武侯治蜀,以八阵法教阅战士……诸葛亮出斜谷以兵少但能正用六数。"①在战争实践中,诸葛亮以八阵战法对战魏军,更是确凿的事实。《水经注》引诸葛亮曰:"八阵既成,自今行师庶不覆败。"②而《武经总要》亦载:"昔诸葛亮推衍八阵得其新意,以蜀巴弱卒数万东屯渭水,天下震动,司马宣王以十五之众抗之坚壁,不敢出。"③另外,《后汉书·袁绍传》曾记载,当时盘踞冀州的公孙瓒"兵三万,列为方阵,分突骑万匹,翼军左右,其锋甚锐"。

两晋南北朝时期,八阵阵法进一步用于战争实践。如《晋书·马隆传》记载了大将马隆依据八阵图制作偏箱车以破羌兵之事:"依八阵图作偏箱车,地广则鹿角车营,路狭则为木屋施于车上,且战且前,弓矢所及,应弦而倒。"北魏时,左将军杨播在一次南征时,被敌军围困于淮河南岸,形势比较危急,杨播处变不惊,"诸军渡尽,贼众遂集,于是围播。乃为圆阵以御之"④。又如,北魏末年,高欢起兵攻伐尔朱兆,双方在邺城(今河北省临漳县)相遭遇,高欢"时马不满二千,步兵不至三万,众寡不敌,乃于韩陵为圆阵,连牛驴以塞归道"⑤。总体来看,汉至魏晋南北朝时期的阵法已经比较成熟,其军事学术特征也已经十分明显。

其一,军阵的基本形式普遍采用八阵。《孙膑兵法》中的"八阵"指的是八种阵法,而汉以后的"八阵"则指的是一阵八体,即阵形的若干变化。⑥ 八阵作为一种集团方阵,从基本构成上看,是将整个部队分别置于八个方向,而在战斗中,这八个方向的兵力又可合拢在一起,组成一个大阵,此即所谓"八阵本一也,分为八焉""散而成八,复而为一"⑦。

其二,军阵的兵力部署更趋合理。这一时期的"八阵"实际是四正四奇

①　孔干:《诸葛亮兵法古今谈》,中国经济出版社,2002 年,第 389 页。
②　[北魏]郦道元:《水经注》卷三三《江水》。
③　聂明:《海外藏书》第六卷,中央民族大学出版社,2001 年,第 55 页。
④　[北朝北齐]魏收:《魏书·杨播传》。
⑤　[唐]李百药:《北齐书·神武帝纪上》。
⑥　袁庭栋、刘泽模:《中国古代战争》,四川省社会科学院出版社,1988 年,第 480 页。
⑦　《唐李问对》卷上。

八阵合成的集团大方阵,列阵之时,在前、后、左、右等四块实地上部署正兵,在东南、西南、东北、西北等四块闲地上部署奇兵,而在中央则部署精锐的机动兵力。在实施阵战时,进行全方位的协同作战,即所谓"四头八尾,触处为首,敌冲其中,两头皆救"①。

其三,整体军阵中都配置有步、骑、车各个兵种,彼此之间互相配合与协同,以更好地提高军阵整体攻防能力。如三国时,曹操部将田豫即动用步兵千人,骑兵数百,同时用兵车构成阵外环形障碍,防御敌方骑兵的冲击:"军次易北(易水之北),虏伏骑击之,军人扰乱,莫知所为。豫因地形,回车结圜阵,弓弩持满于内,疑兵塞其隙。胡不能进,散去。"②而阵中混成后的兵力又往往区分为"先登""中坚""殿后"与"侧翼"诸部,分别执行不同的战斗任务。同时,各兵种内部也有具体不同的分工。如步兵区分为主射箭的弩兵与主近体格斗的徒卒,而骑兵按照进攻、掩护、守御等不同的任务要求,区分为"陷骑""游骑"与"阵骑"三部分。

隋唐时期,唐朝名将李靖非常重视阵法的运用,他根据战争实践的需要,在继承古代阵法的基础上,创造出了六花阵等阵法。六花阵就是像"六出花"的阵型。这种阵型的基本构成与布局是:中军居中,右厢前军、右厢右军、右虞侯军、左虞侯军、左厢左军和左厢后军六军在外。而就其基本特点而言,突出表现为大阵包小阵、大营包小营、各阵营相连、不同兵种之间相互配合,从而使该阵具有集中、机动、协调如一等特点。另外,该阵型的适应性和变化性非常突出,六花阵本身有方阵、圆阵、曲阵、直阵和锐阵等五种阵型,这五种阵型又各有五种变化,总共有 25 种变化,指挥者可以根据不同的敌情、地形等现实需要,布列出不同的阵。

那么,古代阵法原理与孙子思想理论有什么关系呢?我们可以《握奇经》为重点进行讨论分析。在整个秦汉至隋唐时期,《握奇经》作为我国古代专门阐述八阵阵法的理论著作,是研究阵法原理与孙子思想关系的最典型、

---

① 《唐李问对》卷上。
② 《三国志·魏书·田豫传》。

最重要的依据。

一、《握奇经》简介

《握奇经》又称《风后握奇经》《握机经》《幄机经》，是我国专门论述阵法的著作。关于篇题之义，宋代高似孙解释说，马隆本作《幄机》，其叙云："风后，轩辕臣也。幄者，帐也，大将所居，言其事不可妄示人，故云《幄机》。"然高似孙又认为，书名应作《幄奇经》，"奇，读如奇耦之奇"。"其妙本乎奇正相生，变幻不测。"①此书内容由三部分构成，其主体为《握奇经》经文一卷，380余字（一说为360余字），主要是阐述八阵各部分的名称、功用以及布列方法。另附的两部分内容，分别是《握奇经续图》（已散佚）一卷和《八阵总述》一卷。关于作者，经文旧题为风后撰，姜太公加以引申，汉公孙宏解；《握奇经续图》未记撰者；《八阵总述》题晋西平太守封奉高侯加授东羌校尉马隆述。

事实上，此书的真实作者与成书年代，已不可详考。书中经文称其为风后撰，很明显为依托之说。虽然，传说中的黄帝之臣风后，会作兵法，《汉书·艺文志》也曾著录《风后十三篇》，然而，从最简单的历史常识推断，在尚无书契的黄帝时代，风后不可能作成此书。《握奇经》的书目著录最早见于《宋史·艺文志》，后来，《直斋书录解题》对其也有著录。该书的成书时间大约在唐中期，依据有两条：一是生活于唐天宝至大历年间的独孤及的《毗陵集》载有《风后八阵图记》一篇，并曰："元老风后……握机制胜，作为阵图。"②二是唐李筌（与独孤及几乎同一时期）的《太白阴经》一书中，也有"阵图总叙"条目谈道："黄帝设八阵之形。……风后亦演《握奇图》。"可能正是由于这个原因，南宋朱熹曾认为该书是"唐李筌为之"③。然《四库总目提要》则认为是唐以来好事者的作品，其依据是：《八阵图记》"所说乃一一与此

---

①　古棣主编：《孙子兵法大辞典》，上海科学普及出版社，1994年，第304页。
②　黄云眉：《古今伪书考补证》，山东人民出版社，1959年，第191页。
③　房立中：《兵书观止》（第一卷），北京广播学院出版社，1994年，第21页。

经合。疑唐以来好事者因诸葛亮八阵之法,推演为图,托之风后;其后又因此记推衍以为此经,并取记中握机制胜之语以为名"①。

据许保林《中国兵书通览》一书介绍,目前《握奇经》的流传版本,主要是"郏本""续百川学海本""小十三经本""四库全书本"等丛书本。此外,清朝也有单刻本、单抄本流传。②

关于《握奇经》经文的研究和解读,陈亚如老师的《〈握奇〉经义与八阵原理》③一文,最具参考价值。故笔者在借鉴该文相关成果的基础上,侧重于《握奇经》八阵原理与《孙子》思想理论的关系,进行本部分的论述。

在论证过程中,本书依据 1990 年上海古籍出版社出版的《诸子百家丛书》中的《握奇经》原文(具体引文不再注明),为叙述和分析的方便,兹录《握奇经》全文如下:

经曰:八阵:四为正,四为奇,余奇为握奇。或总称之。先出游军定两端。天有衡,圆;地有轴。前后有冲。风附于天,云附于地。衡有重列,各四队。前后之冲各三队。风居四维,故以圆。轴单列,各三队,前后之冲各三队。云居四角,故以方。天居两端,地居中间,总为八阵。阵讫,游军从后蹑敌,或惊其左,或惊其右。听音望麾,以出四奇。

天、地之前冲为虎翼,风为蛇蟠,围绕之义也。虎居于中,张翼以进,蛇居两端,向敌而蟠以应之。天、地之后冲为飞龙,云为鸟翔,突击之义也。龙居其中,张翼以进,鸟披两端,向敌而翔以应之。虚实二垒。皆逐天文气候,向背山川利害,随时而行。以正合,以奇胜。天、地以下,八重以列,或曰:握机望敌,即引其后以掎角前列,不动而前列先进以次之。或合而为一,因离而为八。各随师之多少,触类而长。

① 赵传仁:《中国书名释义大辞典》,山东友谊出版社,2007 年,第 1046 页。
② 许保林:《中国兵书通览》,解放军出版社,2002 年,第 210 页。
③ 陈亚如:《〈握奇〉经义与八阵原理》,《上海师范大学学报(哲学社会科学版)》1995 年第 1期。

天或圆而不动,前为左,后为右,天地四望之属是也。天居两端,其次风,其次云,左右相向是也。地方布风云,各在后冲之前。天居两端,其次地居中间,两地为比是也。从布天一,天二次之。从布地四,次于天后。从布四风,挟天地之左右。天、地前冲居其右,后冲居其左。云居两端,虚实二垒,此则是也。

二、《握奇经》阵法原理与《孙子》奇正理论

《孙子·势篇》中谈道:"三军之众,可使必受敌而无败者,奇正是也……凡战者,以正合,以奇胜。"作为奇正理论的奠基者,孙子的贡献首先表现在,他不仅认识到古代军阵中存在着奇正问题,同时也认识到整个用兵过程都可以依据奇正理论实施战术的变化。如此一来,"奇正"这一概念就"走"出军阵的局限而上升为具有普遍意义的兵学范畴。

但到底何为"正"、何为"奇"呢?孙子并没有说。后世学者给予了种种解读和分析。如《尉缭子·勒卒令》说"正兵贵先,奇兵贵后";曹操说"先出合战为正,后出为奇"[1];李筌说"当敌为正,傍出为奇"[2];梅尧臣则认为"动为奇,静为正"[3]。各家看法对奇正的认识虽有不同,但归纳起来有一个共同点,即守常为正,通变为奇。从一般意义上理解,这无疑是正确的,但还没有触及奇正的实质,更未能从不同的层面说明奇正的地位与价值。

这一问题在《唐李问对》问世之后,开始走向深入。"太宗曰:黄帝兵法,世传《握奇文》,或谓为《握机文》,何谓也?靖曰:奇音机,故或传为机,其义则一。考其词云:'四为正,四为奇,余奇为握机。'"又曰:"臣按黄帝始立丘井之法,因以制兵,故井分四道,八家处之,其形井字,开方九焉。五为阵法,四为闲地,此所谓数起于五也。虚其中,大将居之,环其四面,诸部连绕,此

---

① 《十一家注孙子·势篇·曹操注》。
② 《十一家注孙子·势篇·李筌注》。
③ 《十一家注孙子·势篇·梅尧臣注》。

所谓终于八也。及乎变化制敌,则纷纷纭纭,斗乱而法不乱;混混沌沌,形圆而势不散;此所谓散而成八,复而为一者也。"①这句话的核心意思,就是将一支部队所占区域视为一个正方形,用"井"字将其划为九等份。那么,前、后、左、右四块实地上的兵力为"正兵",东南、东北、西南、西北方向的四块空地上的兵力为"奇兵",中央空地上由居中的大将掌握的兵力为"余奇之兵"。按李靖上述的说法,"奇正"起源于古代阵法上的兵力配备及兵阵本身的队形变换,由此而知,"奇正"的基本内涵包含了战术变换和兵力部署两层含义,这一认识奠定了后人理解"奇正"理论的基础,也为人们依据阵法原理进一步解读《孙子》奇正思想打开了思路。今人吴如嵩就谈道:"奇正是实践与理论相结合的产物,从实践上讲,它来源于古代的兵阵;从理论上讲,它来源于《周易》。"②

既然"奇正"源于古代的兵阵,那么《握奇经》作为我国古代专门研究阵法的著作,对于我们更好地理解奇正之本质内涵及地位作用,必有重大意义。下面我们依据《握奇经》原文逐层进行分析。

经文一开始说:"八阵:四为正,四为奇,余奇为握奇。或总称之。"这是讲八阵包括天、地、风、云四个正阵和龙、虎、鸟、蛇四个奇阵,另外还有大将居中掌握的一部分机动兵力,谓之"握奇"。"或总称之"的意思是,整个八阵也可以称为"握奇"。这说明,八阵构成的基本原理就是奇正理论。

经文所言"天有衡,圆;地有轴",是指握奇八阵的枢纽由天衡与地轴构成,二者形成十字架结构。"前后有冲"是指天衡与地轴的前后各自都有"冲","冲"即"冲阵",乃指阵中部署的攻击力量。如此一来,天衡及天前冲、天后冲构成"天阵";地轴及地前冲、地后冲构成"地阵"。下文"风附于天,云附于地"是指"风阵"和"云阵"分布于天阵和地阵的四隅,"风阵"是圆阵,所谓"风居四维,故以圆";"云阵"是方阵,所谓"云居四角,故以方"。这就形成了天、地、风、云四大阵。这四个阵都是正阵,其地位和作用在于应敌

---

① 《唐李问对》卷上。
② 吴如嵩:《徜徉兵学长河》,解放军出版社,2002年,第68页。

和接敌。此即孙子所讲的"以正合"理论。在战争过程中,"正合"的作用不可忽略。两家对阵,只有先通过"以正合",形成相持、对立和抗衡,"奇"此时才会发生作用,才会有"出其不意"的功效。倘若一接手即溃败致乱,你根本就没有用奇的机会,更谈不上以奇制胜。所以,"正合"是战术变化的基础,没有"正"就没有"奇",没有正兵,奇兵也就无所用。

下文"天、地之前冲为虎翼,风为蛇蟠,围绕之义也"一句,是指在阵法实施过程中,天阵和地阵的前冲演变为"虎阵""蛇阵",其地位和作用分别是"虎居于中,张翼以进,蛇居两端,向敌而蟠以应之"。下文,"天、地之后冲为飞龙,云为鸟翔,突击之义也"一句,是指在阵法实施过程中,天阵和地阵的后冲演变为"龙阵"和"鸟阵",其地位和作用分别是"龙居其中,张翼以进,鸟掖两端,向敌而翔以应之"。这就形成了"虎""蛇""龙""鸟"四大阵。这四个阵都属于"奇阵",它们是由"天""地""风""云"变化而来的,而且"皆逐天文气候,向背山川利害,随时而行"。这就使其有了攻击方向随时变化的性质,以至于让敌人无法预料和防备,此即孙子所讲的"以奇胜"。从理论上讲,到底何为"奇"?"奇"就是不固定、非常规、非常法,完全出乎对方意料,这从握奇八阵之四奇阵的特点和作用可以得到更好的解读。正如经文所言:"或曰:握机望敌,即引其后以掎角前列,不动而前列先进以次之。或合而为一,因离而为八。各随师之多少,触类而长。"换言之,阵法中的虎翼、蛇蟠、飞龙、鸟翔四奇阵,都是在变化莫测中进击,是以不固定的方式连续攻敌,这就能够达到"出其不意"的作战效果。

上述分析还只是针对握奇阵最基础的奇正关系而言,如果再深入探究,其内容要更为丰富。例如,握奇八阵是以"天、地、风、云"四个正阵应敌,设若敌人攻击我右方,那么天衡右八阵就作为"正兵"应敌。而此时,天前冲、天后冲可以张左右两翼出击,同时,西南、西北的风云八阵可以对敌实施牵制、夹击,东南、东北的风云八阵也可进行包抄、截击,这三者都属于奇兵。以此类推,设若敌人攻击我左方,那么天衡左八阵就作为"正兵"应敌,其他三部分又都可以作为奇兵出击。这就解释了孙子"善出奇者,无穷如天地,不竭如江河"的内在本义,孙子为了讲出奇的多变性,用了多个比喻进行描述:"声不过五,五声之变,不可胜听也;色不过五,五色之变,不可胜观也;味不过五,五味之变,不可胜尝也。"值得强调的是,由于天衡统其前冲、后冲可以绕地轴做三百六十度旋转运动,故"正"与"奇"的配合行动可以适用于东、南、西、北四个方位。也就是说,敌人攻击全阵的任何一个方位,这个方位上的军阵都会有相应的正兵应敌和奇兵出击,而当敌人变换攻击方向时,各个方位上的军阵就会自然地由"正"转为"奇"或由"奇"转为"正",这就解释了孙子"战势不过奇正,奇正之变,不可胜穷也"的根本道理。

最后需要强调的是,经文还曾谈到"余奇为握奇",这里的"余奇"是指八阵内部中央将领所在的指挥位置,他所控制的机动部队,就是"余奇之兵"。现代人称,"余奇"乃是奇中之奇。就战争过程而言,这种"余奇之兵"在敌我双方势均力敌的情况下,是非常重要的,它是最终决定胜负的关键,是打破对峙与平衡的特殊力量。当双方各自的手段用尽,力量也消耗殆尽,胜利最终属于谁,很重要的一点,就是看双方谁还有预备队。"余奇之兵"就具有预备队的性质,它是压垮对方的最后一支力量,聪明的指挥员都懂得如何在恰当的时机安排这支力量出战,以取得战争的最后胜利。另外,八阵的外部,还有一支"余奇之兵",这就是"游军"。经文中谈到"先出游军定两端",说明布阵之前,先要有游军主动出击,占据翼侧,以配合整个军阵的部署。后边又谈到"阵讫,游军从后蹑敌,或惊其左,或惊其右。听音望麾,以出四奇",此句的意思是,阵法开始实施之后,游军作为不属于八阵之内的一股力量实施机动攻敌,其出奇的意旨或作用更为明显,唐顺之《八阵图说》有言:"八阵外有游军,或惊其左,或惊其右;或分为疑兵,或设为伏兵;或绝敌粮道,或邀遮敌人;或夜击敌营,或尾击敌后……"①就此而言,游军有点类似于今天配合正面战场作战的敌后战场,或者是配合主力作战的游击作战部队,它亦可称为"奇中之奇"。

---

① 雒启坤、张彦修:《中华百科经典全书》(九),青海人民出版社,1999 年,第 2579 页。

三、《握奇经》经文及《八阵总述》中蕴含的其他《孙子》思想

除奇正理论以外，《握奇经》经文及《八阵总述》也反映了孙子的分合、慎战、全胜等多种思想理论，其间亦涉及《孙子》所论的将帅修养问题。

第一，《握奇经》经文中蕴含了《孙子》的分合理论。《孙子·军争篇》谈道："兵以诈立，以利动，以分合为变者也。"曹操对此注解说："兵一分一合，以敌为变也。"①张预亦注曰："或分散其形，或合聚其势，皆因敌动静而变化也。"②而《握奇经》的阵法原理完全符合这一精神要旨，经文中云："或合而为一，因离而为八。"《八阵总述》中更谈道："合而为一，平川如城。散而为八，逐地之形。混混沌沌，如环无穷。纷纷纭纭，莫知所终。合则天居两端，地居其中。散则一阴一阳，两两相冲。勿为事先，动而辄从。"

从阵法实施的具体过程看，八阵整个的战斗过程正是通过分合来实现的。就"天阵、地阵、风阵、云阵"而言，天阵载于外"或圆而不动"，以正兵的形式进行战斗，而地阵作为中坚，其前冲和后冲相应突击出敌，同时风阵和云阵亦相机攻敌作为辅助，从而实现一分一合的变化。就"龙阵、虎阵、蛇阵、鸟阵"而言，它们必须是先从天前冲、天后冲、地前冲、地后冲中分离出来，然后重新聚集攻敌。虎阵之"虎翼"集中抗击正面，所谓"伏虎将搏，盛其威力"③；蛇阵之"蛇蟠"分布于两翼配合，所谓"势欲围绕，性能屈伸"④，最终二者实现合击攻敌。而"飞龙"居中进击，所谓"潜则不测，动则无穷"⑤，同时，鸟翔于两翼迂回前进，所谓"势凌霄汉，飞禽伏藏"⑥，最终二者实现合围夹击。如此一来，这一范围的战斗也在一分一合中完成。

第二，《握奇经》经文中蕴含了《孙子》的主客、攻守等思想。主客与攻守

---

① 《十一家注孙子·军争篇·曹操注》。
② 《十一家注孙子·军争篇·张预注》。
③ 《八阵总述》
④ 《八阵总述》
⑤ 《八阵总述》
⑥ 《八阵总述》

都是传统兵学术语,二者又具有密切的联系。一般认为,战争中进攻的一方为"客",防御的一方为"主",孙子在《九地篇》中重点论述的就是客方的进攻作战理论,所谓:"凡为客之道:深入则专,主人不克;掠于饶野,三军足食;谨养而勿劳,并气积力,运兵计谋,为不可测。"在《形篇》中,孙子重点论述的则是常规性质的攻守理论:"不可胜者,守也;可胜者,攻也。守则不足,攻则有余。善守者,藏于九地之下;善攻者,动于九天之上,故能自保而全胜也。"这句话虽然简单,却点明了攻守的基本条件、攻守的利弊以及攻守的基本要求,内涵非常丰富。从理论角度分析,攻守是战争中最基本的行动样式,战争中的所有奥妙,无非就是一个"攻守之道"。

就握奇八阵而言,一方面,其阵法实施的一个基本原则也是体现于攻与守的有效组织与转换上。比如,当天阵攻击时,地阵即处于防守状态;当四方临敌时,四隅即处于防守状态;当左、右天衡接战时,天前冲、天后冲即处于防守状态;当天前冲、地前冲出击时,天衡即处于防守状态。正是由于阵中两部分兵力(正兵、奇兵)的有机配合(通过分合实现),使得握奇八阵兼具进攻、防守的性能,攻中有守,守中有攻,防守合一,"灵活"与"稳健"兼备。

另一方面,在"攻守合一"的基础上,握奇八阵又通过分置梯队的方式,有次序地合理部署和使用兵力。经文中有云:"天居两端,其次风,其次云,左右相向是也。地方布风云,各在前后冲之前。天在两端,其次地居中间,两地为比是也。从布天一,天二次之;从布地四,次于天后;从布四风,挟天地之左右。"这就是说,当一部分兵力投入战斗时,总有一部分兵力处于后备待战状态,其目的在于实现部队动静、劳逸的结合。《八阵总述》明确谈道:"动则为奇,静则为阵。陈者阵列,战则不尽。分苦均劳,佚轮辄定。有兵前守,后队勿进。"战阵最重要的一个方面就是灵活,能分不能合,能劳不能逸,能动不能静,能守不能攻或能攻不能守都是致命的缺陷。这对于任何形态的战争对抗而言,都是同样的道理,故《孙子》在《军争篇》论及战争的节奏时指出:"故其疾如风,其徐如林,侵掠如火,不动如山,难知如阴,动如雷震。"

第三,《八阵总述》中蕴含了《孙子》的治军思想与兵者诡道思想。《八阵总述》的开头有一段话："治兵以信,求圣以奇。信不可易,战无常规。可握则握,可施则施。千变万化,敌莫能知。"这简单的一句话却涵盖了《孙子》两个最重要的思想,一是"诚信治军"思想,二是"兵者诡道"思想。

孙子在《计篇》中论述"将有五德"时谈道:"将者,智、信、仁、勇、严也。"在论述"五事七计"时又提到"法令孰行"和"赏罚孰明"两项重要法令。值得强调的是,在"将有五德"理论中,"信"排在第二位,居于"仁、勇、严"之前,这说明,孙子非常重视诚信在治军中的分量和地位。战争很重要的一个特点就是具有不确定性,越是在不确定性的环境中,将帅就越应该获得下属及士兵的信任和支持。另一方面,只有将帅言行一致,言出必行,赏罚严明,部队才能统一号令,保持作战行动的高度一致,最终战胜敌人。

孙子在主张讲诚信的同时,又明确主张"兵者诡道""兵以诈立",强调"出其不意,攻其不备",这让很多人不理解,注重诚信的孙子怎么会大讲诡诈呢? 其实二者并不矛盾,讲诚信,是就治军而言,就内部而言;讲诡诈是就作战而言,就敌人而言。在治军的过程中,军官与士兵彼此同心同德、凝心聚力的基础是信任,所以,诚信是第一位的;而在作战指挥的过程中,双方是你死我活的斗争,最大限度保存自己、消灭敌人是首要原则,所以,诡诈是第一位的。

诚信与诡诈并存,是军事活动的一个基本特征,也就是说,"诚信之于治军"与"诡诈之于对敌"都是根本的规律。就此而言,《握奇经》一书作为研究阵法的专门著作,作为研究具体战术与战法的一种兵学理论,能够与《孙子》同识,深入认识到治军与作战指挥的内在规律,并区别二者的主要差异和特征,这实在是难能可贵的。

第四,《八阵总述》中蕴含了《孙子》的全胜思想及慎战思想。《八阵总述》之"兵体"部分,显然是体现了作者对战争问题的基本认识,其以"全胜"与"慎战"为主导的战争理念,与《孙子》的战争观几乎一致。作者一开始就说:"上兵伐谋,有下用师。弃本逐末,圣人不为。"这明显是在借鉴孙子思想的基础上,强调"上兵伐谋"是最高明的战略,"其下用兵"是不得已而为之,而其用"本"和"末"区分二者的差异,却也体现了作者独特的认识。换言之,"上兵伐谋"是从全局及长远上解决矛盾,而"有下用师"是从局部及短期解决战争矛盾,这可谓是抓住了孙子全胜思想的核心宗旨。

下文"利物禁暴,随时禁衰,盖不得已"则是谈战争的基本性质,既承认了战争的客观存在,更明显强调了战争的正义性质,它是中国特色战争伦理观的反映,是儒家思想与兵家思想相融合的战争观念。在上述立论的基础上,作者又从将帅职责的角度,强调慎战与全胜的重要性,"圣人用之,英雄为将,夕惕乾乾,其形不偏,乐与身后,劳与身先。小人偏胜,君子两全"。战争乃生死存亡之事,故优秀的将帅应该慎而用之,切勿将战争这种暴力推行极端,其中将帅的素质及道德素养起到非常关键的作用,孙子在《作战篇》中讲"知兵之将,民之司命,国家安危之主也";《形篇》中又谈"故善战者之胜也,无奇胜,无智名,无勇功"。

从深层次的原因分析,古代中国以农耕为主的生产与生活方法决定了人们对战争问题认识的辩证态度。当王朝衰落、社会矛盾激化之时,我们需要通过战争这种形式来除暴安民,恢复正常的社会秩序,扫清生产力发展的障碍。然而,战争开始之后,又会对农耕经济及人们的生活造成更大的破坏。所以,对中国军事家而言,他既要重视战争,又要在争取战争胜利的同时把战争的危害降至最低。这正是孙子全胜思想产生的根源,也是作者强调"小人偏胜,君子两全"的根本原因。《八阵总述》的最后一句话更明确表明了这种理性用兵、反对穷兵黩武的态度。它特别指出:"握机为陈,动则为贼。后贤审之,勿以为惑。"在作者看来,握奇阵法虽然在战争制胜中具有显著功效,然而它又具有巨大的杀伤力和危害性,会给人民带来巨大的灾难,故后世先贤不要违背道德而迷恋这种阵法的使用,所谓"争者逆德,不有破军,必有亡国""夫乐杀人者,不得志于天下"。

综上所述,《握奇经》所述八阵,已经达到古代阵法的较高水平,也比较符合古代兵阵应用的实际情况。它继承和发展了《孙子》的奇正理论,用奇正之说阐述八阵中的战术变化,便于人们更好地理解孙子"奇正"思想的丰富内涵,进而正确把握奇正思想实践应用的基本思路,这对孙子学的发展而言,是一个重大的贡献。另外,《握奇经》一书中的《八阵总述》,将"治兵以信,求圣(胜)以奇""夕惕乾乾,其形不偏""上兵伐谋,有下用师"等思想观念,作为八阵在实践中应用的根本前提或指导性原则加以阐述,进一步揭示了《孙子》慎战、全胜等思想的重要价值,并充分体现了中国传统兵学"道""术"结合的用兵思路,这对后世的《孙子》研究者和学习者而言,也是有益的启示。

第五节　道家思想言兵与《孙子》思想的比较

道家尚"柔",追求道法自然的无为境界;兵家求"势",注重力量博弈的最佳效果。道家讲"无为",兵家讲"有为";道家主"去兵",兵家主"用兵"。表面看来,道家与兵家在思想和理论上具有明显差异,甚至大相径庭。然从天下治理的角度讲,两者在经国治军及具体的军事战争方面又有诸多相通之处。

春秋时期,道家思想已经开始与兵学发生联系。这方面的代表人物首先是老子。老子著有《老子》(又名《道德经》)一书,其本身蕴含了丰富的军事哲学思想,同时也有不少篇幅专门论及斗争谋略,且与《孙子》的谋略思想契合处甚多。该书的军事思想观点颇具特色,其以无为的态度反对战争,主张回到"虽有甲兵,无所陈之"的"小国寡民"社会状态,同时书中所提倡的知雄守雌、柔弱胜刚强的斗争策略以及相互对立、相互转化的朴素辩证法思想,也大大丰富了中国的军事思想。此外,春秋时期还有著名的道兵家范蠡。范蠡辅佐当时的越王勾践,兴越国,灭吴国,一雪会稽之耻,成就越国霸业,其军事思想明显有道家思想的痕迹:"古之善用兵者,因天地之常,与之俱行。后则用阴,先用则阳;近则用柔,远则用刚。……彼来从我,固守勿与。若将与之,必因天地之灾,又观其民之饥饱劳逸以参之。尽其阳节,盈吾阴节而夺之。宜为人客,刚强而力疾;阳节不尽,轻而不可取。宜为人主,安徐而重固;阴节不尽,柔而不可迫。凡陈之道,设右以为牝,益左以为牡,畺晏无失,必顺天道,周旋无究。"①而且,范蠡在功成名就之后,急流勇退,三次经商致富,又三次散尽家财,这也颇符合道家思想宗旨。范蠡著有《范蠡》和《黄帝四经》两部兵书,前者已经失传,后者有马王堆帛书本传世。

战国时期,道家学派内部出现了分化。以庄子为代表的部分道家人物崇尚自然,率性无为,追求绝对的精神自由,对战争持完全排斥的态度,认为"汤武以来,皆乱人之徒也"②,这实际上泯灭了战争正义性与非正义性的界限。另一部分被称为"黄老学派"的道家则顺应时代潮流,在坚持道家基本原则的基础上,融汇各家思想精华,表现出积极入世的思想倾向,所谓"因阴阳之大顺,采儒墨之善,撮名法之要,与时迁移,应物变化,立俗施事,无所不宜"③。也正因如此,当时人们最为关注、涉及国家和民众生死存亡的战争问题,也就成为该学派研究的重点。从今天所能见到的战国时期道兵家著述来看,《六韬》应该是最典型的代表之一。此外,《管子》的《白心》《内业》《心术》《枢言》诸篇,以及《鹖冠子》《文子》《经法》《十大经》《道原》等道家典籍,也均对兵学问题进行了比较集中的论述,其内容包括了大量的军事原则和战争谋略。比如,一方面他们把以柔克刚、以弱胜强视为不变的用兵铁律,另一方面则在推崇天道、天时的基础上,重视政胜,谋求民和,提出一些大战略层次的军事思想观点。

汉初,统治者奉行"无为而治"的政治方针,从而为黄老道家学说的兴盛提供了良好的发展机遇。这一时期有专门论述黄老道家军事思想的兵书《黄石公三略》(简称《三略》),还有以道家思想为主的论兵专篇《淮南子·兵略训》。这两本书在继承、吸收先秦兵学思想的基础上,对以往较少涉及的战争起源问题做出深刻的阐发;在论战争的具体战略、战术、战法时,又将其纳入"道"的统率之下,以"道"为灵魂;同时又在道家传统的贵柔守雌观念

---

① 《国语·越语下》。
② 《庄子·盗跖》。
③ 《史记·太史公自序》。

中增加了更灵活的因素,提出了刚柔相济的斗争策略。然而由于这些著述的作者,大都较少经历战争风雨,他们并不是真正立足于战场实践来言兵,故很难期望他们对孙子兵学有较大的创新性的贡献,他们只是在"道论"基础上对孙子兵学理论有所阐释和发挥。

东汉、魏晋之后,道家逐渐宗教化,这对当时兵学的发展产生了一些消极影响,其主要表现是带动了占候和阴阳五行之术在兵学中的应用。如《兵法孤虚月时秘要法》(东晋葛洪著)、《真人水镜》(南朝陶弘景著)、《杂撰阴阳兵书》(南朝莫珍宝著)、《兵法孤虚立成图》(南朝王宜弟著)以及无名氏的《承神兵书》《阴策林》等。这一时期,真正能够体现道家思想与兵学思想关系的代表是《黄帝阴符经》,该书又称《阴符经》。关于其成书时间,有人认为是战国时期,而近代学者大多认为其成书于南北朝。全书仅300余字(一说400余字),文字简练,哲理深奥,自问世以来,多被史籍著录于道家类书中,后世为之注疏者也大都是些道家文人,因而被涂上了浓重的道学色彩。但其本质上应是一本融合了易、老、阴阳、法、兵等诸家思想,主旨在于谈论王政和兵法权谋的书,我们可称其为道兵书或政兵书。对于该书的主要兵学思想,有学者将其归纳为四个方面:人主、将帅的思想和行为必须暗合"天道";剧烈的社会变革乃至战争不可避免;主张以正御下,法、术兼施;强调以奇用兵,"盗机"取胜。①

到了唐代,兵家与道家、道教互动融通现象明显,出现了非常典型的"以道家、道教思想言兵"的文化现象,以至于涌现出了《太白阴经》《道德经论兵要义述》等典型的道家类兵书,这些兵书既体现了道家哲学思想对兵家的积极影响,也反映了道教占卜迷信思想对兵家的消极影响。如李筌在《太白阴经》中,提出"太上用计谋,其次用人事,其下用战伐"的战略谋划,并列举了多种阴谋之法,从而对丰富孙子的全胜思想作出了较大贡献。然而,其在兵学著述中为兵家引入阴阳术数、奇门遁甲、望气杂占等占卜迷信也不乏消极

---

① 于汝波:《〈阴符经〉军事思想浅窥》,《军事历史》1990 年第 2 期。

影响。如他注解《计篇》曰："计者,兵之上也。《太一遁甲》先以计,神加德宫,以断主客成败。故孙子论兵,亦以计为篇首。"①又如注解《谋攻篇》之"知可以战与不可以战者胜"云:"料人事逆顺,然后以《太一遁甲》算三门遇奇五,将无关格,迫胁主客之计者,必胜也。"②这些内容可以说大大损害了孙子思想的价值。

到唐末五代天下大乱之际,道教对兵学的渗透更加深入,以至于出现了托名前代或当代著名兵家的所谓的"九贤秘典",它们分别是:托名姜太公的《太公军镜要术》、托名鬼谷子的《鬼谷子风云气候诀》、托名孙武的《孙武子行军气色杂占》、托名吴起的《吴起军录》、托名张良的《张子房行军灾异录》、托名诸葛亮的《诸葛武侯行军风候》、托名崔浩的《崔浩气色占》、托名袁天罡的《袁天罡占风雨诀》、托名李靖的《李靖行军要术》。这九部"秘典"均为道教占卜兵书,大概为唐末五代(或宋初)一人所作,其实质乃是假托先贤,故作高深,将道教中的阴阳五行、占算之术渗透于兵学内容之中,并无多少实际价值。

总体而言,唐代兵学与道家、道教思想的结合,最终形成了一种用道家思想言兵的语境或氛围,同时也形成了两种典型的论兵思路或习惯。一种思路是以道家的无为、守柔、贵静、尚无(尚虚)等思想,来阐述兵家思想或原理,另一种思路是以道教的阴阳五行、术数、望气、占候等来影响或替代兵家的战略和战术,前者是对兵家思想的一种有益的补充,后者是对兵家思想的一种否定和颠覆,同时它也间接反映了当时人们对战争的厌恶、逃避或排斥心理。

以道家思想而言兵,在唐代最典型、最有成就的代表当数王真的《道德经论兵要义述》(以下简称《要义述》)。

王真的《要义述》,可谓是一部以道家思想为主,兼容儒、道、兵三家思想的战略性兵书或杰出的军事政治学著作。王真把《老子》(《道德经》)看作

---

① 《十一家注孙子·计篇·李筌注》。
② 《十一家注孙子·谋攻篇·李筌注》。

是一部兵书,其根本目的是借《老子》之言,表达自己的军事思想。《要义述》与《孙子》并没有直接的联系,然而该书依托《老子》言论所表达的军事思想与《孙子》思想却有诸多可以比较的地方。尤其从孙子学发展的角度讲,秦汉至魏晋时期孙子学的发展内容避不开道家思想与兵家思想的相互影响。故而以《要义述》为中介和桥梁,探讨道家、兵家兵学思想的主要差异,发现其在理论和应用中的相斥与互动,具有重要的意义。

一、王真的反战观念与《孙子》的慎战思想

在对战争的基本认识方面,老子持反对的态度。这种态度基于其"无为"思想的核心理念。"我无为,而民自化;我好静,而民自正;我无事,而民自富;我无欲,而民自朴。"①正是在这一理念之下,老子认为战争活动乃是违背自然无为之"道"的行为,应坚决否定。他说:"以道佐人主者,不以兵强天下。"②又言"兵者,不祥之器,非君子之器",故"有道者不处"③。

与老子的态度相反,孙子是在"有为"的观念之下,对战争持慎重和理性的态度。他承认战争在历史进程中的地位和作用,也认同当时诸侯列国进行的争霸战争,其向吴王进献兵书的目的也是希望得到重用,进而通过辅佐吴王争霸实现自己的理想和抱负。正因如此,他不是像老子那样消极地反对战争,而是主张用严肃的态度去对待它,用积极的措施去应对它。《计篇》中讲:"夫未战而庙算胜者,得算多也;未战而庙算不胜者,得算少也。多算胜,少算不胜,而况于无算乎! 吾以此观之,胜负见矣。"又说:"计利以听,乃为之势,以佐其外。势者,因利而制权也。"孙子这种既重战又慎战的态度,明显较老子的消极战争观更能为人们所赞同和接受,中国兵学也正是在孙子这一基本理念的基础上形成了实用理性的战争观理论体系。

王真的战争观念是以老子的"无为"思想为出发点的。他说:"窃尝习读

① 《老子》第五十七章。
② 《老子》第三十章。
③ 《老子》第三十一章。

五千之文,每至探索奥旨,详研大归,未尝不先于无为,次于不争,以为教父。"①也正因如此,王真同样以"无为"为基本依据表达了反对战争的基本态度。"夫欲治其国,先爱其人;欲爱其人,先当无为。无为者,即是无为兵战之事。兵战之事,为害之深;欲爱其人,先去其害,故曰无为兵战之事也。"②同时,他又像老子一样,强调"无为"的重要特性在于:人君应保持清静状态,从而尽可能避免战争。即所谓"无为之事,亦所谓清静致理,无为戎马之事也"③;"夫清静者,无为也。无为者,亦谓无为于兵战之事,乃可为天下之长也"④。

然而,王真虽然继承了老子的反战观念,但却不像老子那样一味否定战争。对于作为战争根源,即人的欲望,他与老子的认识是有差别的,"思虑嗜欲者,人之大性存焉,可节也,不可绝也。故劝王侯令少之、寡之,则国延其祚,人受其赐也"⑤。这实际上乃是在一定程度上承认了战争的客观存在,故他又强调文与武不可偏废:"夫文者,武之君也;武者,文之备也。斯盖二柄兼行,两者同出,常居左右,孰可废坠?故曰:忘战则危,好战则亡。是知兵者可用而不可好也,可战而不可忘也。"⑥

同时,他在序言中还强调,战争的目的在于"谨无良,威不□",在于"遏乱","自轩辕黄帝以兵遏乱,少昊以降,无以代之"。因此,圣人用兵都是合乎正义的目的,"不以其愠怒也,不以其争夺也,不以其贪爱也,不以其报怨也"。反之,不合乎正义的战争,则是要受到历史惩罚的,他以李斯、赵高、白起、蒙恬等人进行的战争为例证,说明"其事好还"。这明显是借鉴了儒家军事思想的主张,同时,又是为唐平定藩镇割据战争寻找理论依据。

值得注意的是,王真的战争观也有明显超越《孙子》的地方。众所周知,

---

① 《道德经论兵要义述·上善若水章第八》。
② 《道德经论兵要义述·营魄抱一章第一〇》。
③ 《道德经论兵要义述·天下之至柔章第四三》。
④ 《道德经论兵要义述·大成若缺章第四五》。
⑤ 《道德经论兵要义述·绝圣弃智章第一九》。
⑥ 《道德经论兵要义述·序言》。

由于《孙子》重在探讨战争制胜的基本规律,全书并没有论及战争的性质和根源等问题。而王真却在继承老子思想的基础上,对此问题有所触及。老子曾较为直观地认识到,战争的原因在于人们"不知足"或"欲得"①或"大国不过欲兼畜人"②。而王真更明确地阐明,战争的根源在于人类好争的本性,其在《道德经论兵要义述·叙表》中直言:"争者,兵战之源,祸乱之本。"《上善若水章第八》又谈道:

> 乱逆必争,刚强必争,暴慢必争,忿至必争,奢泰必争,矜伐必争,胜尚必争,违愎必争,进取必争,勇猛必争,爱恶必争,专恣必争,宠嬖必争。夫如是,王者有一于此,则师兴于海内。诸侯有一于此,则兵交于其国。

这就是说,战争发生的根本原因,既在于阶级和国家之间根本利益的对抗,也在于人类自私的本性,王真能从这一视角出发认识战争问题,充分体现了其政治理论的深刻性。

既然战争的根源在于人类"好争"的本性,那么避免战争的办法就在于"不争","夫无为者,戢兵之源,不争者,息战之本"③;"夫一家不争,即斗讼息矣。一国不争,即战阵息矣。天下不争,则征伐息矣"④。而如何才能"不争"呢? 就要做到老子所要求的"少私寡欲",如《天下皆知章第二》有云:

> 夫王者无为于喜怒,则刑赏不滥,金革不起;无为于求取,则赋敛不厚,供奉不繁;无为于爱恶,则用舍必当,贤不肖别矣;无为于近侍,则左右前后,皆正人也;无为于土地,则兵戈不出,士卒不劳矣;无为于百姓,

---

① 《老子》第四十六章。
② 《老子》第六十一章。
③ 《道德经论兵要义述·上善若水章第八》。
④ 《道德经论兵要义述·信言不美章第八一》。

则天下安矣,其无为之美利,信如是哉。

这段话具有很大的历史进步性,实际上是借老子的言论,委婉表达了对统治阶级穷奢极欲的不满和警示,再如,"是以人君恣可欲之心,则天下之人皆得罪矣;嗜欲至而不知止足之分,则天下之人皆受祸矣。又人君所欲尽得,则天下之人悉罹于殃咎矣"①,这可以说更直接触及《老子》进步理论的思想精华了。

总之,老子的战争观与孙子的战争观各自基于自己的核心理念而表现出不同的特点和价值,二者具有互补的理论意义。而王真作为一名专注《老子》兵学的研究者和解读者,既能阐发出《老子》战争观念的优势与特色,又能在遵循现实战争规律的基础上,阐发出与《孙子》相同或相近的战争思想,且某些方面还能超越《孙子》的观点,这正是《要义述》值得肯定的一个方面。

二、王真的政治战略思想与《孙子》的全胜思想

在战略理论层面,人们常将老子的"不争而善胜"与孙子的"不战而屈人之兵"的全胜战略思想进行相似性的比较,其实,这二者是有根本差异的。

"不争""不战"在老子的生存逻辑和斗争哲学中是唯一有效的手段。在他看来,只有无为而不争,才能赢得战争胜利,才能无敌于天下。"夫唯不争,故天下莫能与之争"②;"以其不争,故天下莫能与之争"③。这虽然含有反对刚武激进的理性因素,但未免太理想化了,在战争双方围绕根本利益激烈对抗的前提下,一味地不争,坐等敌人失败,在现实社会中是根本行不通的。

相反,孙子"不战而屈人之兵"的全胜思想,是强调在一定实力的前提下,充分运用积极的"伐谋""伐交"手段而实现。他虽然也有理想化的成分,

---

① 《道德经论兵要义述·天下有道章第四六》。
② 《老子》第二十二章。
③ 《老子》第六六章。

但在战争实践中并非没有实现的可能,历史上有很多成功的全胜案例存在。更何况,孙子之"伐谋""伐交"与"伐兵""攻城"是密切结合在一起的,当"伐谋""伐交"的不战手段不能奏效时,"伐兵""攻城"的武力手段自然得到应用。就《孙子》全书来看,绝大部分内容还是论述实战中"伐兵"的谋略,吴如嵩先生曾谈道:"孙子虽然以'全胜'为其最理想的战略追求,但是他的十三篇中,百分之七八十的篇幅是论述的'破胜'之法。用兵打仗,毕竟是《孙子兵法》的主体内容。"①

总之,老子是将"不争"作为战争取胜的唯一手段,否定战争中人的主观能动性的发挥,消极地等待战争胜利。而孙子是将"不战"作为战争中的手段之一,当全胜不能实现时,就充分发挥人的主观能动性,利用"破胜"手段去争取战争胜利。二者在制胜方略及战略指导上,有着根本性的差异。

那么,在王真的《要义述》中,是如何处理这一问题的呢? 他既没有停留于老子的"不争",也没有执着于孙子的"全胜",而是融合道、儒、兵三家的思想理念,提出一种以政治战略为主的制胜思路与方法。

首先,王真的政治战略是将老子的"无为""不争"与儒家的仁义思想有机结合起来。"不争之义,与天同德,美利万物,不言善应,周流六虚,不谋善胜"②;"又圣君德合天地,自然无争,故曰'善胜敌者不争'"③。在这里,为什么"不争""不谋"还能善胜呢? 关键在于"仁""德"二字。"若夫人君克己复礼,使天下归仁,既得亿兆欢心,蛮夷稽颡,自然干戈止息"④;"夫仁爱之道行焉,则天下早服。天下早服,故谓之重积德。重积德者,以战则胜,以守则固。故曰:无不克"⑤。仁德落实于具体层面,又可用老子的"三宝"加以解释:"慈"就是广施仁义以"爱民";"俭"就是轻徭薄赋以"恤民";"不敢为天下先"就是立足于战略防御以使民众免受战争祸患。如此一来,政治清明,

---

① 吴如嵩:《孙子兵法新论》,解放军出版社,2008 年,第 112 页。
② 《道德经论兵要义述·江海所以能为百谷王章第六六》。
③ 《道德经论兵要义述·善为士者不武章第六八》。
④ 《道德经论兵要义述·天长地久章第七》。
⑤ 《道德经论兵要义述·治民事天章第五九》。

人民富足,国家强盛,这样的国家和军队,自然是"不争而善胜"。从这些内容来看,王真无疑是将儒家的道德理念融进了自己的军事理论之中。为此,王真还根据自己的需要对《老子》的思想进行了一番改造,如将《老子》的"绝生弃智"改为"绝有迹之圣,弃矜诈之智"①;将《老子》的"绝仁弃义"改为"绝矫妄之仁,弃诡谲之义"②;将老子的"礼者,乱之首"改为"乱矣,非礼则无以理之"③。

其次,王真的政治战略思想又与《孙子》的全胜战略思想具有一致性,即以战争手段与实力运用为根本基础。"治国者以政,政者正也。君率以正,孰敢不正? 用兵者以奇,奇者权也。权与道合,庸何伤乎?"④在这里,"政"就是政治,就是大道,"奇"就是权变,就是用兵。二者有机结合,即所谓"权与道合"。当然,在这种"合"的过程中,"道"是第一位的,"权"是第二位的,"兵"不可没有,但要尽可能不用。"夫五兵之属,亦当其无有兵之用。且弧矢之利以威天下,不必伤人然后为用,故知兵者备之以为有,戢之以为无,此即用其所不用者也。"⑤用今天的话来讲,"用其所不用"就是强大实力基础上的战略威慑,是实现国家安全的有效手段,是高明的政治与军事相统一的王霸境界,"夫有道之君,纵有凶暴之寇,妄动而求,我师告之以文词,舞之以干羽,彼必闻义而退,自然无敌"⑥。就此而言,王真的《要义述》绝不是单纯的论兵著作,而是立足于政治层面研究治国与用兵相互关系的政论性著作。它的突出成就不在于讨论如何用兵,而是在于探讨如何对待用兵。在他看来,用兵只是一种辅助性的权谋手段,而治国才是最终的目的。其"为而不争"的思想,实际就是要求战争必须服从于最高的政治目的,这已经触及关于战争性质的根本问题了。

---

① 《道德经论兵要义述·绝圣弃智章第一九》。
② 《道德经论兵要义述·绝圣弃智章第一九》。
③ 《道德经论兵要义述·叙表》。
④ 《道德经论兵要义述·以正治国章第五七》。
⑤ 《道德经论兵要义述·三十辐共一毂章第一一》。
⑥ 《道德经论兵要义述·用兵有言章第六九》。

最后，王真的此种高于军事战略的政治战略思想，还有着更深厚的历史文化渊源。章太炎先生曾经提出，"老聃为周征藏史，多识故事，约金版六韬之旨，著五千言以极其情，则伊、吕亡所用"①。意思就是说，《老子》一书继承了伊尹、吕尚等人的军事思想。伊尹、吕尚是中国古代杰出的战略家，其治国用兵的最大特点是政治战略与军事战略的结合。《金版六韬》今已不复存在，但成书于战国末期的《六韬》一书保存了大量姜尚的言论和思想，从《六韬》中，我们可以找到与《老子》"不争而善胜"一脉相承的政治军事战略思想。如《文韬》提出了以仁爱为核心的政治战略思想，而《武韬》则提出了"全胜不斗，大兵无创"的军事战略思想。而且，二者是在政治手段为先的前提下，有机结合在一起的。"凡兵之道莫过乎一，一者能独往独来。黄帝曰：'一者阶于道，几于神。'用之在于机，显之在于势，成之在于君，故圣王号兵为凶器，不得已而用之。"②

综上所述，王真的政治战略思想，本质上反映了道、儒、兵三家思想的融合与统一。他以道家的"不争"思想为出发点，有机融合了儒家的仁爱思想及兵家的备战思想，进而形成了政治战略高于军事战略的战争指导理论。这在一定程度上超越了《孙子》的道胜思想，同时，也纠正了道家与儒家军事思想忽略战争武力的弊端。也正因如此，这种战略思想更能够适合当时的政治军事形势需要。唐朝后期的唐显宗是一位杰出的帝王，立志实现唐朝的中兴局面。他希望纠正安史之乱以来唐政府对藩镇妥协、姑息的弊政，主张用武力削平藩镇，重振中央政府的声威。然而，唐政府军力财力的不足又使其在实施武力政策的过程中遇到巨大困难，其中也包括一部分朝臣反对的阻力。在此种背景下，王真将政治战略与军事战略结合在一起，既为唐显宗平定藩镇格局的战争行动找到了现实的路径与思路，提高了唐政府对藩镇用兵的信心，同时，也阐明了慎战思想的重要性，提醒统治者切勿陷入穷兵黩武的局面。这可谓是一种高明而又切合实际的治国用兵战略理论。故

① 刘琅：《精读章太炎》，鹭江出版社，2007 年，第 49 页。
② 《六韬·文韬·兵道》。

当王真献书于显宗之后,得到其褒奖之语:"本乎道德之旨,参以理化之源,用究玄微。"①

三、王真的军事谋略思想与《孙子》的兵者诡道思想

在历史上,对《老子》是否是兵书是存在争论的。有不少学者认为《老子》是言兵之书,其理论中蕴含着权谋用诈思想。如宋代苏辙在其《老子解》卷二中明确提出:"此几于用智也,与管仲、孙武何异?"朱熹则说:"关机巧便,尽天下之术数者,老氏之失也。故世之用兵算数刑名,多本于老氏之意。"②明末清初的王夫之更言《老子》是"持机械变诈以徼幸之祖也"③。

然而,也有学者不同意这样的观点,如杨丙安先生就认为,"无论是圣人或奸雄,都可以得老子之说而用之。你可以用之为大道,也可以窃之为纵横捭阖之术,但那是你自己的事,而不能说老子就是搞纵横捭阖之术的人。"④他在本文中又谈到,"以正治国"和"以奇用兵"都不是老子的主张,"以无事取天下"才是老子的主张。因为"正"或"奇"都是智慧,都是"有为",它们与老子"绝圣弃智"的思想主张是完全相悖的。他还谈到,《老子》主张的"将欲歙之,必固张之;将欲弱之,必固强之"等思想,也绝不等同或类似于《孙子》的"利而诱之""乱而取之""强而避之"等兵者诡道思想,因为老子的这一言论,是根据其"反者道之动"的辩证哲理,追求"因物之性,令其自戮"(王弼注语),他是在借以表述其因任自然而不假人力的自然无为思想。

在笔者看来,无论《老子》是否可视为兵书,其对中国兵学发展具有深远的影响是毋庸置疑的,而这种影响的精华在于其辩证法哲学中的"柔弱胜刚强"理论。老子辩证法的一个突出特点,是特别重视事物对立中"柔""弱"

---

① [汉]河上公、[唐]杜光庭等注:《道德经集释》(上册),中国书店,2015年,第350页。
② [宋]朱熹:《朱子语类·释氏》。
③ [清]王夫之:《宋论·神宗》。
④ 杨丙安:《"兵家源于道德"辨》,载黄朴民等主编《孙子兵法及其现代价值——第四届孙子兵法国际研讨会论文集》,军事科学出版社,1999年。

的一方。如他说,"弱者,道之用"①;"兵强则灭,木强则折"②;"天下之至柔,驰骋天下之至坚"③;等等,"柔弱"的一方在社会竞争领域有什么优势呢？它不会引起人们的注意或成为竞争对手打击的主要目标,如此一来,就便于隐藏自己,保存实力,进而在条件成熟之后,迅速取得优势地位。正因如此,战争中的双方都喜欢隐瞒自己的力量和优势,以便在对手疏忽大意之际,出其不意地发动攻击,以较小的代价获取最大的战争胜利。李泽厚先生曾谈道,《老子》讲的"大成若缺""大盈若冲""大直若屈,大巧若拙,大辩若讷"等等,其中的"若"便也可释作"好像"。所以有人认为"实质便不外一个装字","以为后世阴谋者法"。后代各个层次的统治者、政治家,甚至普通人都从这里学到了不少处世的学问:从"韬晦""装蒜"到"以退为进""以守为攻"等等。④

　　从孙子的兵学理论来看,虽然其总的特点是刚柔并济,但其整体内容仍然是以偏重智谋或阴性思维为主。最能体现这一特点的就是《形篇》中的先胜思想:"昔之善战者,先为不可胜,以待敌之可胜。不可胜在己,可胜在敌。故善战者,能为不可胜,不能使敌之必可胜。故曰:胜可知,而不可为。"其他内容,诸如"实而备之,强而避之""进而不可御者,冲其虚也""以治待乱,以静待哗""避其锐气,击其惰归""无邀正正之旗,勿击堂堂之陈""以迂为直,以患为利"等,这些都是以柔性思维的模式,追求以退为进、以守为攻、以柔克刚的制胜效果。另外,孙子在《虚实篇》中还谈到一句话:"夫兵形象水,水之行,避高而趋下;兵之胜,避实而击虚。水因地而制流,兵因敌而制胜。故兵无常势,水无常形,能因敌变化而取胜者,谓之神。"在这里,孙子以水设喻,颇富启示意义。水是阴性的事物,它是最柔弱的,又是最善变的,正因如此,它才能在各种各样的环境中,自如地保持自己的生存状态。"柔"即"阴"

① 《老子》第四十章。
② 《老子》第七十六章。
③ 《老子》第四十三章。
④ 李泽厚:《孙、老、韩合说》,《哲学研究》1984 年第 4 期。

也,有学者曾经用阴性思维概括《孙子》的思维模式,"战争你死我活的性质,决定了《孙子兵法》的整体思想必须是阴性的。它提倡的只能是隐藏自己,暴露敌人,继而打击敌人、消灭敌人的基本策略"①。

王真解读《老子》的真正目的是要表达自己的军事政治思想,所以,他将《老子》视为兵书的同时,也必然将老子"柔弱胜刚强"的思想理念作为用兵谋略进行解读。

比如,他强调在战争决策问题上,君主一定要保持低调而谨慎的态度:"又先王耀德不观兵。兵者,国之利器也,固不可以示现于人。兵者战而不用,存而不废之物,唯当备守于内,不可穷续于外者也。若示人于外,终有败绩之辱,岂不慎哉!"②同时,他还从反面解释骄兵必败的道理:"夫兵者,所谓凶险之器,斗争之具,所触之境与敌对者也,故兵强则主不忧,主不忧则将骄,将骄则卒暴。夫以不忧之君御骄将,以骄将临暴卒,且败覆之不暇,何胜敌之有哉?"③

在战争方式上,王真强调以防御作战为主:"夫兵者,必以先举者为主,后应者为客也。且圣人之兵,常为不得已而用之,故应敌而后起。应敌而后起者,所以常为客也。"④正因为是防御作战,他在本篇中又强调备战的重要性:"轻敌者谓好战于外,无备于内。与其无备于内,宁好战于外。好战于外,犹有胜负。无备于内,必至灭亡。"

另外,根据老子的思想,王真也从宏观层面论及"示形用兵"的问题,希望君主深藏不露,以静制动。他在《善行无辙迹章第二十七》中讲道:

> 无辙迹者。行无行也。无瑕谪者,守中也。不用筹策者,战必胜也。不可开者,守必同也。不可解者,无端绪也。此五善者皆圣人密谋

---

① 欧阳祯人:《论〈孙子兵法〉的阴性思维》,《理论月刊》2013 年第 3 期。
② 《道德经论兵要义述·将欲歙之章第三六》。
③ 《道德经论兵要义述·民之生章第七六》。
④ 《道德经论兵要义述·用兵有言章第六九》。

潜运,不露其才,不扬其己,不显其迹,不呈其形.常欲令戢兵于未动之际,息战于不争之前。

从上述内容看,在具体用兵及战术思想方面,王真基本秉承了老子"贵柔""守雌"的哲学理念,以"柔弱胜刚强"为基本指导原则,提出了一些用兵主张,但远没有《孙子》权谋用兵的辩证性和深刻性,且相关论述主要还是集中在宏观的战争指导理论层面,并未涉及具体的战术方法问题。这大概有三个方面的原因:其一,王真执着于老子的哲学理念,相信依靠这些理念即能获取战争胜利,故具体的用兵理论无须重视和论证。其二,他在接受老子道家思想的同时,也深受儒家仁爱思想的影响,故儒家的道德理念制约了其对兵者诡道理论的深刻理解和发挥。其三,他虽然受任军事官职,但并未有太多的战场经历,缺乏战争指导的相关经验,故在战术方法层面也没有自己的独立主张。因此,从一部论兵专著的角度讲,《要义述》在具体的用兵谋略方面是最为缺失的,但这并未影响其在中国兵学领域的特殊地位和贡献。

第五章 秦汉至隋唐时期孙子学
与军事实践

《孙子》思想的实践应用是孙子学的重要组成部分，而秦汉至隋唐是孙子思想应用成就卓著的时期。如前所论，两汉之时，《孙子》思想的学习和应用具有普及化和实用化的特点；魏晋时期，孙子学理论研究薄弱，但孙子思想的实践应用却异常活跃。在大唐盛世、开疆拓土的历史条件下，李世民和李靖为代表的将帅群体更是在孙子思想的应用方面取得了显著的成就。

秦汉至隋唐时期，孙子思想的实践应用大多表现出实效性和创新性的特点。其根本原因在于三个方面，其一，这一时期中国社会处于上升期，各类军事斗争实践比较丰富，孙子学发展有其根本的实践基础。其二，统治者对兵学的控制相对比较宽松（本质上是外贬内尊），故兵学作为一门学问，能够在思想文化领域取得一席之地。其三，这一时期的兵儒关系，既不像两宋时期那样斗争激烈，也不像明代那样为儒学所主导和控制。也就是说，传统兵学本身具有相对独立发展的空间，其实践应用的实效性和创新程度自然也比较高。

当然，作为孙子思想实践应用的主体而言，由于其所处的时代背景不同及个人素养的差异，故他们在应用方面的水平和层次是有很大差异的。笔者大体上将他们分为三类，其一是某些杰出统帅对孙子思想的综合应用；其二是一些重要将领在某一战役中对孙子思想的突出应用；其三是许多著名军事家虽然没有明确借鉴孙子思想，但其战争指导活动却是与孙子思想暗合相通的。而具体到战争的基本过程，每个军事家运用（或暗合）孙子思想的实践活动,也是丰富多彩的,并各有其鲜明的特色和启迪价值。

第一节　杰出统帅对孙子思想的综合应用及特色

杰出统帅和一般将领的身份和地位是不一样的。作为统帅,其要么在朝廷中身居要职,兼政治家、军事家身份于一身;要么统领全军或治军一隅,成为独当一面的边疆大吏。他们在国家重大军事问题上都拥有一定的决策权,因而也承担起安国全军的巨大责任和义务。为此,他们不仅要考虑某一局部战役的成败得失,还要考虑这场战役对整个战争全局及国家安全的影响,所以,他们往往能够立足宏观与长远审视战争进程,进而运用不同的孙子思想应对不同的战争危机和困境,从而实现对孙子思想的综合应用。这种综合运用一方面包括了战略和战术的融合创新,同时也包括了政治与军事、治军与为将理论的会通与相济。

一、韩信的军事实践及对孙子思想应用的特色

韩信(？—公元前196年),江苏淮阴(今江苏淮安市淮阴区西南)人,西汉开国功臣,军事家、战略家,被后代誉为"兵仙""战神"。在楚汉战争中,他"战必胜,攻必取",辅佐刘邦战胜项羽,为西汉的建立作出了杰出的贡献。

唐代大将李靖有言:"张良所学,太公《六韬》《三略》是也;韩信所学,穰苴、孙武是也。"①韩信自己在总结井陉之战的胜利原因时,也将其解释为是对孙子"陷之死地而后生,置之亡地而后存"②用兵原则的运用。由此可知,韩信熟悉并能创新性地运用孙子兵学思想是无疑的。当然,韩信的兵学素养和能力绝非仅来源于《孙子》,清代王鸣盛曾深刻分析他的才能乃是得益于"平日学问":

---

① 《唐李问对》卷上。
② 《史记·淮阴侯列传》。

汉得天下,皆韩信之功。观信引兵法以自证其用兵之妙,且又著书三篇,序次诸家为三十五家,可见信平日学问本原。寄食受辱时,揣摩已久,其连百万之众,战必胜,攻必取,皆本于平日学问,非以危事尝试者。①

那么,韩信运用孙子思想的最大特点是什么?笔者认为,可从天才与艺术的角度释之。兵法本身就是一种艺术,所谓"兵家之胜,不可先传"②"运用之妙,存乎一心"③。所以,兵法智慧的取得及兵法艺术的探索,关键靠悟性和灵感,换言之,书本上的理论要真正用于实践,必须在个人悟性基础上进行创新和总结。而韩信正是这样一位拥有天赋和创造性的杰出军事家。何去非在《何博士备论》中评价曰:

言兵无若孙武,用兵无若韩信、曹公。武虽以兵为书,而不甚见于其所自用。韩信不自为书,曹公虽为而不见于后世。然而传称二人者之学皆出于武,是以能神于用而不穷。④

在笔者看来,韩信的用兵天赋,首先表现为他对战争环境具有敏锐而准确的感知能力,他每到一个战场,即能结合天、地、人等影响战争的基本要素,迅速做出战情判断和决策,进而提出独特、有效的作战指导方案。而这种指导方案的最终落实,又是要逐步地自然地形成一种战场之"势"。他要通过协调各种力量,正确利用地形,合理部署兵力,巧妙捕捉战机,以形成"其势险、其节短"的战争态势。更可贵的是,他还能做到自如地驾驭和控制这种"势",可谓处处得心应手,时时左右逢源,既能举重若轻,又得精微之

---

① [清]王鸣盛:《十七史商榷》,凤凰出版社,2008年,第25页。
② 《孙子兵法·计篇》。
③ 《宋史·岳飞传》。
④ 《何博士备论·霍去病论》。

妙。正所谓"纷纷纭纭,斗乱而不可乱也;浑浑沌沌,形圆而不可败也"①。

当然,战争中的用"势",其核心又在于"示形误敌"原则的运用,所谓"故能而示之不能,用而示之不用,近而示之远,远而示之近"②。对此,韩信可谓是领悟透彻,运用自如。如还定三秦之战中的"暗度陈仓"、破魏之战中的"声东击西"、井陉之战中的"自绝后路"、灭燕之战中的"传书扬威"、潍水之战中的"主动示怯"、垓下之战中的"先为小却"等,都是以巧妙伪装和隐真示假,造成敌人的判断失误和决策错误。此种示形方法和策略用到极致,便是孙子推崇的用兵上乘境界,即所谓"微乎微乎,至于无形;神乎神乎,至于无声,故能为敌之司命"③。

另外,战争实践本身是一个不断创新的领域,用兵制胜贵在出奇。孙子有言:"善出奇者,无穷如天地,不竭如江海。"④而从本质上讲,出奇本身就是一种颠覆性的策略,其成功往往在于它颠覆了过去或目前已有的规则。而综观韩信的战争生涯,其所指挥的所有战役都渗透了这种颠覆性的思维方法。如"木罂渡河"之于临晋之战,"背水列阵"之于井陉之战,"囊沙塞流"之于潍水之战,"四面楚歌"之于垓下之战,这些内容都是以超越常人的创新性思维,大胆突破常规,进而达到出奇制胜的目的。

为了更好地说明韩信的用兵艺术及其与《孙子》的关系,我们以其指挥的井陉之战[汉高帝三年(公元前204年)十月,汉军和赵军在今河北井陉东南地区的一场交战]作为经典战例,进行深入分析。这一战例之所以堪称经典,是因为韩信乃是在己方各方面条件都极端恶劣的条件下取胜的,从当时双方的兵力对比来看,韩信军约3万人,赵军20万人,大致是1:7的比例,且韩信军多是刚招募的新兵,缺乏实际的作战经验,战斗力很弱。

司马迁之《史记·淮阴侯列传》对此战过程做了详细介绍:

---

① 《孙子兵法·势篇》。
② 《孙子兵法·计篇》。
③ 《孙子兵法·虚实篇》。
④ 《孙子兵法·势篇》。

信乃使万人先行，出，背水陈。赵军望见而大笑。平旦，信建大将之旗鼓，鼓行出井陉口，赵开壁击之，大战良久。

于是信、张耳详弃鼓旗，走水上军。水上军开入之，复疾战。赵果空壁争汉鼓旗，逐韩信、张耳。韩信、张耳已入水上军，军皆殊死战，不可败。信所出奇兵二千骑，共候赵空壁逐利，则驰入赵壁，皆拔赵旗，立汉赤帜二千。

赵军已不胜，不能得信等，欲还归壁，壁皆汉赤帜，而大惊，以为汉皆已得赵王将矣，兵遂乱，遁走，赵将虽斩之，不能禁也。于是汉兵夹击，大破虏赵军，斩成安君泜水上，禽赵王歇。

那么，从孙子思想的角度讲，韩信在此战中是如何取胜的呢？

其一，背水列阵诱敌，转化攻守形态。韩信北上击赵，是典型的进攻作战。按照兵法的基本原则，作为进攻作战一方的兵力一定要大大超出防守一方的兵力，孙膑曾言"客倍主人半"[1]，孙子也讲："守则不足，攻则有余。"[2] 然而，韩信军作为进攻方的兵力却是既少又弱的，如何化解这一矛盾呢？韩信的策略是变易主客、化攻为守。韩信背水列阵"以示不懂兵法"的真实目的，就是要主动吸引对方来攻，结果赵军"果空壁争汉鼓旗，逐韩信、张耳"。这样一来，汉军由攻势转为了守势，这在一定程度上弥补了汉军兵弱的劣势，进而为汉军取胜争取了机会。

其二，巧借地形之利，形成破敌之势。韩信之所以将赵军引入背水列阵之处，是因为这里的地形对汉军防守极为有利，左右两面皆是河流，背后是绵蔓水和太行山，即赵军无法从侧翼和背后迂回进攻，而只能强攻正面。如此一来，韩信可将有限的兵力全部用于正面防御，并可最大限度延伸防御的纵深程度。再者，韩信如此布阵，也有利于适时地展开进攻，一旦他派出的奇兵偷袭成功，汉军无须转换阵形，即可以最快的速度对敌展开猛烈的反攻。从战争史上看，战争的艺术很大程度上就是地形利用的艺术，韩信对地

---

① 《孙膑兵法·客主人分》。
② 《孙子兵法·形篇》。

形地理条件敏锐的感知能力,是一般将帅所难以比拟的。

其三,活用奇正理论,出其不意制敌。韩信背水列阵的部队,用以正面防御,此为"正兵"。同时,他又派出两千轻骑,埋伏于敌人大营附近的山中,此为奇兵。当派出的诱敌部队将敌人引入背水阵之后,与阵中部队合兵一处,共同抵御敌人的进攻,是谓"以正合";而此时,两千奇兵乘敌人主力已出、营寨空虚之机,突然发动进攻,占领营寨,是谓"以奇胜"。这是典型的"以正合,以奇胜"的作战方法。从另一角度讲,韩信偷袭的两千骑兵及主动出击诱敌的部队,一开始是"奇兵",而当诱敌成功,双方激战之时,二者就全部转换为"正兵"了。此"正"所谓"战势不过奇正,奇正之变,不可胜穷也"①。

综上所述,韩信的用兵艺术及对孙子思想的实践应用,已经达到了一种化境。宋《何博士备论·霍去病论》曾言:

> 法有定论,兵无常形。……是以古之善为兵者,不以法为守,而以法为用,常能缘法而生法,与夫离法而合法。

这段话用以揭示韩信用兵的特点再贴切不过。兵法是对人类智慧的挑战,"以无限为有限,以无法为有法","没有规则就是唯一的规则"②。

二、赵充国军事实践及对孙子思想应用的特色

赵充国(公元前137—公元前52年),字翁孙,汉族,原为陇西上邽(今甘肃天水)人,后移居湟中(今青海西宁)。赵充国是西汉后期著名将领,同时,他也是史书中明确记载学过《孙子》的将帅。

"始为骑士,以六郡良家子善骑射补羽林。为人沉勇有大略,少好将帅

---

① 《孙子兵法·势篇》。
② 李零:《兵以诈立——我读〈孙子〉》,中华书局,2006年,第7页。

之节,而学兵法,通知四夷事。"①宋人张预在《十七史百将传》中,更对赵充国运用《孙子》思想的情况进行了具体而明确的分析:

> 孙子曰:"能因敌变化而取胜者,谓之神。"充国谓兵难逾度。又曰:"以虞待不虞者,胜。"充国常远斥候。又曰:"取敌之利者,货也。"充国以钱诱羌,令诸捕斩。又曰:"主曰必战无战,可也。"充国谓便宜有守以安国家。又曰:"致人而不致于人。"充国练战士以须其至。又曰:"威加于敌,则其交不得合。"充国攻先零而罕羌服。又曰:"穷寇勿迫。"充国缓驱先零。又曰:"以饱待饥。"充国谓籴三百万斛谷,羌不敢动。又曰:"进不求名,退不避罪。"充国以死守便宜是也。②

赵充国是独立指挥西汉平羌战争的一方统帅。因而,其对孙子思想应用的突出特点,是能够从政治为先、军事为辅的战略高度出发,结合平羌战争的实际情况,自觉主动地应用孙子的先胜和全胜等思想,制订出正确的作战方略和行动计划,最终彻底平息了西羌的叛乱。下面我们结合《汉书·赵充国传》的有关内容进行分析和论证(具体引文不再作注)。

先计而后战。"先计而后战"是孙子在《计篇》中提出的重要思想,所谓"夫未战而庙算胜者,得算多也;未战而庙算不胜者,得算少也。多算胜,少算不胜,而况于无算乎!"这从本质上讲,就是战略预测和战前规划。据《汉书·赵充国传》记载,他在给汉宣帝的上书中明确讲道:"臣闻兵以计为本,故多算胜少算。"在具体行动上,他也始终坚持这一思想原则:"充国常以远斥候为务,行必为战备,止必坚营壁,尤能持重,爱士卒,先计而后战。"正是因为有了全面细致的庙算分析,他才能够深刻了解、把握羌人的习性,并在平羌战争中对羌人采取了恩威并施、分化瓦解的策略。

公元前63年,先零与诸羌种豪二百余人"解仇、交质、盟诅",汉宣帝就

---

① 《汉书·赵充国传》。
② [宋]张预:《十七史百将传》卷二。

此征询赵充国的意见。赵充国认为,每次羌人想要造反的时候,各种族部落都是预先解仇合约,根据这次羌人的行动,很可能是要造反的先兆。后来,果然如赵充国所言,羌人欲联合匈奴,择机攻击鄯善、敦煌。赵充国遂谏言:"宜遣使者行边兵豫为备,敕视诸羌,毋令解仇,以发觉其谋。"由此可见,赵充国在具体的战争决策之前,也是以审慎的庙算和谋划为基础的。

正确的庙算和谋划还要以孙子强调的先知为基础。汉宣帝时,由于奉命巡视诸羌的义渠安国无故诛杀先零诸羌首领,激起羌人的叛乱,西汉政府不得不派赵充国再次出兵平叛。在正式出兵之前,汉宣帝先派丙吉探询赵充国的平叛方略:"将军度羌虏何如,当用几人?"赵充国让丙吉转告宣帝:"百闻不如一见。兵难逾度,臣愿驰至金城,图上方略。"在赵充国看来,先知是决策的前提,只有到金城详细了解情况后,才能提出正确对策。后来,赵充国亲临前线之后,详细了解了战场形势和羌人的意图,对战争进行了周密的军事部署,制定了正确的作战方案,最终得以顺利平叛。

贵谋贱战,全师保胜。孙子在《谋攻篇》中讲:"百战百胜,非善之善者也,不战而屈人之兵,善之善者也。"即言高明的战争指挥者应该尽量用非暴力的手段获取战争的全胜。为此,孙子主张通过"伐谋""伐交"的手段,分化瓦解敌人,使敌人不战而降。

赵充国在平羌战争中也十分重视运用孙子的这一策略。公元前61年,赵充国再次率兵平定羌乱。其采取的主要策略,就是要利用羌人和匈奴的矛盾,以及羌人各部落之间的矛盾,削弱分散其势力,以达到全胜之目的。当时,西羌的族群很多,有先零羌、罕羌、开羌、烧当羌、牢姐羌等"凡百五十种"①。其中先零羌,经常胁迫其他种羌侵扰汉边。赵充国根据这种实际情况,制定了争取"罕""开",孤立"先零"的具体对策。

然而,此时朝廷对羌政策发生变化,汉宣帝听从酒泉太守辛武贤的建议准备出兵攻打西羌,且要先打"罕""开"等羌种,再击"先零",这遭到了赵充

---

① 《后汉书·西羌传》。

国的激烈反对。赵充国上书详解他的"全师保胜安边之策":"捐罕、开暗昧之过,隐而勿章,先行先零之诛以震动之,宜悔过反善,因赦其罪,选择良吏知其俗者抚循和辑。"汉宣帝最终被说服,听从了他的建议。后来战争的结局果如赵充国所料,当他率军先击败先零,进入罕地之后,得到罕羌人民的大力拥护。其首领靡忘亲自来汉营表示感谢,于是"充国赐饮食,遣还谕种人","罕竟不烦兵而下"。

赵充国通过"伐谋""伐交"的手段,没有耗费一兵一卒,就收服了罕羌,诚可谓是真正的"不战而屈人之兵"。宋人张耒对此评论说:

> 充国救罕、开以离其支党,遣其降者以乱其腹心,培之于覆亡乃徐待其势,而后振之。夫充国岂以谓力战决死为必败哉?以为善战者,其法不当出此故也。①

善战致人,胜于先胜。在公元前61年的平羌战争中,赵充国还能充分运用孙子"致人而不致于人"的思想来指导军事行动。战争开始后,赵充国坚守不出,意欲瓦解羌人的结盟。但是汉宣帝听从酒泉太守辛武贤的建议督促赵充国快速出兵,赵充国上书言曰:

> 臣闻兵法"攻不足者守有余",又曰"善战者致人,不致于人"。今罕羌欲为敦煌、酒泉寇,宜饬兵马,练战士,以须其至,坐得致敌之术,以逸击劳,取胜之道也。②

从这段话的陈述来看,赵充国是想以先胜思想原则达到"致人而不致于人"的目的。因为从当时的形势看,羌人如果侵犯敦煌、酒泉,汉军与敌迅速交战的兵力是不足的,这不符合孙子"不可胜者,守也;可胜者,攻也。守则

---

① [宋]张耒:《张耒集》,中华书局,1998年,第665页。
② 《汉书·赵充国传》。

不足,攻则有余"的攻守理论,故应该在这两个郡"饬兵马,练战士",做好迎击敌人的准备,如此以逸待劳,才能掌握战争的主动权。如果贸然去进攻对方,那就是"释致虏之术而从为虏所致之道",必定为敌所败。

可见,赵充国对孙子先胜思想的真谛是真正悟透了的。孙子讲:"先为不可胜,以待敌之可胜。不可胜在己,可胜在敌。故善战者,能为不可胜,不能使敌之必可胜。"[①]这就是说,善于作战的人,总是先做到自己不可被战胜,然后等待敌人可以被我方战胜的机会。我方不可被战胜,关键在自己,敌人能否被我方战胜,关键在敌人的防御是否有漏洞和可乘之机。这本质上就是一个双方争夺战争主动权的问题。故而,只有汉军先立于不败之地,才能主动地"致人"而不是被动地"致于人"。

正是因为赵充国深悟了孙子"先胜"思想的精髓,他在平羌战争初战告捷之后,随即又提出了屯田的主张。他认为,通过战争的方式平定羌乱,虽可取一时之功,但难以达到长久之效,因此应该"般师罢兵,万人留田,顺天时,因地利,以待可胜之虏"。赵充国还向汉宣帝上书了《不出兵留田便宜十二事》,详细陈述屯田的好处,屯田一方面可以解决汉军粮草供应不足的问题,避免"国之贫于师者远输,远输则百姓贫"的弊端。更重要的是,屯田可以使羌族之军逐步陷于困境:"因排折羌虏,令不得归肥饶之墜,贫破其众,以成羌虏相畔之渐""令反畔之虏窜于风寒之地,离霜露疾疫瘃堕之患,坐得必胜之道""骑兵虽罢,虏见万人留田为必禽之具,其土崩归德,宜不久矣"。总之,赵充国屯田的根本目的:逐步积累和强大汉军的经济和军事实力,创造己方"不可胜"的条件,从而把握平羌战争的主动权。用他自己的话说,这是"不战而自破之策""坐胜之道"。

经过反复陈说利害,屯田之策终于得到宣帝的批准,而赵充国通过屯田有效平定羌乱的理想目标也得以实现。此后不到半年时间,当羌人内部再次发生内乱之时,"羌若零、离留、且种、儿库共斩先零大豪犹非、杨玉首,及

---

① 《孙子兵法·形篇》。

诸豪弟泽、阳雕、良兒、靡忘皆帅煎巩、黄羝之属四千余人降"。可见,赵充国的屯田之策最终取得了"不战而屈人之兵"的全胜效果。王夫之对此评价说:

> 故充国持重以临之,使其贫寡之情形,灼然于吾吏士之心目,彼且求一战而不可得,地促而粮日竭,兵连而势日衰,党与疑而心日离。能用是谋而坚持之,不十年而如坚冰之自解于春日矣。①

《十先生奥论注》对赵充国的屯田之策及运用孙子先胜、易胜的用兵成就也作出了高度评价:

> 汉家之将善用孙吴者,赵充国一人而已矣。善战者致人而不致于人,以之伺先零之敝,为不可胜以待敌之可胜,以之定屯田之策。②

饵兵勿食,穷寇勿迫。"饵兵勿食""穷寇勿迫"是孙子在《军争篇》中提出的两个用兵法则。所谓"饵兵勿食",是提醒战争指挥者不要因贪图小利,误中敌人的诱敌之计。所谓"穷寇勿迫",是讲不要过于逼迫已经陷入绝境的敌人,以防止他们困兽犹斗,拼死抵抗,给我方造成不必要的伤亡和损失。

在平羌战争中,赵充国也充分运用了"饵兵勿食""穷寇勿迫"的用兵之法。比如,当他第一次平羌乱到达金城之后,欲率军渡过黄河,但又害怕被羌人截击,于是派遣三支小分队在夜间先渡,而后自己再率大部队依次过河。此时,有百余名羌人骑兵出现在汉军驻地附近。敌人人数虽少,但赵充国下令汉军不要追击,他说:"吾士马新倦,不可驰逐。此皆骁骑难制,又恐其为诱兵也。击虏以殄灭为期,小利不足贪。"③这样的判断无疑是符合孙子

---

① [清]王夫之:《读通鉴论》卷四。
② 曾枣庄、刘琳:《全宋文》,上海辞书出版社,2006年,第74页。
③ 《汉书·赵充国传》。

"饵兵勿食"原则的。

关于"穷寇勿迫"原则的运用，是在赵充国率军讨伐先零羌，抵达其住所之时。由于先零羌习惯屯聚，守备懈弛，见汉军忽至，惊慌失措，纷纷丢弃辎重，欲渡湟水而逃，且沿途的道路十分狭窄，正是兵家所讲的绝境之地，敌人很容易做困兽之斗。赵充国于是命令部队放慢速度，并不穷追猛打。他的属下对此还颇感疑惑："敌人已呈败象，为什么不快点发动攻击？"赵充国说："此穷寇不可迫也。缓之则走不顾，急之则还致死。"①后来的情况果然如他所料，先零羌军队在渡水逃生过程中，争相挤压，混乱不堪，最终丧失抵抗能力。这时候，赵充国才下令追击，汉军大获全胜。

进不求名，退不避罪。孙子在《地形篇》中曾讲："故战道必胜，主曰无战，必战可也；战道不胜，主曰必战，无战可也。故进不求名，退不避罪，唯民是保，而利于主，国之宝也。"这样的评价在赵充国身上也得以充分体现。如前所述，在平羌战争的作战方略的问题上，赵充国曾与汉宣帝发生多次争论，比如，在招抚还是用战的问题上，在先击罕、开等种羌还是先击先零的问题上，以及在是否罢兵屯田的问题上，赵充国都与汉宣帝据理力争，有时还会招致宣帝的严厉责备，这在君权专制的时代条件下，是要冒很大风险的。

正因如此，赵充国之子中郎将赵卬深为父亲的前途和性命而担忧，他曾托人劝谏赵充国说："一旦不合上意，遣绣衣来责将军，将军之身不能自保，何国家之安？"但是赵充国坚定回答说："将任兵在外，便宜有守，以安国家。"②这正是孙子所言"将在军，君命有所不受"的思想主张，战场形势千变万化，远在千里之外的皇帝是很难预知的，如果将帅在战场上的行动一味遵从上意，而不知权变，是很难安定国家的。因此，赵充国自言"不敢避斧钺之诛，昧死陈愚"，多次上书陈述朝廷治边政策的得失利弊，坚持自己的正确主张。这充分体现了他"进不求名，退不避罪"的为将素养。

总之，赵充国是汉代非常少见的自觉运用孙子兵法并取得非凡功效的

———————————

① 《汉书·赵充国传》。
② 《汉书·赵充国传》。

杰出统帅,也可以说,他是"一个创造性地用孙子兵法的将军"①。他在平羌战争中能够主动自觉地运用孙子思想指导自己的军事行动,尤其是他坚持"政治为先、军事为辅"的战略方针,力行安抚之策、屯田之举,并不单纯依靠武力来解决复杂的羌乱问题,可谓是对孙子先胜、全胜思想的创新性运用。而就整个战争过程而言,赵充国既没有累积自己勇武盖世的战功,也没有追求智慧过人的名声,但却取得了"全师保胜安边"的功绩。对此,何去非评曰:

> 西汉中兴之名将无若赵充国。史称其沈勇有大略。观其为兵,期于克敌而已,每以全师保胜为策,未尝苟竞于一战。故其居军无显赫歼灭之效,卒至胜敌于股掌之上。安边定寇,皆出其画,而独收其成勋,他将无与焉,几于所谓无智名勇功之善者也。②

三、诸葛亮的军事实践及对孙子思想应用的特色

诸葛亮(181—234年),字孔明,琅邪阳都(今山东沂南)人,早年躬耕于南阳,博览群书,关心时事,被人誉为"卧龙"。建安十二年(207年),刘备"三顾茅庐"请其出山,自此登上历史舞台,为蜀汉政权奉献了自己的后半生。

查询相关史料,诸葛亮在其军事实践活动中,曾多次征引《孙子》语句和思想,这说明他应该熟悉《孙子》,且能灵活把握和运用孙子的主要思想理论。

其一,诸葛亮十分推崇《孙子》的智谋思想。他在《后出师表》中评价对

---

① 杨继忠:《西汉名将赵充国在处理西羌问题上的杰出表现》,《四川师范大学学报(社会科学版)》1993年第2期。

② 《何博士备论·邓艾论》。

手曹操是："智计殊绝于人,其用兵也仿佛孙、吴。"①

其二,赤壁之战前,诸葛亮劝说孙权对抗曹操,强调曹军是"远来疲敝","此所谓'强弩之末,势不能穿鲁缟'者也。故兵法忌之,曰'必蹶上将军'。"②这里的"兵法"即指《孙子》,"必蹶上将军"一语出自《军争篇》。

其三,诸葛亮伐魏战争中,司马懿取固守不战之策,且假装上书明帝要求决战,而明帝也派辛毗"杖节为军师以制之"。但诸葛亮看透其真实意图:"彼本无战心,所以固请者,以示武于其众耳。将在军,君命有所不受,苟能制吾,岂千里而请战邪!"③这里的"将在军,君命有所不受"出自《史记·孙子吴起列传》,系孙子在吴宫教战时说的话。

诸葛亮对孙子思想的实践应用也有自身的特点。其成功的方面主要体现在对孙子全胜(心理战)战略的应用上,而其失败的教训则体现在用兵过于谨慎,违背了孙子"出奇以制胜"的用兵原则。

平定南中,攻心为上。全胜是孙子研究和指导战争的最高理想境界。诸葛亮对于孙子全胜思想运用的成功之处,在于将全胜思想与心理战思想有机结合在了一起。清人赵翼在成都武侯祠留有一副评价诸葛亮的对联:"能攻心则反侧自消,从古知兵非好战;不审势即宽严皆误,后世治蜀要深思。"④这句话直接启示我们,应深入思考诸葛亮将心理战及全胜思想应用于战争的借鉴价值。

在征讨南中的过程中,实施"攻心为上"的战略,是由马谡提出的,裴松之《三国志·马谡传》注引《襄阳记》有载:

　　亮曰:"虽共谋之历年,今可更惠良规。"谡对曰:"南中恃其险远,不服久矣,虽今日破之,明日复反耳。今公方倾国北伐以事强贼。彼知官

---

① 《三国志·蜀书·诸葛亮传》。
② 《三国志·蜀书·诸葛亮传》。
③ 《晋书·帝纪第一》。
④ 陈家铨:《历代名人楹联》,巴蜀书社,1989 年,第 162 页。

势内虚,其叛亦速。若殄尽遗类以除后患,既非仁者之情,且又不可仓卒也。夫用兵之道,攻心为上,攻城为下,心战为上,兵战为下,愿公服其心而已。"

然而,从有关史料看,心理战具体的实施过程乃是由诸葛亮亲自组织和指导的,并深刻体现了其独特的组织方法和运用策略。

其一,心理战贯穿于战争的整个过程。诸葛亮早在《隆中对》中就已经提出"南抚夷越"的战略规划和设想。正因为有了这个早期的战略认知,当南征之前马谡提出"心战为上"的建议时,诸葛亮才欣然"纳其言",并亲作《南征教》颁发全军予以执行。在南征过程中,诸葛亮也切实执行了剿抚并用、以抚为主的作战方针,并由此留下"七擒七纵孟获"的历史佳话。在战争结束后,诸葛亮又通过"诅咒盟誓""置埋铜鼓""作画《图谱》"等适合夷人风俗的手段与策略,对当地人进行深层次的心理安抚与有效管理。就此而言,诸葛亮确实是以全胜为目的,以心理战为基础来组织和指导本次战争的。

其二,心理战实施对象既包括对方首领,也包括普通民众。《孙子》讲:"三军可夺气,将军可夺心。"[1]在战场上,要使心理战取得显著效果,一个重要原则就是要针对不同的对象,实施不同的攻心策略。诸葛亮平定南中过程中的"心战"实施也充分体现了这一原则。如对雍闿的叛乱,诸葛亮首先通过写信的方式对他进行攻心,继而对其蛊惑人心的宣传及时予以揭穿和反击,整个作战过程贯穿着双方心理战的反复较量。而对于普通士兵和民众的心理战,则一方面通过战争宣传手段,不断打击对方士兵的士气,另一方面则通过主动撤兵、严明军纪、让夷人自治等措施,安抚所控制地区的民心,彻底化解夷人的反抗心理。

其三,心理战的实施高度服从于政治目的。孙子所谓心战或全胜,主要目的是取得军事上的胜利,而诸葛亮在平定南中过程中运用心理战,并非为

---

[1] 《孙子兵法·军争篇》。

了单纯的军事胜利,而是高度自觉地服从于最高的政治目的,充分体现了军事手段与政治手段的统一,这是对孙子全胜思想的一种创新发展。如果说,在战争进程中的各种心理战方法还是属于战术层次的话,那么,战后的安抚民心则更具有大战略的特色,目的在于实现蜀国政治中的长远利益或全局利益。有专家曾经指出:

> 诸葛亮实施心战的目的还是最大限度利用南中丰富的人力物力支持未来北伐战争,这一切最好还是通过南中的上层分子来调动南中人民为蜀汉政权效劳。这就是诸葛亮对孟获所以要七擒七纵的原因,也是诸葛亮对少数民族一向主张"和""抚"的真正动机。[①]

那么,诸葛亮平定南中是否达到了全胜的效果呢?答案是肯定的。从战争过程来看,诸葛亮南征自蜀汉建兴三年(225年)三月开始至七月结束,前后仅用四个月的时间就取得了全面胜利,这就大大缩短了战争的进程,减少了战争的损伤与灾难。从战争长远效果看,诸葛亮通过心战方式取得胜利,比较彻底地解决了南中叛乱问题,有效避免了孙子所言的"费留"局面,"赦孟获以服南方,故终亮之世,南方不敢复反"[②]。

伐魏战争,奇谋为短。诸葛亮谋略高超,被誉为"天下奇才",且又有多年征战的实际经验,按推理其军事才能应该是比较突出的。然而,历史上很多人曾质疑诸葛亮的作战指挥能力。如陈寿就讲:"然亮才,于治戎为长,奇谋为短。"[③]对陈寿的这一评价,我们可以结合《孙子》的基本理论及诸葛亮在伐魏战争中对《孙子》思想的应用情况,做出简要分析。

诸葛亮通晓兵法,更能够熟悉和应用《孙子》的用兵原则是无疑的,这从诸葛亮组织的历次伐魏战争中就可以找到不少依据和佐证。

---

① 马植杰:《三国史》,人民出版社,1993年,第128页。
② 《三国志·蜀书·诸葛亮传》。
③ 《三国志·蜀书·诸葛亮传》。

比如,第一次北伐之时,诸葛亮曾充分运用孙子的"示形"战法。"扬声由斜谷道取郿,使赵云、邓芝为疑军,据箕谷。魏大将军曹真举众拒之。亮身率诸军攻祁山。"①再如,诸葛亮五次北伐曹魏,其主攻方向大多是选择在"陇右"。其原因在于,这一地区既是战略要地,又是曹魏势力之"虚"(治理薄弱,当地豪强多次起兵反叛)。攻占此地即意味着蜀军"夺其所爱",这无疑是对《孙子》"避实击虚"思想的透彻领悟与应用。此外,诸葛亮伐魏过程中多次以八阵战法大败魏军,而这一阵法的精髓也在于对《孙子》奇正理论的灵活应用。范祾有言:

> 阵法之大要,方圆奇正而已尔。武侯之法,前为八者,八皆东向,其势直而方;后为十二者,二皆南北向,其势曲而圆,方者所以为正,圆者所以为奇,夫奇者,正之余,李靖所论握奇文是也。②

以上资料说明了诸葛亮北伐运用孙子兵学思想的基本事实,然而,他却未能达到在实战中运用孙子思想的最高境界。这是由于其谨慎用兵的基本思路所决定的。"诸葛用兵惟谨慎",立足不败,力争万全,乃是诸葛亮用兵的最大特点。有学者曾指出:

> 诸葛亮出师北伐向来都是缓进稳行,利则战,不利则退。故而虽未能大胜,也从未大败。他不肯采纳魏延袭取长安的计划也正是基于这种先求不败而后求胜的思想。③

此种用兵思路,符合孙子"先为不可胜"的基本思想,但却违背了孙子"出其不意""出奇制胜"等用兵原则。战争指导没有万全的方案,战争指挥

---

① 《三国志·蜀书·诸葛亮传》。
② 王瑞功主编:《诸葛亮研究集成》(上册),齐鲁书社,1997年,第471页。
③ 李占峰:《中国军事谋略全集》(第一卷),天津教育出版社,2009年,第367页。

者做出决策需要有过人的勇气和胆略。诸多的战争实践表明,越是常人认为最有危险的行动方案,越是有胜利的可能性;越是敢于在敌人意想不到的时间和地点打击敌人,越有可能取得战争的全胜。而诸葛亮不能做到的,恰恰正是这一点。

从孙子"因敌制变"和"战胜不复"的用兵原则看,如果一味执行稳妥安全的计策和谋划,是很容易被对方判断和应对的。事实也正是如此,正因为诸葛亮每次出兵都执行稳中求胜的方针,其战略战法上自然就没有大的出奇和创新之举,以至于魏国统帅和将领都能预先判断他的作战计划和目标,甚至对于他的屯兵驻扎之处都预料得十分准确。以第五次北伐战争为例,蜀军驻军地址有两个选择,一是武功,二是五丈原。但由于诸葛亮过于谨慎,最终还是选择在较为安全的五丈原,而非对魏有较大威胁的武功。故司马懿曾对诸将说:"亮若出武功,依山而东,诚为可忧;若西上五丈原,诸将无事矣。"①

对于诸葛亮军事指挥过于谨慎的这种特点,历史上也有人做出过评论。比如,其老对手司马懿就言:"亮志大而不见机,多谋而少决,好兵而无权,虽提卒十万,已堕吾画中,破之必矣。"②

宋人何去非在《何博士备论·蜀论》中指出了诸葛亮在军事谋略和军事指挥上的致命缺陷:"有立功之志,而无成功之量(胆量),有合众之仁,而无用众之智。故尝数动其众而亟于立功,功每不就而众已疲。"

上述评论虽有偏颇,但也确实把握住了诸葛亮用兵的重大缺陷和不足。

四、司马懿的军事实践及对孙子思想应用的特色

司马懿(179—251年),字仲达,河内郡温县孝敬里(今河南省焦作市温县)人。三国时期杰出的政治家、军事家。司马懿政治上隐忍多谋,用兵上善出奇计,亦常引《孙子》之语分析和议定用兵策略,故绝对是《孙子》思想的

---

① 《资治通鉴》卷七二《魏纪四》。
② 《晋书·宣帝纪》。

积极学习者和研究者。而其对孙子思想应用的最大特点，是驾轻就熟，灵活自如，能够针对不同的战场形势，深刻把握孙子思想的实质和精髓，进而取得显著的作战效果。北宋张预曾详细分析司马懿运用孙子思想的突出成就：

> 孙子曰："其次伐交。"懿令孙权掎刘备之后。又曰："兵之情主速。"懿攻孟达，八日到其城下。又曰："形人而我无形。"懿以陆军出皖城而以水军向夏口。又曰："以分合为变。"懿不分军为前后。又曰："怒而挠之。"懿虽敌以巾帼挠之而不动。又曰："知战之日。"懿讨辽东谓一年足矣。又曰："攻其必救。"懿弃贼而向襄平。又曰："兵闻拙速。"懿讨孟达，不计死伤与粮匮。又曰："能而示之不能。"懿讨文懿，不取小利以示无能。又曰："形之，敌必从之。"懿示必攻而吴师夜遁是也。①

神速平孟达。蜀汉建兴五年(227 年)二月，驻守新城(今湖北房县)的将领孟达叛魏归蜀。司马懿立刻做出反应和决策。一方面，迅速飞马报书朝廷，另一方面致书孟达，迷惑其仍受魏国朝廷的信任。同时亲率大军，倍道兼行，奔袭宛城。

> 帝乃潜军进讨。诸将言达与二贼交构，宜观望而后动。帝曰："达无信义，此其相疑之时也，当及其未定促决之。"乃倍道兼行，八日到其城下。②

此次战役是历史上孙子速胜思想应用的经典战例之一。孙子的速胜思想有两个层面，其一是"兵贵胜，不贵久"的战略速胜思想，其二是"攻其所不戒"的战术速胜思想。从司马懿神速平孟达的整个战争过程来看，它完全符

---

① ［宋］张预：《十七史百将传》卷五。
② 《晋书·宣帝纪》。

合了孙子"兵之情主速,乘人之不及,由不虞之道,攻其所不戒也"①的战术速胜原则,其中,既重"速",又用"诈",二者可谓完美结合在了一起。

智抵西蜀。太和五年(231 年)春,诸葛亮率十万大军第四次出祁山,北伐曹魏。司马懿受命抗敌,进驻汉阳与诸葛亮对峙。在两军初次交锋,且魏军小有获胜的情况下,司马懿却力主坚守不战。这一策略正是借鉴了孙子"先为不可胜,以待敌之可胜"的用兵指导原则。从当时的战场形势看,两军实力相当,双方将帅智谋能力也相当,但魏军的优势是本土作战,粮草充足,而蜀军的致命缺陷则是长途远征、粮草转运困难,且魏国综合国力远超蜀国,不惧久战。如此一来,司马懿以逸待劳,凭险据守,正是"夺其所爱"以破敌的最佳策略。此战最终的结果,也证明了司马懿作战方针的正确:两军对峙日久,诸葛亮粮秣告急,只得罢兵而归。

青龙二年(234 年)八月,诸葛亮率十万蜀军第五次北伐。司马懿仍然坚持了"坚壁拒守,以逸待劳"的作战方针,与蜀军对垒相持达百日之久。诸葛亮送"巾帼妇人之饰"以激之,司马懿仍不出战,并假意上表请战,暗示魏明帝派辛毗杖节以制军。诸葛亮遂被迫分兵屯田,做长久对峙之准备,后病死五丈原。战略定力是一名统帅战略素养成熟的表现,既然司马懿已经看透诸葛亮伐魏战略的致命缺陷,自然对自己坚壁待守的作战方针抱有坚定的信心,而这种信心亦是建立在孙子"知彼知己,百战不殆"的思想基础之上。

> 帝弟孚书问军事,帝复书曰:"亮志大而不见机,多谋而少决,好兵而无权,虽提卒十万,已堕吾画中,破之必矣。"②

孙子言曰:"夫兵形象水,水之行,避高而趋下;兵之胜,避实而击虚。"③战争指挥之事本就是扬己所长,攻敌之短,司马懿在对战诸葛亮的过程中,

---

① 《孙子兵法·九地篇》。
② 《晋书·宣帝纪》。
③ 《孙子兵法·虚实篇》。

可谓是深悟了孙子的这一用兵原则,而其灵活应变、自如驾驭战争的能力也已达到了炉火纯青的地步。"会亮病卒,诸将烧营遁走,百姓奔告,帝出兵追之。亮长史杨仪反旗鸣鼓,若将距帝者。帝以穷寇不之逼,于是杨仪结阵而去。"①宋人何去非对此评价说:

> 仲达提秦、雍之劲卒,以不应而老其师者,岂徒然哉! 将求全于一胜也。然而,孔明既死,蜀师引还,而仲达不穷追之者,盖不虞孔明之死,其士尚饱,而军未有变,蜀道阻而易伏,疑其伪退以诱我也。向使孔明之不死,而弊于相持,则仲达之志得矣。②

平定辽东。景初二年(238 年)正月,魏明帝召回司马懿,命他率兵讨伐反叛魏国的辽东公孙渊。

司马懿到达辽东之后,先是运用孙子"示形"之法,虚张声势,造成欲渡河决战的假象,吸引敌人主力。继而派大军泛舟潜渡,包抄敌营,并直指敌人老巢——襄平。"帝盛兵多张旗帜,出其南,贼尽锐赴之。乃泛舟潜济以出其北,与贼营相逼,沈舟焚梁,傍辽水作长围,弃贼而向襄平。"③此举正符合了孙子"避实击虚"的用兵思想,所谓"敌佚能劳之,饱能饥之,安能动之。出其所不趋也"。其最终目的也是为了实现孙子"致人而不致于人"的作战目的。对此,司马懿在向部下解释作战方针时,也直接引用了《孙子兵法·虚实篇》中的有关言论进行分析。

> 古人曰,敌虽高垒,不得不与我战者,攻其所必救也。贼大众在此,则巢窟虚矣。我直指襄平,则人怀内惧,惧而求战,破之必矣。④

---

① 《晋书·宣帝纪》。
② 《何博士备论·司马仲达论》。
③ 《晋书·宣帝纪》。
④ 《晋书·宣帝纪》。

在接下来的战事中，公孙渊军挑战魏军，欲想决战突围，司马懿正确判断了形势，制止部下进攻，并故意示弱，以滞留敌军。对这一决策，司马陈圭提出了自己的疑问："昔攻上庸，八部并进，昼夜不息，故能一旬之半，拔坚城，斩孟达。今者远来而更安缓，愚窃惑焉。"对此，司马懿以孙子"兵者诡道""因情变化"的基本理论，向陈圭解释了缘何上次平孟达以神速，而此次远征却不求速战的根本原因。

> 帝曰："孟达众少而食支一年，吾将士四倍于达而粮不淹月，以一月图一年，安可不速？……今贼众我寡，贼饥我饱，水雨乃尔，功力不设，虽当促之，亦何所为。自发京师，不忧贼攻，但恐贼走。今贼粮垂尽，而围落未合，掠其牛马，抄其樵采，此故驱之走也。夫兵者诡道，善因事变。贼凭众恃雨，故虽饥困，未肯束手，当示无能以安之。取小利以惊之，非计也。"①

这段文字可谓是司马懿活用孙子思想的极好例证，它充分说明，司马懿对孙子思想的把握和运用已经达到了一种至高的境界。

退敌征吴。据《晋书·宣帝纪》载，正始二年(241 年)四月，吴国孙权派出四路大军攻魏，司马懿请战征讨。当时，魏国一些朝臣认为，吴军远征攻坚，当固守待其自破："议者咸言，贼远来围樊，不可卒拔。挫于坚城之下，有自破之势，宜长策以御之。"而司马懿却从国家稳定的大局出发，力主速战退敌："边城受敌而安坐庙堂，疆场骚动，众心疑惑，是社稷之大忧也。"六月，司马懿率领大军增援前线，先派轻骑挑战，继而招募勇士，选用精锐，发布号令，摆出一副与吴军决战的架势。"于是休战士，简精锐，募先登，申号令，示必攻之势。"最终，逼迫吴军连夜撤退。慎战而不怯战，主战而非力战，这种灵活机变的作战指导方针，完全符合了孙子破胜与全胜相结合、伐谋与攻取

---

① 《晋书·宣帝纪》。

相统一的用兵理论。

《晋书·宣帝纪》中还记载了此战之前发生的一个相似的战例。吴国将领诸葛恪屯驻宛城,对魏国边民造成威胁。司马懿主张率兵讨伐,而其他一些人认为,诸葛恪坚城粮足,不易攻取,且我方若派大军远征,敌人救兵必至,届时魏国恐怕得不到什么好处。司马懿于是分析了吴军擅长水战而不擅长陆战的缺陷,强调攻城驱敌,对我方是有利的:"贼之所长者水也,今攻其城,以观其变。若用其所长,弃城奔走,此为庙胜也。若敢固守,湖水冬浅,船不得行,势必弃水相救,由其所短,亦吾利也。"正始四年(243 年)九月,司马懿率兵出征舒城。大军一到,诸葛恪果然弃城而走。

总体而言,司马懿不愧为杰出的政治家、战略家和军事家。从比较分析的角度讲,其用兵的谋略和才智不亚于诸葛亮,而其对孙子思想运用的实践成就也绝不逊于诸葛亮。毛泽东曾在《三国志·陆逊传》评注中说:"此司马懿敌孔明之智也。"何去非在《何博士备论·司马仲达论》中,也对司马懿和诸葛亮的用兵能力进行了十分中肯的评论分析:"或者谓仲达之权诡,不足以当孔明之节制,此腐儒守经之谈,不足为晓机者道也。"

五、曹操的军事实践及对孙子思想应用的特色

曹操(155—220 年),字孟德,沛国谯县(今安徽亳州)人。东汉末年杰出的政治家、军事家。曹操喜欢兵法,尤其推崇《孙子》,而且还为《孙子》作过注,故其在孙子兵学理论研究和孙子兵学实践方面都作出了很大贡献。史称其"行军用师,大较依孙吴之法,而因事设奇,谲敌制胜,变化如神。自作兵书十万余言,诸将征伐,皆以新书从事,临事又手为节度,从令者克捷,违教者负败"①。

作为"清平之奸贼,乱世之英雄"②的曹操,其运用《孙子》思想的一个突出特点,是对孙子因变原则和"诡道"原则的彻悟和运用。在其军事生涯中,

---

① 余桂元:《曹操评传》,解放军出版社,2014 年,第 117 页。
② 《后汉书·许劭传》。

他对战争的指挥和决策几乎是步步用计、处处施诈,而且大都取得了成功。曹操很欣赏自己这种尚奇贵诈的战术,故当诸将问其如何用兵时,他不无自豪地说:"兵之变化,固非一道也。"①

曹操所谓"固非一道"大致可分以下几个方面:

因情而制变。因情而制变是曹操用诈的第一个重要表现。比如,对于孙子"归师勿遏"的用兵原则,曹操在两次战役中采取了截然不同的思路和对策。建安三年(198 年),曹操南征张绣兵败。在撤退途中,曹操写信给荀彧说:"贼来追吾,虽日行数里,吾策之,到安众,破绣必矣。"②后张绣来追,果然被曹操击败。曹操回许昌后,对荀彧解释其中缘故:"虏遏吾归师,而与吾死地战,吾是以知胜矣。"这说明他是自觉借鉴了《军争篇》"归师勿遏,穷寇勿迫"的用兵原则,也是对《九地篇》"死地则战"用兵理论的恰当运用。与此相反的一个例子是,建安九年(204 年),袁尚、袁谭兄弟相攻,袁谭不敌,向曹操投降并求救。曹操用围魏救赵之法,率部包围了袁尚大本营邺城,袁尚回师救邺。诸将皆以为"此归师,人自为战,不如避之",曹操却说:"尚从大道来,当避之;若循西山来者,此成禽耳。"③袁尚从西山而来,果然立刻被曹操击败。同样是针对归师的问题,曹操却并不固守于"勿遏"的兵法原则,而是极为理性地因情应变,这正是曹操用兵的诡诈与高明之处。

出奇与偷袭。出奇与偷袭是曹操用诈的又一表现。曹操军事生涯中,最成功的一次出奇用诈是在官渡之战中奇袭乌巢。官渡之战后期,曹军因兵少粮寡愈来愈陷于被动局面。此时,袁绍谋士投降曹操后,献计偷袭袁绍粮仓乌巢。曹操敏锐意识到此计乃是用诈出奇、改变局面的最佳策略,立即予以采纳,并亲率精兵五千人,乘夜偷袭乌巢,四面放火,袁军大乱。袁绍闻知,立即派兵救援,曹操部下见"贼骑稍近,请分兵拒之",曹操大怒说:"贼在

---

① 《三国志·魏书·武帝纪》。
② 陈国勇主编:《长短经》(三),广州出版社,2003 年,第 289 页。
③ 《三国志·魏书·武帝纪》。

背后，乃白！"于是，"士卒皆殊死战，大破琼等，皆斩之"①。此战奠定了曹操官渡之战胜利的基础，其成功之处在于，曹操既能审时度势，"先其所爱"，攻击袁军虚弱且要害之处，又能活用孙子"投之亡地然后存，陷之死地然后生"②的用兵思想，果断把握时机以破敌。而从孙子"避实击虚"理论的角度讲，"击虚"的重要价值，在于能够立足战争全局，正确地选择关联敌人要害的薄弱环节作为打击目标，起到牵一发而动全身的效果。曹操奇袭乌巢，一举摧毁袁军的后勤基地，对官渡之战曹军取胜的意义和价值正在于此。

示形与利诱。示形与利诱是曹操用诈的惯用伎俩。建安五年(200年)，官渡之战开始后，袁绍派大将颜良进攻东郡太守刘延于白马，曹操为救刘延，先用孙子"示形"之法，"若将渡兵向其后者"③，而后"出其不意，攻其不备"，轻兵突袭围白马之敌，遂解白马之围。曹操解围白马之后，率军沿黄河西撤，袁绍立即命文丑和刘备渡河追赶。曹操见追兵临近，命士兵解鞍放马，弃辎重于道。袁军追兵到来后，争抢辎重，军形打乱。曹操于是乘势杀出，大败文丑军。此正所谓"予之，敌必取之；以利动之，以卒待之"④。曹操在《孙子注》中对此解释说："以利诱敌，敌远离其垒，而以便势，击其空虚孤特也。"曹操用诈，还表现为故意示拙。例如，建安九年(204年)，曹操凿堑以攻邺城。"凿堑"之时，曹操故意让士兵挖得很浅，"示若可越"。敌人见其凿堑很浅，不予防备，"望而笑之，不出争利"⑤。之后，曹操突然令士兵一夜浚之，广深二丈，旋即引漳水灌城，敌军死伤过半。

分化与瓦解。分化与瓦解对方也是曹操用诈的重要手段。建安十六年(211年)，曹操开始对关中用兵，马超与韩遂联合抗击曹军。曹操在此战中，巧妙采用了离间之计。当时，韩、马兵败请和，曹操"伪许之"，然后"离之"。曹操与韩遂在战场上相见，曹操故作欢欣之状，与韩遂交谈了很长时间，这

---

① 《三国志·魏书·武帝纪》。
② 《孙子兵法·九地篇》。
③ 吕思勉：《秦汉史》，天津社会科学院出版社，2016年，第234页。
④ 《孙子兵法·军争篇》。
⑤ 《三国志·魏书·董二袁刘传》。

自然会引起马超的怀疑。而后,曹操又写信给韩遂,故意在信上涂涂改改,目的是让马超看后以为是韩遂涂改的。孙子曰"亲而离之",曹操小用计谋便把韩、马的联盟瓦解了。关于此役的谋略及战术的运用,曹操在战后有一段很好的总结:

> 初,贼守潼关,若吾入河东,贼必引守诸津,而西河未可渡。吾故盛兵向潼关,贼悉众南守,西河之备虚,故二将得擅取西河……连车树栅,为甬道而南,既为不可胜,且以示弱,渡渭为坚垒,虏至不出,所以骄之也……因蓄士卒之力,一旦击之,所谓疾雷不及掩耳。兵之变化,固非一道也。[①]

长于战术,短于战略。任何人与事物都有正反两个方面,曹操精于诈术,自得于具体战役上的变化多端,这会形成一种思维特性和惯性(习惯于灵活多变、飘忽不定的思维方式,有时会自恃聪明而武断行事),由此也影响到其在全局战略方面的认知和判断,有人评论曹操"长于战术,短于战略"[②],是有一定道理的。比如,其在夺取荆州地区后,没有及时进军关西、汉中及两川地区。事实上,这几个地区不仅战略意义重大,而且对手力量也极为薄弱。曹操舍弱攻强,转而进攻实力较强的孙权和刘备,明显是有悖于孙子"避实击虚"的战略原则。赤壁之战中,曹操更是骄傲轻敌,在未能有效巩固胜利成果的情况下,盲目用兵,也违背了孙子"先为不可胜"的用兵理论。赤壁之战后,曹操夺占汉中。此时,刘晔和司马懿都劝他趁刘备立足未稳、兵力分散之机,乘机攻蜀,然而,曹操固执己见,未予采纳,错过了这一宝贵的战略机遇。还有,他在明知夏侯渊勇而无谋的情况下,却依然让其镇守战略要地汉中。结果,三年之后,夏侯渊被杀,汉中亦为刘备所得。所有这些,都反映出曹操在宏观战略层面缺乏深谋远虑的重大缺陷。

---

① 《三国志·魏书·武帝纪》。
② 李兴斌:《长于战术,短于战略——评曹操〈孙子注〉》,《孙子研究》1993 年第 3 期。

尽管如此,曹操的军事才能及其对《孙子》思想运用的突出成就,还是受到了后人的高度评价。《三国论》曰:"魏武用兵,仿佛孙吴。"①何去非更将曹操与韩信并列,称二人是成功运用孙子思想的典型代表。

> 窃尝究之,武之十三篇,天下之学失者所通诵也。使其皆知所以用之,则天下孰不为韩、曹也? 以韩、曹未有继于后世,则凡得武之书伏而读之者,未必皆能办于战也。②

六、李世民的军事实践及对孙子思想应用的特色

李世民(599—649年),即唐太宗(626—649年在位),生于武功(今陕西武功),是唐朝第二位皇帝,杰出的政治家、战略家、军事家。

李世民具有杰出的军事才能,一生征战无数,在唐朝的建立与统一过程中立下赫赫战功。白居易诗曰:"太宗十八举义兵,白旄黄钺定两京。擒充戮窦四海清,二十有四功业成。二十有九即帝位,三十有五致太平。"③而从《唐李问对》的基本内容看,李世民深研《孙子》且能灵活运用孙子思想是无疑的,南宋史论家叶适有言:"唐太宗、李靖,近世君臣之言兵者,无出其上。"④

综观李世民的军事实践活动,其运用孙子思想的最大特点,是对孙子速胜和攻守两个思想的深刻领悟和借鉴,当战则战,当缓则缓、速久结合、攻守统一。尤其在攻守转换的问题上,什么时候攻? 什么时候守? 什么时候转攻为守? 什么时候转守为攻? 李世民对两种作战样式的把握和运用,几乎达到了一种化境。这既和他熟悉和彻悟孙子思想理论有关,也和作为政治

---

① 卢照邻著,任国绪笺注:《卢照邻集编年笺注》,黑龙江人民出版社,1989年,第508页。
② 《何博士备论·魏论下》。
③ 岑仲勉:《隋唐史》,上海商务印书馆,2015年,第85页。
④ 于汝波主编:《孙子兵法研究史》,军事科学出版社,2001年,第109页。

家的极高的战略素养有关。

孙子在《作战篇》中讲"兵贵胜，不贵久"。李世民自己也说过："兵贵为主，不贵为客，贵速不贵久。"①在隋朝末年的反隋战争中，李世民坚定不移地执行了这一作战指导方针。

李渊起兵之后，在进军途中受阻于霍邑（今山西霍州），就要"还师太原"，而李世民坚决主张采取"先入长安，号令天下"的战略方针，他说：

> 今兵以义动，进战则能克，退还则必散。众散于前，敌乘于后，死亡须臾而至，是以悲耳。②

李世民的这一认识和建议，不仅符合了孙子"兵之情主速"的基本理论，更是一种审时度势、"因利制权"的表现。在改朝换代的历史风云之中，大凡朝廷暴虐，民众云起，总会形成一种不可阻挡的潮流和趋势。如果李氏集团不能主动顺应这种趋势，那他们举义兵而济世的伟业也就功败垂成了。李世民深悟民心、民众的巨大力量，并试图以当时强者的形象汇聚和利用这种力量，顺应历史发展的大势，这正是他比李渊高明的地方。

霍邑之战后，李渊率领大军南下，意在渡过黄河，直取长安。隋将屈突通率军镇守河东，对李渊进行阻击。李渊与之交锋之后，未能攻克河东，打算弃河东而直攻长安，但又担心屈突通在后面对大军构成威胁。有些谋臣也对此表示担忧，裴寂说："今通据蒲关，若不先平，前有京城之守，后有屈突之援，此乃腹背受敌，败之道也。"而李世民却不赞同这种判断，他说：

> 兵法尚权，权在于速。宜乘机早渡，以骇其心。我若迟留，彼则生计。且关中群盗，所在屯结，未有定主，易以招怀，贼附兵强，何城不克？

① 《唐李问对》卷中。
② 张永剑、董志先：《历代名将与孙子兵法》，白山出版社，2009 年，第 140 页。

屈突通自守贼耳,不足为虞。若失入关之机,则事未可知矣。①

"兵法尚权"喻指战争中的多变,而在多变的形势下,最可贵的是决断和执行都要迅速。战争决策本身就具有一定的冒险性,关键是决策者要在明辨利害的基础上,透视事物的本质,迅速做出决断。李世民此时对形势的分析正是遵循了这一战略决策原理。

当然,速胜并不是唯一的战争制胜原理。孙子在《形篇》中讲:"不可胜者,守也;可胜者,攻也。守则不足,攻则有余。"在唐朝初年平定各方割据势力的战争中,李世民即很好地践行了孙子的上述攻守原则,并能与先胜、击虚等其他思想有机结合在一起。武德九年(626年),唐太宗即位不久,就说过:

> 吾自少经略四方,颇知用兵之要,每观敌阵,则知其强弱,常以吾弱当其强,强当其弱。彼乘吾弱,逐奔不过数十百步,吾乘其弱,必出其阵后反击之,无不溃败,所以取胜,多在此也。②

贞观十四年(640年),李世民在谈及自己的作战体会时,又一次谈道:

> 义旗之始,乃平寇乱,执金鼓,必自指挥。观其阵,即知强弱,当取吾弱对其强,取吾强对其弱。敌犯吾弱,追奔不逾百数十步;吾击其弱,必突过其阵,自背而反击之,无不大溃。多用此而制胜,思得其理深也。③

举例言,在西平薛举的战役中,当唐军据守高墌城时,薛仁杲的部将宗

---

① 《旧唐书·裴寂传》。
② [宋]司马光:《资治通鉴》卷一九二《唐纪八》,武德九年条。
③ 胡如雷:《李世民传》,中华书局,1984年,第55页。

罗睺曾多次前来挑战。而李世民鉴于唐军新败的局面,坚壁固守不出。众将一致请战,李世民说:"我士卒新败,锐气犹少。贼以胜自骄,必轻敌好斗,故且闭壁以折之。待其气衰而后奋击,可一战而破,此万全计也。"①及至双方相持六十余日,对方粮尽士气丧失之时,李世民才开始反击行动。而当敌军溃败,李世民欲乘胜追击时,他的舅父窦轨劝阻说:"仁杲据坚城,虽破罗睺,未可轻进,请且按兵以观之。"李世民回答说:"吾虑之久矣,破竹之势不可失也,舅勿复言!"②于是大军继续追击,最终包围仁杲于折墌城而迫其投降。此战可谓是切实践行了孙子"先为不可胜,以待敌之可胜""避其锐气,击其惰归"的用兵理论。

武德二年(619 年)十一月,李世民率大军屯于柏壁,与刘武周部下"善用兵"的大将宋金刚对峙。此战,李世民又一次采用了"以佚待劳"的作战方略。当部属请求决战时,他解释说:"金刚悬军深入,精兵猛将,咸聚于是,武周据太原倚金刚为扞蔽。军无蓄积,以虏掠为资,利在速战。我闭营养锐,以挫其锋,分兵汾、隰,冲其心腹,彼粮尽计穷,自当遁走,当待此机,未宜速战。"③第二年,当敌军气势日衰时,李世民及时组织反攻,逼迫宋金刚退守介休城。此时,总管刘弘基建议大军休整,但李世民回答说:"金刚计穷而走,众心离沮;功难成而易败,机难得而易失。必乘此势取之。若更淹留,使之计立备成,不可复攻矣。"④于是,大军乘胜追击,穷追猛打,八战八捷,将其全歼。

武德四年(621 年),李世民率大军兵围洛阳,王世充向窦建德求救,窦建德大军来援,李世民令李元吉等继续围困洛阳,自率精兵急趋虎牢关迎战窦建德。李世民登高观察敌情后认为:"贼起山东,未尝见大敌,今度险而嚣,是无纪律,逼城而阵,有轻我心;我按甲不出,彼勇气自衰,阵久卒饥,势将自

---

① 《旧唐书·薛仁杲传》。
② 《旧唐书·薛仁杲传》。
③ 王惠敏:《李世民全传》,华中科技大学出版社,2013 年,第 49 页。
④ 王惠敏:《李世民全传》,华中科技大学出版社,2013 年,第 49 页。

退,追而击之,无不克者。与公等约,甫过日中,必破之矣!"①后来战事发展果如李世民所料,于是,李世民抓住战机,率精锐直冲窦建德阵地。窦军大败,窦建德本人也被俘。

从李世民所指挥的三大战役看,他并不拘泥于兵法的常规法则,一味追求速胜,而是根据具体情况,灵活运用攻守之术。总体来看,是执行战略速胜原则,但在这一原则之下,却又有一个相对持久的积极防御阶段,即首先立足先胜,巩固后方,坚壁待战,挫敌锋锐。用李世民的话说,就是"敌未可胜,则我且自守,待敌可胜则攻之耳"②。当这一阶段完成之后,即转入迅速而猛烈的反攻,连续作战,穷追猛打,直至彻底消灭敌军。可见,唐太宗的"用兵之道"是对孙子先胜、速胜、攻守等思想的融合创新运用,其所留下的宝贵经验大大丰富了《孙子》的作战理论体系。

在战争实践过程中,李世民也能深刻体悟孙子重战、慎战思想的重要价值。他说过:"夫兵甲者,国家凶器也。土地虽广,好战则民凋,中国虽安,忘战则民殆。凋非保全之术,殆非拟寇之方;不可以全除,不可以常用。"③这就是说,为了实现保国安民的最终目的,战争这种暴力手段,既不可滥用,也不可不用。同时,他还理性地认识到战争是双方实力的根本较量,如果实力不足,就不可盲目开战。如武德九年(626年)八月,突厥大军入侵至渭水便桥之北。李世民一方面全力备战,另一方面否决了诸将请战的要求,力主与突厥谈判。通过曲折、复杂的斗争,李世民最后以忍让妥协的方式,换得突厥退兵。事后有人问李世民当时为何不战? 突厥为何自动退兵? 李世民回答说:

　　　　所以不战者,吾即位日浅,国家未安,百姓未富,且当静以抚之。一与虏战,所损甚多;虏结怨既深,惧而修备,则吾未一可以得志矣。故卷

---

① 王惠敏:《李世民全传》,华中科技大学出版社,2013年,第63页。
② 《唐李问对》卷下。
③ [唐]李世民著,唐政释译:《帝范》,新世界出版社,2009年,第103页。

甲韬戈，啖以金帛，彼既得所欲，理当自退，志意骄惰，不复设备，然后养威伺衅，一举可灭也。将欲取之，必固与之，此之谓矣。[1]

孙子讲"知彼知己，百战不殆"，李世民立足全局，不逞一时之勇，竭力避免与突厥的战争，可谓是"深知己"的典范，也堪称是一位实践孙子"非利不动，非得不用，非危不战"[2]思想的杰出代表。

七、李靖的军事实践及其对孙子思想应用的特色

李靖(571—649 年)，本名药师，京兆三原(今陕西三原县东北)人。唐朝杰出的军事家。李靖的军事才能和指挥艺术向来为世人所推崇。唐高祖李渊就赞其曰："古之名将韩、白、卫、霍岂能及也。"[3]李靖与唐太宗在《唐李问对》中的兵法研讨，证明其深通孙子为代表的兵学理论，同时，他又能在政治军事实践中"参孙子、吴起而大其用"，最终赢得"才兼文武，出将入相"[4]的美名。清代汪宗沂在《卫公兵法辑本·序》中有言：

如卫公者，夙精兵略，参孙子、吴起而大其用，本太公、尉缭而善其术，乃犹韬晦浮沉，不轻一试，直至出入将相、宣威沙漠、成就功名，方著为书史，传颂其临机果、料敌明、根于忠智而止，可谓得实矣。[5]

李靖运用孙子思想的突出特点是善于因情应变，且能大胆出奇制胜。孙子将"勇"作为将帅素质的五德之一。克劳塞维茨也谈道："战争是充满危险的领域，因此勇气是军人应该具备的首要品质。"[6]这里的"勇"不是勇猛之

---

① 王惠敏：《李世民全传》，华中科技大学出版社，2013 年，第 91 页。
② 《孙子兵法·火攻篇》。
③ 《旧唐书·李靖传》。
④ 《旧唐书·王珪传》。
⑤ 郭绍林：《隋唐军事》，中国文史出版社，2005 年，第 211 页。
⑥ 夏征难：《解读〈战争论〉》，解放军出版社，2003 年，第 93 页。

意,而是指将帅在关键时刻要勇于决策。作为一名将帅,不论他怎样智慧过人、神机妙算,最后的战争决策仍然具有一定的冒险性,如果将帅缺乏这种冒险的勇气,他就会失去大好的战争机遇。正如吴起所言:"用兵之害,犹豫最大;三军之灾,生于狐疑。"①而从"出奇制胜"的角度讲,任何"出奇"都是超越常规的决策和行动,要想驾驭和实施这种行动,就需要冒巨大的风险,需要将帅具有超人的勇气和胆略。而李靖正是这样一位虎胆包天,具有非凡勇气的将帅。

坚持渡江,弃船惑敌。在平定萧铣的战争中,李靖就以非凡的勇气和胆略实施了"攻其无备,出其不意"的战争策略。当时,就战争中双方所能投入的兵力而言,萧铣实力远超于李靖,且恰逢江水暴涨,萧铣占据明显的天时地利优势。当然,这种优势也使得萧铣在决策上犯下严重错误,认为"靖不能进,遂休兵不设备"②。在此形势下,李靖力排诸将"俟水落而进"的建议,强调指出:"吾兵始集,铣尚未知,若乘江涨,倏忽抵其城下,掩其不备,此必成擒。"③于是他率兵强渡峡江,突然率大军兵围坚城。此时的形势仍然是非常危险的,敌人的援军正从四面八方赶来,如果坚城久攻不下,唐军可能被围歼。在关键时刻,李靖再一次做出大胆出奇之举,即将大破萧铣军所缴获的舟舰四百余艘,全部弃入江中,任其漂流,从而给敌军造成都城已破的假象,于是,"援兵见舟舰,果疑不进"。最后,江陵陷落,萧铣被迫投降。此战,最大的成功之处正在于运用了《孙子》"攻其无备"及"示形误敌"的策略。

舍弱攻强,出其不意。武德六年(623年),盘踞丹阳(今江苏南京市)的辅公祏叛乱,李靖奉命率大军征讨。当时敌人的布防形势是:大将冯惠亮率兵三万守当涂,陈正通率兵两万守青林山(今安徽当涂东南),辅公祏自带一路军守丹阳。敌三路大军之中,丹阳兵力最弱,当涂兵力最强,且防御工事坚固。故有人建议先打丹阳。但李靖却提出了相反的意见,他说:

---

① 《吴子兵法·治兵》。
② 《新唐书·萧铣传》。
③ [宋]司马光:《资治通鉴》卷一八九《唐纪五》,高祖五德四年。

公祏精锐,虽在水陆二军,然其自统之兵,亦皆劲勇。惠亮等城栅尚不可攻,公祏既保石头,岂应易拔? 若我师至丹阳,留停旬月,进则公祏未平,退则惠亮为患,此便腹背受敌,恐非万全之计。惠亮、正通皆是百战余贼,必不惮于野战,止为公祏立计,令其持重,但欲不战,以老我师。今欲攻其城栅,乃是出其不意,灭贼之机,唯在此举。①

这一"舍弱攻强"的作战计划表面看来是违背了孙子"避实击虚"的用兵原则,而事实上却是立足战争全局基础上的出奇用兵策略。正因为当涂敌人兵力最强,如若先打最强,"乃是出其不意,灭贼之机"。更重要的是,"惠亮、正通皆是百战余贼,必不惮于野战",容易"引蛇出洞",诱敌脱离阵地,进而可适时造成双方强弱态势的转换。后来战局发展果然验证了李靖判断的正确性,冯惠亮中计被唐军主力围歼,敌军整个防御体系崩溃,陈正通部、辅公祏部先后被攻灭,"江南悉平"。此战标志着唐王朝的统一大业基本完成。

长途奔袭,将计就计。贞观三年(629 年)秋天,李靖、徐世勣奉命率兵征讨东突厥。按照李世民预定的作战计划,唐军应该是先集结全部兵力,而后争取一举击溃颉利主力。但李靖并没有完全执行这一计划,而是采取了一种更为大胆冒险的作战方略,即李靖亲率一支精兵长途奔袭至恶阳岭(今内蒙古和林格尔以南),此地距颉利可汗的都城定襄仅有数里之遥。颉利可汗既未料到唐军会如此迅速就到达定襄附近,更想不到这支部队仅有三千人。于是,李靖再次以大胆出奇的计划获取成功。

突利可汗不虞于靖,见官军奄至,于是大惧,相谓曰:"唐兵若不倾国而来,靖岂敢孤军而至?"一日数惊。靖候知之,潜令间谍离其心腹,其所亲康苏密来降。四年,靖进击定襄,破之。②

---

① 《旧唐书·李靖传》。
② 《旧唐书·李靖传》。

定襄大破突厥之后,颉利可汗遣使入朝谢罪,请求"举国内附"。唐太宗遂派鸿胪卿唐俭作为使者,前往安抚。然而,李靖判断,这是颉利的缓兵之计。

> 靖揣知其意,谓将军张公谨曰:"诏使到彼,虏必自宽。遂选精骑一万,赍二十日粮,引兵自白道袭之。"公谨曰:"诏许其降,行人在彼,未宜讨击。"靖曰:"此兵机也,时不可失,韩信所以破齐也。①

李靖遂选精骑一万,大军开至阴山,进而突袭颉利牙帐,最终获得了"出其不意,攻其不备"的作战效果:"靖军将逼其牙帐十五里,虏始觉。颉利畏威先走,部众因而溃散。"此战既是一次基于"兵者诡道"理论的"将计就计""乱而取之"的军事行动,也集中反映了孙子"将在外,君命有所不受"的基本思想。

反常用兵,长途追击。贞观八年(634 年),李靖被任命为西海道行军大总管,统率六路大军,远征吐谷浑。唐军首战告捷之后,吐谷浑可汗伏允率部向西逃跑,并放火烧掉全部干草,以断唐军马草。这给依赖战马长途追击的唐军带来极大困难,继续追击会面临巨大风险。然而李靖认真听取了积石道行军总管侯君集对敌情的分析意见:

> 向者段志玄军还,才及鄯州,虏已至其城下。盖虏犹完实,众为之用故也。今一败之后,鼠逃鸟散,斥候亦绝,君臣携离,父子相失,取之易于拾芥。此而不乘,后必悔之!②

于是李靖当机立断,大胆长途追击。在半年的时间里,几十万唐军横行

---

① 《旧唐书·李靖传》。
② 《资治通鉴》卷第一九四《唐纪十》。

青藏高原五六千里,最终在积石山大败吐谷浑。

综观李靖一生的战争实践及用兵成就,"因情应变""大胆出奇"实为其根本特点。这一方面得益于其长年征战的实践经验积累,另一方面也缘于其对《孙子》军事理论精髓的深刻领悟。只有兵法智慧与兵法理论达到圆融和谐的统一,才能有大胆出奇的创新之举,并进而达到一种"人皆知我所以胜之形,而莫知吾所以制胜之形"[①]的高端境界,这正是李靖用兵给予后人的最大启示。

第二节 成功运用孙子思想的经典战例分析

孙子兵学思想来源于对战争实践的理性总结,反过来又能以成熟的理论指导战争实践,故而,战例是研究《孙子》的有力支撑。从历史上看,越是经典的成功的战例,越能验证孙子思想的正确性。而就许多著名将领而言,其之所以能在某一战役中取得辉煌的胜利,很多是因为其在战争指导过程中,充分发挥和运用了孙子的某一思想或兵学原则。正如杜牧所言:"后之人有读武书予解者,因而学之,犹盘中走丸。丸之走盘,横斜圆直,计于临时,不可尽知,其必可知者,是知丸不能出于盘也。"[②]

一、项羽指挥巨鹿之战对孙子"任势"思想的应用

项羽(公元前232—公元前202年),名籍,字羽,下相(今江苏宿迁西南)人,著名军事家。在一般人看来,项羽只是一位"力拔山兮气盖世"的超级猛将,或者是一位只知用力而不知用谋的莽撞武夫。但这实际是一种比较片面和极端的看法。司马迁在《史记》中有载:

> 项籍少时,学书不成,去学剑,又不成。项梁怒之。籍曰:"书足以

---

① 《孙子兵法·虚实篇》。
② 《杜牧注孙子·序言》。

记名姓而已。剑一人敌，不足学，学万人敌。"于是项梁乃教籍兵法，籍大喜，略知其意，又不肯竟学。①

这说明，在项羽的眼里，兵法谋略是重于个人武力的，所以他才能主动要求学兵法（这里的"兵法"有可能包括孙子兵法），虽然是未能"竟学"，但毕竟对兵法有一定的认知和了解，像他这种一生都沉浸于战场上的人，多少能了解一些兵法常识就足以与战争实践碰撞出智慧的火花。所以，《汉书·艺文志》中曾记录过目前已经散佚的《项王》兵法一篇，其内容主要记述了项羽用兵的精髓，虽然该兵法可能不是出自项羽本人之手，但却足以说明项羽是懂用兵谋略的。

项羽作为兵法勇战派代表人物，在军事学上建树卓越，具有开创之功，其核心即在于对孙子用势思想的充分发挥和运用。

项羽用兵的最大特点，是其拥有世人皆赞的武勇，且能够身先士卒，冲锋在前，鼓舞和带动麾下士兵发挥出最佳的战斗力。也正因如此，他大多数时间都是战斗在战场最前沿，能够及时把握战局的变化情况，并以其敏锐的嗅觉做出准确判断，进而拿出正确决策。二者有机结合起来，会使项羽的军事实力形成有效而强大的打击力量及震撼效果，甚至取得破坏敌人战略全局之功。而这正是孙子所强调的"如转圆石于千仞之山"的"任势"效果。

孙子在《势篇》中说："激水之疾，至于漂石者，势也；鸷鸟之疾，至于毁折者，节也。是故善战者，其势险，其节短。势如彍弩，节如发机。"这里所讲的"其势险"，即要在险要之地，集中起数倍（甚至十几倍）于敌的力量，造成一种泰山压顶式的绝对优势；所谓"其节短"，即要将强大的实力和迅疾的速度结合起来，通过短时间内的碰撞爆发，形成摧毁性的打击力量。另外，孙子还论及精神方面的"势"，他在《作战篇》中说"杀敌者，怒也"；在《势篇》中又讲"勇怯，势也"。这两句话所强调的乃是一种军心和士气所凝聚而成的军

---

① 《史记·项羽本纪》。

队之"势",它对战争的进程和结局起着很大的作用,有时甚至是决定性的。

人们常讲,项羽指挥的巨鹿之战是因为运用了孙子"投之亡地然后存,陷之死地然后生"的用兵原则,其实,它最终应该归结至孙子的任势和用势理论。我们可以通过司马迁《史记·项羽本纪》中对巨鹿之战的记载来体会一下项羽任势用兵的效果:

> 项羽乃悉引兵渡河,皆沉船,破釜甑,烧庐舍,持三日粮,以示士卒必死,无一还心。于是至则围王离,与秦军遇,九战,绝其甬道,大破之,杀苏角,虏王离。涉间不降楚,自烧杀。当是时,楚兵冠诸侯。诸侯军救钜鹿下者十余壁,莫敢纵兵。及楚击秦,诸将皆从壁上观。楚战士无不一以当十,楚兵呼声动天,诸侯军无不人人惴恐。于是已破秦军,项羽召见诸侯将,入辕门,无不膝行而前,莫敢仰视。

"势"的形成涉及多个方面的因素,既包括物质因素,也包括精神因素;既包括天时、地利,也包括我方、敌方。而"势"的运作也是一个猛然发起而逐步水到渠成的过程,其中,指挥员的主观能动作用和谋略运用至为关键,当然,项羽此次用势,明显也是借鉴了孙子"投之亡地然后存,陷之死地然后生"的思想。

项羽指挥的彭城之战,同样是运用孙子用势思想的光辉战例。面对刘邦率领的五十六万军队,项羽无惧盟友背叛、后方失守、两线作战、兵力悬殊等种种险情,毅然从齐国火速回师,仅仅以三万精锐骑兵,就发动了如雷鸣闪电般的攻势,并很快强行突击汉军主阵地,几十万人的刘邦联军只抵抗了半天便告崩溃。

当然,项羽也有致命的缺陷,突出表现于其对勇力的过分崇拜及由此带来的对政治人心的忽略。其中的经验和教训对后世理解和运用《孙子》思想也是一种宝贵的启示。司马迁曾言:

及羽背关怀楚,放逐义帝而自立,怨王侯叛己,难矣。自矜功伐,奋其私智而不师古,谓霸王之业,欲以力征经营天下,五年卒亡其国,身死东城,尚不觉寤而不自责,过矣。乃引"天亡我,非用兵之罪也",岂不谬哉!①

二、冯异镇守孟津之战及平定关中之战对孙子全胜思想的应用

冯异(?—34 年),字公孙,颍川父城(今河南省宝丰县东)人,东汉开国名将,著名军事家。宋张预《十七史百将传》有载:

> 冯异,字公孙,颍川父城人也。好读书,通《左氏春秋》《孙子兵法》。……孙子曰:"亲而离之。"异致书李轶以间朱鲔。又曰:"乱而取之。"异变服相乱而胜赤眉。又曰:"先处战地以待敌者,逸。"异先据邑以待行巡。又曰:"微乎微乎,至于无形。"异偃旗卧鼓而敌不知是也。②

这段文字明确记载了冯异学习《孙子》的事实,且一个"通"字代表了他学习《孙子》绝非一般化的水平。同时,冯异对孙子思想的实践,也有自身的特点,那就是主要通过伐谋、诡诈等手段,追求战争的全胜。这从《后汉书·冯岑贾列传》的相关记载中,可找到诸多例证。

镇守孟津之战。在此战中,冯异充分利用敌人的矛盾,离间、分化、瓦解对手(朱鲔、李轶),以求达到"屈人之兵而非战也,拔人之城而非攻也"③的全胜效果。

> 异乃遗李轶书曰:"……方今英俊云集,百姓风靡,虽邻岐慕周,不

---

① 《史记·项羽本纪》。
② [宋]张预:《十七史百将传》卷三。
③ 《孙子兵法·谋攻篇》。

足以喻。季文诚能觉悟成败，亟定大计，论功古人，转祸为福，在此时矣。如猛将长驱，严兵围城，虽有悔恨，亦无及已。"①

这段内容，既是立足于战争大势的理性分析，又是站在对方立场上陈说利害，其推心置腹的劝导之语，极易打动人心，进而起到瓦解敌人联盟的作用，事实上，这样的功效也确实达到了。

> 轶自通书之后，不复与异争锋，故异因此得北攻天井关，拔上党两城，又南下河南成皋巳东十三县，及诸屯聚，皆平之，降者十余万。武勃将万余人攻诸畔者，异引军度河，与勃战于士乡下，大破斩勃，获首五千余级，轶又闭门不救。②

离间之计取得显著功效，当然还要进一步扩大战果。孙子在《计篇》中论述"亲而离之"的同时，还强调对敌人要"乱而取之"，这二者具有相辅相成的关系，冯异充分利用这两条原则，进一步扩大敌人的内讧，直至夺取最后胜利：

> 异见其信效，具以奏闻。光武故宣露轶书，令朱鲔知之。鲔怒，遂使人刺杀轶。由是城中乖离，多有降者。鲔乃遣讨难将军苏茂将数万人攻温，鲔自将数万人攻平阴以缀异。异遣校尉护军将兵，与寇恂合击茂，破之。异因度河击鲔，鲔走，异追至洛阳，环城一匝而归。③

平定关中之战。即使在兵多将广的情况下，冯异仍然主张"以恩信"求全胜，而反对"卒用兵"的破胜之法。建武二年(26年)，刘秀因邓禹经营关

---

① 《后汉书·冯岑贾列传》。
② 《后汉书·冯岑贾列传》。
③ 《后汉书·冯岑贾列传》。

中日久无功,乃以冯异代邓禹率兵入关,主持关陇地区军事。刘秀亲自送到河南,赐以七尺宝剑,告诫他说:"今之征伐,非必略地屠城,要在平定安集之耳。诸将非不健斗,然好虏掠。卿本能御吏士,愿自修敕,无为郡县所苦。"冯异受命西行,坚定地执行刘秀的作战指导方针,力求全胜。他指出:

> 异与贼相拒且数十日,虽屡获雄将,余众尚多,可稍以恩信倾诱,难卒用兵破也。上今使诸将屯黾池要其东,而异击其西,一举取之,此万成计也。①

然邓禹、邓弘不听劝告,终至大败。最终,还是冯异临危决断,运用"变服误敌""乱而取之"的策略,取得战争胜利。

征讨陇右之战。殊为可贵的是,冯异还善于在具体战斗中,通过对孙子"出其不意""以逸待劳"等用兵原则的活用,以求获得易胜、全胜的作战效果。

建武六年(30年)夏天,刘秀派遣的军队在陇右被隗嚣所击败,于是改命冯异进军这一地区的栒邑,而此时敌人也派遣大将行巡统兵,意图攻取栒邑,在这种情况下,冯异不畏强敌,果断率军抢先占据栒邑,潜伏待敌,然后出其不意地迎头痛击敌军,最后大获全胜。

> 潜往闭城,偃旗鼓。行巡不知,驰赴之。异乘其不意,卒击鼓建旗而出。巡军惊乱奔走,追击数十里,大破之。②

从冯异的军事实践活动中可以看出,其军事指挥策略与刘秀的作战指挥风格颇为相似,可谓深得刘秀柔武思想之精髓,同时其取得的全胜之功也多能受到后人赞扬。

---

① 《后汉书·冯岑贾列传》。
② 《后汉书·冯岑贾列传》。

中兴将帅立功名者众矣,惟岑彭、冯异建方面之号,自函谷以西,方城以南,两将之功,实为大焉。若冯、贾之不伐,岑公之义信,乃足以感三军而怀敌人,故能克成远业,终全其庆也。①

三、虞诩守卫武都之战对孙子"示形误敌"原则的应用

虞诩(? —137 年),字升卿,小字定安,陈国武平(今河南鹿邑西北)人。东汉时期名将。虞诩十二岁时就能通《尚书》,可谓博学多才。他先任朝歌县长、怀县令,平定朝歌叛乱。后任武都太守,大破羌军,安定一郡,深受民众爱戴。

在虞诩指挥的军事实践活动中,不少战例都体现了其对《孙子》思想的灵活运用和创新发挥,其中最突出的是守卫武都之战。

元初二年(115 年),羌人入侵武都郡,邓太后听闻虞诩有将帅之才,于是任命他为武都太守。在此次对羌人的作战中,虞诩表现出杰出的兵法谋略智慧。而从他与部下的对话中,亦可推断他对孙子思想的熟练把握和运用。

羌乃率众数千,遮诩于陈仓、崤谷,诩即停军不进,而宣言"上书请兵,须到当发"。羌闻之,乃分钞傍县。诩因其兵散,日夜进道,兼行百余里,令吏士各作两灶,日增倍之,羌不敢逼。或问曰:"孙膑减灶,而君增之。兵法:日行不过三十里,以戒不虞,而今日且二百里,何也?"诩曰:"虏众多,吾兵少,徐行则易为所及,速进则彼所不测。虏见吾灶日增,必谓郡兵来迎,众多行速,必惮追我。孙膑见弱,吾今示强,势有不同故也。"②

---

① 《后汉书·冯岑贾列传》。
② 《资治通鉴》卷四九《汉纪四一》。

从这段内容看，虞诩对孙子"示形"思想的应用，充分体现了"不依法而守，而以法为用"的特点。孙膑能够"减灶灭庞涓"，是因为他摸透了庞涓骄傲轻敌、急于求胜的心理，故"卑而骄之"，将魏军引入齐兵埋伏圈以灭之。虞诩对羌兵反用"增灶计"，是因为他懂得羌人犹豫狐疑的天性，故虚张声势以逼退敌军。二人虽然各自采取的具体计策不同，但都是活用了孙子"示形误敌"的用兵理论，其最终结果也是殊途同归，都达到了以谋胜敌的作战目的。此正所谓"水因地而制流，兵因敌而制胜。故兵无常势，水无常形，能因敌变化而取胜者，谓之神"①。

《资治通鉴》中还记载了虞诩"增灶退敌"之后的后续战事，更体现出虞诩创新活用兵法的突出特点。

> 既到郡，兵不满三千，而羌众万余，攻围赤亭数十日。诩乃令军中，强弩勿发，而潜发小弩。羌以为矢力弱，不能至，并兵急攻。诩于是使二十强弩共射一人，发无不中，羌大震，退。诩因出城奋击，多所伤杀。明日，悉陈其兵众，令从东郭门出，北郭门入，贸易衣服，回转数周，羌不知其数，更相恐动。诩计贼当退，乃潜遣五百余人于浅水设伏，候其走路。虏果大奔，因掩击，大破之，斩获甚众，贼由是败散。②

从这段文字来看，虞诩对孙子的"示形"思想的运用可谓达到了极致，忽而令兵"潜发小弩"，忽而令兵"强弩共射"；时而派兵"东郭门出"，时而派兵"北郭门入"，且不时地"贸易衣服，回转数周"，同时还伴随着"出城奋击""浅水设伏"等主动进攻策略，此正如孙子所言："形兵之极，至于无形；无形，则深间不能窥，智者不能谋。因形而错胜于众，众不能知；人皆知我所以胜之形，而莫知吾所以制胜之形。故其战胜不复，而应形于无穷。"③

---

① 《孙子兵法·虚实篇》。
② 《资治通鉴》卷四九《汉纪四一》。
③ 《孙子兵法·虚实篇》。

综观虞诩的军事实践活动,其堪称是中国兵学史上活学活用兵法的典型代表,后人评论虞诩用兵也正是从这一角度,给予了高度评价:

> 虞诩增灶,千古称奇,厥后之奇谋迭出,更见智能。自永初元年,羌人为乱,连扰至十余年,将士络绎,不绝于途,求一谋略如虞诩,不可再得,汉亦可谓无人,而诩之名乃益盛。谁谓白面书生,不可与语行军哉?①

四、皇甫嵩指挥陈仓之战对孙子"因变"思想的应用

皇甫嵩(?—195年),字义真。安定朝那(今宁夏彭阳西)人。东汉末期名将,雁门太守皇甫节之子,度辽将军皇甫规之侄。

《后汉书·皇甫嵩朱儁列传》对其生平经历有详细的记载:"嵩少有文武志介,好《诗》《书》,习弓马。初举孝廉、茂才。太尉陈蕃、大将军窦武连辟,并不到。灵帝公车征为议郎,迁北地太守。"

而从史书的相关记载及后人对其用兵的评价来看,他是一位熟悉《孙子》且能充分运用孙子思想的著名将领。宋人张预在《十七史百将传》中有言:

> 孙子曰:"凡火攻,必应火变而应之。"嵩外方纵火而出兵以奔其阵。又曰:"强而避之。"嵩则闭营休士以观其变。又曰:"不战而屈人之兵。"嵩不救陈仓而走王国。又曰:"避其锐气,击其堕归。"嵩初不击贼,及其走而击之是也。②

① 蔡东藩:《后汉演义Ⅱ·党锢之祸》,万卷出版公司,2015年,第43页。
② [宋]张预:《十七史百将传》卷四。

从张预的上述评论看,皇甫嵩运用孙子思想的最大特点是善于因情制变,这在其受命围剿黄巾军的战争过程中就得以充分体现。《后汉书·皇甫嵩朱儁列传》载曰:

> 中平元年(184年)……儁前与贼波才战,战败,嵩因进保长社。波才引大众围城,嵩兵少,军中皆恐,乃召军吏谓曰:"兵有奇变,不在众寡。今贼依草结营,易为风火。若因夜纵烧,必大惊乱。吾出兵击之,四面俱合,田单之功可成也。"

在这段话中,皇甫嵩提到的"兵有奇变,不在众寡"一句,虽然不是对《孙子》原文的直接征引,却是对孙子奇正、众寡等思想的融合运用,充分体现了其对孙子思想的熟悉和灵活运用能力。后来,在征讨张角之弟张梁的作战过程中,皇甫嵩同样表现出因情制变的用兵思路:"嵩与角弟梁战于广宗。梁众精勇,嵩不能克。明日,乃闭营休士,以观其变。知贼意稍懈,乃潜夜勒兵,鸡鸣驰赴其阵,战至晡时,大破之。"

值得注意的是,《后汉书》中有关陈仓之战的记录,详细载有皇甫嵩与董卓围绕《孙子》思想讨论用兵策略的言论,这更体现出皇甫嵩"因情用变"的用兵特点。当时,凉州守将王国叛汉,率兵围困陈仓。皇甫嵩、董卓受命率兵救援,在制定用兵策略时,皇甫嵩和董卓各自表达了不同的看法:

> (董)卓曰:"智者不后时,勇者不留决。速救则城全,不救则城灭,全灭之势,在于此也。"嵩曰:"不然,百战百胜,不如不战而屈人之兵。是以先为不可胜,以待敌之可胜。不可胜在我,可胜在彼。彼守不足,我攻有余。有余者动于九天之上,不足者陷于九地之下。今陈仓虽小,城守固备,非九地之陷也。王国虽强,而攻我之所不救,非九天之势也。夫势非九天,攻者受害;陷非九地,守者不拔。国今已陷受害之地,而陈

仓保不拔之城,我可不烦兵动众,而取全胜之功,将何救焉!"遂不听。①

从这段内容来看,我们首先要肯定皇甫嵩对孙子思想理论的熟悉和把握程度,短短一段话,先后论及孙子的全胜、先胜、攻守等多个思想,而且能够将战场实践与孙子思想很自然地结合在一起。从二人论辩的实际情况看,董卓依据孙子理论,主张兵贵神速,看似很有道理,而皇甫嵩以"陈仓虽小,城守固备,非九地之陷"为主要依据,论说双方在攻守上的优势和劣势,主张采取疲敌待机的方法,以求全胜之功,却是更符合战场的实际情况。从战事后续的发展来看,情况也确如皇甫嵩所料,"王国围陈仓,自冬迄春,八十余日,城坚守固,竟不能拔。贼众疲敝,果自解去"。此时,围绕是否追击的问题,二人再次依据不同的兵法原则展开论争。

　　嵩进兵击之。卓曰:"不可。兵法,穷寇勿追,归众勿迫。今我追国,是迫归众,追穷寇也。困兽犹斗,蜂虿有毒,况大众乎!"嵩曰:"不然。前吾不击,避其锐民。今而击之,待其衰也。所击疲师,非归众也。国众且走,莫有斗志。以整击乱,非穷寇也。"遂独进击之,使卓为后拒。连战大破之,斩首万余级,国走而死。②

就这段内容来看,董卓依据兵法原则,强调"穷寇勿追,归众勿迫",而皇甫嵩却一针见血地指出"国众且走,莫有斗志""非穷寇也"。这充分表现出皇甫嵩用兵不拘于理论的杰出智慧。兵法应用,贵在符合实际,故有常法和变法之说,董卓固守常法,不懂变通,其实是没有真正悟透孙子用兵思想的精髓。

上述两段论战内容还透露出一个重要信息,即两汉时期确实是孙子思想普及化和实用化的重要阶段。这突出表现为两个方面:一是军事才能并

---

① 《后汉书·皇甫嵩朱儁列传》。
② 《后汉书·皇甫嵩朱儁列传》。

不突出的董卓也常能引用孙子之语讨论战事;二是皇甫嵩对孙子思想理论的熟悉程度令人惊讶,他在与董卓争论时,不仅对孙子原文信手拈来,而且还能将《孙子》不同篇章的内容相互融合,灵活应用,可见当时军事将领对《孙子》的学习与推崇程度。

五、吕蒙谋夺荆州对孙子"诡道"思想的应用

吕蒙(178—220 年),字子明,汝南富陂(今安徽阜南东南)人,三国时期吴国著名将领。吕蒙是中国古代将领发愤勤学的典型代表,并为后世留下"士别三日""刮目相待""吴下阿蒙"等成语典故。其中还涉及吕蒙学习《孙子》的历史佐证问题。史书有载:

> 初,权谓蒙及蒋钦曰:"卿今并当涂掌事,宜学问以自开益。"……宜急读《孙子》《六韬》《左传》《国语》及三史。……蒙始就学,笃志不倦,其所览见,旧儒不胜。①

从这段材料推测,吕蒙在孙权的激励下,发奋读书,其中当包括《孙子》等兵书,而且从张预《十七史百将传》的评论看,其学习《孙子》理论也能颇见实际成效。

> 孙子曰:"料敌制胜,计险厄远近。"蒙料贼必遁而柴险得马。又曰:"因间者,因其乡人而用之。"蒙因邓玄之而降郝普。又曰:"攻其无备。"蒙令关羽撤兵而袭南郡。又曰:"法令孰行?"蒙乡人盗笠而斩之是也。②

吕蒙对孙子思想的应用,最典型的是谋夺荆州之战,而其最大的成功之处则在于灵活运用了孙子"能而示之不能,用而示之不用"的兵者诡道原则。

---

① 《三国志·吴书·吕蒙传》裴松之注引《江表传》。
② [宋]张预:《十七史百将传》卷六。

建安二十四年(219 年)秋天,虎威将军吕蒙与孙权定下智取南郡、擒获关羽的计划。为蒙蔽关羽,吕蒙称病返回建业,孙权则命年轻的陆逊为偏将军右部督代替吕蒙。陆逊至陆口,即写信给关羽,一方面大讲双方结盟的重要性,同时极尽赞美之词吹捧关羽,并表示绝不与关羽为敌。《三国志》载曰:

> 逊至陆口,书与羽曰:"前承观衅而动,以律行师,小举大克,一何巍巍! 敌国败绩,利在同盟……仆书生疏迟,忝所不堪,喜邻威德,乐自倾尽,虽未合策,犹可怀也。傥明注仰,有以察之。"羽览逊书,有谦下自托之意,意大安,无复所嫌。逊具启形状,陈其可禽之要。①

在这里,吕蒙与陆逊成功运用了孙子"利而诱之""卑而骄之"的诡道原则。吕蒙称病休养,陆逊佯装无奈为帅且自谦为一介书生,如此主动"示弱",既契合当时三国相争的客观实际,又切实针对关羽自大孤傲的性格。结果,关羽完全丧失对东吴的防备与警惕,把留守荆州的部队调往前线,终致"大意失荆州,无奈走麦城"的被动困境。

建安二十四年(219 年)十一月,吕蒙开始夺取荆州的奇袭计划。他令将士身着白衣,伪装成商人,潜伏在伪装的商船中,昼夜兼程,进袭江陵,驻守江防的蜀军士兵毫无防范,全部被俘。接着,吕蒙让蜀军都尉虞翻写信诱降驻守公安的蜀将傅士仁,又使傅士仁引吴军迫降守江陵的蜀南郡太守麋芳,从而一举夺取荆州。《三国志》有载:

> 蒙至寻阳,尽伏其精兵舳舻中,使白衣摇橹,作商贾人服,昼夜兼行,至羽所置江边屯候,尽收缚之,是故羽不闻知。遂到南郡,士仁、麋芳皆降。②

---

① 《三国志·吴书·陆逊传》。
② 《三国志·吴书·吕蒙传》。

此战过程中,由于吴军袭击行动进行得非常隐蔽和诡秘,远在襄樊前线的关羽竟毫无察觉。此诚可谓是"能而示之不能,用而示之不用"的经典战例。

难能可贵的是,吕蒙夺取荆州之后,严格军纪,抚慰蜀军家属,安定民心,及时巩固了战后胜利成果。这应当是充分借鉴了孙子"夫战胜攻取,而不修其功者,凶,命曰费留"①的基本思想,从而体现出吕蒙良好的政治素养。邓骞对此评论说:"武昌既定,据其军实,镇抚二州,以恩意招怀士卒,使还者如归,此吕蒙所以克关羽也。"②

六、陆逊指挥夷陵之战对孙子"先胜"思想的应用

陆逊(183—245 年),字伯言,吴郡吴县华亭(今上海市松江区)人。三国时期吴国杰出的政治家、军事家。陆逊深谋远虑,智勇兼备,一生出将入相,孙权将其与"王佐之资"的周瑜相提并论。陆逊是否学过《孙子》,史书中没有明确的记载,但其在战争实践中能够充分运用《孙子》思想却是不争的事实。宋人张预《十七史百将传》有载:

> 孙子曰:"夜战多火鼓,昼战多旌旗。"逊讨费栈,益施牙幢而分布鼓角。又曰:"出其不意。"逊以吕蒙称疾而请出羽之不意。又曰:"卑而骄之。"逊与羽书有谦下之意,而羽无所嫌。又曰:"其所居易者,利也。"逊以吴班营于平地而谓必有巧。又曰:"避其锐气,击其惰归。"逊以备军始集,不击而待其疲沮。又曰:"爱民可烦。"逊谓孙桓无可忧而不必救。又曰:"我不欲战,乖其所之。"逊种豆奕棋而敌不敢蹇。又曰:"亲而离之。"逊假作式书是也。③

① 《孙子兵法·火攻篇》。
② 《资治通鉴》卷九二《晋纪一四》。
③ [宋]张预:《十七史百将传》卷六。

孙子在《形篇》中有言：“昔之善战者，先为不可胜，以待敌之可胜。不可胜在己，可胜在敌。故善战者，能为不可胜，不能使敌之必可胜。故曰：胜可知，而不可为。”深刻领悟孙子这段话的思想意旨，再结合陆逊指挥夷陵之战的整个过程加以比对，夷陵之战可谓是践行孙子先胜思想的经典战例。

章武元年（221 年），刘备为给其义弟关羽报仇，兴兵伐吴。陆逊被任命为大都督，率众将抵抗。当四万蜀军大举进攻之时，陆逊采取主动后撤、诱敌深入的战术，令部将李异、刘珂等退至夷陵、猇亭一带，把数百里的峡谷山地让给刘备。此举正所谓“无邀正正之旗，勿击堂堂之陈，此治变者也”①。当蜀军频繁挑战、吴将皆急欲迎击之时，陆逊仍严令坚守不出，甚至不惜对有些不服约束的将领绳之以军纪。此举的目的既是“避敌锐气”，也是为了等待良好的战机。当刘备派小股部队平地立营之时，陆逊看出是“利诱”之计，仍不出战。《三国志》载曰：

> 先遣吴班将数千人于平地立营，欲以挑战。诸将皆欲击之，逊曰：“此必有谲，且观之。备知其计不可，乃引伏兵八千，从谷中出。逊曰：“所以不听诸君击班者，揣之必有巧故也。②

两军相持半年之久。时至盛夏，蜀军无法速胜，逐渐暴露出各种弊端与问题，一则酷暑难耐，兵疲意懈；二则失去水、陆两军相互策应的主动权；三则蜀军延绵数百里扎营，战线太长，后勤补给困难。这正是所谓“敌之可胜”的大好机会。陆逊适时转入反攻，火烧蜀军连营，刘备大败，退守白帝城。

值得强调的是，当刘备逃往白帝城时，吴将徐盛、潘璋等人要求乘机大举攻蜀国。但陆逊认为：“曹丕大合士众。外托助国讨备，内实有奸心，谨决计辄还。”于是，仅派李异、刘珂部追踪刘备至南山，即行退兵。这又突出表

---

① 《孙子兵法·军争篇》。
② 《三国志·吴书·陆逊传》。

现了陆逊节制战争、控制战争的理性意识。不久,魏军果然发兵攻吴,但已无机可乘。贾诩因此赞曰:"孙权识虚实,陆议见兵势。"①

从夷陵之战的全过程来看,陆逊对孙子先胜思想的运用可谓是达到了化用的境界。其在战略层次上表现为忍辱负重,以柔克刚,运筹周密,关照全局。在战术指挥上,又能做到审时度势,知彼知己,敏锐抓住战机,出奇以制胜。后世对陆逊的评说也正是从这一角度立言的。冯梦龙曰:"陆逊多沉虑,筹无不中。"②《通鉴辑览》则言:"孙吴人才,周瑜而后,当推陆逊。白围之战,持以镇静,实不可及。若瑾之举措惊皇,适足偾事耳。"③

七、邓艾偷渡阴平对孙子"迂直"思想的应用

邓艾(197—264 年),字士载,义阳棘阳(今河南南阳市南)人。三国时期魏国杰出将领,著名军事家。他年轻时受过良好的教育,文武全才,深谙兵法,尤其喜欢摆兵布阵,每见高山险要,都要实地勘察地形,指画屯兵布营,即使遭别人讥笑也毫不介意。

邓艾深谙兵法,自然也熟悉《孙子》,他曾多次征引《孙子》之文议论战事,更能在战争实践中活用孙子思想,创造出多个成功的战例,而其中最经典的则是灭蜀战争中的"偷渡阴平"之役。

景元四年(263 年)八月,魏军兵分三路伐蜀。其间,钟会统领的主力军南下,被姜维阻于剑阁。剑阁乃是"一夫当关,万夫莫开"的险要,钟会久攻不下,无计可施,加之军粮不继,意欲退兵。此时,邓艾却提出了偷渡阴平,迂回奇袭的进兵策略。

> 艾上言:"今贼摧折,宜遂乘之,从阴平由邪径经汉德阳亭趣涪,出
> 剑阁西百里,去成都三百余里,奇兵冲其腹心。剑阁之守必还赴涪,则

---

① 《三国志·魏书·荀彧荀攸贾诩传》。
② [明]冯梦龙著,柯继铭编译:《智囊全集》(上),北方文艺出版社,2015 年,第 242 页。
③ 《钦定四库全书荟要·史部·编年类·御批历代通鉴辑览》。

会方轨而进;剑阁之军不还,则应涪之兵寡矣。军志有之曰:'攻其无备,出其不意。'今掩其空虚,破之必矣。"①

从此段内容来看,邓艾主张趁两军主力相持之际,以偏师出奇兵,进行纵深迂回作战,直捣蜀国龙穴,这既符合孙子的正合奇胜思想,又契合孙子以迂为直的用兵原则,更易产生"攻其无备,出其不意"之作战功效。战争的最后结局证明了邓艾谋略的正确性,魏军取阴平小道,行无人之地七百余里入蜀地,大破蜀军,刘禅遣使奉皇帝玺绶请降,蜀国灭亡。此战,作为中国军事史上以迂为直的经典范例而被载入史册。

然而,历史上也有人对此役持不同看法。宋人何去非在《何博士备论·邓艾论》中就认为,邓艾之阴平偷渡乃是急功近利心理下的一次非必要的军事冒险行动。他的主要依据是:

其一,取道阴平,并非必要。"始钟会以十万之劲而趋剑阁。姜维以摧折之师,悉于奔命,虽能拒扼,而终非坚敌也。"这就是说,姜维最终挡不住钟会的大军,阴平偷渡没有必要,邓艾组织这次行动是"不务以全策縻之",这恐怕是作者的一种臆断。

其二,偷袭途中,屡遭风险。大军行于无人之境七百余里,自然是诸多风险。"士皆攀缘崖木,投堕而下";"粮运不继","保障不足";无路可走之时,"艾至于以毡自裹,转运而下"。呜呼!这么多的危险,它会不会致万人大军于途中就覆亡呢?

其三,入蜀之后,仍是危险重重。入蜀之后,邓艾士兵靠殊死决战,才仅仅击破了诸葛瞻之师,当时幸亏刘禅畏惧投降,这才攻下成都。假若刘禅死命抵抗,又等待各地援军汇集,那么邓艾军队就是以肥肉喂饿虎了。邓艾万一失败,钟会的十万大军也会随之溃败。

作者分析的上述情况,可能性都是有的。然而,任何事情、任何问题都

---

① 《三国志·魏书·邓艾传》。

是辩证的。战争是风险聚集的领域,"兵贵出奇"是战争指导的重要法则。诸多的战争实践表明,越是常人认为最有危险、最不可行的行动方案,越是有胜利的可能性;越是敢于在敌人意想不到的时间和地点打击敌人,越有可能取得战争的全胜。从这一角度分析,何去非对邓艾偷渡阴平的指责也有很大的偏颇之处。

如果说邓艾一味喜欢军事冒险,然在灭蜀之后,邓艾精心筹划的灭吴之策却又是主张稳妥和渐进的。《三国志》有载:

> 兵有先声而后实者,今因平蜀之势以乘吴,吴人震恐,席卷之时也。然大举之后,将士疲劳,不可便用,且徐缓之;留陇右兵二万人,蜀兵二万人,煮盐兴冶,为军农要用,并作舟船,豫顺流之事,然后发使告以利害,吴必归化,可不征而定也。①

这一建议充分体现了邓艾以政治战略谋求全胜的远见卓识,可惜魏国君王不予采纳,邓艾曾据理力争,并以孙子之言自喻:"兵法,进不求名,退不避罪,艾虽无古人之节,终不自嫌以损于国也。"②但最终却引来杀身之祸。

综观邓艾一生的征战经历及军事思想,其在战争全局问题上目光远大,见解超人,具有卓越的战略智慧。而在具体作战指导中,又能料敌于先,以奇用兵,故始终能掌控战场的主动权。这些都是后人学习借鉴《孙子》的成功经验。然而,邓艾虽长于军事却不善自保,性格刚直又急于功名,这是他留给历史与后人的一大遗憾。

八、李愬雪夜袭蔡州对孙子"出其不意"原则的应用

李愬(773—821 年),字元直,洮州临潭(今甘肃临潭东)人。唐代中期名将,曾因家族背景任协律郎、卫尉少卿等军事要职。

---

① 《三国志·魏书·邓艾传》。
② 《三国志·魏书·邓艾传》。

李愬沉着勇敢,擅长谋略和兵法,常能运用示形之法,制造有利形势,对敌进行出其不意的攻击。其一生指挥的经典战例是元和十二年(817年)的雪夜谋袭蔡州(生擒敌将吴元济,平定淮西)。这一战役堪称是《孙子》用诈奇袭思想应用的成功范例。苏洵有云:

> 李愬攻蔡,蔡悉精卒以抗李光颜而不备愬,愬自文成破张柴,疾驰二百里,夜半到蔡,黎明擒元济。此用奇道也。[①]

李愬雪夜袭蔡州,实际上经历了一个较长时期的谋划过程,其间充满了惑敌、误敌的示形策略。如李愬上任之后,针对前线士气低落、军心涣散的情况,并不急于整顿。他公开对军中士兵说:"天子知道我慈爱并忍耐心强,所以让我来安抚调养你们。至于作战,不是我的事。"兵将们听后,都非常高兴,叛军闻知此事对他也更不加防备。事实上,这乃是李愬"能而示之不能,用而示之不用"的惑敌之计。再如,李愬袭击蔡州前曾派兵攻打朗山失利,士兵们都很沮丧,但这又是李愬的佯败误敌之计。事实上,在上述诡诈行为的掩护下,他已募集了三千敢死之士,日夜训练,进而完成了袭击蔡州的所有准备。

《孙子·虚实篇》有言:"微乎微乎,至于无形;神乎神乎,至于无声;故能为敌之司命。"又曰:"形兵之极,至于无形。无形,则深间不能窥,智者不能谋。"在袭击蔡州的真正实施过程中,李愬淋漓尽致地运用了孙子的"示形于无形"的用兵原则,进而创造了中国历史上经典的长途奔袭战例。

> 时大风雪,旌旗裂,人马冻死者相望。天阴黑,自张柴村以东道路皆官军所未尝行。人人自以为必死,然畏愬,莫敢违。夜半雪愈甚。行七十里,至州城。近城有鹅鸭池,愬令击之以混军声。四鼓,愬至城下,

---

[①]　[宋]苏轼:《嘉佑集》卷二《权书上》。

无一人知者。李祐、李忠义钁其城为坎,以先登,壮士从之。守门卒方熟寐,尽杀之,而留击柝者,使击柝如故。遂开门纳众。及里城,亦然。城中皆不之觉。①

从兵学理论的角度讲,孙子"诡道"原则实施的根本目的就是"攻其无备,出其不意",这可以说是战争指导理论中最核心的精华,只要掌握了这一精华理论的要义,就可以排除各种困难和阻碍,战胜任何强大的对手。从李愬谋袭蔡州这一战争案例来看,其所最终达到的正是"出其不意,攻其不备"的作战效果。

> 鸡鸣,雪止,愬入居元济外宅:或告元济曰:"官军至矣!'元济尚寝,笑曰:"俘囚为盗耳,晓当尽戮之。"又有告者曰:"城陷矣!"元济曰:"此必洄曲子弟就吾求寒衣也。"起,听于廷,闻愬军号令,应者近万人,始惧。②

另外,在其他一些战争中,李愬也都深刻贯彻了孙子的某些用兵原则。如张预在《十七史百将传》中谈道:

> 孙子曰:"用而示之不用。"愬示卑弱而有马鞍之胜。又曰:"出其不意。"愬以往亡日而击贼。又曰:"我专而敌分。"愬不取吴房,以分其力。又曰:"卒善而养之。"愬不杀降将而皆得其用。又曰:"由不虞之道,攻其所不戒。"愬坎墉登城而禽元济。又曰:"全国为上。"愬平蔡而不戮一人是也。③

---

① 《资治通鉴·唐纪》唐宪宗元和十二年。
② 《资治通鉴·唐纪》唐宪宗元和十二年。
③ [宋]张预:《十七史百将传》卷一〇。

第三节　著名军事家战争指导与孙子思想的暗合

《孙膑兵法·陈忌问垒》曾言道："明之吴越,言之于齐,曰智(知)孙氏之道者,必合于天地。"这是说,《孙子》问世之后,能够学习和了解《孙子》的人,其行为活动必能合于天地运行的基本规律,这当然也包括顺应战争发展的基本规律。而唐代兵学家杜牧在其《孙子注》序言中曾谈到这样一句话:"自武死后凡千岁,将兵者有成者,有败者,勘其事迹,皆与武所著书一一相抵当,犹印圈模刻,一不差跌。"①这句话的深刻内涵在于:《孙子》一书的主要兵学理论是指导战争行动的基本准则,凡将兵者的战争实践活动,符合孙子的基本理论必胜,违背孙子的基本理论必败。由此而言,历史上许多著名军事家虽然没有学过《孙子》,但其成功的战争指导行为和军事活动,必暗合于孙子的基本思想理论。对此,我们可选择部分典型的人物与案例予以佐证。

一、张良、陈平的战略战术谋划与孙子思想的暗合

张良(? —公元前189或前190年),字子房,河南颍川城父(今河南襄城西南)人,秦末汉初杰出的谋士、战略家,与韩信、萧何并称为"汉初三杰"。

张良出身贵族世家,其祖父张开地、父亲张平都任过韩国的宰相,这使其年少时能够接受良好的教育和政治军事素养方面的熏陶。韩国被秦国灭亡之后,张良萌生出强烈的反秦意识,故曾有"古博浪沙刺秦"的奇险经历:"良尝学礼淮阳。东见仓海君。得力士,为铁椎重百二十斤。秦皇帝东游,良与客狙击秦皇帝博浪沙中,误中副车。"②这说明,张良年轻时的性格是任侠刚勇的。

然而,"圯上受书"的传奇经历改变了他的性格和命运:"旦日视其书,乃

---

① 　[唐]杜牧:《樊川文集》卷一〇《注孙子序》。
② 　《史记·留侯世家》。

太公兵法也。良因异之,常习诵读之。"①由此,张良深悟道家兵法要旨,并最终成为一个深明韬略、文武兼备、足智多谋的军事家。

兵法的精髓都是相通的,张良学的是《太公兵法》,其在整理兵书之前是否读过《孙子》不得而知,然而其在战争实践中的谋略运用却是与孙子的诸多思想有相通之处。张预《十七史百将传》有言:

> 子房始所见下邳圯上老父与《太公书》者,后十三年从高帝过济北,果见谷城山下黄石,取而葆祠之。孙子曰:"无约而请和者,谋也。"良请啖秦将而袭击之。又曰:"智者之虑,必杂于利害。"良借前箸以破郦生之说。又曰:"善战者,无智名,无勇功。"良未尝有战斗功。又曰:"厉于廊庙之上,以诛其事。"良连筹帷幄,决胜千里。又曰:"锐卒勿攻。"良谓楚人剽疾,勿与争锋是也。②

值得强调的是,张良作为一位著名的政治家兼谋略家,其在纷纭复杂的形势中,能够具有清醒的头脑和独到的眼光,其对战局的分析往往能透过事物的表象深入到本质,并以宏观而长远的视角提出正确对策。故而张良对孙子思想实践的最大贡献乃是在战略指导层面。

当刘邦进入咸阳,想留居宫中安享富贵之时,张良以古今成败的深刻经验规劝刘邦"封秦重宝财物府库,还军霸上"。同时,"与父老约,法三章耳:杀人者死,伤人及盗抵罪。余悉除去秦法。诸吏人皆案堵如故"③。这一建议使刘邦不仅争得了民心,而且为其日后经营关中并以此为根据地与项羽争雄天下,奠定了良好的政治基础。

在鸿门宴上生死攸关之际,张良以其大智大勇,灵活应对,既巧妙地帮助刘邦脱离险境,又使项羽内部埋下了君臣相疑的祸根。

---

① 《史记·留侯世家》。
② [宋]张预:《十七史百将传》卷二。
③ 《史记·高祖本纪》。

当刘邦与诸侯联军为项羽所击败,狼狈逃至下邑,且心灰意冷、万念俱灰之时,张良又出"下邑奇谋",使得当时内外联合攻击项羽的军事联盟最终形成,进而扭转了刘邦在楚汉战争中的被动局面。《史记·留侯世家》有载:

> 至下邑,汉王下马踞鞍而问曰:"吾欲捐关以东等弃之,谁可与共功者?"良进曰:"九江王黥布,楚枭将,与项王有隙;彭越与齐王田荣反梁地;此两人可急使。而汉王之将独韩信可属大事,当一面。即欲捐之,捐之此三人,则楚可破也。"

当谋士郦食其献出分封六国之策,而刘邦刻制印玺欲以实行之时,张良借箸谏阻分封,并根据古今时移势异的道理,指出其八大弊端,从而使刘邦避免了一次重大战略失误。

当楚汉双方约定以鸿沟为界、刘邦欲引兵西归汉中之时,张良敏锐地认识到项羽腹背受敌、捉襟见肘的处境,遂与陈平共同建议刘邦猛追穷寇,毕其功于一役。而当刘邦追击项羽惨遭失败、陷入困境之时,张良又建议刘邦对韩信、彭越二人实分疆界,终使二人派大兵来援,合围项羽,通过垓下之战为楚汉战争画上了圆满的句号。

孙子在《形篇》中讲:"见胜不过众人之所知,非善之善者也;战胜而天下曰善,非善之善者也。故举秋毫不为多力,见日月不为明目,闻雷霆不为聪耳。古之所谓善战者,胜于易胜者也。故善战者之胜也,无奇胜,无智名,无勇功。"张良在楚汉战争中的谋划和贡献,恰恰符合孙子这一思想宗旨。故司马迁在《太史公自序》中评论说:"运筹帷幄之中,制胜于无形,子房计谋其事,无知名,无勇功,图难于易,为大于细。"

陈平(?—公元前 178 年),阳武(今河南原阳东南)人,西汉的开国功臣之一。陈平少时,家中十分贫困,可他又偏偏喜欢读书,尤其喜欢黄帝、老子的学说,这对其谋略素养的形成有较大的影响。至于陈平是否读过《孙子》一书,未见有确切的历史记载,但陈平的奇谋异策却常能与孙子的诡诈思想暗合,尤其是他为刘邦提出的反间、离间项羽之策最具代表性。

公元前203年,楚汉战争到了最激烈的时刻。刘邦被项羽围困在荥阳城内达一年之久,并被断绝了外援和粮草通道。刘邦向项羽求和,项羽不许,刘邦十分忧虑,此时陈平向刘邦献出了离间之计。《史记》有载:

> 陈平曰:"……顾楚有可乱者,彼项王骨鲠之臣亚父、钟离眛、龙且、周殷之属,不过数人耳。大王诚能出捐数万斤金,行反间,间其君臣,以疑其心,项王为人意忌信谗,必内相诛。汉因举兵而攻之,破楚必矣。"汉王以为然,乃出黄金四万斤,与陈平,恣所为,不问其出入。陈平既多以金纵反间于楚军,宣言诸将钟离眛等为项王将,功多矣,然而终不得裂地而王,欲与汉为一,以灭项氏而分王其地。项羽果意不信钟离眛等。①

后人曾经概括出陈平辅佐刘邦的"六出奇计",其具体内容为:离间项羽、范增,分化瓦解项羽智囊团;乔装诱敌,使刘邦从荥阳安全撤退;封韩信王郊,使韩信忠心效命刘邦;联齐灭楚,使刘邦同盟实力大增;计擒韩信,使刘邦剪除异姓王而固其刘家天下;智解白登之围,使刘邦脱离匈奴险境。

从上述内容看,尽管陈平在辅佐刘邦打天下方面也作出了杰出的贡献,然其与张良相比,二人在运用孙子思想方面是有很大差距的。

陈平是尽取孙子的"诡诈之术","不惮为诈",这方面可谓做到了极致,堪称是孙子诡诈思想应用的典型代表人物。归有光曾言:

> 陈丞相倾侧扰攘楚、魏之间,卒归高祖,常出奇计,以救纷纠之难。迨诸吕擅王,无能有所匡正,而阿意顺旨,吕氏之权,由此以起。然能将相合谋,因间而发,遂定宗庙。盖其从高祖在兵间,不惮为诈,卒以此成

---

① 《史记·陈丞相世家》。

功,可谓应变合权矣。①

而张良则能够做到仁诈合一、道术并举,兼取《孙子》思想中的仁道成分,王夫之有言:"良虽多智,而心固无私;通虽诡合,而缘饰儒术;且皆从容讽议之臣,未尝握兵而持国柄者也。"②

就战争谋略活动本身而言,对二人的评价本无须厚此薄彼,然而就不同价值观及其对后世的影响而言,我们还是更应该推崇张良。正如有学者所言:

张良、陈平,皆汉元臣也。从龙开辟,权谋固可尽除乎? 然良之术多正,平之术多谲,故平有阴祸以贻后,良以寡欲而昌终。③

二、汉武帝反击匈奴战争的战略得失与孙子思想的暗合

汉武帝(公元前156—公元前87年),是中国历史上杰出的政治家和战略家。自武帝元光六年(公元前129年)始,他集中全国的政治、经济、军事力量,历时近半个世纪的时间,最终取得对匈奴战争的决定性胜利,其中的军事谋略运用和经验积累是中国兵学史上的宝贵财富。

值得强调的是,汉武帝对匈奴的战争是一种全面的反击作战,也可以说是一场两大民族命运的战略决战。既如此,双方的战略较量,必然涉及中国古代的战略理论尤其是《孙子》中的战略思维模式和战略思想应用。汉武帝是否在反击匈奴战争中自觉运用过《孙子》,没有确凿的文献记载,然而这场战争中的战略战术运用与孙子的战略思想理论是暗合相通的,其战略上的僵化与失误,也可从孙子的战略思想中找到合理的理论依据。

---

① 《四部备要·集部·震川先生别集》卷二下。
② [清]王夫之:《读通鉴论》卷一五《宋武帝》。
③ [清]丁耀亢著,宫庆山、孟庆泰校释:《〈天史〉校释》,齐鲁书社,2009年,第155页。

　　战争初期的战略转换与孙子的"致人"思想。汉朝与匈奴之间的战争长达三个世纪。汉初,由于国力的原因,一直对匈奴采取妥协退让的态度,要么是用屈辱的和亲政策换取一时的和平,要么是被动的消极的防御作战。在汉代大多数官员看来,匈奴的军事优势及进攻策略实在是难以对付。"匈奴之性,兽聚而鸟散,从之如搏影"①;"且匈奴,轻疾悍亟之兵也,至如猋风,去如收电,畜牧为业,弧弓射猎,逐兽随草,居处无常,难得而制"②。

　　从孙子兵学理论的角度讲,汉朝这种面对匈奴的困境本质上是丧失战争主动权的表现,它违背了孙子"致人而不致于人"的兵学原则。"致人而不致于人",用现在的话来说,就是调动敌人而不被敌人所调动,控制别人而不被别人控制。这是双方在对抗过程中所追求的根本目标,也是孙子思想体系中最高层次的指导理论。所以,在《唐李问对》卷中有这样一句话:"千章万句,不出乎'致人而不致于人'而已。"

　　而如何做到"致人而不致于人"呢? 一个关键在于"攻"与"守"的地位问题。宫玉振认为:"'攻'和'守'的本质是不一样的。'守'往往是为了掩盖和防护自己的弱点,因而总是具有消极的特征;而'攻'则是为了不放过敌人每一个可以利用的弱点,具有更为积极主动的特点,更易于达成主导对抗的目标。"③克劳塞维茨也说:"绝不要采取完全消极的防御,而要从正面或侧面攻击敌人,甚至当敌人正在进攻我们的时候也要这样做。"④上述理论深刻揭示了汉朝对抗匈奴过程中一直处于被动的根本原因。

　　汉武帝对指导匈奴战争做出的最大贡献,正是因为其实现了根本性的战略转换,即将原先的消极防御战略变成了积极防御的战略。武帝即位之初,即有采取积极防御的战略以抗拒匈奴之意。他在廷议上十分明确地宣布自己的主战倾向:"单于侵盗无已,边境数惊,朕甚悯之,欲举兵攻之。"⑤

---

　　① 《史记·平津侯主父列传》。
　　② 《汉书·韩安国传》。
　　③ 宫玉振:《取胜之道:孙子兵法与竞争原理》,北京大学出版社,2010 年,第 101 页。
　　④ [德]克劳塞维茨:《战争论》,解放军出版社,1964 年,第 786 页。
　　⑤ 《汉书·韩安国传》。

"上（武帝）即位，欲事伐匈奴，而[韩]嫣先习胡兵，以故益尊贵。"①同时，汉武帝还尽情表达了自己这种"敢为天下先"的勇气和胆略："汉家庶事草创，加四夷侵陵中国，朕不变更制度，后世无法；不出师征伐，天下不安；为此者不得不劳民。"②

当然，汉武帝能够实现这种由攻代守的战略转换，也是建立在汉朝综合国力与军事实力增长的基础之上。从国家综合实力讲，经过汉初的休养生息政策，"民则人给家足，都鄙廪庾皆满，而府库余货财"③。而从军事实力讲，朝廷推行积极的养马政策，"民有车骑马者，复卒三人，车骑者天下武备也"④。至景帝二年（公元前155年），汉代养马数量达到了三十万匹，这使得汉朝的骑兵力量大为增强，进而为汉武帝对匈奴实施积极的进攻战略奠定了坚实的基础。

对匈奴反击战争开始后，尽管初期的战略转换并非一帆风顺，但马邑之战毕竟拉开了大规模对匈奴反击战争的序幕，关市反击战也对积极进攻战略做出了可贵的尝试。这不仅在汉匈战争史上具有重要的启迪价值，在世界军事史上也具有里程碑式的伟大意义。自古以来，游牧民族与农耕民族的生产、生活方式的不同决定了其战略思想与作战方式的重大差异，前者重流动与进攻，在战争中往往居于主动地位而制胜；后者重稳定与防御，在战争中往往居于被动地位而致败，这似乎是一条千年不变的真理与铁则。而汉武帝却从根本上颠覆了这一历史铁律。有学者曾指出：

> 汉武帝创造性地采取进攻性战略，将汉民族军事上的天然的防御性格改变为进攻性格，就其规模和对历史产生的巨大影响而言，汉武帝时代的汉民族是历史上唯一向游牧民族采取大规模攻势作战、并获得

---

① 《史记·佞幸列传》。
② 《资治通鉴》卷二二《汉纪一四》，征和元年。
③ 《史记·平准书》。
④ 《汉书·食货志》。

决定性胜利的农耕民族,这是东西方历史上的奇观![①]

战争中期的战略创新与孙子的迂回奔袭思想。自河南之役开始,西汉反击匈奴的战争进入中期阶段。这一时期,汉军对匈奴进行更积极主动的攻击,战略指导思想更加成熟,战略运用也表现出灵活性和创新性的特点。其最突出的表现就是将迂回奔袭战略与避实击虚、出奇制胜等思想紧密结合在一起,进而取得了全面的战略优势。按照孙子的基本理论分析,以迂为直是抢占先机问题,避实击虚是进攻方向选择问题,出奇制胜是战略战术变化问题,而这一切最终都是为了实现"致人而不致于人"的终极目的。

从河南之役的过程来看,汉武帝的战略部署与上述理论原则几乎惊人地一致。公元前127年,汉武帝派出两路大军,进攻匈奴漠南地区。一路由李息率军直击东北,吸引匈奴主力。另一路由卫青率领汉军主力出云中向西突袭匈奴右部。此战攻击的主要目标是非单于亲信且力量弱小的白羊、楼烦二部,这符合孙子避实击虚的思想原则。从进攻路线看,卫青主力部队不是取近距离方向的由南向北、由东向西进攻,而是先向东北,再向西南,进而包抄敌后,切断二部与右贤王的联系,这是典型的大规模、长距离迂回奔袭的作战方式,同时也取得了"出其不意,攻其不备"的作战效果。白羊、楼烦二部全军被歼,斩杀与俘虏匈奴7000多人,获马、牛、羊百余万头,并攻占河套地区。

公元前124年的高阙之战、公元前121年的河西之战与河南之役的战略运用几乎如出一辙。高阙之战,汉军采用少数兵力牵制匈奴左部,而集中优势兵力,长距离奔袭右贤王部,最终自认为"汉军不能至""饮酒大醉"的右贤王率少数壮骑突围逃跑,汉军获得俘敌1.5万人,取得重大胜利。河西之战,更是大规模长途奔袭作战的典范,深受汉武帝欣赏的名将霍去病,仅率万余精骑,两次大胆深入匈奴腹地,出敌不意,横扫千里,共消灭和俘虏匈奴兵八

---

①　倪乐雄:《撩开后冷战时代的帷幕》,上海人民出版社,2008年,第263页。

万多人,最终夺得战略要地河西走廊,实现了"断匈奴右臂"的战略目标。

上述作战的胜利,说明迂回奔袭战略已成为汉军对匈奴作战的成熟战略模式。这一战略模式直接源于《孙子·军争篇》的"以迂为直"思想,而整体内容体系实际包含了《孙子》最核心的作战原则,即"避实击虚,攻敌虚弱""正合奇胜,出其不意""我专敌分,集中兵力""因形造势,因变待敌"等。

然而,汉武帝并未将这种有效的迂回奔袭战略持续地贯彻下去。河西之战之后,他便急于在沙漠和草原地区寻求与匈奴主力决战。这就有了公元前119年的漠北决战。此战充分体现了《孙子》的"实力决定战争胜负"思想。汉军虽然最终取得胜利,但却是典型的"惨胜",它是不符合孙子所主张的易胜与全胜思想宗旨的。

从军事理论角度讲,主力决战或主力会战的方式虽然有大量消耗敌方有生力量的优势,但其缺陷和不足亦是非常明显的。其一,主力决战准备时间漫长,且大军行动迟缓,致使汉军难以造成进攻的突然性和震撼效果;其二,深入敌境决战,使得原先汉军"避实击虚""迂回机动"的有效作战手段难以发挥作用;其三,汉军北上决战,远离后方,物资供应困难,势必难以长久坚持。正因如此,漠北决战虽然使"匈奴远遁,而幕南无王庭",但也使汉朝元气大伤,"无复以往""久不北击胡"①。由此而言,孙子"必以全争于天下,故兵不顿而利可全"②的战略指导思想,确乎是一种最佳的战略目标选择。

战争后期的战略僵化与孙子的"战胜不复"思想。漠北决战后,双方经历过短暂的休战,而后又进入战争对决状态。其间,汉武帝多次派兵出击匈奴,均告失败。而失败的主要原因在于,其战略指导已经从根本上违背了孙子的战略思想理论,其中,最突出的表现就是战略日益僵化,缺乏灵活性和创新性,用孙子的话讲就是"不知九变之术"。

这一时期,汉武帝派兵寻求与匈奴进行的战略决战主要有两次。第一次是在天汉四年即公元前97年,出兵21万,双方苦战十几天,不分胜负,最

---

① 《史记·匈奴列传》。
② 《孙子兵法·谋攻篇》。

后无功而返。第二次是在征和三年即公元前 90 年,出兵 14 万,结果汉军死伤及被俘共 7 万人。

其失败的原因在于,汉军实力已大不如前,且此时匈奴已西迁至汉朝的西北方向,兵力更加集中,这使得汉军的补给线大大延长,同时也不利于穿插作战。更重要的原因在于,匈奴吸取了以往战争失败的教训,不再是单纯的报复性袭击或与汉军硬拼厮杀,而是代之以实用灵活的战略和策略。如在战略指导方针方面,形势不利时不断向汉朝示弱、讨好,形势有利时则又频繁进攻骚扰;在战略联盟方面,成功运用间接手段,联合西羌和西域诸国夹攻汉朝,分散汉朝兵力;在具体作战原则方面,则是加强对汉朝军队的侦察,及时进行战略转移,然后诱敌深入、迂回奔袭,伺机集中兵力围歼汉朝孤军深入的部队。如此一来,战争的主动权已完全掌握在匈奴手中,汉军只能是处处被动,处处失利。

战略活动的本质在于其灵活性和创新性。孙子讲"战胜不复"①,即言曾经给你带来优势或胜利的战略模式一旦在战争中为对方熟悉,就不能继续重复使用,曾经有效的打法一旦成为常规,就不会再有出奇制胜的效果。汉武帝晚年对匈奴战争的失败,原因正在于此。从另一角度讲,战争是一种实力对抗,战略方案的正确性及其效果必须取决于敌我双方行动的相互作用。换言之,我方有效的战略方案,必须以对手的战略决策为出发点,并充分考虑对手的可能后续反应。在匈奴已经全面改变对汉策略,注重灵活实用的情况下,汉武帝仍然寄希望于原先的主力决战模式来取胜,这更说明了其战略指导的严重错误。

三、刘秀"柔武"战略及策略与孙子思想的暗合

刘秀(公元前 5—57 年),字文叔,南阳蔡阳(今湖北枣阳西南)人,出生于陈留郡济阳县(今河南兰考)。他在新莽政权危机、社会动乱之际,顺应历

---

① 《孙子兵法·虚实篇》。

史潮流,起兵反莽,重建汉政权,史称东汉。之后,他剿灭各地割据势力,统一全国,并开创了"光武中兴"的局面,被后人评价为中国历史上杰出的政治家、军事家。

刘秀是否读过《孙子》或是否熟悉了解孙子思想,寻诸史籍,未见明确的记载。然而,其军事实践活动及军事思想却有自己明显的特色和风格。

刘秀经国治军活动的总体特点是"以柔道理天下",他将中国的柔武战略思想发展到了一种高层的境界。王夫之在总结光武帝成功的经验时说:

> 乃微窥其所以制胜而荡平之者,岂有他哉!以静制动,以道制权,以谋制力,以缓制猝,以宽制猛而已。帝之言曰:"吾治天下以柔道行之。"非徒治天下也,其取天下也,亦是而已矣。①

而就整体而言,《孙子》的兵学思想也是突出体现了柔性的风格,他虽然不像老子那样过分地推崇"柔弱胜刚强"的意义,但其强调攻与守、谋与力、静与动、全与破的辩证统一,并在此基础上提出了许多尚谋贵柔的用兵原则,诸如避实击虚、正合奇胜、以迂为直、因形造势、因情用变等等。

有鉴于此,刘秀的军事实践活动与孙子的兵学思想之间无疑是具备了相通与暗合的基本条件。

政治为先,以道制胜。孙子有明确的道胜思想,其在《计篇》中将"道"解释为:"道者,令民与上同意也。故可以与之死,可以与之生,而不畏危。"这说明,孙子的"道"具有政治内涵,他将关乎民心问题的"道"视为决定战争胜负的关键因素。然而,由于时代条件的局限,孙子并未深入探讨政治与军事的关系问题。

刘秀自觉认识到了政治与军事的相互作用,并能紧紧抓住"民心"这一影响战争胜负的根本因素,进行政治决策和战争谋划。

---

① [清]王夫之:《读通鉴论》卷六《光武》。

刘秀自起兵反莽之日起,就十分注重争取民心的问题。比如,他北上经营河北之时,当地豪雄和义军首领多拥兵割据、自立称雄,而他兵微将寡、力量薄弱,很难立足。然而,他采用了高明的政治手段,争取各方力量的支持,《后汉书·光武帝纪》言:"所到郡县,辄见二千石、长吏、三老、官属,下至佐吏,考察黜陟,如州牧行部事。辄平遣囚徒,除王莽苛政,复汉官名,吏民喜悦,争持牛酒迎劳。"《后汉书·耿纯传》也说:"窃见明公单车临河北,非有府藏之蓄,重赏甘饵,可以聚人者也,徒以恩德怀之,是故士众乐附。"这使刘秀迅速扭转了被动局面,最终在河北地区站稳了脚跟。

为了更好地收揽民心,他在战争实践中严明军纪,"禁制士卒,不得掳掠百姓"[1],"虽发师旁县,人马席荐羁绊,皆有成贾,而贵不侵,民乐与官市"[2]。建武元年(25年),刘秀派侍御史杜诗巡视洛阳,杜诗巡查到当地将军萧广"放纵兵士,暴横民间,百姓惶忧"[3]的行为,果断将其处死。刘秀为此大加褒赏杜诗,并授予其惩治不法将领的专权。建武十二年(36年)十一月,大将吴汉打败公孙述之后,放纵士兵在成都掳掠民众,并焚烧宫室。光武帝闻知后对其痛加斥责。《后汉书》载曰:

> 城降三日,吏民从服,孩儿、老母,口以万数,一旦放兵纵火,闻之可为酸鼻! 尚宗室子孙,尝更吏职,何忍行此? 仰视天,俯视地,观放麑啜羹,二者孰仁? 良失斩将吊人之义也。[4]

伐谋伐交,不战屈人。孙子之全胜思想是战争指导的最高境界。然而,能否真正领悟孙子全胜思想之精髓,最终取得孙子全胜思想之成效,却并不是每一位战争指挥者能够轻易做到的。刘秀以其柔武思想为根基,将孙子

---

① 《后汉书·朱佑传》。
② [东汉]班固、刘珍、蔡邕等撰:《东观汉记》卷一《世祖光武皇帝纪》。
③ 《后汉书·杜诗列传》。
④ 《后汉书·隗嚣公孙述列传》。

的伐谋、伐交思想有机融入其中,创新探索了实现全胜的有效途径。

首先,活用孙子的伐交思想,实施"远交近攻"策略。比如,在平定各地割据势力时,其基本思路是先取关东,后收陇蜀。这是因为,占据陇蜀之地的隗嚣、公孙述等势力,虽实力强大,但距离新建的中央政权较远,威胁不大。所以,刘秀对其主要采取拉拢政策,"赞以文王三分,许以计功割地",最终使其成为汉军联盟,这就使得汉军能够"释关陇之忧,专精东伐"①。此后,刘秀陆续平定了刘永、张步、董宪、李宪、秦丰、彭宠等割据势力,同时又击败逼降了绿林、赤眉等起义军力量。在最后剿灭隗嚣、公孙述之时,也是采取了分而治之的用兵策略,先灭隗嚣,再灭公孙述,此种伐谋伐交、各个击破的战略思想,完全符合孙子之易胜、全胜的思想宗旨。

其次,威慑与教化并用,获取全胜之功。瓦亭之战是剿灭隗嚣势力过程中的关键战役,敌方守将是牛邯。光武帝获悉王遵和牛邯是老朋友,遂诏令王遵修书于牛邯:"今车驾大众,已在道路,吴、耿骁将,云集四境,而孺卿以奔离之卒,拒要厄,当军冲,视其情形何如哉?"②这是典型的战略威慑,然又与教化手段结合使用,"今孺卿当成败之际,遇严兵之锋,宜断之心胸,参之有识,毋使古人得专美于前,则功成名立,在此时矣。幸孺卿图之!"此种威慑与劝导相结合的柔武策略,大获成功,牛邯倒戈归附。牛邯的归降,还产生了更大的战略效益,隗嚣手下的大将十三人及兵士十余万,皆降顺归附汉朝。此诚可谓真正的"兵不顿而利可全"。

教化为先,柔远以德。孙子曾强调,在战争胜利之后要及时巩固战果,所谓"夫战胜攻取,而不修其功者,凶,命曰费留"③。为了重建战后秩序,刘秀十分注重利用儒家的思想,以教化民众、稳定民心。如修庙堂,建太学,立五经博士,完善法令制度,特别是通过选拔任用"重厚之吏",以改造民风。同时,为了更好地安抚人心,刘秀又非常重视对士大夫知识分子的任用与扶

---

① 姜正成:《刘秀告诉我如何才能与时俱进》,中国物资出版社,2015 年,第 215 页。
② 《后汉书·隗嚣公孙述列传》。
③ 《孙子兵法·火攻篇》。

植。他所到之处,"未及下车,先访儒雅"①,并诚恳言曰:"今天下散乱,兵革并兴,得士者昌,失士者亡。梦想贤士,共成功业,岂有二哉!"②在他的影响之下,其下属官员群体和朝政治理也颇具"儒者气象",所谓"群雄崩扰,旌旗乱野,东西诛战,不遑启处,然犹投戈讲艺,息马论道"③。儒家思想的优势在于教化民众,稳定社会秩序,其充分利用和发挥了儒家的这一优势,收到了安定天下的效果。

再如,在统一战争之时,刘秀坚持"柔远以德"的治边政策,以求全胜之功。他不仅大赦西北各地为隗嚣所诱迫的官员及乐浪谋反株连的下属人员,还颁布释放陇、蜀、凉、益的奴婢为庶民的法令,并废除了边郡"盗谷五十斛罪至于死"的苛律,这些措施都有效缓解了边疆地区的矛盾和危机。难能可贵的是,刘秀"谨厚"的性格特点,使他绝不会为了自己所谓的"万世功业"而穷兵黩武。建武二十七年(51年),有些将领建议乘"匈奴饥疲,自相纷争"之机进击匈奴,并预言"北虏之灭,不过数年",而刘秀的回答是:"舍近谋远者,劳而无功,舍远谋近者,逸而有终……今国无善政,灾变不息,百姓惊惶,人不自保,而复欲远事边外乎?"④自此之后,守边之将都以固守为本,莫敢轻言战事。于是,边疆遂宁,民众生活得以安定。

总之,刘秀的柔武思想与孙子的用兵智慧是颇为相通的。在刘秀的思想观念中,战争制胜不能单纯以武力拼胜负,而是要从政治的高度,凝聚人心,以仁德取天下,同时还要从策略的视角,实现善战和易胜的功效。对于刘秀的这种战略和策略思想,我们可以"柔道"释之,也可以孙子的全胜和道胜释之。刘秀自己就讲:"柔者德也,刚者贼也,弱者仁之助也,强者怨之归也。"⑤王夫之极为赞同刘秀这种经国治军的大智慧。他言道:"柔道非弱之

---

① 《后汉书·儒林列传》。
② [晋]袁宏撰,李兴和点校:《袁宏〈后汉纪〉集校》,云南大学出版社,2008年,第5页。
③ 《后汉书·樊宏阴识列传》。
④ 《后汉书·臧官列传》。
⑤ 《后汉书·臧宫列传》。

谓也,反本自治,顺人心以不犯阴阳之忌也。"①

四、慕容恪"以慈掌兵"与孙子思想的暗合

战争是反人性的,兵家是重功利、轻感情的,一名将领若是太顾忌手下士兵的性命,很可能会贻误宝贵战机,招致战争惨败的结局。所以,古人讲"慈不掌兵","一将功成万骨朽"是千百年来战争之常态。然而,在历史的长河中,智者总会追求战争的理想境界,儒家孔孟讲仁战,兵家孙子讲全胜,他们都力图最大限度约束战争的暴力性,进而将战争造成的灾难和损失降至最低。而在指挥千军万马、历经战场血腥的无数将领中,也从来不乏一些仁人君子,自觉或不自觉地践行孙子的全胜理念,十六国时期燕国的名将慕容恪正是这样一位杰出的代表。

慕容恪(?—367 年),字玄恭,昌黎棘城(今辽宁义县)人,鲜卑族,十六国时期前燕杰出的政治家、军事家。

慕容恪性格沉稳大度,一生身经百战,多次以弱胜强,攻灭许多割据政权,是历史上少有的常胜将军。虽然,没有任何史料依据证明慕容恪学过《孙子》,然每次征战,他都力求减少伤亡,兵不血刃,可谓是孙子易胜、全胜思想的真正践行者。王猛有言:"慕容玄恭信奇士也,可谓古之遗爱矣!"②王夫之则评论其曰:"五胡旋起旋灭,殚中原之民于兵刃,其能有人之心而因以自全者,唯慕容恪乎!"③

鲁口之战。公元 352 年,慕容恪奉命率兵讨伐镇守鲁口(今河北饶阳)的王午(公开称安国王,对抗前燕)。鉴于鲁口城池坚固,暂难攻克的形势,慕容恪没有急于进攻,而是顺手将城外的庄稼尽数收割,撤回中山(今河北定州市)。直到十月,慕容恪依然没有进攻鲁口,而只是进行积粮、修筑攻城器具等准备工作。其间,中山苏林起兵于无极,自称天子,慕容恪依孙子"避

---

① ［清］王夫之:《读通鉴论》卷六《光武》。
② 《资治通鉴》第一〇二卷《晋纪二四》。
③ ［清］王夫之:《读通鉴论》卷一三《穆帝》。

实击虚"原则,先行攻击并平定擒杀苏林。在这一过程中,王午为其部将所杀,鲁口之军陷于混乱。慕容恪见时机成熟,遂于354年,再次发兵围鲁口,最后克之。此战充分运用了孙子"先为不可胜,以待敌之可胜"的用兵理论,也深刻体现了慕容恪与孙子一样力避"攻城之灾"的用兵理念。

广固之战。公元356年,慕容恪率兵东进,攻打自称齐王的军阀段龛,双方交战之后,段龛退守坚城广固(今山东益都)。燕军诸将请求强攻,而慕容恪却下令围而不攻,他对众将解释说:

> 龛兵尚众,未有离心,尽锐攻之,杀吾士卒必多矣,自有事中原,兵不暂息,吾每念之,夜而忘寐,要在取之,不必求功之速。①

为了爱护麾下士卒性命,宁可持久围困,也不求于速战。这真可谓是"以慈掌兵"的典范,其较之那些执着于功名利禄、不惜士兵性命的将领而言,实在是值得后人敬仰。最终的结果是,燕军围城达七个月之久,直到段龛军粮尽绝,出城死战,而后投降。燕国自此平定山东。司马光在《资治通鉴》中对于此战有更详细的记载:

> 前大司马恪围段龛于广固,诸将请急攻之,恪曰:"用兵之势,有宜缓者,有宜急者,不可不察。若彼我势敌,外有强援,恐有腹背之患,则攻之不可不急。若我强彼弱,无援于外,力足制之者,当羁縻守之,以待其毙。"②

野王之战。公元361年,此前降伏的军阀吕护再次起兵反叛,据守于战略要地野王,联络东晋,欲袭取燕都邺城。慕容恪率军五万征讨。此战,慕容恪又一次拒绝了属下将领的强攻建议,依旧是围而不攻,直到围困其五个

---

① [清]王夫之:《读通鉴论》卷一三《穆帝》。
② 《资治通鉴》第一○○卷《晋纪二二》。

月后,叛军力尽粮绝,才一举将其击溃。《晋书》载曰:

> 恪曰:"护老贼,经变多矣。观其为备之道,未易卒平。今圉之穷城,樵采路绝,内无蓄积,外无强援,不过十旬,其毙必矣,何必遽残士卒之命而趣一时之利哉! 吾严浚围垒,休养将卒,以重官美货间而离之。事淹势穷,其衅易动;我则未劳,而寇已毙。此为兵不血刃,坐以制胜也。"遂列长围守之。①

能够自觉地以爱护士兵生命为宗旨,尽量减少战争中的伤亡,这成为慕容恪用兵作战的独特风格。同时,慕容恪对于对方将领亦不忍杀戮,无奈杀之,则常怀有愧疚之心。公元365年,"寻为恪所攻,城陷,被执,神气自若。恪奇而将宥之,其中军将军慕舆虔曰:'劲虽奇士,观其志度,终不为人用。今若赦之,必为后患。'遂遇害。恪还,从容言于慕容晞曰:'前平广固,不能济辟闾,今定洛阳而杀沈劲,实有愧于四海'"②。同时,慕容恪治军也多体现出仁德、恩信的特点,《晋书·慕容恪载记》有载:

> 恪为将不尚威严,专以恩信御物,务于大略,不以小令劳众。军士有犯法,密纵舍之,捕斩贼首以令军。营内不整似可犯,而防御甚严,终无丧败。

慕容恪的用兵与治军风格,在历史上产生了深远影响。数十年后,后燕为复国与军阀翟辽发生战争之时,只因燕军统帅是慕容恪之子(慕容楷),翟辽部众便纷纷奔走传颂,"太原王之子,吾之父母"③,以至于倒戈归顺者络绎不绝。再后来,唐、宋两朝廷也因为慕容恪的生平操守和人格魅力,破例将

---

① 《晋书·慕容恪载记》。
② 《晋书·沈劲传》。
③ 《晋书·慕容垂载记》。

慕容恪这样一个胡族政权的亲王,进入华夏王朝的武庙中祭祀,让他成为唐之武庙64将、宋之武庙72将之一。

慕容恪能够以仁德治兵的根本原因,在于少数民族汉化背景下儒家思想的熏陶和影响。慕容氏虽然源出东胡鲜卑,然而经过慕容廆、慕容皝两代在辽东的数十年时间经营,其汉化程度已经很深,这包括大量任用汉官、招揽汉民的政治举措,亦包括吸收运用汉族的先进文化和儒家思想。慕容恪取字"玄恭",本身就能说明这一问题。玄者,天玄地黄之玄;恭者,君子敬而无失、恭而有礼之恭。既为"慕容玄恭",确也人如其名。慕容恪一生饱读汉族经史典籍,史称其"每所言及,辄经纶世务……罢朝归第,则尽心色养,手不释卷"①,如此沉溺于汉族先进文化,并严格以汉人士大夫的行为准则要求自己,这使其无论在当世及后世,均拥有了圣贤之名。

慕容恪仁德治兵的成功及深远影响,也充分说明了一个深刻的道理,即儒家政治伦理对兵家的实践活动确有指导与规范作用。战争是客观存在的,但战争暴力又是必须约束和控制的;战争要取一时之"功利",但又不能抛弃"仁德"之根本。故而,兵家之权谋诡诈和儒家之仁义相辅相成、有机融合,成为必然。

五、张巡守雍丘、睢阳之指挥方略与孙子思想的暗合

张巡(709—757年),蒲州河东(今山西永济西)人。他从小博览群书,智慧过人,成年后更是志向远大,不拘小节。安史之乱时,张巡率兵抵抗叛军,在双方兵力悬殊,且内无粮草、外无援兵的情况下,他先守雍丘,后守睢阳,阻挡叛军达两年之久,有效遏制了叛军南犯之势,最终因粮草耗尽而被俘遇害。雍丘和睢阳保卫战是中国历史上典型的以少击多、以弱抗强的战争案例。张巡之所以能够长期坚守危城,固然与其杰出的军事才能有密切关系,同时也从客观上证明了孙子兵学谋略在战争中的巨大价值和作用(未

---

① 《晋书·慕容垂载记》。

见史料说明张巡学过《孙子》）。

"**出奇制胜**"。张巡守城，不是消极固守，而是守中有攻，且能充分运用孙子"出奇制胜"的理论对敌人进行反攻、偷袭，以此达到守城的目的。比如雍丘之战刚开始时，张巡认为："贼兵精锐，有轻我心。今出其不意击之，彼必惊溃。贼势小折，然后城可守也。"①于是，趁敌人立足未稳之时，派兵突然出城袭敌获胜，这是其防守战中第一次运用出奇之法。后来，雍丘被围日久，城中粮食殆尽之时，他又让士兵佯装在城南出城攻击，而突然袭击了叛军停在河上的运粮船。这是第二次出奇制胜。再后来，张巡继续不断地变换其出奇制胜的策略：

> 城中矢尽，巡缚藁为人千余，被以黑衣，夜缒城下，潮兵争射之，久乃知其藁人，得矢数十万。其后复夜缒人，贼笑不设备。乃以死士五百斫潮营，潮军大乱，焚垒而遁，追奔十余里。潮惭，益兵围之。②

孙子在《势篇》中讲："故善出奇者，无穷如天地，不竭如江河。"张巡的主动出击及奇正相生战术无疑是很好地做到了这一点，他不断地对叛军进行出其不意的攻击，使叛军无法正确判断唐军的进攻方向和意图，一次又一次地上当中计。这也是张巡能够以寡抗众、坚守孤城的重要原因。

"**因情应变**"。由于叛军兵多将广，在攻城时能够做到四面围攻，如此一来，张巡就面临"无所不备，则无所不寡"③的被动局面，为此，他采取了"勒大将教战，各出其意"的防守策略。他说：

> 古者人情敦朴，故军有左右前后，大将居中，三军望之以齐进退。今胡人务驰突，云合鸟散，变态百出，故吾止使兵识将意，将识士情，上

---

① 《资治通鉴》卷第二一七《唐纪三三》。
② 《新唐书·忠义·张巡传》。
③ 《孙子兵法·虚实篇》。

下相习,人自为战尔。①

从具体作战方式上讲,张巡先后进行过防御作战中的伏击战、夜袭战、火攻战、反击战、追击战等多种作战形式。而从战术变化上讲,张巡又先后运用过火烧叛军、草人取箭、出城取木、诈降借马、鸣鼓扰敌、城壕设伏、削蒿为箭、火烧蹬道等多种战术方法。总之,什么战术适合就用什么,何种战术能消灭敌人就用什么,恰如孙子所言:"故其战胜不复,而应形于无穷……故兵无常势,水无常形,能因敌变化而取胜者,谓之神。"②丘濬在《大学衍义补》中评价说:

> 自古名将不用古兵法者三人,汉霍去病、唐张巡、宋岳飞而已,皆能立功当时,垂名后世,然则兵法果不可用耶?曰兵法譬则奕者之谱也,谱设为之法尔,用之以应变制胜则在乎人,兵法亦犹是焉。③

"因粮于敌"。孙子在《作战篇》有言:"善用兵者,役不再籍,粮不三载,取用于国,因粮于敌,故军食可足也。"由于张巡所坚守的是孤城,无法得到政府方面的粮草供应,故张巡在守城作战中,切实践行了孙子"因粮于敌"的用兵思想。每次作战结束后,张巡都会抓住一切机会夺取敌方物资,收缴敌人的车马、牛羊、器械。同时,他还能主动创造夺取敌人物资的作战机会,如偷袭粮船、草人借箭、出城取木、诈降借马等等。总之,"自兴兵,器械、甲仗皆取之于敌,未尝自修"④,此种"取给于敌"的策略,也是张巡能够长时间坚守孤城的重要原因。

"大仁为本"。"大仁为本"是战争中的基本道德要求,也是《孙子》暗含

---

① 《新唐书·忠义·张巡传》。
② 《孙子兵法·虚实篇》。
③ [明]丘濬:《大学衍义补》(第五册),中州古籍出版社,1995 年,第 1819—1820 页。
④ 《资治通鉴》卷第二二〇《唐纪三六》。

的兵学思想之一。孙子明白,为了战争全局和国家民众的整体利益,有时候部分士兵的牺牲是必要的。所以,孙子尽管有"视卒如爱子"①的观念,但同时又会提出一种近乎冷酷的用兵主张:"吾士无余财,非恶货也;无余命,非恶寿也。令发之日,士卒坐者涕沾襟,偃卧者涕交颐,投之无所往者,诸、刿之勇也。"②张巡也同样面临这种复杂的战争难题。至战争后期,张巡所守城池已经陷于粮草殆尽的境地。城内居民和士兵先吃树皮、纸张、鸟雀、老鼠、铠甲,最后只能吃人。张巡率先杀死自己的爱妾,让士兵吃,然后是吃城中的老弱妇孺,至睢阳城破之时,原先有四万户口的睢阳城仅剩四百活人。

对张巡鼓励吃人之举,时人颇有非议。"议者或罪张巡以守睢阳不去,与其食人,曷若全人。"③然而,立足全国战争大局看待此事,也并非绝对的不仁不义。张巡坚守雍丘和睢阳,目的在于阻挡叛军染指江淮。这不仅保障了整个唐政府的财赋和交通运输线,更使江淮物资能顺利运往关中,同时也为唐军组织反攻赢得了宝贵的机会。"唐人皆以全江、淮为巡、远功。按睢阳虽当江、淮之路,城既被围,贼若欲取江、淮,绕出其外,睢阳岂能障之哉!盖巡善用兵,贼畏巡为后患,不灭巡则不敢越过其南耳。"④由此看,张巡牺牲少数人的性命,以换取数百万甚至上千万百姓免遭涂炭,也算是残酷战争中"大仁为本"的表现。正因如此,司马光在《资治通鉴》中为其鸣不平:

> 彼颜杲卿、张巡之徒,世治则摈斥外方,沉抑下僚;世乱则委弃孤城,齑粉寇手。何为善者之不幸而为恶者之幸,朝廷待忠义之薄而保奸邪之厚邪!⑤

王夫之《读通鉴论》也对张巡的"食人"之举作出了近似辩护的评价:

---

① 《孙子兵法·地形篇》。
② 《孙子兵法·九地篇》。
③ 《资治通鉴》卷第二二〇《唐纪三六》。
④ 王星智编著:《中国历史》,汕头大学出版社,2015 年,第 211 页。
⑤ 《资治通鉴》卷第二二〇《唐纪三六》。

张巡捐生殉国,血战以保障江、淮,其忠烈功绩,固出颜杲卿、李澄之上,尤非张介然之流所可企望,贼平,廷议褒录,议者以食人而欲诎之,国家崇节报功,自有恒典,诎之者非也,议者为已苛矣。虽然,其食人也,不谓之不仁也不可。……若张巡者,唐室之所可褒,而君子之所不忍言也。①

---

① [清]王夫之:《读通鉴论》卷二三《肃宗》。

第六章　秦汉至隋唐时期孙子学的
　　　　地位和影响

就整个孙子学史的发展而言,春秋战国是孙子学的发轫和奠基时期,秦汉至隋唐是孙子学的形成和初步发展时期,两宋和明代是孙子学发展的高峰时期,清代和民国是孙子学发展的转型时期。

秦汉至隋唐时期孙子学的发展,具有承上启下的重要意义。其中,两汉时期,在继承先秦时期优秀兵学思想的基础上,取得了多项孙子学发展的杰出成就,尤其是西汉任宏整理兵书,确立了《孙子》的学术地位;东汉末年曹操注《孙子》,开启了孙子学注解时代,这两项成就标志着孙子学的基本形成。之后的三国及两晋南北朝时期,虽然《孙子》思想的传播应用较为活跃,但孙子学的理论研究却几乎没有像样的学术成果,孙子学发展处于低潮时期。然而,在经历几百年的历史沉淀之后,大唐盛世终于为孙子学的发展创造了良好的条件,以至于出现了《孙子》注解的繁荣局面及《唐李问对》这样深度阐释孙子学理论的优秀成果,它标志着孙子学的发展进入兴盛时代,同时也为宋明孙子学的发展繁荣奠定了坚实的基础。

一、秦汉至隋唐时期孙子学发展的历史地位

《孙子》诞生之后的战国中晚期,其研究和应用已经达到了历史上的一次高潮。从理论研究的角度讲,《孙膑兵法》《吴起兵法》《尉缭子》等著作,从不同角度和层面继承和深化了孙子思想。从战争实践的角度讲,孙子思想被广泛应用于大国之间的兼并战争,并产生了广泛的社会影响。如孙膑

曰:"明之吴越,言之于齐,曰智(知)孙氏之道者,必合于天地。"①临武君曰:"兵之所贵者势利也,所行者变诈也。善用兵者感忽悠暗,莫知其所从出,孙吴用之无敌于天下,岂必待附民哉?"②韩非子更谈道:"境内皆言兵,藏孙吴之书者家有之。"③

探究这一时期孙子思想发展和应用的主要原因有以下三个方面:

其一,大国之间围绕争夺土地和人口的兼并战争日益频繁而激烈,战争决定国家兴衰存亡,所谓"战胜而强立,故天下服"④。因此,统治者高度重视战争的作用,同时也注重研究战争指导及兵法谋略,这是《孙子》备受推崇的客观实践基础。

其二,战国时期出现了"百家争鸣"的文化繁荣局面,大大推动了思想文化领域的进步。如重人轻神的进步政治观念,恤民仁本的爱民保民思想,朴素的唯物论和辩证法思想,这些都深刻影响了孙子兵学思想体系的构建。而战国末期学术兼容的大趋势,进一步推动了孙子思想与诸家思想的融合。这使得当时孙子学发展具有良好的学术文化条件。

其三,战国时期出现的崇谋尚诈、重视功利的社会观念,也是推动孙子思想发展的重要原因。正如班固在《汉书》中所言:

> 春秋之后,灭弱吞小,并为战国……雄杰之士因势辅时,作为权诈以相倾覆,吴有孙武,齐有孙膑,魏有吴起,秦有商鞅,皆禽敌立胜,垂著篇籍。当此之时,合纵连衡,转相攻伐,代为雌雄。齐愍以技击强,魏惠以武卒奋,秦昭以锐士胜。世方争于功利,而驰说者以孙、吴为宗。⑤

秦汉至隋唐时期,孙子学发展已经失去了战国时期那种备受推崇的有

---

① 《孙膑兵法·陈忌问垒》。
② 《荀子·议兵》。
③ 《韩非子·五蠹》。
④ 《孙膑兵法·见威王》。
⑤ 《汉书·刑法志》。

利环境,而从政治上讲还处于受压制的状态。秦朝禁书令之下,《孙子》传播与研究的恶劣环境自不待言。两汉时期,政府在社会层面对《孙子》持贬抑态度,同时又有班固为代表的儒者对孙子"诈力"思想的激烈批判。三国两晋南北朝时期,由于受到玄学清谈及道教、佛教的影响,《孙子》学术研究更是受到智识阶层的冷落。即便是思想文化比较开放的唐代,孙子的官方地位也因受儒家思想的排挤而屈居姜尚和张良之下。从著述成果来看,尽管此时已出现了《唐李问对》这样成熟的孙子研究理论专著,也只能算是浩瀚星空中的零星闪烁,其与宋明时期繁荣的兵学著述成果相比,几乎不可同日而语。其中的根本原因在于:封建大一统的政治格局形成之后,统治者所关注的社会问题已经从"取天下"转变为"安天下",在这样的社会大环境之下,主要为战争服务的孙子谋略和兵学理论必然受到各种压制和打击。从更深层的原因来讲,这一时期的军事技术与作战方式与战国时期相比虽然有变化,但并未出现根本性的变革,因而孙子兵学思想也缺乏实现本质性飞跃和创新的巨大动力。

然而,这并不意味着这一时期孙子学的发展停滞不前。战国时代崇尚兵学的历史惯性,各类战争实践的客观需求,思想文化界相对宽松的文化政策(不像宋明时代受理学的束缚和控制)以及官方对兵法与兵书的整理与重视,仍然推动孙子兵学在历史长河的波涛汹涌中不断前行,并取得了诸多方面的成就(与战国时期的发展高潮相比,这一时期可谓是孙子学暗流潜行、成果逐步积累的时期)。

从孙子学文献发展的角度讲,西汉三次大规模的兵书整理,确立了《孙子》的学术地位;司马迁在《史记》中为孙武立传,奠定了孙子本事研究的基础;曹操首次为《孙子》作注,开启了《孙子》早期注解时代;唐代注家杜佑、杜牧、李筌等人的著述,迎来了《孙子》注解的繁荣时期。

从孙子学理论发展的角度讲,《吕氏春秋》《淮南子·兵略训》《太白阴经》等综合性典籍,在融合儒、道、法诸家思想的基础上,推动了《孙子》战争观理论的完善与改造;曹操、杜佑、杜牧等人对《孙子》的经典诠释,本身也蕴含着对孙子思想理论的创新与发展；而《唐李问对》《卫公兵法》对《孙子》基本范畴和主要兵学思想的深入探讨，更标志着孙子兵学理论研究进入成熟阶段。

从孙子兵学普及与应用的角度讲，由于西汉统治者对《孙子》持"外贬内尊"的态度，统治阶层内部很多人学习和研究《孙子》，也更加认可与推崇《孙子》的社会价值，最终在魏晋时期确立了《孙子》"兵经"的历史地位。在战争实践中，两汉时期的王朝战争、反击匈奴战争，魏晋南北朝时期的三国攻伐战争、南北对峙战争，唐朝时期的开疆拓土战争、平叛战争及藩镇割据征战，都为孙子思想应用提供了客观的实践基础。而韩信、赵充国、皇甫嵩、诸葛亮、曹操、李靖、李世民等统帅或名将也成为孙子思想实践应用的杰出代表。

从上述内容看，秦汉至隋唐时期孙子学的发展，一方面继承了战国末期兵学繁荣的优秀成果，另一方面又以深刻的兵学理论研究和丰富的战场实践经验，为宋明时期孙子研究高峰的到来奠定了坚实的基础。因此，这一时期的孙子学发展在整个孙子学史上具有承上启下的历史地位，它是孙子学相关理论研究和应用成果不断拓展的重要时期。

二、秦汉至隋唐时期孙子学发展的基本特点

就孙子学史的发展而言，将秦汉至隋唐作为孙子学发展的一个大的历史阶段还是比较合理的。因为无论从官方政策或学术文化环境以及战争变革实践的角度讲，《孙子》思想研究、传播和应用的客观条件基本是一致的。而从孙子学研究的主体和基本内容来看，这一时期研究《孙子》的人物和成就也具有一些共性的特点。

(一)《孙子》研究群体的多层次和学习应用的多样化

秦汉至隋唐时期，朝廷对于《孙子》基本持"外贬内尊"的态度。这虽然使《孙子》思想难以传播至广大民众中去，然而就上层社会或统治阶层而言，

还是比较活跃和广泛的。其中,既包括负责战争决策和指挥的封建帝王、著名统帅,也包括指导战争实践的一般将领,还包括一些关注时政、喜好兵法的文人。这些人因身份地位的不同,其对孙子思想的认知和应用明显表现出层次上的差异。而就它们的研究成果而言,则有多样化的特点,既包括专门的兵书著作,也包括一些综合性典籍中的兵学专篇,还包括散见于君臣诏书、奏议的谈兵言论及文学作品对《孙子》思想的反映。

1.封建帝王对《孙子》思想的研究和应用

封建王朝大多都是在血与火的战场拼杀中建立的,许多帝王都是马上皇帝,其在战争指导和决策过程中离不开兵法理论的指导,因而他们自觉或不自觉地成为《孙子》理论的学习者或践行者。如前所述,西汉汉武帝欲教霍去病学习"孙吴兵法",由此推断他本人也应学过兵法。三国时孙权更直接说自己是"统事以来,省'三史'、诸家兵书,自以为大有所益"①。南北朝混战之际,汉主刘渊"尤好《春秋左氏传》《孙吴兵法》"②;宋武帝刘裕谋略出众,用兵多合于《孙子》,他的言论中多有"兵贵神速""众寡""虚实"等兵家用语;后赵主石勒目不识丁,曾请人代读兵法典籍,史载其用兵能够"合于机神,虽不视兵书,暗与孙吴同契"③。在唐代,唐太宗李世民更有系统研究和讨论《孙子》思想的言论留存于《唐李问对》中。

这一研究群体对孙子学的发展有两个突出贡献:

其一,表明了政府层面对《孙子》的支持与肯定立场,进而带动起朝廷内部学习《孙子》的高涨热情和活跃氛围。在封建社会中,封建帝王具有至高的权威和影响,他们的态度和言行往往决定着某个学派或某种文化的发展方向和前景。在两汉至隋唐时期,之所以在某些大的时段内能够形成一种《孙子》学习较为普遍化的状态,与不少封建帝王欣赏《孙子》、提倡《孙子》的态度直接相关。

---

① 《三国志·吴书·吕蒙传》。
② 《晋书·刘元海载记》。
③ 《晋书·石勒载记》。

其二,某些封建帝王因为具备良好的政治素养和军事斗争经验,往往能够立足于政治与军事相结合的高度认识和运用兵法理论,注重战争实践中的"道权结合""全破统一""利害兼顾",这无疑是《孙子》研究和应用的最成功的经验。如李世民就颇能体悟孙子理性战争观的重要价值。他说过:"夫兵甲者,国家凶器也。土地虽广,好战则民凋,中国虽安,忘战则民殆。凋非保全之术,殆非拟寇之方;不可以全除,不可以常用。"①同时,李世民又多能在战争实践中创新总结与发挥孙子的用兵原则。他曾谈道:"吾自少经略四方,颇知用兵之要,每观敌阵,则知其强弱,常以吾弱当其强,强当其弱。彼乘吾弱,逐奔不过数十百步,吾乘其弱,必出其阵后反击之,无不溃败,所以取胜,多在此也。"②

2. 著名统帅对《孙子》思想的研究和应用

这一群体当为对《孙子》研究和应用贡献最大者。一方面,他们都拥有良好的军事理论素养,对《孙子》思想和理论有着较为深入系统的研究。另一方面,他们都拥有对军队的全面指挥权和决策权,更能从宏观和长远的视角认识《孙子》思想的价值,在战争过程中也能真正体会到孙子思想应用的制胜效果,且往往能结合个人智慧对孙子思想做出创新性的贡献。以下的丰富例证足以佐证这一深刻结论:

楚汉战争中的著名统帅韩信乃是在战争实践中创新应用孙子思想的杰出代表。其在井陉之战中出奇的战争谋划,堪称是孙子思想应用的经典案例,那么韩信是否是在自觉主动地应用孙子思想呢?据《史记·淮阴侯列传》载,韩信大破赵军之后,与属下有一段对话:

> 诸将效首虏,毕贺,因问信曰:"兵法右倍山陵,前左水泽,今者将军令臣等反背水陈,曰破赵会食,臣等不服。然竟以胜,此何术也?"信曰:"此在兵法,顾诸君不察耳。兵法不曰:'陷之死地而后生,置之亡地而

---

① [唐]李世民著,唐政释译:《帝范》,新世界出版社,2009 年,第 103 页。
② [宋]司马光:《资治通鉴》卷一九二《唐纪八》,武德九年条。

后存'？且信非得素拊循士大夫也，此所谓'驱市人而战之'，其势非置之死地，使人人自为战；今予之生地，皆走，宁尚可得而用之乎？"

从这段对话来看，韩信既能在战争实践中自觉地践行孙子思想，同时也能理性地进行创新发挥应用。兵书中谈论的仅仅是用兵一般的原理，但用兵之时却要创造性应用，甚至反其道而行之。孙子在《九变篇》中讲："途有所不由，军有所不击，城有所不攻，地有所不争，君命有所不受。"这五个"有所不"，强调的正是对常规、常理、常法的逆向应用，亦即用兵作战要敢于突破传统的思维习惯和思维定式而变。

东汉末至三国时期的曹操是将《孙子》思想理论和应用相结合的将帅典范。曹操一生兵学著述甚多，而其在战争实践中，更能将孙子的"兵以诈立"思想运用得炉火纯青，《三国志·魏书·武帝纪》裴松之注引《魏书》有云："其行军用师，大较依孙、吴之法，而因事设奇，谲敌制胜，变化如神。"

诸葛亮作为蜀国军事统帅，其透彻领悟和运用的是《孙子》的大战略思想。如《隆中对》深刻反映了孙子"庙算"之战略预测思想；"赦孟获以服南方"充分反映了孙子之"夺心""全胜"思想。而其以法制为上的经国治军思路也是得益于对孙子理论的深刻领悟："孙武所以能制胜于天下也，用法明也。"①司马懿作为三国时魏国杰出的军事统帅，一生征战，多用孙子之奇谋，综观其"神速平孟达""智抵西蜀""平定辽东""退敌征吴"等战争谋划，常法中有变法，变法中合常法，可谓是达到了孙子思想实践应用的至高境界。

李靖作为唐代杰出的战争统帅，其对孙子理论的研究水平在整个隋唐时期几乎无人能够超越（这一点深刻表现在《唐李问对》中）。而其理论研究水平越高，其对《孙子》思想精髓的把握越精准，战争实践中也就越能够设计出"大胆出奇"的用兵方案，并由此获得超出常人的战争效益。正如清代汪宗沂在《卫公兵法辑本·序》中所言："如卫公者，夙精兵略，参孙子、吴起而

---

① 《三国志·蜀书·诸葛亮传》。

大其用。"

3. 一般将领对《孙子》思想的研究和应用

这一群体涉及人员和种类较多,对《孙子》思想研究和应用的程度也参差不齐。

第一种类型:自觉学习《孙子》,且能在战争实践中主动运用《孙子》思想以取得实践成效。比如,在西汉反击匈奴战争中,能够创新运用孙子"迂回奔袭"思想的卫青;东汉时期,活用孙子"示形"理论,以"增灶计"大破羌军的名将虞诩;三国时期,"中年折节读书"并能将所学孙子理论付诸夺荆战争实践的吕蒙;偷渡阴平,迂回突袭灭蜀的邓艾;唐朝时期,说降回纥首领,力求以全胜退敌的名将郭子仪,等等。

第二种类型:在战争实践中引用《孙子》的某些言论以论战争问题,但其对《孙子》的研究程度或应用成效未见更充分的史料记载。比如,陈汤云:"夫胡兵五而当汉兵一,何者?兵刃朴钝,弓弩不利。今闻颇得汉巧,然犹三而当一。又兵法曰:客倍而主人半然后敌。"①西汉冯奉世答皇帝曰:"臣闻善用兵者,役不再兴,粮不三载,故师不久暴而天诛亟决。"②新莽朝严尤曰:"兵法:围城为之阙,宜使得逸出,以怖宛下。"③东汉王霸曰:"苏茂客兵远来,粮食不足,故数挑战,以侥一切之胜。今闭营休士,所谓不战而屈人之兵,善之善者也。"④三国陈泰有言:"(姜)维以乘胜之兵,挫峻城之下……兵书云'修橹轒辒,三月乃成,拒堙三月而后已'。"⑤

第三种类型:熟悉《孙子》思想理论,但未能得其真谛和精髓,反而因照搬照抄《孙子》而导致战争失败。如井陉之战中韩信的对手陈馀,也能引《孙子》言论分析当时的战局,但却因错误的理解和判断,而致全军溃败;在陈仓解围之战中,与皇甫嵩争论的董卓显然也懂《孙子》,然其运用孙子思想分析

---

① 《汉书·傅常郑甘陈段传》。
② 《汉书·冯奉世传》。
③ 《汉书·王莽传》。
④ 《后汉书·铫期王霸祭遵列传》。
⑤ 《三国志·魏书·陈群陈泰传》。

战事的认知和结论却明显是错误的;三国蜀将马谡也十分熟悉兵法理论,但却因照搬《孙子》"好高而恶下"的思想,终致街亭之败。由此可知,《孙子》虽为兵家圣典,由不同的人运用,效果也大不相同。

照搬《孙子》思想失败的根本原因在于:每一种兵法体系,都带有进行综合时难免的局限性,兵法与实战之间存在着永远无法解决的矛盾。在实战中,任何一个措施对敌方都会产生不同的作用,根据一般情况制订的作战计划常常被意外的特殊情况干扰,由此产生的变化只能靠判断和悟性去处理。而这也正是孙子强调"兵家之胜,不可先传"的原因。何去非曾明确谈道:

> 盖兵未尝不出于法,而法未尝能尽于兵。以其必出于法,故人不可以不学。然法之所得而传者,其粗也。以其不尽于兵,故人不可以专守。①

4.封建文人对孙子思想的研究和应用

文人论兵是中国历史上常见的文化现象。在春秋战国时期,儒、墨、道、法等各家学派都有自己对战争问题的看法和主张。秦汉至隋唐时期,文人论兵的现象得以延续和发展,它虽然不像后来宋明时期那样普遍而影响深远,但在孙子思想研究领域,这方面的代表人物和相关成果也层出不穷,进而成为一支推动孙子学发展的重要力量。

第一种类型,是文人著作中涉及对《孙子》思想的学习和应用。其中,最有代表性的是《淮南子》。该书的兵学专篇《兵略训》,对《孙子》十三篇几乎都有征引,相关论述既有对孙子战争观理论的补充和完善,也有对孙子用兵原则的阐释和发挥。再如,司马迁的《史记》不仅记载了孙武的生平,而且能够深入分析《孙子》的社会地位和价值,并能借用《孙子》的思想观点来评价军事历史人物。班固的《汉书》涉及孙武及《孙子》的内容也不少,但大都是

---

① 《何博士备论·霍去病论》。

列传中所载人物对孙子思想的引用,而班固本人对《孙子》则持明显的排斥态度,《汉书·刑法志》载曰:

> 世方争于功利,而驰说者以孙吴为宗。时唯孙卿明于王道,而非之曰:"彼孙吴者,上势利而贵变诈;施于暴乱昏嫚之国,君臣有间,上下离心,政谋不良,故可变而诈也。"

第二种类型,是一部分封建文臣或文人结合时政,对《孙子》思想进行研究和应用。比如,前边提到的东汉王符即属于此类代表。王符所著《潜夫论》一书,主要讨论守国安民之策,而其中许多内容都有对《孙子》思想的征引、阐释及分析。难能可贵的是,王符生活的东汉时代,统治者"偃兵修文",兵法思想并不受重视,但他却能根据当时的边疆危机形势,充分借鉴《孙子》思想,提出自己一系列的守边主张,这是非常难能可贵的。

又如,唐文宗时宰相李德裕在奏章中多引孙子之文以佐证自己的观点。如"兵法云,善用兵者,致人之师,不可自致。所谓致人者,是令其自来"[1];"兵法云,疾雷不及掩耳。又云,用兵只闻拙速,不闻巧迟。去春杨弁便是速讨之力,旬日而平"[2];"多设反间,密用奇谋,使自归心,岂劳兵力,观衅而动,取若拾遗。此兵法所谓'不战而屈人之兵,善之善也'"[3]。

再如,唐代大诗人杜牧不仅为《孙子》作注,而且能结合安史之乱后的国家形势写出多篇时政文章,论及孙子思想的应用。其中,《罪言》对《孙子》的庙算思想、地形思想、攻守思想等多有征引和应用。《战论》充分运用孙子的地形和虚实思想,论证了河北在国家安全中的重要地位。在《上门下崔相公书》中,杜牧更直接引用了孙子先胜和全胜的用兵思想:"见胜不过众人之所知,非善之善也;战胜而天下曰善,非善者也;百战百胜,非善之善者也;能不

---

① [清]董诰:《全唐文》,中华书局,1983年,第7236页。
② [清]董诰:《全唐文》,中华书局,1983年,第7215页。
③ [清]董诰:《全唐文》,中华书局,1983年,第7179页。

战而屈人之兵,乃善之善者也。"

另外,唐代不少文人的论策也涉及对孙子思想的应用。如唐代政论家陆贽针对边远少数民族的侵袭,提出了"以己之长击敌之短"的指导思想,颇符合孙子"避实击虚""致人而不致于人"的用兵原则。同时,陆贽也能直接征引《孙子》原文,以论述时政问题,如他曾提出:"据险以乘之,多方以误之……不战而屈人之兵。"①

第三种类型,是一般文人对孙子思想的学习和征引。由于统治者的大力提倡,有些文人尽管并不通晓军事,但却在不同的时机和条件下学习和引用了孙子思想。如杜恕、曹植曾分别上疏云:

> 方今二贼未灭,戎车亟驾,此自熊虎之士展力之秋也。然缙绅之儒横加荣慕,扼腕抗论以孙、吴为首。②
> 愿得策马执鞭,首当尘露,撮风后之奇,接孙、吴之要……效命先驱,毕命轮毂。③

另外,刘向的《新序》、杨雄的《扬子法言》、赵晔的《吴越春秋》、袁康的《越绝书》、王充的《论衡》、郑玄的《周礼注》、高诱的《吕氏春秋注》等著作典籍对《孙子》的言论和思想也都有不同程度的涉及和引用。这部分人对《孙子》思想未必有深入系统的研究,但其言行却能够起到传播和弘扬《孙子》思想的社会效果。

总之,这一时期的文人论兵大多是抱着肯定和支持的态度学习或讨论《孙子》的,除班固和"贤良文学"等少数儒家人物以外,大多数文人都主张将孙子思想有针对性地用于实践,并能在社会上起到推动《孙子》传播和发展的积极作用,这与宋代以贬抑《孙子》为主的文人论兵现象是截然不同的。

---

① [唐]陆贽:《陆宣公集·论缘边守备事宜》。
② 《三国志·魏书·杜恕传》。
③ 《三国志·魏书·陈王曹植传》。

当然,任何一个时期,文人论兵或文人非兵的负面影响和作用也是不可避免的。如北齐文学家、教育家颜之推在《颜氏家训·诚兵》中即有这样一段深刻的分析:

> 国之兴亡,兵之胜败,博学所至,幸讨论之。入帷幄之中,参庙堂之上,不能为主尽规以谋社稷,君子所耻也。然而每见文士,颇读兵书,微有经略。若居承平之世,睥睨宫阃,幸灾乐祸,首为逆乱,诖误善良;如在兵革之时,构扇反覆,纵横说诱,不识存亡,强相扶戴,此皆陷身灭族之本也。

(二)《孙子》思想与诸子思想的融合进一步加强

自战国晚期开始的学术兼容趋势,至秦汉之际的大一统时期得以延续和发展。此后的三国两晋南北朝和隋唐时期,统治者都实行相对宽松的思想文化政策,从而使得孙子为代表的兵学思想与儒、墨、道、法诸家思想在并存互补的格局下,得到进一步的沟通和融合,这是该时期孙子学发展的一个突出特点。

如秦朝《吕氏春秋》的编撰是对先秦诸子思想的初步糅合,它"采儒墨之善,撮名法之要",吸收兵家、阴阳家的观点,形成完整的思想体系。在这一前提下,《吕氏春秋》以儒家思想为基础,对孙子的战争观理论进行了补充和完善。再如,西汉时期之《淮南子》具有同样的特点,"它是博采众长的产物,继承前代的兵学成就,以道家谋略取天下,以儒家思想安天下,以法家原则勒将卒,以阴阳家观点识形势,凸显一定的时代精神"①。而《兵略训》作为该书专门论述兵学问题的篇章,在兵学理论的建构上既广泛吸收先秦各家的思想,又结合新的时代条件对其进行阐发,形成许多新的观点。如《兵略训》

---

① 黄朴民:《两汉兵学的发展及主要特色》,《光明日报》2002 年 12 月 19 日第 3 版。

提出兵学中的道本思想："所谓道者,体圆而法方,背阴而抱阳;左柔而右刚,履幽而戴明,变化无常。得一之原,以应无方,是谓神明。"然另一方面,《兵略训》又将此"道"融入儒家的政治思想,明确提出"兵之胜败,本在于政"的政胜观念。

魏晋南北朝时期,学术兼容、博采众长的文化趋势在这一时期的兵学建树中亦表现得非常明显。例如,曹操研究《孙子》的学术基础,首先是依托于汉代经学,以《诗》《书》《易》为根本,以黄帝、商汤、周武王为圣人,完全符合儒家的精神。同时,曹操又能冲破汉经学的藩篱,大力推崇兵、法两家的实用理性精神,如他既注重"揽申商之法术,该韩白之奇策"[1],又认同兵家重战、慎战的理性战争观,也比较讲究谋略制胜。再如,诸葛亮对《孙子》的研究和应用,也是在继承先秦兵家思想的基础上,吸收申、韩学说的精髓,并杂取儒、道诸家之长。他特别重视兵、儒、法三家理论的有机贯通与融合,袁准赞曰:"行法严而国人悦服,用民尽其力而下不怨。及其兵出入如宾,行不寇,刍荛者不猎,如在国中。其用兵也,止如山,进退如风,兵出之日,天下震动,而人心不忧。"[2]其他像司马懿、王猛等人的军事思想观念也同样注重兼取儒、法、兵家的思想之长,鲜明地反映了当时的兵学理论建设注重综合、强调兼容的一般特点。

唐朝廷在思想文化方面采取较为开放宽容的政策,故其在对国家、军队和战争问题的认识上,亦能平等地对待儒、道、法、兵等诸家思想,这使得唐代的孙子研究者大多具有诸家思想融合的学术背景。唐太宗李世民就是其中典型的代表。如他赞成老子的说法,认为"兵者,凶器,不得已而用之。……自古以来穷兵极武,未有不亡者也"[3]。然而,他同时又继承了孙子的理性战争观,并不因此消极地反对战争。对于周边少数民族政权,他主张采取

---

① 《三国志·魏书·武帝纪》。
② 《三国志·诸葛亮传》裴注引《袁子》。
③ [唐]吴兢编撰,段曹注释:《崇文国学经典普及文库·贞观政要》,崇文书局,2015 年,第 200 页。

儒家"远人不服,则修文德以来之"的外交方略,但同时强调国家要搞好国防建设,做到"安不忘危,治不忘乱,虽知今日无事,亦须思其始终"①。他赞成儒家"足食、足兵"的主张和法家"富国强兵"的思想,但同时又反对穷兵黩武,认为"甲兵武备诚不可阙,然炀帝甲兵岂不足耶? 卒亡天下"②。他崇尚孙子"兵者诡道"思想,但同时又指出:"周得天下,增修仁义。秦得天下,益尚诈力。此修短之所以殊也。盖取之或可以逆得,守之不可不顺故也。"③从长远来看,李世民这种儒、道、法、兵诸家思想兼容的战争观深刻影响了整个唐代兵学的发展,其他唐代兵家研究《孙子》也充分体现了这一特点。

总之,秦汉至隋唐时期的孙子兵学研究,是在诸家思想交汇、融合的大趋势下延续发展的,当时的兵法研究者们,将道家的"道德"、儒家的"仁义"、兵家的"权谋"、法家的"刑赏"有机地统一起来,构筑起一个内容更为丰富和全面的兵学理论体系,从而进一步推动了孙子兵学内容的充实和发展,尤其是促进了孙子战争观理论的丰富和完善。

(三)《孙子》兵学理论与实践的创新成就比较突出

秦汉至隋唐时期,一方面,建立在大一统基础之上的宏阔文化精神、政府主导下的兵学文献整理及军事技术与战争方式的改进,都为孙子学的创新发展提供了基础条件。另一方面,在学术兼容、思想文化政策相对宽松的条件下,孙子学的发展并未像宋明时期那样受到儒家思想的严格控制和束缚。有学者指出:"儒家经学成为官方哲学,但是这一时期的儒生,尚能保持对包括兵家在内的其他诸子的宽容态度和基本的尊重,而在治国实际中,以儒、法、道诸家兼容并用,具有比较宽广的思想文化胸襟。"④

正因如此,孙子学理论研究能够以较为理性的态度和方法进行,而孙子

① [唐]吴兢编撰,段曹注释:《崇文国学经典普及文库·贞观政要》,崇文书局,2015 年,第 217 页。
② 张明、于井尧:《中国古代军事思想史》,吉林文史出版社,2006 年,第 106 页。
③ 白乐天主编:《中国通史》(第 2 卷),光明日报出版社,2002 年,第 566 页。
④ 李桂生:《孙子学流变研究》(上),齐鲁书社,2020 年,第 50 页。

思想的应用也能够顺应战争活动的特点和规律,故这两个方面的创新成就都是比较突出的。

1. 对孙子兵学范畴的创新阐释

《孙子》思想的创新发展必然以孙子兵学范畴的创新阐释为基础。这方面的成就一是反映在本时期《孙子》注解的著述之中,二是表现于有关《孙子》思想理论的兵学论著之中。

曹操的《孙子略解》虽然简约,但多有创新之见。如对《计篇》之"将帅五德",曹操注曰"将宜五德备",这明显深化了孙子的思想要旨。再如,论《势篇》之"奇正",曹操注曰:"先出合战为正,后出为奇""正者当敌,奇兵从傍击不备也",这明显揭示了孙子奇正思想的基本内涵。对于《谋攻篇》之"十则围之",曹操也提出自己的创新之见:"以十敌一则围之,是将智勇等而兵利钝均也。若主弱客强,不用十也,操所以倍兵围下邳生擒吕布也。"[1]这类精辟的见解,均在一定程度上创新解读了孙子的兵学思想。

《唐李问对》作为该时期孙子兵学理论研究的代表性作品,就奇正、主客、形势、攻守、虚实等兵学范畴均作出了创新性的阐释。如该书提出了"善用兵者,无不正,无不奇""故正亦胜,奇亦胜"[2]"攻是守之机,守是攻之策"[3]"兵贵为主,不贵为客"[4]等一系列精辟论断,从而丰富和完善了这些兵学范畴的基本内涵。对此,《四库全书总目提要·子部兵家类》曾有深刻的总结:"其书分别奇正,指画攻守,变易主客,于兵家微意时有所得。"

《太白阴经》关于"形神"概念的阐发,也具有一定程度的创新性。"形"指军队物质力量,"神"指军队精神。李筌指出:"夫兵之兴也,有形有神。旗帜金革,依于形;智谋计事,依于神。战胜攻取,形之事,而用在神;虚实变化,神之功,而用在形。"[5]同时,李筌在阐述孙子诡道思想时,对"心迹"这对

---

① 《十一家注孙子·谋攻篇·曹操注》。
② 《唐李问对》卷上。
③ 《唐李问对》卷下。
④ 《唐李问对》卷中。
⑤ 《太白阴经·兵形》。

矛盾也作出了独到的阐发："谋藏于心,事见于迹;心与迹同者败,心与迹异者胜。"①这些内容深刻揭示了"形"与"神"、"谋"与"事"的辩证关系,从而丰富和发展了《孙子》关于"形""谋"的理论范畴。

2. 对孙子主要兵学思想的创新发展

秦汉至隋唐时期,许多经典兵书对于孙子兵学的一些主要思想内容,也有创新性的发展。比如,关于孙子的全胜思想,《吕氏春秋》将义兵与"谕威"紧密结合起来论述,从而赋予了孙子全胜思想新的意旨。《仲秋纪·论威》曰:

> 举凶器,行凶德,犹不得已也。举凶器必杀,杀,所以生之也;行凶德必威,威,所以慑之也。故慑民生,此义兵之所以隆也。故古之至兵,才民未合,而威已谕矣,敌已服矣,岂必用枹鼓干戈哉?故善谕威者,于其未发也,于其未通也,宵宵乎冥冥,莫知其情,此之谓至威之诚。

就某些用兵原则而言,这一时期的兵家亦提出了不少创新之见。例如,孙子在《军争篇》中曾提出"归师勿遏""穷寇勿迫"等用兵原则,这既是用兵守度的体现,也与春秋时代士兵非职业兵的制度有关(春秋时代发生战争,士兵乃临时征集,战事结束即遣散回家,故全歼敌人在战略目标问题上没有意义)。然而,"时移则事异",历史条件一旦变化,固守孙子的上述用兵原则,无疑是错误的。杜佑在这一方面就提出了自己创新的见解,他一反孙子"归师勿遏"的用兵原则,而是主张"敌退追奔"②,并引《卫公兵法·部伍营阵》的话说:"诸战锐等队打贼败,其驻队队别量抽骁健二十人逐北。其辎重队遥叫作声援,不得辄动。跳荡队、奇兵队趁贼退不得过百步,如审知贼徒败散,仍须取机追逐。"

对于"穷寇勿迫",杜佑在《通典》中也举出一个与《孙子》思想主张完全

---

① 《太白阴经·沉谋》。
② [唐]杜佑:《通典·兵典·兵七》。

相反的例子：

> 后汉末，荀攸从曹公征吕布，至下邳，布败固守，攻之不拔，连战，士卒疲，曹公欲还。攸与郭嘉说公曰："吕布勇而无谋，今三战皆北，其锐气衰。三军以将为主，主衰则军无奋意。且布之谋主陈宫，有智而迟，今及布气之未复，宫谋之未定，进急攻之，布可拔也。"乃引沂、泗灌城，城溃，生擒布。①

就整个的孙子兵学思想体系而言，唐人也作出了不少创新性的贡献。这方面最典型的乃是李筌的《太白阴经》。众所周知，《孙子》一书主要以战略战术性的军事理论为主，对兵技巧之类的内容较少涉及，而《太白阴经》则首次把"人马医护""武器装备""军仪典制"以及"古代方术"等内容统统纳入著述范围，从而大大开拓了孙子兵学理论的内容体系。具体如，该书"杂仪"部分保留了兵制和仪式方面的资料，如拜将的仪式、幕府的设置、誓师的言辞、出兵的条令，还包括各类军事祭文和各式军事捷报等；"战具"部分记述各类武器装备，包括常用器械、攻城器械、守城器械、火攻器械、水战器械、指挥器械等；"预备"部分记述了战备方面的资料，如修筑城墙、设置烽燧、规定夜号、使用向导、屯田储粮等；"阵图"部分则保存了大量唐代教阅时的阵图资料；"药方"部分则详细记述了行军作战中人马的多发常见病和刀枪创伤以及医治药方，从而开创了我国古代兵学著述史上"以医入兵"的先例；"占候"部分记述各种占卜、推算方法，从而将古代方术内容列入兵书范围。上述内容，对后世研究战具、战术的发展史而言，都是极其珍贵的史料。

3. 对孙子兵学思想的创新实践应用

这方面的创新成果大多与本时期军事装备和军事技术的变革密切相关。汉武帝时期，是中国军制史上由车骑并用向骑兵作战为主转变的重要

---

① ［唐］杜佑：《通典·兵七·兵机务速》。

阶段。大规模使用骑兵集团,快速机动,有利于兵力的实时调度和集结,这无疑为孙子长途奔袭、攻其虚弱、出奇制胜等思想的创新应用奠定了基础。卫青突袭龙城,攻占河套,包括高阙之战、河西之战都是以少数兵力迷惑牵制敌军主力,然后集中优势兵力,在长距离奔袭中大规模歼敌之一部。霍去病的战法更是对汉军战术观念的深刻变革,其作战指挥的最大特点是大胆出奇,深入腹地,以最快的速度完成迂回穿插,对匈奴进行合围,然后"夺其所爱",从最薄弱的环节对匈奴实行毁灭性打击。二人对《孙子》迂回突袭、我专敌分、出奇制胜、避实击虚等思想的创新运用均已达到了上乘的境界。

魏晋南北朝时期对孙子思想的创新应用,也带有明显的时代特征。在南北对峙中,南方的战争指导者认识到自己水战之优势,而北方的战争指导者则认识到自己骑战之优势,在此基础上双方都灵活运用了《孙子》的"避实击虚"理论。如赤壁之战前夕,周瑜在分析对方兵力缺陷时指出:"舍鞍马,仗舟楫,与吴越争衡,本非中国所长,又今盛寒,马无蒿草,驱中国士众远涉江湖之间,不习水土,必生疾病。"①再如,东晋之时,征西将军庾亮欲乘后赵统治者石勒新死,准备北伐,而侍中蔡谟认为此乃"以我所短击彼所长",正确的策略应是"开江延敌",将北军诱至长江附近,求得内线歼敌。② 与南方不同的是,北方的战争指导者则是将取胜的希望寄托在自己熟悉的骑战作战方式上。如东魏叛将侯景曾叮嘱部下说:"西人善水战,不可与争锋;若得马步一交,必当可破。"③上述案例都是在新的历史条件下,将孙子有关的用兵原则与擅长的作战方式有机结合起来进行创新应用。

隋唐时期,武器装备及作战方式的变化也为孙子思想的创新实践提供了良好条件。这一时期,轻骑兵逐渐代替了重甲骑兵。另外,作战兵器向多样、锋利、重型、杀伤力强等方向发展,这对唐代战法及兵法思想的应用必然有影响。尤其是李世民和李靖,二者在战争和战役具体指挥上,善于利用当

---

① 《三国志·吴书·周瑜传》。
② 吕思勉:《两晋南北朝史·两晋卷》,华中科技大学出版社,2016 年,第 138 页。
③ 吕思勉:《两晋南北朝史·南北朝卷》,华中科技大学出版社,2016 年,第 237 页。

时已有的军事装备和技术,变革兵学理论,成功地指挥了许多重大战役,其作战指挥艺术代表了这一时期的最高水平。比如,李世民在唐初一些重大战役中通常惯用的战法是:先利用坚固城防"持久弊之""待衰而击",继而利用重型及杀伤力强的武器"冲其阵后""表里奋击",最后利用轻骑兵乘胜追歼、穷追猛打。这无疑是将孙子"先为不可胜""避其锐气,击其惰归"等思想与当时作战条件有机结合起来,形成了一种新的作战模式。再如,李靖在唐初一些重大战役中取得的胜利,也是在轻骑兵广泛使用的条件下,将孙子长途奔袭、出奇制胜等思想的应用发展到一种新的高度。

总之,秦汉至隋唐时期,《孙子》研究者和实践者在继承战国时期优秀兵学思想的基础上,兼容诸家,博采众长,既有理论观念上的改造与完善,又有实践应用上的拓展与创新,从而将整个孙子兵学理论提高到一个新的水平,对后世孙子学的发展产生了深远影响。

(四)《孙子》学习和研究的实用成效显著

秦汉至隋唐时期,孙子兵学理论的研究虽然也不断发展、深化,然而就《孙子》理论著述的数量和质量而言,难以与先秦时期相媲美,更难以与后来的宋元明清时代相抗衡。然而,这一时期的孙子学发展独立性较强,较少受到儒家德化思想的影响和控制,相关学习和研究比较注重务实性,这也使得孙子学的发展呈现出实用和实效性的特点。

两汉时期的孙子兵学实践具有很强的时代感和针对性,诸多应用案例都体现在边防问题上。如西汉赵充国的《屯田制羌疏》,针对当时西羌诸部北徙、骚扰西汉边境城邑的具体形势,提出了"罢骑兵屯田,以待其敝"[①]的主张,它实际是对孙子先胜、全胜等思想的借鉴应用。再如东汉王符的《潜夫论》,根据东汉时期西羌之乱未断的边防态势,专列《劝将》《救边》《边议》《实边》诸篇,有针对性地阐发了有关边疆防御和建设的观点,其中不少内容

---

① 《汉书·赵充国传》。

都借鉴了孙子的思想理论。

在作战指挥方面,汉人强调对《孙子》兵学原则的运用要因时因地制宜,灵活运用各类条件和因素,以达到战争制胜的目的。如韩信在井陉之战中"背水列阵",表面上违背孙子"绝水必远水"的用兵原则,而实际上此举既有"示形误敌""利而诱敌"之计,又有旁出奇兵,迂回偷袭之策;既能依托地形巧妙达成兵力部署的"任势"效果,又能运用"死地则战"的用兵原理充分发挥士兵战斗力。整个战争过程,处处展现出孙子思想应用的光辉,这也是韩信能够在敌强我弱、各方面条件都极为不利的情况下大败赵军的主要原因。

汉代的朝臣或军事指挥人员在制定作战方案时,多以《孙子》的言论作为讨论、决策的依据。比如,《汉书·娄敬传》记载娄敬极力主张以"全胜"之术制敌;《汉书·冯奉世传》记载冯奉世用"役不再兴,粮不三载"的言论回答皇帝关于用兵数量的问话;《后汉书·杨震传》记载杨震与刘陶讨论用孙子"不战而屈人之兵"理论对付黄巾起义;《后汉书·冯岑贾列传》记载冯异用"攻者不足,守者有余"的言论,解释自己据城以逸待劳的原因等等。这些都说明了汉朝人已将《孙子》的军事思想切实运用到了战争指导之中。

魏晋南北朝时期,由于国家混乱,战事频繁,各政治军事集团都在极力寻求战争制胜之道,自然会关注《孙子》为代表的兵书与兵法,但这种关注并非理论上的研究和创新,而是追求孙子思想在战争中的实践应用和实用效益。具体言之,这一时代兵学思想的发展水平主要表现为兵法原理与军事实践的有机结合。比如,三国魏将满宠为诱骗东吴水军登陆,上表建言曰:"孙子言:'兵者,诡道也。'故能而示之以弱不能,骄之以利,示之以慑。此为形实不必相应也。又曰:'善动敌者形之'。今贼未至而移城却内,所谓形而诱之也。引贼远水,择利而动,举得于外,福生于内矣。"[①]再如,三国魏将毌丘俭、文钦谋反,谋士王基向司马师进言"兵闻拙速,未睹工迟之久",劝其速

---

① 《三国志·魏书·满宠传》。

进兵征讨。司马师想等各路军集合齐后再出发,王基说:"将在军,君令有所不受。彼得则利,我得亦利,是谓争城,南顿是也。"①上述两则战例,都是先后两次引用《孙子》的思想或言论作为决策依据,可见人们对《孙子》思想的推崇和自觉运用程度。同时也说明,将帅重视和学习《孙子》乃是偏重军事对策性研究,着眼于兵法基本原则的实际应用而不是抽象的兵学原则阐发。

值得强调的是,这一时期,《孙子》思想不仅被运用于战争实践中的战术指导和决策,而且能够集中体现在宏观层面的战略决策或治军的过程中。如诸葛亮的《隆中对》及《前出师表》、羊祜的《平吴疏》、杜预的《平吴表》、王濬的《伐吴疏》、王猛的《临终谏伐晋言》等,都是借鉴了孙子庙算思想的战略对策方案,具有很强的实用性和可操作性,可谓是孙子兵学理论与战争实践有机结合的产物。再如,司马氏统一三国过程中,实行"慰巴蜀之心"的政治战略,钟会在蜀将姜维投降后的上言书中讲:"有征无战,帝王之盛业。全国为上,破国次之;全军为上,破军次之:用兵之令典。"②

隋唐时期,孙子兵学思想运用的实用化效果也比较突出。从唐代军事战略的制定方面看,李渊集团为夺取天下制定的"乘虚入关,号令天下"战略,乃是借鉴了孙子"避实击虚""致人而不致于人"的基本原则。在平定安史之乱过程中,郭子仪、李光弼提出的"北取范阳,覆其巢穴"的建议和对策,充分体现了孙子"以迂为直""夺其所爱"的战略原则。另外,杜佑、杜牧、陆贽等人也能充分运用孙子思想,对安史之乱后的藩镇割据问题提出合理的建议和对策。这些内容均是以具体的鲜活的战争实践案例丰富了孙子战略战术思想的内容体系,在中国古代军事学术思想发展史上作出了杰出的贡献。当然,在上述军事实践经验总结的基础上,这一时期的人们也对孙子兵学思想,形成了新的认知和见解。如《唐李问对》《卫公兵法》等兵书都是孙子兵学思想与战争实践有机结合的杰出代表。

---

① 《三国志·魏书·徐胡二王传》。
② 《三国志·魏书·钟会传》。

三、秦汉至隋唐时期孙子学对社会各个领域的渗透与影响

秦汉至隋唐时期,学术思想文化的政治环境相对宽松。政府层面对兵书的基本政策虽时有变化,但总体上采取内尊外贬的态度,从而使得《孙子》的社会地位得以确立,影响不断扩大,并在统治阶层中形成了学习、应用和推崇《孙子》的思潮和风气,而这也使得孙子思想能够超越战争实践活动,不断向社会各个领域渗透,以至于在中医治病、商业经营、武术博弈、弈棋艺术、文学艺术等方面均取得了不少传播应用的成就。

(一)《孙子》思想与中医治病

《黄帝内经》大约是在战国成形,汉代编订,该书可谓是将兵法原理引入医学领域之滥觞。《黄帝内经·灵枢·逆顺》中有载:"兵法曰:无迎逢逢之气,无击堂堂之阵。刺法曰:无刺熇熇之热,无刺漉漉之汗……"这明显是借用了孙子"避其锐气,击其惰归"的思想说明一个重要的治病原理,即病人热势炽盛时不要急于针刺,大汗淋漓时也不要针刺。《黄帝内经·素问·四气调神大论》中又载"圣人不治已病治未病,不治已乱治未乱",这与孙子主张的"先为不可胜,以待敌之可胜"[①]的先胜思想颇有相通之理。由此推断,《黄帝内经》的作者应该是学过兵法,并在编订医书过程中受到了《孙子》较深的影响与启发。

大约成书于秦汉之际的《神农本草经》,曾将其收录的 365 种药物分为"君""臣""佐""使"四类。医家解释说,"君"指处方中起主要作用的药物,"臣""佐""使"指起辅助作用的药物,其中蕴含了孙子"正合奇胜"的基本思想和原理。在孙子的奇正理论中,用主要兵力打敌人的正面,这叫"正兵";用次要兵力打敌人的侧翼,叫"奇兵"。以此论"君""臣""佐""使"的药物配方,"君"就好比攻克病魔的"正兵",而"臣""佐""使"则好比辅助胜敌的

---

① 《孙子兵法·形篇》。

"奇兵"。这都是对力量的部署而言的。而从兵家战术变化的角度讲,常规战法为"正",变通的战法为"奇",而医家治病亦有"正治"和"反治"之法。"正治"即逆其病症性质而治的一种常规治疗方法,主要适用于疾病的临床表现与疾病本质相一致的情况。如"寒者热之""热者寒之"。"反治",是顺从疾病假象而治的一种变通治疗方法,适用于某些征象与疾病的本质相反的情况。如"寒因寒用""热因热用",即以热治热,以寒治寒。前者因奉行"常规"而称为之"正",后者因看似"逆向"而称之为"反"。可见,奇正之术既可用于兵家,也可用于医家。

东晋著名道士、炼丹家、医家葛洪曾将医家之妙术(秦和、扁鹊)与兵家之神算(孙武、吴起)合并称颂曰:"抱痼疾而言精和鹊之技,屡奔北而称究孙吴之算,人不信者,以无效也。"①他还言道:"孙吴韩白,用兵之圣也。圣者,人事之极号也,不独于文学而已矣。"②

隋唐时期最著名的医学家孙思邈,也曾经引用兵学的原则来比喻医道。他在自己的著作《千金方要·食治》中说:"药性刚烈,犹若御兵。兵之猛暴,岂容妄发。"这深刻揭示了用药和用兵极为相近的"刚烈"性质。古人云:"夫兵,犹火也,弗戢,将自焚也。"③战争如同玩火,不能适可而止地控制战争将会毁灭自己。同样,用药治病也是刚烈、猛暴的行为,一定要慎之又慎,不可轻率。另一方面,正如用兵不能过于谨慎一样,用药也并非越慎越好。孙思邈曾说过这样一段话:"良医导之以药石,救之以针剂。圣人和之以至德,辅之以人事。故形体有可愈之疾,天地有可消之灾。"又曰:"胆欲大而心欲小,智欲圆而行欲方。"④这是从更高的层面阐述了治国用兵与行医用药相通的道理,尤其最后一句话更具启示意义:"胆欲大而心欲小",实际就是讲兵家的"智勇兼备","智欲圆而行欲方"实际就是讲兵家的"仁诈合一",前者指

---

① 《抱朴子·微旨》。
② 《抱朴子·辨问》。
③ 《左传·隐公四年》。
④ 《旧唐书·孙思邈传》。

将帅理论中的基本素养,后者指用兵之道中的最佳方法和原则。

(二)《孙子》思想与商业经营

司马迁在《史记·货殖列传》中最早详细记载了战国时人白圭的兵法经营之道。

> 白圭,周人也。当魏文侯时,李克务尽地力,而白圭乐观时变,故人弃我取,人取我与。夫岁孰取谷,予之丝漆;茧出取帛絮,予之食。太阴在卯,穰;明岁衰恶。至午,旱;明岁美。至酉,穰;明岁衰恶。至子,大旱;明岁美,有水。至卯,积著率岁倍。欲长钱,取下谷;长石斗,取上种。能薄饮食,忍嗜欲,节衣服,与用事僮仆同苦乐,趋时若猛兽挚(鸷)鸟之发。故曰:"吾治生产,犹伊尹、吕尚之谋,孙吴用兵,商鞅行法是也。是故其智不足与权变,勇不足以决断,仁不能以取予,强不能有所守,虽欲学吾术,终不告之矣。"盖天下言治生祖白圭。

仔细分析这段文字,确能看出商圣白圭用兵法经商的基本思路和特点。"乐观时变,故人弃我取,人取我与",这明显是借鉴了孙子"因利制权""避实击虚""出奇制胜"等用兵思想,其实质乃是强调了一个"变"字。

"薄饮食,忍嗜欲,节衣服,与用事僮仆同苦乐",这又符合了孙子的道胜思想,其目的在于形成"上下同欲者胜"的团结奋进局面,也体现了孙子"视民如爱子"的治军思想和原则。

"趋时若猛兽挚鸟之发",很明显是借鉴了孙子的用势思想。《孙子·势篇》有云:"鸷鸟之疾,至于毁折者,节也。"兵家用势强调通过迅疾而短促的节奏,形成力量上的优势,而商家运营也需要集中力量对市场信息做出快速反应,形成市场运作中的"势力"。

最有意思的是最后一句:"故其智不足与权变,勇不足以决断,仁不能以取予,强不能有所守,虽欲学吾术,终不告之矣。"这不就是用孙子的将帅素养理论来选用经商人才吗? 而且,他特别强调了孙子将帅五德(智、信、仁、勇、严)的各自地位和作用,比如"智"乃是权变问题,"勇"乃是决策问题,"仁"乃是物质奖赏问题。尤其与孙子不同的是,它还特别强调了一种素质"强",所谓"强不能有所守",乃是指将帅或商家在竞争中意志坚强,有韧性,能够坚守阵地,守住要害,这可以说是对孙子将帅理论的一种创新应用和改造。

从这一例证看,古人经商借鉴和运用孙子理论确有其事。司马迁在总结兵家经验时也谈道:"治生之正道也,而富者必用奇胜。"①意思即是说,商家治产经商之道就在于出奇制胜。司马迁还列举了卖油脂的雍伯、卖浆的张氏、卖肉制品的浊氏等商人,都是深钻一门业务,掌握一技之长,以经营奇特的商品而致富的。

(三)《孙子》思想与武术博弈

武术与战争乃是同源异流的两种暴力对抗形式,二者在对待暴力问题的解决方式上,也有着诸多相似性的思考,这正是孙子思想与武术理论具有共通性的根源所在。

东汉赵晔《吴越春秋·勾践阴谋外传》所载"越女论剑"有言:"凡手战之道,内实精神、外示安仪。见之似好妇,夺之似惧虎。布形候气,与神俱往,杳之若日,偏如腾兔。"这句话与《孙子·九地篇》之"是故始如处女,敌人开户;后如脱兔,敌不及拒"颇为类似。二者实际上共同揭示了一个最基本的用兵原则,即平时隐忍惑敌,战时出其不意。

《庄子·说剑》也曾以兵法论说剑道:"夫为剑者,示之以虚,开之以利,后之以发,先之以至。"这与《孙子·军争篇》的言论"故迂其途而诱之以利,后人发,先人至"一意相通。在此篇中,庄子还进一步论述了剑道的三个层次:"天子之剑""诸侯之剑""庶民之剑"。其中"天子之剑"颇类似于孙子主

---

① 《史记·货殖列传》。

张的"全胜"理想境界：

> 天子之剑，以燕谿石城为锋。齐岱为锷，晋卫为脊，周宋为镡，韩魏
> 为夹，包以四夷，裹以四时，绕以渤海，带以常山，制以五行，论以刑德，
> 开以阴阳，持以春夏，行以秋冬。此剑，直之无前，举之无上，案之无下，
> 运之无旁。上决浮云，下绝地纪。此剑一用，匡诸侯，天下服矣。此天
> 子之剑也。①

司马迁在《史记·太史公自序》中也曾将剑术与兵法同论，并由此说出
了一番深刻的道理(也是作《孙子吴起列传》的缘由)。

> 非信廉勇仁，不能传兵论剑，与道同符，内可以治身，外可以应变，
> 君子比德焉。作《孙子吴起列传》第五。

这里的意思是说，无论兵法还是剑术，都要建立在仁义和道德的基础之
上，唯如此才能内修自身，外御强敌，达到"道"的境界，进而成为真正的
君子。

(四)《孙子》思想与弈棋艺术

棋类受兵法思想的影响，古往今来多有论述。在中国古代的图书分类
中，围棋谱是被归入兵书一类的。

两汉时，已开始有人不自觉地将孙子的"虚实"思想运用于下棋。如精
通棋艺棋理的东汉黄宪就曾撰有《机论》，专门论述围棋的虚实形势。他所
说的"机"就是我们现在所说的布局，当时黄宪已提出，布局要着重解决虚实
问题，布局得好，进可以攻，退可以守，如此方能取胜：

---

① 《庄子·说剑》。

弈之机,虚实是已。实而张之以虚,故能完其势;虚则击之以实,故能制其形,是机也。员而神,诡而变,故善弈者能出其机而不散,能藏其机而不贪,先机而后战,是以势完而难制。虽然,此特弈之道耳。若机之流于众妙也,肆而渊乎……①

北周写本《敦煌棋经》是世界上现存最古老的棋经。一千四百多年前,即南北朝时期的北周之时(557—581 年),一位佚名先贤在写有佛经的羊皮背面手写下棋经一卷。因其被发现于敦煌藏经洞,故名《敦煌棋经》。在本书中,作者把《孙子》的一些战略战术思想巧妙地用在下棋上,精辟地论证了兵棋相通之理。如《敦煌棋经·棋病法》论述棋有"三恶""二不详",几乎将战场征战的具体情形活现于棋局之上,其中所讲的慎战与全胜之理,既有实例佐证,又有理论阐释:

何谓"两存"? 一者,入内不绝,远望相连;二者,八通四达,以惑敌人。凡所下子,使内外相应,子相得力。若触处断绝,难以相救。若下子于敌家之内,无得出理。此谓无力搠虎口,自贻伊戚。若发手觅筹者,轻敌多败。此谓王孙龟镜,秦师亡类。夫谓下子,慎勿过深入,使子没于敌人之手。深入无救必败。若败,深入傍敌,其死交手。此谓秦褰叔送三子,知亡于崤之类。必须斟酌远近,内外相及,万胜之功全矣。"二好"者:无力不贪为一好;有力怯战必少功,此须斟酌前敌,使子不虚发也。

在唐代著名兵书《唐李问对》中,李靖曾以棋喻兵,回答唐太宗李世民的问话。

---

① 何云波:《中国历代围棋棋论选》,山西出版传媒集团,2017 年,第 10 页。

太宗曰:朕观千章万句,不出乎"多方以误之"一句而已。靖良久曰:诚如圣语。大凡用兵,若敌人不误,则我师安能克哉。譬如奕棋,两敌均焉,一着或失,竟莫能救。是古今胜败率由一误而已,况多失者乎。①

在这里,李靖将战争指挥失误喻为弈棋之误,颇有启迪价值,所谓"一着不慎,满盘皆输",说的正是此理。当然,其中还蕴含着更多的深意,如毛泽东在《中国革命战争的战略问题》曾谈道:"说'一着不慎,满盘皆输',乃是说的带全局性的,即对全局有决定意义的一着。……下棋如此,战争也是如此。"②

唐朝王积薪的《围棋十诀》,从军事角度观察和思考围棋,得出了许多重要结论。他总结论述的"围棋十诀"即为:

不得贪胜、入界宜缓、攻彼顾我、弃子争先、舍小就大、逢危须弃、慎勿轻速、动须相应、彼强自保、势孤取和。③

对这些内容略作分析即知,十个要诀几乎非常全面地汲取了《孙子》中的用兵思想和原则。

(五)《孙子》思想与文学艺术

在两汉时期一些文人作品或学术著作中,有很多载录或评价《孙子》思想的言论,这充分反映出《孙子》对思想文化界的深刻影响。如西汉后期的大文学家扬雄在《法言·问道》中曾言:

---

① 《唐李问对》卷下。
② 王大伦、景在峰:《〈毛泽东选集〉中的成语典故》,黑龙江人民出版社,2009年,第134页。
③ 刘善承:《中国围棋》(上),四川科学技术出版社,1985年,第149页。

狙诈之家曰："狙诈之计,不战而屈人兵,尧、舜也。"曰："不战而屈人兵,尧、舜也。沾项渐襟,尧、舜乎? 炫玉而贾石者,其狙诈乎!"或问:"狙诈与亡孰愈?"曰:"亡愈。"或曰:"子将六师,则谁使?"曰:"御得其道,则天下狙诈咸作使;御失其道,则天下狙诈咸作敌。故有天下者,审其御而已矣。

从这段内容看,扬雄对兵家谋略持辩证的态度,他虽然质疑有人将孙子的"不战而屈人兵"思想喻为尧、舜之举,但也反映出当时世人对《孙子》思想的推崇。

再如,东汉著名思想家王充在其著作《论衡·量知篇》谈道:"孙武、阖庐,世之善用兵者,知或学其法者,战必胜;不晓什伯之陈,不知击刺之术者,强使之军,军覆师败,无其法也。"东汉著名辞赋家冯衍深受道家思想影响,他虽然强调"贵玄"与文治武功势不两立,但在《奏记邓禹》中却又提出"监六经之论,观孙吴之策"[1]的著名主张。

魏晋时期,孙子思想在辞赋等文学创作中的引用和渗透更为突出。如左思的《吴都赋》有云:"阖闾信其威,夫差穷其武,内果伍员之谋,外骋孙子之奇,胜强楚于柏举,栖劲越于会稽,阙沟乎商鲁,争长于黄池。"这直接言及孙子的生平事迹,同时又充满了对孙子的由衷赞叹。其《魏都赋》又言:"毕出征而中律,执奇正以四伐。""朝无刓印,国无费留。"这里提到的"奇正""费留"都是孙子思想中的重要概念。张景阳《杂诗》云:"巧迟不足称,拙速乃垂名。"这句诗无疑是对孙子"兵闻拙速,未睹巧之久也"的美好赞誉,而一介文人能够深入理解"拙速"和"巧久"的辩证关系,也是非常不容易的。另外,《晋书》中有诗句云:"未有嘉谋善政,出总戎律,惟闻蹙国丧师,是知风流异贞固之才,谈论非奇正之要"[2];北周庾信《周上柱国齐王宪神道碑》则有诗句曰"六韬九法不用吴起旧书,三令五申无劳孙武先戒"等等。这些内容说

① 《后汉书·冯衍传》。
② 《晋书·陆晔何充等传论》。

明，当时的许多文人都曾学过《孙子》，且对其中的许多名句能信手拈来，用于辞赋创作之中。

魏晋有些学术著作中也有《孙子》渗透和影响的痕迹。在三国时期魏人刘邵的《人物志》一书中，各篇提到孙子的一些基本概念，如"谋庙胜"（《流业》）、"法制"、"分数"（《接识》）、"攻守"（《材理》）等。《北堂书钞》卷一一三引傅玄撰写的《古今画赞·孙武画赞》云："孙武论兵，实妙于神，奇正迭用，变化无形。"《北堂书钞》对此还有过专门的评论，赞其言简意赅，道出了《孙子》的精要。

另外，著名文学评论家刘勰在《文心雕龙》中曾运用《孙子》中的常变、虚实、形势、奇正来阐述文学创作规律。比如，他曾化用孙子《势篇》的句式和句意论曰："夫情致异区，文变殊术，莫不因情立体，即体成势也。势者，乘利而为制也。如机发矢直，涧曲湍回，自然之趣也。圆者规体，其势也自转；方者矩形，其势也自安：文章体势，如斯而已。"①这些文学作品中有关孙子思想的载录和评价，可以造成更大的社会影响和传播效果。

唐朝时期，诗歌成就达于中国文学史上的黄金时代，而《孙子》及兵学思想在各类诗歌作品中也有广泛的渗透和影响。当时许多诗人非常尊崇《孙子》，有些诗歌甚至反映出他们研究学习过《孙子》。这也说明，《孙子》在唐代曾是一部有广泛影响的兵书。有学者曾专门对这一文化现象进行总结和分析，并强调指出："在这样一个开放与诗歌文化大繁荣的时代背景下，《全唐诗》语境中同样也显现了孙武与《孙子兵法》的影响力。《全唐诗》中有20余首诗歌涉及孙武和《孙子兵法》。"②

从《全唐诗》的基本内容看，唐诗中对孙子生平及孙子思想的反映大致可归纳为以下四种类型：

其一是以吴宫教战为题，盛赞孙子执法严明的用兵思想。如诗人林藻的《吴宫教战》有云："强吴矜霸略，讲武在深宫。尽出娇娥辈，先观上将风。

---

① 《文心雕龙·定势》。
② 阎盛国：《唐代诗人笔下的孙武与〈孙子兵法〉》，《军事历史研究》2009年第4期。

挥戈罗袖卷,摵甲汗装红。轻笑分旗下,含羞入队中。鼓停行未整,刑举令
方崇。自可威邻国,何劳骋战功。"①诗人周昙的《春秋战国门·孙武》有云:
"理国无难似理兵,兵家法令贵遵行。行刑不避君王宠,一笑随刀八阵成。"②
诗人颜粲的《吴宫教美人战》亦云:"掩笑谁干令,严刑必用诛。至今孙子术,
犹可静边隅。"③

其二是从不同视角盛赞孙子谋略思想的高深及其在中国兵学史上的地
位。如欧阳詹的《许州送张中丞出临颍镇》有云:"心诵阴符口不言,风驱千
骑出辕门。孙吴去后无长策,谁敌留侯直下孙。"④著名诗僧贯休的《寿春进
祝圣七首·文有武备》则云:"武宿与文星,常如掌上擎。孙吴机不动,周邵
事多行。"⑤唐代著名诗人白居易的《和微之春日投简阳明洞天五十韵》更赞
云:"庙谟藏稷契,兵略贮孙吴。令下三军整,风高四海趋。"⑥另外,李德裕的
《寒食日三殿侍宴奉进诗一首》亦赞曰:"象舞严金铠,丰歌耀宝刀。不劳孙
子法,自得太公韬。"在这里,作者认为,姜太公《六韬》的地位要逊于《孙
子》,这是很大胆的评价之语。

其三是有些著名的边塞诗人希望通过学习《孙子》,表达自己报效国家
的壮志与豪情。如刘希夷的《相和歌辞·从军行》诗云:"近取韩彭计,早知
孙吴术。丈夫清万里,谁能扫一室。"⑦又如高适的《蓟中作》有云:"一到征
战处,每愁胡虏翻。岂无安边书,诸将已承恩。惆怅孙吴事,归来独闭门。"⑧
这两首诗既反映了唐朝将领普遍学习《孙子》的事实,也反映出唐代残酷复
杂的战争现实对《孙子》的客观需求。

其四是赞美孙子个人的文学才华,同时也肯定《孙子》本身的文学价值。

---

① 彭定求:《全唐诗》,中华书局,1960年,第3596页。
② 彭定求:《全唐诗》,中华书局,1960年,第8344页。
③ 彭定求:《全唐诗》,中华书局,1960年,第3590页。
④ 彭定求:《全唐诗》,中华书局,1960年,第3910页。
⑤ 彭定求:《全唐诗》,中华书局,1960年,第9043页。
⑥ 彭定求:《全唐诗》,中华书局,1960年,第5062页。
⑦ 彭定求:《全唐诗》,中华书局,1960年,第226页。
⑧ 彭定求:《全唐诗》,中华书局,1960年,第2211页。

如唐代著名的现实主义诗人杜甫的《吾宗》诗中有云："吾宗老孙子,质朴古人风。耕凿安时论,衣冠与世同。在家常早起,忧国愿年丰。语及君臣际,经书满腹中。"[①]在这里,作者明显是推崇老子、孙武的创作风格,认为孙武的著作和老子的著作一样,具有古人文质简朴的特点。

除了诗歌以外,在唐代很多的文集、奏议、史书中,有不少内容都涉及《孙子》的言论或思想。如贾公彦疏的《周礼》、孔颖达疏的《左传》、尹知章注的《管子》、李善注的《文选》及《毛诗》、李光弼撰的《统军灵辖秘策》等书籍,都有明引和暗引《孙子》之处,尤其是李贤注的《后汉书》,对《孙子》思想载录的内容十分丰富,书中不仅对孙子的生平做出诠释,而且记录了许多历史人物对孙子思想的应用,其本人对孙子思想应用也有独特的见解。在唐朝陆贽的《陆宣公奏议》等政论书中,也对《孙子》的思想和言论有大量的摘录和引用分析。

四、秦汉至隋唐时期孙子学发展成就对后世的影响

(一)《孙子》兵经地位确立对后世孙子学发展的影响

《孙子》作为中国现存最早、最完整的兵学专著,揭示了战争的本质规律,框定了中国兵学体系的基本框架,指引了中国兵学发展的基本方向,被今人誉为是"兵学圣典"。然而,《孙子》在中国历史上兵经地位的确立,有一个长期的历史过程,其中,秦汉至隋唐时期是一个至为关键的阶段。

秦汉时期,《孙子》的社会地位得到逐步提升。《吕氏春秋》有言:"阖庐之教,孙、吴之兵,不能当矣。"[②]西汉司马迁在《史记》中高度评价《孙子》曰:"非信廉仁勇不能传兵论剑,与道同符,内可以治身,外可以应变,君子比

---

① 彭定求:《全唐诗》,中华书局,1960年,第2524页。
② 《吕氏春秋·离俗览·上德》。

德焉。"①

　　魏晋南北朝时期,是孙子兵经地位正式确立的时期。在《隋志》著录的兵书中,三国时魏人张子尚所注《孙子》,直接取名为《孙武兵经》,此书可视为《孙子》正式成为"兵经"的重要标志。三国之后,《孙子》作为"兵经"的称呼遂不断见于历史记载。如南朝梁刘勰《文心雕龙·程器》言:"孙武兵经,辞如珠玉,岂以习武而不晓文也!"

　　隋唐时期,虽不见《孙子》作为"兵经"的称呼,但《孙子》一书实际上是被作为兵书之首来看待的。李世民直言:"朕观诸兵书,无出孙武。"李靖则言:"孙子之法,万代不刊。"②杜牧更言道:"自古以兵著书列于后世、可以教于后生者,凡十数家,且百万言。其孙子所著十三篇,自武死后凡千岁,将兵者有成者、有败者,勘其事迹,皆与武所著书一一相抵当,犹印圈模刻,一不差跌。"又云:"后之人有读武书予解者,因而学之,犹盘中走丸。丸之走盘,横斜圆直,计于临时,不可尽知,其必可知者,是知丸不能出于盘也。"③

　　综上可知,《孙子》问世之后,自战国时期开始就得到人们的推崇,而在秦汉至隋唐时期,《孙子》经受了战争实践的考验和社会的大浪淘沙,其作为兵学经典的地位逐步得到认可和确立,这无疑为后世孙子学的发展奠定了社会认知基础。

　　到宋代编撰《武经七书》,将武学正式纳入宋朝的官学体系,传统兵学的正统地位得以确立,而《孙子》作为兵经之首的地位也由此得到官方的认可,从而更好地发挥了其在中国兵学史发展史上的核心作用。

　　此后,虽然有宋儒对《孙子》的质疑和批判,但《孙子》作为兵经的历史地位还是为大多数人所认可,人们肯定其在战争中的地位和作用,同时也承认其社会价值。

　　宋人陈直中《孙子发微》有言:"自六经之道散而诸子作,盖各有所长,而

---

① 《史记·太史公自序》。
② 《唐李问对》卷中。
③ 《杜牧注孙子·序言》。

知兵者未有过孙子者。"①

何去非言:"言兵无若孙武,用兵无若韩信、曹公。武虽以兵为书,而不甚见于其所自用;韩信不自为书,曹公虽为而不见于后世,然而传称二人者之学皆出于武,是以能神于用而不穷。"②

明代李贽言:"古今兵法,亡虑数十百家,世所尊为经者七,而首孙子。孙子之言曰:奇正之变,不可胜穷也。又曰微乎微乎,至于无形;神乎神乎,至于无声。合而言之,思过半矣。……今古兵法尽于七经,而七经尽于孙子……"③

当代学者赵国华亦明确指出:"在中国兵学史上,《孙子》是现存最早的一部兵学典籍,并且始终处于核心地位。2500 多年来,《孙子》如同一条红线,贯穿于中国军事史的全过程,不仅在军事实践领域发挥着重要的指导作用,而且对兵学研究产生过重大的影响。因此,有关《孙子》的研究,与中国兵学的发展相始终,成为中国兵学史的核心内容。"④

(二)"兵儒合流"对后世孙子学发展的影响

战国时期兵家思想与儒家思想的渗透、交流已经奠定了兵儒合流的基础。如《司马法·仁本》有云:"古者以仁为本,以义治之之谓正,正不获意则权。权出于战……是故杀人安人,杀之可也;攻其国,爱其民,攻之可也;以战止战,虽战可也……故国虽大,好战必亡;天下虽安,忘战必危。"其中所蕴含的仁义与权谋相统一的军事理念是兵学与儒学融合的基础。

自西汉中叶起,汉武帝采纳董仲舒"罢黜百家,独尊儒术"的建议,儒学开始成为正统的统治思想,儒家精神开始向社会政治方面渗透,同时由于战争实践的需要,兵家与兵学仍然受到重视,于是,儒家安邦治国之道与兵家

---

① [清]孙诒让:《温州经籍志》,上海社会科学院出版社,2005 年,第 632 页。
② 《何博士备论·魏论下》。
③ 《孙子参同·梅国祯序》。
④ 赵国华:《中国兵学史》,福建人民出版社,2004 年,第 12 页。

克敌制胜之道有机结合的"兵儒合流"发展模式逐步形成。

到东汉刘秀之时,"兵儒合流"算是圆满完成。刘秀出身于太学生,既精通儒学,又精通兵学,既善于用兵家的诡道克敌制胜,又善于用儒家的理论指导战争,以"柔道"治国安邦。由此,兵儒融合、柔道安邦的战争指导观念趋于成熟,孙子为代表的兵家思想与儒家思想实现了有机统一。

隋唐时期,统治者崇尚文德武备,儒学和兵学的地位都很高,被尊为"文教武经"。在科举考试中,也设有以儒学为主的文科和以兵学为主的武科。因而,隋唐时期的文人儒士,一般都是习文研武,集儒学和兵学于一身。如注释《孙子》的杜牧曾说"周孔传文教,萧曹授武经",这表明兵儒合流在唐代仍然得以延续发展。

两汉至隋唐时期的兵儒合流,最终形成了对后世有深远影响的兵学理论体系。在战争观层面,儒家的义战观念与孙子的"兵者诡道"理论有机结合,构成中国特色战争伦理观的基本内容;在治军思想方面,儒家的"仁爱"观念与兵家的法制原则有机结合,形成了中国古代军队管理的基本原则;在边防问题上,儒家"柔远徕众"、以德服人的观念与兵家重视实力、以备不虞的理论相结合,引领了中国爱好和平、积极防御的国防观念;在军队建设问题上,儒家的爱惜民力观念与兵家的精兵建军理论相结合,演化为历代治军、建军的基本指导方针。延伸至具体的战争实践层面,以儒家的"仁战"和"义战"为根本前提,辅之以兵家的迂回奔袭、出奇制胜、避实击虚等用兵原则的创新运用,这是将帅们战争指导活动的基本法则。

上述成果对后世的孙子学的发展无疑具有积极正面的影响。尤其在宋明时期,随着儒学理学化并成为全社会主导意识形态,"以儒统兵"的格局最终确立。此时,兵儒之争愈演愈烈,理学家们"非兵""疑孙"的言论也达于极盛。然而,由于受汉唐时期兵儒融合的积极成果的影响,宋明时期的不少孙子学者还是能够正确认识兵儒之间的关系,同时肯定《孙子》的理论和实用价值,这成为孙子学发展中对抗儒家思想束缚与控制的重要力量。

如南宋黄震对孙子谋略有非常客观的评价:"盖始终未尝言杀,而以久于兵为戒。所异于先王之训者,惟'诡道'一语,特自指其用兵变化而言,非欲情所事奸诈之比。且古人诡即言诡,皆其真情,非后世实诈而反谬言诚者比也。若孙子之书,岂特兵家之祖,亦庶几乎立言之君子矣!诸子自荀、扬外,其余浮辞横议者莫与比。"①

明代谈恺将孙子之论与孔子思想相提并论:"孙子上谋而后攻,修道而保法,论将则曰仁智信勇严,与孔子合。至于战守攻围之道,批亢捣虚之术,山林险阻之势,料敌用间之谋,靡不毕具。其他韬钤机略,孰能过之?"②

明代李贽更直接感叹曰:"吾独恨其不以《七书》与《六经》合而为一,以教天下万世也。故因读《孙武子》,而以魏武之注为精当,又参考六书以尽其变,而复论著于各篇之后焉。感叹深矣。"③

明代军事家戚继光立足战争的视角讲兵儒融合:"孙武子兵法,文义兼美,虽圣贤用兵,无过于此。非不善也,而终不列之儒。设使圣贤其人,用孙武之法,武经即圣贤之作用矣。苟读六经,诵服圣坚,而行则狙诈,六经即孙武矣。"④

清代孙星衍则深刻批判了一些儒生的非兵言论:"今世泥孔子之言,以为兵书不足观;又泥赵括徒能读父书之言,以为成法不足用;又见兵书有权谋、有反间,以为非圣人之法,皆不知吾儒之学者!……兵凶战危,将不素习,未可以人命为尝试,则十三篇之不可不观也。项梁教籍兵法,籍略知其意不肯竟学,卒以倾覆。不知兵法之弊,可胜言哉!宋襄、徐偃仁而败,兵者危机,当用权谋。孔子犹有要盟勿信,微服过宋之时,安得妄责孙子以言之不纯哉!"⑤

从理论上讲,两汉时期开启的"兵儒合流"模式,不仅奠定了中国特色战

---

① 《黄氏日钞·读诸子·孙子》。
② 《孙子集注·自序》。
③ 《孙子参同·自序》。
④ 《止止堂集·愚愚稿上·大学经解》。
⑤ 《孙子十家注·孙子兵法序》。

争伦理观的基础,而且增强了传统兵学理论的理论性和思辨性。更重要的是,许多兵家人物和兵学典籍在儒学思想的影响下,大力倡导政略高于战略,军事服从于政治,这正是传统兵学理论走向成熟的重要标志。

当然,兵儒之间的互补融合,也有其历史局限性,儒家思想对兵学发展也有很大的负面影响和消极作用。早期儒家过于强调"仁者无敌",使得武器、训练、军需等在军事活动中的地位和意义被忽视,这大大影响了后世中国兵学的独立发展。而在宋明时期,理学占据思想界的主导地位及由此带来的"以儒统兵"及"援兵入儒"趋势,有悖于兵学自身发展的特殊规律。它不仅会造成中国古代军事文化自觉意识的迷失,更使得中国战略文化越来越体现出内向和保守的发展趋向,最终使得传统兵学向近代军事思想转变的进程步履维艰,这也是近代中国在反对西方列强入侵战争中屡战屡败的一个重要原因。

（三）相关《孙子》注解成就对后世孙子学发展的影响

东汉末至魏晋南北朝是《孙子》早期注解时期,注家主要有曹操、王凌、贾诩、张子尚、沈友、孟氏等人。隋代注孙子者仅有萧吉一人。唐代《孙子》注解开始步入繁荣时期,注家主要有李筌、孙镐、贾林、杜牧、陈皞和纪燮等人。

上述注家中,曹操注、孟氏注以及李筌、贾林、杜牧、陈皞和杜佑之注,均收入宋本《十一家注孙子》之中。其中,收入曹注321条,收入孟氏注68条,收入李筌注364条,收入贾林注140条,收入陈皞注113条,收入杜牧注376条,收入杜佑注160条。由此看,魏晋至隋唐时期有关《孙子》的注解成就在后世孙子学文献发展中具有奠基作用,而就单个注家或注本而言,也都因其鲜明的特色而影响后世的注家。

《魏武帝注孙子》,又称《孙子略解》,是现存最早的《孙子》注释本,曹操是《孙子》在历史上的首位注家。清人孙星衍有云:"《孙子》十三篇最古,称为兵经,比于六艺。而或秘其书,不肯注以传世,魏武始为之注。"①曹注对孙子原作在后代的广泛传播及正确解读具有很大贡献。另外,曹操注释《孙子兵法》,采用了四种基本形式:字句注释、文献引证、版本校对和实例佐证。这对后世注解、研究《孙子》,具有发凡起例的意义。

曹注之后,唐代李筌注《孙子》对后世也有较大的影响。他已经注意从整体上把握《孙子》的思想内容。如他对《计篇》的解释是:"计者,兵之上也。……故孙子论兵,亦以《计》为篇首。"而后解释《作战篇》说:"先定计,然后修战具,是以战次《计》之篇也。"接下来解释《谋攻篇》言:"合阵为战,围城曰攻,以此篇次《战》之下。"这样的注解思路表明,李筌已经在试图探索《孙子》十三篇之间的内在联系。正是由于有了李筌的上述认识,至南宋时期,张预开始正式研究、揭示《孙子兵法》各篇的旨趣,说明彼此之间的相互关系。而南宋郑友贤则明确指出:"要在从易而入难,先明而后幽,本末次序而导之,使不惑也。是以始教以计量校算之法,而次及于战攻、形势、虚实、军争之术,渐至于行军、九变、地形、地名、火攻之备,诸法皆通,而后可以论间道之深矣。"②唐代杜佑所著《通典·兵典》一书,虽然没有专门为《孙子》全书作注,但他的注文还是被收入《十一家注孙子》中。同时,杜佑还能够充分运用战争实例对《孙子》言论进行注释,其中所引历史资料对于《孙子》的研究与传承来说具有重要的借鉴价值,宋人所编《十一家注》的其他注家,就常常将杜佑注释的相关内容引入自己的注中。清人孙星衍重新校订、刊刻《孙子》之时,也非常重视《通典》保存的文字材料,并以此作为校勘的依据。另外,该书存留的《吴问》等部分《孙子》佚文亦有其宝贵的文献价值。

在唐代诸注家中,对后世影响最大的是杜牧。《十一家注孙子》中共收入杜牧注376条,数量既大,质量也高,被称为继曹操之后第二大注家。杜牧能够总体把握《孙子》一书的宗旨和主要精神,所谓"武之所论,大约用仁义,

---

① 《孙子十家注·孙子兵法序》。
② 《十一家注孙子·孙子遗说》。

使机权也"①。后人研究孙子兵学理论之时，多以此为基点进行阐发。另一方面，杜牧虽无实战经验，但却喜欢研究战史，善于从理论和战例结合的角度分析《孙子》原文，因而往往能发前人之所未发，甚至可能超过有实战经验的注释者。

总之，魏晋南北朝是《孙子》注解时代的发端时期；而隋唐五代是《孙子》注解的高峰时期。这两个时期的注家和注本，特色鲜明，各有偏重，在内容和形式上也始终不断地探索和创新，从而为宋明《孙子》疏解时代的到来打下了坚实的基础。

(四)相关《孙子》著述体例对后世孙子学发展的影响

秦汉至隋唐时期，相关《孙子》著述虽然总量不多，但其著述体例和编撰形式颇有特色。这种特色化的编写体例不仅有利于孙子兵学思想内容的组织和展现，而且对后世具有深远的影响。

1."问答体"

问答体是我国古代书籍的常用体裁，如《论语》采用的就是很散漫的问答体。很多兵书也常用这样的体裁，如《孙膑兵法》之孙膑与齐威王的问答；《六韬》之太公与周武王的问答；《墨子》的《备城门》等篇则是墨子与禽滑釐的问答。问答体这种体裁的优点是，不仅可以增强内容的真实感，而且灵活性极强，可以自如地罗列出若干个话题，让双方进行广泛而自由的讨论。

到隋唐之时，《唐李问对》成为"问答体"类兵书的巅峰之作，也成为后世《孙子》著述的一个十分适合的体裁。其深刻原因在于，《问对》之"问答"有很多超越前人的地方。中国古籍中借某人发问来引导主题讨论，往往问答内容比较随意，而《问对》借唐太宗这位君主的身份发问就有所不同，它不仅使问者所提问题比较严肃，而且要求答者必须客观、理性地作答。比如，针对许多困惑难解的问题，太宗要求李靖"试陈之""卿更细言其术"，且不止一

---

① 《杜牧注孙子·序》。

次地追问："古人有诸?"甚至,当李靖指出"淝水之战的胜负是苻坚之错,而非谢玄善兵"之时,太宗竟然立即令侍臣找出《谢玄传》来验证。更值得注意的是,书中安排的问答者李世民与李靖皆是通晓军事之人,他们既有丰富的作战经验,又熟悉前人的军事思想,故他们所提问题往往实践性强,不空泛,而回答的内容也是结合经典,有理有据,史论结合,如此一来,就能在理论与实践的有机互动中引发、启迪新的观点,进而深化军事思想。比如,《问对》有关"奇正"问题的诸多独到见解,即是在大量战争案例的基础上阐发的,其相关结论非常切合战争实践的需要。

从上述分析来看,问答体这种论兵形式有着很多优点,易于被读者接受和喜欢,它既成就了《问对》这部兵书的特色,同时也成为后世兵家著述的一个传统。

2."专题论证"

《孙子》十三篇虽然每篇都有一个主题,但许多重要的思想却又散见于各篇之中,这就需要后人在准确理解原文含义的基础上,将其归纳提炼出来,使更多的人能够直接接触和体悟这些核心思想。

杜佑《通典·兵典》的特色体例和结构,就在于形成了《孙子》思想理论解读的各类专题。从《通典·兵典》的整体结构来看,杜佑是以《孙子》的说法为经,以历代的相关言论、战例、军事器具等为纬,进行布局谋篇。《孙子》一共十三篇,《兵典》一共十五卷,每卷均引用《孙子》原文若干则,共计46则。这就把《孙子》的言论或分或合,建立成论述专题,进而统领历史上相似的观点和事例。有人还对《通典·兵典》的体例做出这样的解释:"孙子兵法是全书的精神,用李靖兵法将问题展开,算是有了骨肉,再以历代战例印证,就使全书血脉流通,《兵典》便活了。"①更重要的是,在这种专题安排的整体内容中,杜佑并没有过多地加入自己的评述和意见,他只是将相关的理论和事实组织起来,客观地展示于读者面前,这就好比设计了一种学习兵学的问

---

① 常伯工:《杜佑和他的〈通典·兵典〉》,《军事历史研究》1992年第4期。

题情境,在没有明确结论的前提下,让读者自己去思考和领悟。在笔者看来,此种写作方法比那种故弄玄虚的理论说教要强出千百倍,因为它能够更好地适应不同层次人群的需要,即使你是资质愚钝、学问浅陋之人,也能在这种专题设置下的丰富内容中,领悟到孙子思想的一些真谛和见解,并能切合于自身的实际去运用它。

值得注意的是,《长短经·兵权》的编撰亦采用了这种分类解读、专题论证的方法,其24篇内容,每一篇都集中反映孙子的一个或两个重要思想,而这些思想又都因为其独特的价值而指向战争中的某一实际问题,这就大大增强了孙子思想理论的可操作性,提升了其实际应用价值。

从对后世的影响来看,《通典·兵典》这种以《孙子》为纲、辅之以前代兵学理论、证之以历代兵事和战例的编撰形式,对于宋代官修《武经总要》《经武要略》等书起到了示范的作用。再者,施子美之《施氏七书讲义》也受其影响,书中不但大量引征战例以释义,还就许多观点将《孙子》与其他一些兵书进行比较研究,使之相互印证,并在此基础上提出自己的看法。因此,在孙子学发展史上,《兵典》有着特殊的价值,杜佑有着特殊的贡献。

3.“战例解读”

《孙子》一书,舍事言理,高度概括,理论性强,战略战术是其兵学思想的主体内容。然自古以来千百年的战争实践,留下无数的战争经验和战术方法,又岂是一部《孙子》之书能够言明的? 故而,只有用历史上丰富充实的战争史和生动而具体的战争案例解读《孙子》,才能体察其兵学理论的真实意义所在。

西晋司马彪的《战略》是以汇集战争实例而写成的兵书,书中涉及“蒋济”“王基”“刘表”“傅幹”“傅嘏”等五个条目的战争实例,旨在说明的都是战略问题,这必然使其对《孙子》的战略思想有所继承与发展。

《唐李问对》也是采用了结合战例研究战争的方法,据统计,《唐李问对》全书共用了多达52个典型战例,如诸葛亮七擒孟获、李靖平定西突厥、李世民霍邑之战大败宋老生、陈胜和吴广败秦师、汉光武帝平定赤眉军、谢玄大败苻坚等等。这些战例都从不同角度佐证和说明了孙子兵学的思想要旨。

而在《通典·兵典》中，作者共列举了130余种战术设计和应用的情况，以说明孙子思想在战场实践中的借鉴价值。较为典型的是在《通典·兵七》中，先后设"佯败引退取之"7个战例；"伪称败怠敌取之"1个战例；"引退设伏取之"7个战例；"声言退诱敌破之"5个战例；"引退设伏潜兵袭其营"2个战例；"设伏引敌斗袭其营"1个战例；"示退乘懈掩袭"5个战例；"敌退追奔"2个战例；"纵敌退于归路设伏取之"1个战例；"兵机务速"9个战例；"掩袭"5个战例；"甘言厚币乘懈袭之"2个战例。如此共计12种情况47个实际战争案例，用以反复说明诱敌深入、偷袭制敌的可取性和重要性，同时又从反面警示用兵者防范敌人此类战术的骗局。客观地讲，历史上以案例说明和佐证《孙子》思想者大有人在，而杜佑在这一方面所作出的贡献，迄今无人能够超越。

战例是承载兵学理论的载体，战史是兵学理论形成的基础。《孙子》的兵学理论大多来源于战争实践，而要掌握这些兵学理论的精髓，也要置身于历代战争实践的复杂情境之中，才能真正领悟和体验。正因如此，上述与《孙子》相关的几部兵学著作亦可称得上是汇集战争案例、借鉴兵学谋略的兵略类兵书，其在中国兵学发展史及孙子学发展史上的意义和价值，是不可忽略的。

参 考 文 献

一、古籍文献（按朝代排列）

1. [西汉]贾谊著，王洲明注评. 新书[M]. 南京:凤凰出版社,2011.

2. [西汉]刘安等. 淮南子[M]. 长沙:岳麓书社,2015.

3. [西汉]河上公,[唐]杜光庭等注. 道德经集释(上册)[M]. 北京:中国书店,2015.

4. [西汉]司马迁. 史记[M]. 北京:中华书局,1959.

5. [东汉]班固. 汉书[M]. 北京:中华书局,1964.

6. [东汉]王符撰,[清]汪继培笺,彭铎校正. 潜夫论笺校正[M]. 北京:中华书局,1985.

7. [晋]陈寿. 三国志[M]. 北京:中华书局,1982.

8. [晋]袁宏撰,李兴和点校. 袁宏《后汉纪》集校[M]. 昆明:云南大学出版社,2008.

9. [南朝宋]范晔. 后汉书[M]. 北京:中华书局,1965.

10. [唐]房玄龄等撰. 晋书[M]. 北京:中华书局,1974.

11. [唐]杜佑. 通典[M]. 北京:中华书局,1984.

12. [唐]吴兢,段曹注释. 崇文国学经典普及文库·贞观政要[M]. 武汉:崇文书局,2015.

13. [唐]杜牧. 樊川文集[M]. 上海:上海古籍出版社,1978.

14. [后晋]刘昫等撰. 旧唐书[M]. 北京:中华书局,2010.

15.［宋］晁公武编,孙猛校. 郡斋读书志校证（上）［M］. 上海：上海古籍出版社,1990.

16.［宋］欧阳修、宋祁等撰. 新唐书［M］. 北京：中华书局,1975.

17.［宋］司马光. 资治通鉴［M］. 北京：中华书局,1956.

18.［清］董诰. 全唐文［M］. 北京：中华书局,1983.

19.［清］王鸣盛. 十七史商榷［M］. 南京：凤凰出版社,2008.

二、近现代学术专著（按出版年代排列）

1. 彭定求. 全唐诗［M］. 北京：中华书局,1960.

2.［德］克劳塞维茨. 战争论［M］. 北京：解放军出版社,1964.

3. 银雀山汉墓竹简整理小组. 孙膑兵法［M］. 北京：文物出版社,1975.

4.［英］利德尔·哈特. 战略论［M］. 北京：战士出版社,1981.

5. 胡如雷. 李世民传［M］. 北京：中华书局,1984.

6. 陈鼓应. 老子注译及评介［M］. 北京：中华书局,1984.

7. 许保林. 黄石公三略浅说［M］. 北京：解放军出版社,1986.

8. 许保林. 中国兵书通览［M］. 北京：解放军出版社,1990.

9. 杨伯峻. 春秋左传注［M］. 北京：中华书局,1990.

10. 吴九龙. 孙子校释［M］. 北京：军事科学出版社,1991.

11. 吴如嵩. 孙子兵法新论［M］. 北京：解放军出版社,1992.

12. 古棣. 孙子兵法大辞典［M］. 上海：上海科学普及出版社,1994.

13. 于汝波. 孙子学文献提要［M］. 北京：军事科学出版社,1994.

14. 杜牧. 杜牧全集［M］. 上海：上海古籍出版社,1997.

15. 何宁. 淮南子集释（下）［M］. 北京：中华书局,1998.

16. 杨丙安. 十一家注孙子校理［M］. 北京：中华书局,1999.

17. 赵海军. 孙子学通论［M］. 北京：国防大学出版社,2000.

18. 杨有礼. 新道鸿烈:《淮南子》与中国文化［M］. 开封：河南大学出版社,2001.

19. 于汝波. 孙子兵法研究史[M]. 北京:军事科学出版社,2001.

20. 吴如嵩. 徜徉兵学长河[M]. 北京:解放军出版社,2002.

21. 孔干. 诸葛亮兵法古今谈[M]. 北京:中国经济出版社,2002.

22. 陈国勇. 长短经[M]. 广州:广州出版社,2003.

23. 夏征难. 解读《战争论》[M]. 北京:解放军出版社,2003.

24. 郭绍林. 隋唐军事[M]. 北京:中国文史出版社,2005.

25. 李零. 兵以诈立——我读《孙子》[M]. 北京:中华书局,2006.

26. 李零.《孙子》十三篇综合研究[M]. 北京:中华书局,2006.

27. 张明,于井尧. 中国古代军事思想史[M]. 长春:吉林文史出版社,2006.

28. 李学勤. 简帛佚籍与学术史[M]. 南昌:江西教育出版社,2007.

29. 余嘉锡. 四库提要辨证·一[M]. 长沙:湖南教育出版社,2009.

30. 宫玉振. 取胜之道:孙子兵法与竞争原理[M]. 北京:北京大学出版社,2010.

31. 魏鸿. 宋代孙子兵学研究[M]. 北京:军事科学出版社,2011.

32. 黄朴民撰. 黄朴民解读:唐太宗李卫公问对·尉缭子[M]. 长沙:岳麓书社,2011.

33. 孙建民. 黄石公三略新说[M]. 北京:解放军出版社,2011.

34. 田旭东. 秦汉兵学文化[M]. 西安:三秦出版社,2012.

35. 王惠敏. 李世民全传[M]. 武汉:华中科技大学出版社,2013.

36. 马庆洲. 淮南子今注[M]. 南京:凤凰出版社,2013.

37. 蔡东藩. 后汉演义Ⅱ·党锢之祸[M]. 沈阳:万卷出版公司,2015.

38. 吕思勉. 两晋南北朝史(两晋卷)[M]. 武汉:华中科技大学出版社,2016.

39. 吕思勉. 两晋南北朝史(南北朝卷)[M]. 武汉:华中科技大学出版社,2016.

40. 张大可,赵国华:兵家之祖孙武子[M]. 北京:商务印书馆,2018.

41. 李桂生. 孙子学流变研究[M]. 济南:齐鲁书社,2020.

42. 赵国华. 中国兵学史[M]. 福州:福建人民出版社,2004.

43. 黄朴民. 先秦两汉兵学文化研究[M]. 北京:中国人民大学出版社,2010.

三、学术论文(按发表时间排列)

1. 朱国炤. 上孙家寨木简初探[J]. 文物,1981(2).

2. 李泽厚. 孙、老、韩合说[J]. 哲学研究,1984(4).

3. 李零. 关于银雀山汉墓竹简《孙子》研究的商榷[C]//文史(第27辑). 北京:中华书局,1986.

4. 李零. 现存宋代《孙子》版本的形成及其优劣[C]//史念海. 文史集林(第二辑). 西安:三秦出版社,1987.

5. 于汝波.《阴符经》军事思想浅窥[J]. 军事历史,1990(2).

6. 常伯工. 杜佑和他的《通典·兵典》[J]. 军事历史研究,1992(4).

7. 于汝波. 试论《孙子兵法》在秦汉时期的流传[J]. 军事历史研究,1994(1).

8. 于汝波. 魏晋南北朝时期《孙子兵法》流传述论[J]. 军事历史研究,1995(1).

9. 黄朴民. 秦汉兵学的建树及其文化特征[J]. 济南大学学报(社会科学版),2001(5).

10. 宫云维.《孙子略解》的特点及其影响[J]. 浙江师大学报,2001(5).

11. 龚留柱.《吕氏春秋》和《淮南子》的军事思想比较[J]. 河南大学学报(社会科学版),2003(1).

12. 赵国华. 中国孙子学的历史考察[J]. 南都学坛,2008(1).

13. 黄朴民. 魏晋南北朝军事学术杂识[J]. 北方论丛,2009(3).

14. 阎盛国. 唐代诗人笔下的孙武与《孙子兵法》[J]. 军事历史研究,2009(4).

15. 熊剑平.从银雀山汉墓竹简看《孙子》的早期注释情况[J].军事历史,2011(3).

16. 丁原明.吕氏春秋的兵学思想[C]//薛宁东.超越哈佛:海峡两岸学者论兵.北京:军事科学出版社,2011.

17. 赵国华.司马迁与孙子学[J].滨州学院学报,2011(5).

18. 龚留柱,谭慧存.曹操《孙子略解》的兵学成就[J].河南大学学报(社会科学版),2012(2).

19. 龚留柱.《孙子兵法》与三国英雄——兼论《孙子兵法》兵经地位的确立[J].滨州学院学报,2012(5).

20. 熊建平,黄朴民.简文《见吴王》与《史记·孙子列传》关系考论[J].中国人民大学学报,2012(6).

21. 王珏.有关《孙子》研究的新认识[J].中国军事科学,2016(4).